D1735574

CAROLIN EMCKE

Kollektive Identitäten

Sozialphilosophische Grundlagen

FISCHER Taschenbuch

Erschienen bei FISCHER Taschenbuch
Frankfurt am Main, Mai 2018

Lizenzausgabe mit freundlicher Genehmigung der
Campus Verlag GmbH, Frankfurt/Main
© 2000 Campus Verlag GmbH, Frankfurt/Main

Satz: Pinkuin Satz und Datentechnik, Berlin
Druck und Bindung: CPI books GmbH, Leck
Printed in Germany
ISBN 978-3-596-29917-1

Inhalt

Vorwort zur Neuauflage

Fast zwanzig Jahre sind vergangen, seit diese Arbeit zum Begriff kollektiver Identitäten erstmals erschienen ist. Was kann sie noch erklären, was für die gegenwärtigen philosophischen oder politischen Kontroversen erhellend wäre? Sind die Konzepte, Analysen und Begriffe, die mich als Doktorandin geleitet haben, längst überholt? Spricht im Jahr 2018 von »kollektiver Identität« doch fast nur noch, wer es polemisch als fehlgeleitete Idee kultureller Minderheiten denunzieren oder wer es neonationalistisch aufladen und zur Ausgrenzung anderer nutzen will.

Mich beschäftigte damals, dass ausgerechnet in der sogenannten »Pluralismus«-Debatte die Vorstellungen, was eine Lebensform, eine Kultur, eine religiöse Gemeinschaft eigentlich sei, ausgesprochen vage und widersprüchlich blieben. Was teilen Menschen, die sich als soziale Gruppe oder als Nation verstehen? Wodurch entsteht oder vermittelt sich Zugehörigkeit? Sind solche kulturellen oder religiösen Gemeinschaften unbedingt historisch stabil und homogen oder lassen sich auch Brüche und vielfältige Variationen innerhalb der Kollektive aufzeigen?

Als das Buch erschien, gab es noch keine iPhones, Gerhard Schröder war Bundeskanzler der Bundesrepublik, und im Nahen Osten hatte nach einem Besuch Ariel Sharons auf dem Tempelberg die zweite Intifada begonnen. Es war die Zeit vor den Anschlägen vom 11. September in New York und dem nachfolgenden »Krieg gegen den Terror« mit den Einsätzen in Afghanistan und dem Irak. Es war, bevor der IS in Syrien und dem Irak ein totalitäres, gewaltförmiges Kalifat ausrief und bevor weltweit seine Anhänger entsetzliche Attentate verübten: in Paris und Tunis, London und Istanbul, Beirut und Orlando, Berlin und Barcelona und an vielen anderen Orten mehr. Und nicht zuletzt war es vor dem Brexit-Referendum, vor der Wahl von Donald Trump zum Präsidenten der Vereinigten Staaten und vor der Eskalation des Konflikts um die Unabhängigkeit von Katalonien.

In den letzten Jahren erlebte ein Spektrum an politischen und sozialen Bewegungen, die sich auf eine nationale, religiöse, kulturelle Identität berufen, in Europa eine erstaunliche Renaissance. Was sie bei allen Unterschieden eint, ist der Rekurs auf eine möglichst homogene, möglichst reine, möglichst substantielle kollektive Identität. Was sie verbindet, ist die Behauptung, kulturelle oder religiöse Vielfalt – wie in einer pluralen, säkularen Gesellschaft normal und legitim – stelle eine Gefahr und Bedrohung der eigenen, »ursprünglichen« Identität dar. Auf normativer Ebene geht dies häufig mit einer (absichtlichen oder unabsichtlichen) Verwechslung von Verschiedenheit und Ungleichheit einher: aus der Tatsache, dass eine Person oder eine Gemeinschaft in religiöser oder sexueller oder kultureller Hinsicht von einer Mehrheitsgesellschaft abweicht, wird ihre Minderwertigkeit abgeleitet: ihr stehen weniger Ansprüche, weniger Rechte, weniger Respekt zu. Es wird Gleich*artigkeit* zur Voraussetzung für Gleich*wertigkeit* gemacht.

Jenseits einer solchen rechtspopulistischen Re-Substantialisierung des Begriffs der Nation, der Kultur und eines religiös oder kulturell homogenen Begriffs kollektiver Identität wirft die Globalisierung die Frage des Bedeutungsverlusts des Nationalstaats auf. Wenn Nationalstaaten nicht mehr durchsetzungsfähig genug sind, wenn supra-nationale Organisationen wiederum noch nicht ausreichend partizipativ und inklusiv gestaltet sind, beginnt die Suche nach anderen sozialen, politischen, kulturellen Einheiten, in denen sich die Sehnsucht nach Repräsentation eher artikulieren lässt.

So oder so kommt auch in den politischen und philosophischen Kontroversen der Gegenwart dem Begriff der Identität wieder verstärkt Bedeutung zu, und es lohnt immer noch, so hoffe ich, eine differenzierende Analyse der Prozesse und Dynamiken, die Gemeinschaften, Lebensformen und Kulturen erzeugen und reproduzieren – und was sich daraus für die Fragen der Anerkennung in einer demokratischen Gesellschaft ergibt.

Eine Neuauflage eines älteren Buches wirft immer die Frage auf, wie sehr die heutige Autorin die frühere redigieren oder überarbeiten möchte. Da geht es mir vermutlich nicht anders als allen anderen: Man schmunzelt über manches, hadert mit anderem und eignet sich doch die eigenen Überlegungen wieder an. Bis auf sehr seltene Ausnahmen, bei der ein Begriff heute schlicht nicht mehr angemessen oder verständlich war, ist gleichwohl an dem ursprünglichen Text nichts verändert. Die Arbeit bleibt Ausdruck einer bestimmten historischen Zeit, aber weist hoffentlich auch darüber hinaus und bietet Argumente an für die Auseinandersetzungen der Gegenwart. Ich glaube, damals wie heute, dass zwischen der autonomen Identifikation mit einer sozialen Klasse, einer Kultur oder religiösen Gemeinschaft und der unerwünschten Zuschreibung in eine solche unterschieden werden muss. Ich glaube immer noch daran, dass unterschiedliche religiöse, kulturelle oder soziale Bezüge, in denen sich Menschen verorten, keine epistemischen Hindernisse der Verständigung darstellen. Ich glaube immer noch daran, dass wechselseitige Perspektivenübernahme und Respekt möglich und nötig sind – und wir als Individuen nur im Dialog mit anderen uns überhaupt entdecken und verstehen können.

Carolin Emcke

Berlin, Januar 2018

1. Einleitung

> Wenn ich mich Gemeinden, Gemeinschaften, Verbänden oder
> Gruppierungen, Gruppen oder Grüppchen gegenüber immer
> auf Distanz gehalten habe, so deswegen, weil ich im Inners-
> ten wusste, dass ich den Fremden zu ehren hatte und dass ich
> seinetwegen hoffen durfte, ich selbst zu sein und als solcher
> erkannt zu werden.
> *Edmond Jabès*

> It is no disgrace to be colored, but it is awfully inconvenient.
> *Bert Williams*

Im Sommer 1996 stellte Professor Bikhu Parekh in einem Undergra-
duate-Seminar des Government-Departments der Harvard University
die Frage, ob jemand im Raum sagen könne, was seine kulturelle Identität sei. Einer der Studenten antwortete mit zweifelsfreier und spontaner
Selbstverständlichkeit: »Of course. I am a New Yorker: I eat bagels, I
read the Times and I walk fast.«
    Selten bleibt dieser Tage die Frage nach der kulturellen Identität oder
auch eine derart schnelle Antwort eindeutig und unumstritten. Wonach
genau fragen wir, wenn wir jemanden nach seiner oder ihrer kulturellen
Identität fragen? Geht es um Herkunft im Sinne von Herkommen, um
die Zugehörigkeit zu einer Gemeinschaft, einer Nachbarschaft, einem
Verein, um Angehörigkeit in einer Nation, einer ethnisch-kulturellen
Gruppe? Geht es um das Teilen von Ansichten, Werten, Lebensform,
sexueller Orientierung, Sprache oder Aussehen? Wie viel Gemeinsamkeit bedarf es zur Mitgliedschaft in einer Gemeinschaft? Welche Unterschiede »machen den Unterschied aus«?[1] Ein Student aus Sarajevo
im ehemaligen Jugoslawien hätte sicherlich nicht so einfach wie unser
New Yorker auf dieselbe Frage den Ort seiner Herkunft und anscheinend sinnstiftende, geteilte Praktiken angeben können. Spätestens seit
1992 hätte er eine ethnisch-kulturelle Zugehörigkeit hinzugefügt, seit
1995 wahrscheinlich seine – neue – Nationalität.[2] Was für soziale Gebilde sind diese kollektiven Identitäten, die unsere modernen Gesell-

schaften so ausdifferenzieren? Welche Strukturen und Prozesse lassen sie entstehen und wie und durch wen werden sie reproduziert? Werden die symbolischen Zugehörigkeitskriterien von diesen Kollektiven selbst gewählt oder sind sie fremdbestimmt? Entstehen sie aus eigener Wahl oder aus fremder Willkür?

Die zunehmende soziale und politische Bedeutung von kollektiven Identitäten machte sich in den letzten Jahren durch eine Vielzahl durchaus verschiedenartiger Konflikte, Integrationsprobleme, aber auch sozialer Bewegungen weltweit bemerkbar[3]: Wiederbelebte, mehr oder weniger aggressive Nationalismen (wie in Osteuropa und auf dem Balkan), religiöse Mobilisierungen wie die des protestantischen Fundamentalismus in den USA oder der Islamisten in Ägypten oder vermehrte separatistische Bewegungen nationaler Minderheiten (wie im Baskenland, in Kurdistan und Quebec) verdeutlichten das ebenso wie verschiedenartigste[4] Emanzipationsbewegungen und Kämpfe um Anerkennung von ethnisch-kulturellen Gemeinschaftsbildungen oder Subkulturen mit alternativen Lebensformen, die sich gegen soziale Ausgrenzung und Diskriminierung wenden (wie Frauen, Schwule und Lesben in den meisten westlichen Demokratien, Afroamerikaner[5] in den USA oder die Sinti und Roma).

Es gilt ausdrücklich zu betonen, dass nicht alle diese Bewegungen Desintegrationstendenzen, Konflikte oder »separatistische Bedrohungen« darstellen. Sie werden hier nur in einem Atemzug genannt, weil in den genannten Beispielen die beteiligten Personen oder Gruppen sich in besonderer Weise auf ethnisch-kulturelle Identitäts-Kategorien beziehen und berufen. Bemerkenswert ist daran nicht zuletzt, dass die Kategorie der *Klasse*, mit der lange Zeit in politischen oder theoretischen Debatten operiert wurde, fast gänzlich verschwunden ist.[6] Stattdessen werden Ansprüche auf Rechte und Anerkennung als besondere partikulare Gruppe mit Eigenarten und normativen Werten, werden Einsprüche gegen Missachtung und Exklusion nun im Namen von und mittels kollektiver Identitäten erhoben.[7] Dies geschieht zwei praktischen und theoretischen Erschwernissen zum Trotz: (i) erstens werden die Konstitutions- und Konstruktionsbedingungen und -dynamiken ebendieser Kollektive selbst immer wieder in Frage und zur Diskussion gestellt.[8] Manche Gruppen oder Kollektive werden nicht als natürliche oder statische Gegebenheiten, sondern als historisch entstandene und in ihrer Zusammensetzung veränderliche soziale Gebilde verstanden. Dadurch wird häufig auch die Möglichkeit und Richtigkeit in Zweifel gezogen, im Namen dieser fragilen, wandelbaren und mitunter gewaltsam geformten Kollektive Forderungen zu stellen. Die Zeitgebundenheit und Wandlungen des Subjekts, in diesem Fall einer kollektiven Identität, stellen für manche Betrachter auch die Gültigkeit der Ansprüche in Frage, die in seinem Namen erhoben werden.[9]

(ii) Andererseits müssen die Emanzipationsbewegungen realisieren, dass zwar manche der Zugehörigkeiten zu kollektiven Identitäten exklusiv sind (religiöse oder staatsbürgerliche zumeist), andere hingegen Überlappungen oder Überschneidungen zulassen.[10] Das bedeutet, dass sich eben auch Loyalitäten und Verbundenheiten zu unterschiedlichen kollektiven Identitäten überkreuzen können (ethnische versus nationale z. B.). Zudem stellt jede einzelne Person eine Schnittstelle, eine Mélange unterschiedlicher Prägungen, Mitgliedschaften und Zugehörigkeiten dar.[11] Salman Rushdie schreibt dazu: »I was already a mongrel self, history's bastard, before London aggravated the condition.«[12]

Es wird noch zu klären sein, ob jeder oder jede Einzelne für sich entscheiden kann, *welche* dieser Prägungen oder Verbundenheiten die für sie entscheidenden und welche dieser Zugehörigkeiten zweitrangig oder austauschbar sind. Sicher scheint lediglich, dass diese multiplen Zugehörigkeiten der individuellen Personen Unterschiede *innerhalb* der einzelnen kollektiven Identitäten hervorrufen. Ein schwuler, ghanaischer Harvard-Professor hat mitunter andere Identifikationsmöglichkeiten und sieht sich anderen Missachtungen ausgesetzt als eine alleinerziehende schwarze Mutter von drei Kindern aus Gabun, die in einem Vorort von Paris arbeitet.

Wie das in der Diskussion und der politischen Auseinandersetzung wiederholte Auftauchen der Begriffe Anerkennung, Missachtung, Diskriminierung von bestimmten kollektiven Identitäten schon andeutet, sind die Bedeutung und der Sinn, den kollektive Identitäten für ihre *Angehörigen* haben, von dem Sinn, den sie für *andere* haben, zu unterscheiden.[13] Inwieweit gerade das *Verhältnis*, inwieweit die Diskrepanz zwischen beiden Deutungs- und Bedeutungsmustern einen Bestandteil der Identität selbst oder einen Kernpunkt der Solidarität der Einzelnen *untereinander* ausmacht, wird zu klären sein. Wenn die Selbstbeschreibung von der Fremdbeschreibung in einem extremen Maße abweicht, können Verletzungen der Integrität einer Person oder Gruppe auftreten, die ihrerseits zur substantiellen Erfahrung kollektiver Identität werden können.[14] Gerade um die Vermittlung dieser Perspektiven und den Austausch der Wahrnehmungen von verschiedenen Identitäten geht es in den öffentlichen Auseinandersetzungen, bei dem Einklagen von Anerkennung und Respektierung persönlicher oder kollektiver Differenz.

Diese Fragen um kollektive Identitäten, die den öffentlichen und politischen Auseinandersetzungen und Konflikten zugrunde liegen, haben in den vergangenen Jahren auch Eingang in die Debatten der Sozialwissenschaften und der politischen Philosophie gefunden.[15] In der Pluralismus-Debatte der jüngeren politischen Philosophie tauchen kollektive Identitäten zumeist in drei unterschiedlichen theoretischen Kontexten und in drei unterschiedlichen Rollen auf: Kulturen, Lebensformen und Kollektive werden (i) im Anschluss an die älteren Universalismus / Partikularismus-Debatten nun als *Widerstände der Verständigung*, der Einigkeit / Einheit in modernen pluralen Gesellschaften dargestellt.[16] Häufig stehen diese Auseinandersetzungen unter dem Motto: »Wie viel Differenz verträgt die Demokratie?«. In liberalen Theorien in der Folge der Liberalismus / Kommunitarismus-Diskussion werden sie dann (ii) besprochen als *Option für individuelle Selbstbestimmung*, d. h. eine Kultur, eine kollektive Identität als individuelle, mehr oder weniger autonome Wahl des guten Lebens – auch und gerade wenn das Verständnis des guten Lebens von dem der Mehrheitskultur verschieden ist. In postmodernen Ansätzen wird aus der Option auf Selbstbestimmung dann das *Recht auf individuelle oder kollektive Differenz*.[17] Und in jüngeren Publikationen tauchen sie (iii) auf als *Rechtsinstanzen*, also als Träger von spezifischen, ans Kollektiv oder die ethnisch-kulturelle Gruppe gebundenen Rechten (territoriale Rechtsansprüche z. B. im Falle verschiedener *natives* in den USA, Kanada und Neuseeland oder im Falle der Palästinenser).[18]

Während bei diesen Debatten vornehmlich normative Fragen der Rechts- und Moraltheorie angesprochen sind, die durch Phänomene kultureller Differenz entstehen, sollen im ersten und zweiten Teil dieser Arbeit *zunächst* einmal – in einer genetischen Perspektive – die Konstruktions- und Reproduktionsprozesse kollektiver Identitäten untersucht werden.

Ausgehend von Parsons' berühmtem Begriff von der Kultur als »system of meaning«[19], wird hier zunächst mit einer vorläufigen, dünnen Definition von kollektiven Identitäten gearbeitet, die als Vergemeinschaftungen bestimmte *Praktiken und Überzeugungen* teilen.[20]

Bevor im dritten Teil die normativen Fragen der Anerkennung kollektiver Identitäten diskutiert werden, soll vorerst geklärt werden, *wie* diese kollektive Identität/Differenz eigentlich entsteht und wodurch sie sich in *verschiedenen* kollektiven Identitäten auszeichnet. Die genetische Perspektive ist deshalb wichtig, weil sich zeigen wird, dass oftmals die rechtliche oder soziale Anerkennung kultureller oder subkultureller Differenz von den Entstehungsbedingungen ebendieser Differenz der Kollektive oder Personen *abhängig* gemacht wird.[21] Außerdem erscheint es nur mit der analytischen Unterscheidung zwischen verschiedenen Typen von Identitäten, die auf der Beschreibung der diversen *Entstehungsprozesse* fußt, möglich, ein kritisches Regulativ einzuführen, durch das selbstgewählte und gewollte Identitäten von gewaltsam erzwungenen und fremdgesteuerten *unterschieden* und normativ unterschiedlich *behandelt* werden können.

Dazu werden in einem ersten Schritt in Teil 1 in einer Rekonstruktion der Debatte in der politischen Philosophie und Theorie um kollektive Identitäten die Argumente systematisch dargestellt und zu einer Typologie der Modelle kollektiver Identitäten gebündelt. Es wird sich um keine hermeneutisch akkurate Darstellung der einzelnen Autoren, sondern um eine systematische Zuspitzung handeln. Bei jedem dieser Modelle wird darauf geachtet, bei einer genetischen Vorgehensweise zu bleiben und zunächst die in den jeweiligen Theorien entworfenen oder lediglich implizit unterstellten Entstehungs- und Reproduktionsweisen kultureller kollektiver Identitäten zu untersuchen.

Die anhand der Debatte systematisch zu rekonstruierenden Modelle werden sich dann zu einer viergliedrigen Typologie ausbilden, die einerseits die Argumente solcher *Theorien* bündelt, die von einer *intentionalen, aktiven* Reproduktion dieser Praktiken und Bedeutungen durch die Angehörigen selbst ausgehen. Dem werden jene Theorien gegenübergestellt, die eine *passive* oder *erzwungene*, externe Reproduktion bzw. Konstruktion der kollektiven Identität annehmen. Die Modelle unterscheiden sich einerseits dahingehend, ob sie das individuelle Mitglied vor Augen haben und das Kollektiv nur als Rahmen individueller Selbstfindung konzipieren oder ob sie das Kollektiv als Einheit innerhalb einer größeren pluralen Gesellschaft visualisieren und den Einzelnen dabei an den Rand der Betrachtung rücken. Die Modelle unterscheiden sich auch dahingehend, ob sie sich auf die Reproduktion der Praktiken und Bedeutungen beziehen oder auf die ursprüngliche Konstitution oder Konstruktion der Gruppe selbst. Es ist also keine terminologische Ungenauigkeit, wenn mal von den Praktiken und mal von den Gruppen selbst die Rede ist. Innerhalb der so unterschiedenen Klassen wird jeweils noch mal eine Unterscheidung getroffen.

Dabei wird nachgewiesen werden, dass *jedes* der untersuchten Modelle zu kurz greift, indem es nur *bestimmte* Gruppen und *bestimmte* Phänomene kultureller kollektiver Identitäten zu erfassen vermag und auf die Verschiedenheiten *innerhalb* sowie *zwischen* multiplen kollektiven Identitäten nicht ausreichend Rücksicht nimmt. Dadurch geraten auch die daran angeschlossenen normativen Argumentationen um soziale Anerkennung, Integration und Legitimität kultureller Differenz oftmals zu unterkomplex.

Danach folgt in Teil 2 ein eigener Entwurf von kollektiven Identitäten. Es wird der Vorschlag einer Typologie unterbreitet, die einerseits intentionale, selbst-identifizierte Vergesellschaftungen erfasst und andererseits nicht-intentionale, subjektivierende Konstruktionen von Identität/Differenz. Beide Typen gründen dabei auf der Vorstellung der identitären »Angewiesenheit auf das responsive Verhalten«[22] anderer. Sowohl Anerkennung als auch Missachtung erweisen sich als konstitutiv für die Entstehung kollektiver Identitäten. Die Einführung einer analytischen Unterscheidung von verschiedenen Typen kollektiver Identitäten behauptet *nicht*, dass empirische Gruppen permanent nur einem Typ entsprechen können. Kollektive Identitäten bleiben historisch variabel und situierbar auch innerhalb dieser Typologie. Die leitende Intuition für die Einführung einer Typologie, die an einer genetischen Perspektive orientiert ist, war vielmehr, dass dadurch kollektive Identitäten nicht in substantieller Hinsicht unterschieden werden müssen. Durch die Verlagerung auf das Verhältnis von Anerkennung und Missachtung zu dem Selbstverständnis der Mitglieder kollektiver Identitäten gelingt es zudem, kollektive Identitäten weniger als feststehende, statische Gebilde zu konzeptualisieren. Vielmehr werden sie zu einem dynamischen, porösen, unabgeschlossenen Projekt, das abhängig ist von den Verständigungsprozessen innerhalb der Gruppe, aber auch zwischen kollektiven Identitäten. Durch den Versuch einer *Rekonstruktion* des Selbstverständnisses zeitgenössischer kollektiver Identitäten und der *Dekonstruktion* von Fremdzuschreibung, Missachtung und Essentialisierung soll eine angemessene Beschreibung der Entstehung und Funktionsweise kollektiver Identitäten gelingen, die verschiedenste Gruppierungen berücksichtigen kann und die weder normativen Geltungsansprüchen oder individueller Handlungsfähigkeit konzeptuell die Grundlage entzieht noch an der Erfahrungswirklichkeit unterdrückter Identitäten vorbeiargumentiert.

Im Anschluss an diesen eigenen Vorschlag einer *differenzierten* Typologie kultureller kollektiver Identitäten wird in Teil 3 ein Ausblick auf normative Fragen hinsichtlich der Anerkennung dieser Gruppen und ihrer Mitglieder angeboten. Dieser letzte Abschnitt speist sich aus dem Misstrauen, dass in der sogenannten »Multikulturalismus-Debatte« sich Diskurse vermengen und verwirren, die über vollständig unterschiedliche Phänomene und kollektive Identitäten reden und besser voneinander geschieden werden sollten, wenn es um Identitäts-Politik oder die Anerkennung kollektiver Identitäten geht.

In Teil 3 wird die Typologie kollektiver Identitäten aus Teil 2 ergänzt um den Ausblick auf Varianten struktureller Verletzungen kollektiver Identitäten. Durch die Argumentation mit dem Negativrelief diskriminierender, ausgrenzender und verletzender Erfahrung soll der Identitätsbegriff entlastet und ergänzt werden, um differenzierende Formen der Anerkennung zu entwickeln, die mit diesen Verletzungen und Konflikten korrespondieren. Während die Angehörigen gewollter Identitäten Anerkennung und Respekt für ihre Praktiken und Überzeugungen selbst fordern, förderte dieselbe Form der Anerkennung bei Mitgliedern konstruierter, missachteter Identitäten lediglich die Reproduktion der willkürlichen Zuschreibungen und Missachtungen. Eine ausdifferenzierte Konzeption von Anerkennungsformen dagegen reagiert *variabel* auf verschiedene Formen kollektiver Identitäten. Um auf die Erfahrungen der Angehörigen ausgegrenzter und missachteter Identitäten angemessen antworten zu können, operiert der hier entwickelte Entwurf mit der Doppelstrategie der Typologie kollektiver Identitäten einerseits und einer komplexen Reihe unterschiedlicher Verletzungen und Konflikte.

Dadurch wird es möglich, Anerkennungsformen zu entwickeln, die sich nicht auf eine dichte Beschreibung einer fragwürdigen, substantiellen Identitätskonzeption beziehen und fixieren müssen, sondern auf strukturelle Verletzungen und Konflikte reagieren. Das Konzept kollektiver Identität bleibt so stark wie es nötig ist, um Verletzungen durch Missachtung und willkürliche Zuschreibungen überhaupt verorten zu können, zugleich aber ausreichend dünn, da sich die Anerkennung weniger auf den materialen Gehalt der Praktiken und Überzeugungen als vielmehr auf die Verletzungen und Ausgrenzungen selbst bezieht. So gelingt es auch, die häufig kritisierte Dialektik von Anerkennungsprozessen zu umgehen, die einerseits missachteten Identitäten Schutz bieten soll, oftmals aber eine fragwürdige Reessentialisierung und Fixierung in einer ungewollten kollektiven Identität zur Folge hat. Durch die komplementäre Verwendungsweise der Typologie kollektiver Identitäten und Formen dauerhafter Verletzungen und Ausgrenzungen werden die schwerwiegenden Folgen solcher Missachtungen für das Selbstverständnis der betroffenen Personen und Gruppen nachvollziehbar. Zugleich aber werden die Angehörigen nicht in diesen Erfahrungen reproduziert, sondern für die Verletzungen kompensiert – um sie schließlich aus den willkürlich zugeschriebenen kollektiven Identitäten befreien zu können.

Anerkennung wird so nicht mehr als einmaliger Akt beschrieben. Es zeigen sich vielmehr Anerkennungsprozesse als unabgeschlossenes Projekt, in dem um das Verhältnis zu Andersdenkenden oder -lebenden ebenso gerungen wird wie um unser Verhältnis zu uns selbst. In ihnen manifestiert und korrigiert sich unser Verständnis von unseren moralisch-politischen Standards, von Gleichheit und Differenz, in ihnen verständigen wir uns nicht nur über die Abweichungen von der Norm, sondern über die Normen selbst.

So gelingt es schließlich hoffentlich, ein präziseres Bild der Vielfalt kollektiver Identitäten zu zeichnen, in dem die Brüche, Durchlässigkeiten und Widersprüche innerhalb der Kollektive, aber auch innerhalb ihrer einzelnen Mitglieder deutlich werden. Wenn kollektive Identitäten endlich nicht mehr als abgeschlossene, stabile Entitäten konzeptualisiert werden, treten auch die wirkungsmächtigen Prozesse der willkürlichen Missachtungen und Verletzungen durch Gesetze und Diskurse anderer Kollektive,[23] aber auch die Auseinandersetzungen innerhalb der Gruppen stärker hervor. Erst das Verhältnis von Selbst- zu Fremdwahrnehmung nämlich kennzeichnet die *condition humaine*, in der jede einzelne Person in dialogischen Beziehungen zu anderen eingebettet, aber diesen eben auch ausgeliefert ist. Von den Chancen und Risiken dieser fragilen Wechselbeziehungen und Anerkennungsdiskurse, aus denen Identitäten sich erst bilden und immer wieder hinterfragend weiterbilden, erzählt dieses Buch.

Nicht liegt es an dir, das Werk zu vollenden, aber du bist auch nicht frei, von ihm abzulassen.
Rabbi Tarphon

TEIL 1
Systematisierende Rekonstruktion
der Debatte

2. Modelle kollektiver Identitäten – eine genetische Rekonstruktion

Wie bereits angekündigt, soll in diesem Teil eine systematische Darstellung der Argumente der Debatte um kollektive Identitäten geleistet werden. Dabei werden Argumente und Konzepte einerseits aus Texten der politischen Philosophie herausgeschält, die häufig lediglich *implizit* unterstellte Annahmen über Entstehung und Bedeutung kollektiver Identitäten enthalten. Um den Autoren gerecht zu werden, wird in manchen Fällen ausdrücklich zu beachten sein, inwieweit das dort beschriebene Verständnis kollektiver Identitäten nicht eher Ausdruck eines *normativen Modells* ist, von dem die Autoren selbst nicht den Anspruch erheben, dass es dem Selbstverständnis zeitgenössischer Gruppen und Personen entspräche.[24] Damit ändert sich der Status des Arguments gegenüber solchen Konzepten, bei denen es sich ausdrücklich um den Versuch einer Rekonstruktion empirischer Phänomene handelt. Andererseits finden auch Studien und Arbeiten aus der empirischen Sozialforschung, Geschichtswissenschaft und Soziologie Eingang in diesen Teil, sofern sie ihrerseits Theorien zur Entstehung und Funktionsweise von Kulturen, Nationen, Lebensformen und sonstigen kollektiven Identitäten anzubieten vermögen. Aus diesen beiden unterschiedlichen Quellen werden die Argumente geschöpft, die hier systematisch zu einer Typologie kollektiver Identitäten verwendet werden. Die Unterschiede der jeweiligen Vorstellungen über die Entstehung von kollektiven Identitäten bewegen sich auf den Ebenen der oben bereits genannten drei Rollen, in denen sie thematisiert werden (Widerstände der Verständigung; Optionen für individuelle Selbstbestimmung; Träger von Rechtsansprüchen), vor allem hinsichtlich der Begriffe und Konzeptionen von (i) *Autonomie* oder selbstbestimmter Freiheit der individuellen Mitglieder; hinsichtlich (ii) der *Formen der Aneignung* der symbolischen Praktiken und Bedeutungen, die die kollektive Identität oder schlicht die Überzeugung der Zugehörigkeit auszeichnen; (iii) der epistemischen *Fähigkeit zur Distanznahme* der eigenen Sozialisation oder kulturellen Zugehörigkeit gegenüber; sowie (iv) hinsichtlich des

Ausmaßes der *Differenz* zwischen Mitgliedern oder zwischen Mitgliedern und Nicht-Mitgliedern.

2.1 Modelle mit intentionaler, aktiver Reproduktion von Praktiken und Bedeutungen

In diesem Abschnitt 2.1. werden Argumente verschiedener Theoretiker rekonstruiert, deren Darstellungen von Identität/Identifikation darin übereinkommen, dass sie den Konstruktions- oder Reproduktionsprozess der kollektiven Identitäten als einen gleichermaßen *selbständigen* und *aktiven* beschreiben. Hier sind die Angehörigen und Mitglieder verschiedener Gruppen aktiver Ausgangspunkt ihrer Entstehung und Reproduktion. Es wird sich zeigen, dass sich die Modelle in der Beschreibung der Naturwüchsigkeit des Prozesses unterscheiden, auch hinsichtlich der Heterogenität innerhalb der Kollektive wird es relativ proportional zur Betonung des Aspekts der Individualität unterschiedliche Gewichtungen geben. Beide hier zu Modellen zusammenstilisierten Typen stimmen aber in der *subjektiven* Perspektive, dem subjektiven Blick auf das Phänomen kollektiver Identitäten überein.

> Objective identity tells almost none of the story – indeed, it may only tell the victim's story, as many groups have suffered horrendous abuse because they were objectively identified as worthy of suppression or extinction.[25]

Die beiden Modelle betonen das aktive, bewusste Moment einerseits der *Wahl* oder andererseits der angenommenen *Erbschaft* bestimmter, das kulturelle Kollektiv auszeichnender Praktiken und Bedeutungen, die sich dann erst zu Überzeugungen und Identifikationen[26] ausbilden. Es sind die Angehörigen selbst, die diese Praktiken und Bedeutungen als die ihren auszeichnen. Es ist die Selbstbeschreibung oder Selbsterfindung, die in andauernden individuellen oder kollektiven (Kommunikations-)Prozessen zur mehr oder weniger wandelbaren Identität führt. In keinem Fall wird eine kollektive Identität als eine Fremdwahrnehmung, als eine erzwungene Konstruktion beschrieben. Der Prozess der Aneignung stellt sich als aktiver und selbstbestimmter dar. Es sind ererbte oder erfundene Praktiken und Bedeutungen, die gewollte und gewählte Überzeugung und Erfahrung werden. Es ist nicht eine erzwungene, von außen übergestülpte Lebenswirklichkeit. Die Anerkennung als Angehörige der Gruppe wird durch die Mitglieder selbst wechselseitig erteilt und nicht von Nicht-Angehörigen bestimmt.[27]

2.1.1 Typ (I) Das liberale, individualistische Modell (Rawls)

> As citizens, [persons] are seen as capable of revising and changing this conception [of the good] on reasonable and rational grounds, and they may do this, if they so desire.
>
> *John Rawls*

Als John Rawls' *Theory of Justice* 1972 erschien, legte er damit nicht allein eine neue liberale Theorie der Gerechtigkeit nach dem klassischen Modell des Gesellschaftsvertrages vor, sondern er lieferte en passant auch eine Auffassung von der Entstehung gesellschaftlicher Solidarität, die – wie Talcott Parsons das nannte – auf »freiwilliger Anhängerschaft« (»voluntary adherence«) basierte.[28] Es war allerdings nicht das von Rawls verkündete Moment der selbstgewählten Zugehörigkeit, sondern mehr der vorausliegende Begriff der rationalen, autonomen Person, der in der im Anschluss an das Erscheinen der *Theory of Justice* folgenden Liberalismus / Kommunitarismus-Debatte ins Zentrum der Kritik geriet.[29] Gleichwohl finden sich bei dem Liberalen Rawls und seinen Kritikern schon manche der Motive, um die auch die Debatte um kollektive Identitäten und deren Geltungsansprüche in allen Variationen immer wieder kreisen wird: individuelle Handlungsfähigkeit, Selbstbestimmung des konkreten Einzelnen, Rationalität und Vernünftigkeit des Selbstentwurfs und der freien Wahl, Kritikfähigkeit und Distanznahme gegenüber der sozialen Welt. Aus diesem Grund sollen hier zunächst einige der Rawls'schen Argumentationslinien für das erste Modell (I) kollektiver Identitäten mit aktiver, intentionaler Reproduktion noch einmal etwas ausführlicher nachgezeichnet werden und einen Anfang bilden.

Das erste Personenkonzept, das Rawls uns anbietet, findet sich im Zusammenhang mit der Vorstellung von »Theory of Justice«, und es verweist auf ausdrücklich *rationale* Entscheidungsträger in der Wahl gerechter Prinzipien des Zusammenlebens. »One feature of justice as fairness is to think of the partys in the initial situation as rational and mutually disinterested.«[30] Die Ausgangssituation, von der hier in der *Theory of Justice* die Rede ist, wird von Rawls als ausdrücklich *hypo-*

thetischer Urzustand charakterisiert – ähnlich dem Naturzustand in der klassischen Theorie des Gesellschaftsvertrages.[31] Es handelt sich dabei um ein *Gedankenexperiment*, das zur Ermittlung solcher Prinzipien der Gerechtigkeit führen soll, die als fair angenommen werden können. Rawls liefert dementsprechend kein deskriptives Konzept der Personen und Parteien in einem historischen Zustand, sondern ein normatives Modell. Die Personen sind im hypothetischen Urzustand ausdrücklich abstrakt und in Unkenntnis ihrer persönlichen, kulturellen oder gesellschaftlichen Stellungen und Zugehörigkeiten gehalten; insofern sind sie auch nach Rawls' eigenem Verständnis nicht vollständig autonom. Nicht, dass Rawls um die vielschichtigen Loyalitäten und Verbundenheiten, um die es in diesem Abschnitt geht, nicht wüsste oder sie ignorierte. Vielmehr entwirft er ein – wie er es nennt – *politisches Konzept der Person*[32] innerhalb einer normativen Theorie der Gerechtigkeit als Fairness. Für diesen Zweck, so argumentiert Rawls, sei es wichtig, von ebendiesen Zugehörigkeiten – für den Moment des Gedankenexperiments – zu abstrahieren. Es handelt sich hierbei um eine Art von »Vermeidungsstrategie«[33] in Zeiten moderner Pluralität. Die Personen repräsentieren nicht Berufsgruppen, Klassen oder ethnisch-kulturelle Gruppierungen, sie sprechen nur für sich selbst.[34] Die explizit kontrafaktische Repräsentation der Personen und Parteien im Urzustand darf allerdings nicht als etwas anderes als eine formale missverstanden werden.

Relevanter für den Kontext dieser Arbeit ist demgegenüber der Begriff der Person, den Rawls im Kontext seiner Theorie des Guten und in seinen späteren – schon auf die kommunitaristischen Kritiker reagierenden – Veröffentlichungen vorschlägt. Schon in der *Theory of Justice* wendet sich Rawls der Frage nach dem Guten zu, die er zunächst feinsäuberlich von der des Rechten getrennt hatte, und entwirft eine »schwache« Theorie des Guten, um damit die rationale Entscheidungsmotivation der Parteien im Urzustand und ihre Wahl der Grundgüter (»primary goods«) zu untermauern.

> Rational individuals, whatever else they want, desire certain things as prerequisites for carrying out their plans of life. Other things equal, they prefer a wider or narrower liberty and opportunity, and a greater rather than smaller share of wealth and income. That these things are good seems clear enough.[35]

Die Fähigkeit, eine eigene Konzeption des Guten zu entwickeln, bildet für Rawls ein genuines Vermögen moralischer Persönlichkeiten. Die

Personen sind *rational* insofern sie im Interesse der Erfüllung ihrer Ziele und Lebenspläne handeln.[36] Dabei ist die Person nach Rawls' Verständnis Zweck an sich, sie ist ihren eigenen Zielen vorgängig.[37] Lebenspläne und Ziele sind fundamental für eine Konzeption des Guten, weil sie ein Beurteilungskriterium, einen Bewertungsmaßstab darstellen, mittels dessen bestimmte Personen als konsistent und rational erkannt werden können. Die Konzeption des Guten ist bei Rawls in eine klassische *rational choice theory* eingebettet.[38] Die Ziele und Lebenspläne einer konkreten Person sind demnach dann und nur dann rational, wenn sie mit den Prinzipien der *rational choice* vereinbar sind.[39] Das Argument mutet zunächst nach einem gehaltlosen Zirkelschluss an: um eine formale Theorie des Rechten zu stützen, entwickelt Rawls in seinem Personenbegriff eine schwache Konzeption des Guten, die für rational erklärt, was gut für eine bestimmte Person ist; und da das individuell variabel ist, Rawls aber eine Begründung für die angestrebte Einigung der verschiedenartigsten Personen und Parteien auf die Grundgüter geben will, wird im Umkehrschluss gut für *eine jede* Person, was sie nach dem Verfahren der *rational choice* im Rahmen einer Vernunft, die ohnehin darum bemüht ist, »sich die Gesichtspunkte der Gerechtigkeit zu eigen zu machen«, für sich auswählt.

Das Konfliktpotential zwischen individuell variierenden, selbstbestimmten Lebensplänen in einer pluralen Gesellschaft und dem Anspruch einer einigenden Theorie der Gerechtigkeit, die den Vorrang des Rechten vor den Ansprüchen und Bedürfnissen der Ideen des Guten behauptet (»Vorrangthese«[40]), versucht Rawls zu umgehen, indem er in das Lebensplankonzept schon eine an den Begriffen der Gerechtigkeit orientierte Vernunft einbaut. Der Lebensplan bestimmt sich sodann nicht mehr bloß nach kontingenzvermeidender planender Vernunft, sondern der Lebensplan wird (i) ganz *substantiell* mit Gerechtigkeitserwägungen gefüllt, indem Gerechtigkeit als das höchste Gut gesetzt wird, dem sich alle individuellen Pläne sinnvollerweise freiwillig unterordnen. Zum anderen wird (ii) eine an Gerechtigkeitserwägungen orientierte Vernunft *strukturell* in das Lebensplankonzept eingebaut, indem Gerechtigkeit »genau wie jede andere äußere Erwägung«[41] ins Kalkül der Berechnung der planvollen Selbsterhaltung miteinbezogen wird.

Was aber genau sind diese individuellen Lebenspläne und wie entstehen sie für eine konkrete Person?

In dem 1993 erschienenen *Political Liberalism* nimmt John Rawls seine Thesen aus der *Theory of Justice* wieder auf, interpretiert sie aber oftmals anders und füllt manche der Konzepte aus. Aus dem isolierten Individuum, das seine Idee des Guten eigenständig und rational verfolgt, wird jetzt eine Person mit Zugehörigkeiten und Zuneigungen zu Gruppen und Kollektiven, die sowohl Ursprung als auch Resultat ihrer Lebenspläne zu sein vermögen. Der Liberale Rawls vermeidet es bewusst, die Ziele und Lebenspläne seiner rationalen Personen konkret und substantiell zu beschreiben. In pluralen modernen Gesellschaften weiß er um die Verschiedenartigkeit der Vorstellungen vom guten Leben. Die Grundgüter, auf die die Parteien im Urzustand sich verständigen, werden nicht substantiell bestimmt. Vielmehr dringt Rawls ausdrücklich auf Neutralität gegenüber der sogenannten nichtöffentlichen Identität der Person.[42] Damit meint er »private« Zugehörigkeiten und Mitgliedschaften, Überzeugungen und Loyalitäten, die häufig bestimmte Lebenspläne in ein Umfeld einbetten oder sogar generieren. Während Rawls diesen Angehörigkeiten und Verbundenheiten eindeutig eine Rolle bei der Erfüllung der jeweiligen Idee des guten Lebens und der dadurch geprägten Ziele der individuellen Person zuschreibt, werden sie doch als konkrete und substantielle aus der politischen Konzeption der Person, die die Grundgüter auswählt, herausgehalten. Die Grundgüter werden vielmehr als minimalistische, neutrale Ermöglichungsbedingungen, als gesellschaftliche Grundlage von Selbstachtung entworfen. Wir können von daher lediglich die *Funktion und Dynamik* von rationalen Lebensplänen im Kontext verschiedenartiger Loyalitäten und Angehörigkeiten der Person beschreiben:

Der Lebensplan stellt bei Rawls den zentralen Begriff seiner Autonomie- und Selbstbestimmungskonzeption dar. Die Autorenschaft des Individuums zeigt sich nicht nur im *einmaligen Akt*, im einmaligen Beschluss eines Lebensplans, sondern die rationale Selbstbestimmung der Rawls'schen Person zeigt sich auch im beständigen, *permanenten* Überprüfen und Revidieren dieser Lebenspläne und damit verknüpften Entscheidungen.[43]

Ausgangspunkt und *Subjekt* der Rawls'schen Lebenspläne ist dabei stets die *individuelle* Person, der oder die konkrete Einzelne. Niemals wird ein kulturelles *Kollektiv als Träger* von Zielen und Lebensplänen angenommen. Die Gemeinschaften, denen die einzelne Person angehört und die sie unterstützt, mögen für die Erfüllung der Idee des guten Lebens relevant oder notwendig sein, sie mögen Teil-Ziel eines rationalen Lebensplans sein, insoweit die Person ihrer Gemeinschaft Erfolg wünscht, oder die Struktur *innerhalb deren* das Ziel erfüllbar ist, aber sie sind bei Rawls niemals *selbst* unvermittelter Ausgangspunkt der Lebenspläne. Rationale Lebenspläne variieren je nach Umständen und Vermögen von Person zu Person individuell.[44] Zwar mögen Gemeinschaften und Kulturen bestimmte Lebensformen und Ideen des guten Lebens anbieten und fördern, aber niemals wird das Kollektiv selbst mit Plänen und Interessen ausgestattet.[45] Rawls' Terminologie suggeriert stattdessen das rationale, *Identifikationen wählende* individuelle Subjekt: Rawls spricht selten von Gemeinschaften, Kulturen oder Nationen. Vielmehr betont er Begriffe wie »Bindungen«, »Überzeugungen«, »Anschauungen«. Den substantiellen oder symbolischen Zugehörigkeitskriterien zu Gemeinschaften wird niemals Bedeutung zugemessen; das bewusste Interesse oder das schlichte Gefühl der Solidarität einer Gruppe gegenüber bestimmen die Zugehörigkeit. Kollektive Identitäten entstehen bei Rawls nicht durch gemeinsam geteilte Erfahrungen, Schicksale, Lebensgeschichten oder Gedächtnis, tatsächlich materialisieren sie sich gar nicht erst in seiner Theorie. Vielmehr formen und verändern sich die gleichsam gestaltlosen, beinahe ideellen Gebilde mit der Zustimmung und Unterstützung, mit den Interessen und Plänen individueller Personen. Rawls' Angehörige einer Gemeinschaft sind nicht – wie immer definierte – Gleiche, sondern Gleichgesinnte. »As citizens [persons] are seen as capable of revising and changing this conception [of the good] on reasonable and rational grounds.«[46] Wenn aber die einzelnen Personen zu wählen, wenn sie sich ihre Zugehörigkeit oder Identität selbst *anzueignen* vermögen, wenn sie ihre Konzeption des Guten – und damit implizit auch ihre Überzeugungen und Bindungen zu unterschiedlichen Gemeinschaften – zu bedenken und zu verändern vermögen, dann verfügen Rawls' Personen über die Fähigkeit zur *Distanznahme* ihrer Kultur, ihrer Lebensform, ihrer Religion gegenüber.[47] Rawls' Personen sind mit individueller Kritik- und Handlungsfähigkeit ausgestattet. Das Moment der Autonomie und Selbstbestimmung des Individuums bezieht sich nicht allein auf die zustimmende Wahl innerhalb der traditionalen Wertvorstellungen, sondern die individuelle Person ist auch fähig zur Distanznahme und Ablehnung überlieferter Werte und Normen. Für die Reproduktion von symbolischen Praktiken und Bedeutungen von kollektiven Identitäten bedeutet dies, dass Personen im Rawls'schen Theorierahmen als Angehörige bestimmter kulturell-ethnischer Gemeinschaftsbildungen nicht einfach innerhalb dieser Interpretations- und Bedeutungssysteme sozialisiert werden und damit traditionelle Verhaltens- oder Überzeugungsmuster passiv übernehmen.[48] Vielmehr können die individuell handelnden Subjekte ihre Identifikationen und Überzeugungen autonom wählen und Praktiken, die nicht in ihrem rationalen Interesse oder Vorteil liegen, ablehnen oder verändern. Man kann in diesem Zusammenhang von einer *voluntaristischen Selektivität* sprechen. Die kulturelle Reproduktion ist in diesem Modell als *aktiver, bewusster, freiwilliger und selbstbestimmter Prozess* gedacht. Das hat weitreichende normative Konsequenzen, die auf den zwei von Rawls unterschiedenen Achsen der öffentlichen bzw. der nicht-öffentlichen Identität verlaufen. Zur Erinnerung: Rawls' Personenbegriff unterscheidet – wie wir gesehen haben – zwischen einem (i) politischen Konzept der Person, einer öffentlichen Identität des Bürgers einer wohlgeordneten Gesellschaft und (ii) einem Konzept der nicht-öffentlichen Identität der »privaten«, situierten Person, die ihre Überzeugungen und Interessen mit Gleichgesinnten in einer Gemeinschaft teilt. Hinsichtlich der nicht-öffentlichen Identität folgt aus dem Moment der selbstbestimmten und individuellen Wahl, das Rawls den Personen als Angehörigen einer Gemeinschaft zuweist, eine *selbstbestimmte und individuelle Differenz.* Das bedeutet dreierlei: das heißt zunächst, (a) dass die Verschiedenheit, die Pluralität, die moderne Gesellschaften auszeichnet, demnach Rawls zufolge durch *freie* und individuelle *Wahl*, durch eigenen Entschluss entsteht. Es gibt keinen kollektiven Zwang, keine Fremdbestimmung, keine externe Konstruktion von individueller oder kollektiver Differenz;[49] (b) gelingt Rawls damit ein Blick auf die Vielfalt und Heterogenität *innerhalb* von Gemeinschaften. Es ist nicht ein Kollektiv, das Praktiken und Bedeutungen für alle Mitglieder gleichermaßen festlegt, sondern der oder die Einzelne kann die Überzeugungen und Bindungen, die mit einer bestimmten Gruppe verbunden sind, überprüfen und revidieren und sich dadurch von anderen Mitgliedern unterscheiden, und schließlich wird (c) die nicht-öffentliche, individuelle Identität zeitlich flexibel und wandelbar.

Doch auf einer ganz anderen Ebene hat der Begriff der selbstbestimmten, individuellen Wahl normative Konsequenzen. Rawls hat damit theoriestrategisch die konzeptuelle Grundlage geschaffen, um seine *freien* Personen zu »selbstschaffenden Quellen gültiger Ansprüche« zu machen. Gemeint sind damit Ansprüche, die unabhängig davon relevant sind, ob sie sich aus Pflichten herleiten, die aus der politischen Gerechtigkeitskonzeption resultieren.[50] Rawls betont ausdrücklich, dass dies *auch* Ansprüche sein können, die auf Pflichten und Verpflichtungen gründen, die die Personen aus ihrer spezifischen Konzeption des Guten oder ihrer Weltanschauung ableiten. Nur autonome, selbstbestimmte, Identifikationen wählende Personen können sinnvollerweise zu *selbstschaffenden* Quellen gültiger Ansprüche werden. Dieser Aspekt der Freiheit, der es den Bürgern erlaubt, ihr Selbstbild[51] mit Ansprüchen zu versehen, charakterisiert nach Rawls seine spezifisch politische Konzeption.

Die öffentliche Identität der Person (i) bleibt Rawls zufolge allen Wandlungen der privaten Person zum Trotz unverändert. Das besagt vor allem, dass die politische Person *als Rechtssubjekt* mit Anspruch auf Grundrechte und -freiheiten gleich bleibt. Ob eine Person ihre Weltanschauung ändert oder von einer Religion zu einer anderen konvertiert, findet mit Hinblick auf die öffentliche Anerkennung und bei Fragen der politischen Gerechtigkeit in Rawls' Theorie keine Beachtung. »There is no loss of what we may call their public identity.«[52] Im Umkehrschluss lässt sich daraus folgern, dass für Rawls ethnisch-kulturelle Kollektive als Träger von spezifischen Gruppenrechten aus zweierlei Gründen undenkbar sind:

(i) Einerseits richtet Rawls seine Gerechtigkeitskonzeption immer am individuellen Subjekt aus. Diese Person ist zwar durch Loyalitäten und Überzeugungen, durch Interessen und Weltanschauungen an verschiedenste Gruppen gebunden, aber die Vielfalt innerhalb der Gruppen sowie die möglichen Wandlungen der Überzeugungen einer Person im Laufe ihres Lebens macht die kollektive Identität als Ausgangspunkt unbrauchbar.

(ii) Andererseits bildet die Idee der *Neutralität* des liberalen Staates gegenüber der nicht-öffentlichen Identität des Bürgers den Kern der Rawls'schen Gerechtigkeitskonzeption. Der politische Begriff der Person als einer freien und gleichen bleibt – insoweit es um die Person als Rechtssubjekt geht – Unterschieden in der privaten Identität/Differenz der Bürger als Angehörigen bestimmter ethnisch-kultureller kollektiver Identitäten gegenüber *invariant.*[53] Voraussetzung hierfür ist eine in das Argument eingebaute Hierarchie zwischen öffentlicher und nicht-öffentlicher Identität. Rawls schreibt der öffentlichen, politischen Identität Vorrang gegenüber der privaten Person zu, denn nur mittels der politischen, öffentlichen Identität kann es nach Rawls in pluralen Gesellschaften gelingen, von Verschiedenheiten zu abstrahieren, sie zu integrieren und Konflikte zu koordinieren: Das ist das Ziel seiner liberalen Gerechtigkeitskonzeption.

Eine noch später zu klärende Frage bleibt, inwieweit Rawls' in den Personenbegriff eingezogene Hierarchie zwischen öffentlicher und privater Identität weitreichende Konsequenzen für den Zusammenhang von Gleichheit/Gleichbehandlung und Identität zeitigt. Was zunächst wie ein großer Vorteil wirkt, nämlich gerade in *Absehung* der Verschiedenheiten der konkreten Einzelnen Rechtsansprüche zu garantieren, kann mitunter fragwürdig werden.[54] Wenn bei der normativen Forderung der Gleichbehandlung die private, kulturelle Zugehörigkeiten miteinschließende Identität *außen vor gelassen* wird, dann kann nicht berücksichtigt werden, dass Identität und Differenz in verschiedenen Verhältnissen zum Konzept der Gleichbehandlung stehen können, wie Michel Rosenfeld bemerkt.[55] Durch das Ausgrenzen von Fragen »privater Zugehörigkeiten« aus dem Bereich öffentlicher Identität wird die Neutralität – die sich aus dem normativen Konzept der Gleichheit ableiten lässt[56] – insofern verzerrt repräsentiert, als Ungleichheiten, die aufgrund ebendieser »privaten« Zugehörigkeiten entstehen, nicht berücksichtigt sind. *Affirmative-action*-Befürworter beklagen deswegen, dass das Prinzip der Gleichbehandlung unter diesen theoretischen Vorgaben zur Reproduktion existierender Ungerechtigkeiten führt.[57] Rawls' *Theory of Justice* operiert – insoweit man seinem zweigeteilten Personenkonzept folgt – mit einer strukturellen Grammatik von Gleichheit, die Gleichheit als (öffentliche) Identität setzt.[58]

Der Status der hier geäußerten Kritik ist folgender: Es soll *nicht* das normative Konzept der Gleichheit selbst in Frage gestellt werden. Vielmehr sind lediglich die Rawls'schen Vorbedingungen und Beschreibungen seiner Anwendung und Zuständigkeit problematisch. Das Problem lässt sich an einem Beispiel konkretisieren. Rawls unterstellt, dass eine Veränderung in der Konzeption des guten Lebens, dass eine Konversion im privaten Gewissens- oder Religionsbereich des oder der konkreten Einzelnen »keinen Verlust der öffentlichen Identität« bedeutete, dass also aus Sicht des Gesetzgebers diese Veränderungen im persönlichen Bereich des Bürgers ohne Belang blieben. Der geringere rechtliche Schutz aber, den beispielsweise ein schwuler Vater erfährt, der sich entscheidet, mit einem Mann und nicht mehr einer Frau zu leben (kein Recht auf Ehe und damit Verlust einer Vielzahl gesetzlicher und finanzieller Vorzüge, geringere Aussichten, das Sorgerecht zu erhalten etc.), versinnbildlicht eben einen solchen Verlust öffentlicher Identität, der eine Folge der veränderten privaten Konzeption des guten Lebens der individuellen Person ist.[59] Nun könnte eingewendet werden, dass gerade für solche Fälle Rawls' Begriff des *Schleiers des Nichtwissens* als kriteriologisches Konzept taugt. Das Beispiel trifft aber insofern auch auf Rawls' Personenbegriff im Urzustand zu, als die Kategorie »Geschlecht« noch nicht einmal zu den Eigenschaften gehört, über die die Personen hinter dem Schleier des Nichtwissens in Unkenntnis gelassen werden sollen. Es lässt sich nur vermuten, dass Rawls fälschlicherweise unterstellt, dass die Kategorie Geschlecht insoweit irrelevant sei, als durch sie keinerlei Ungleichheiten vor dem Gesetz entstünden.[60]

Eklatanter gar wird das Problem offenbar, wenn man den Fall eines – sagen wir durch einen Unfall plötzlich – Schwerstbehinderten annimmt. Schwerstbehinderte sind nach Rawls ausdrücklich aus den Beratungen um die Prinzipien der Gerechtigkeit ausgenommen, weil sie – seiner Ansicht nach – keine »voll kooperierenden Mitglieder der Gesellschaft« darstellen.[61] Mit einer solchen Behinderung verlieren die Betroffenen also ausdrücklich ihre Partizipationsrechte an der Mitgestaltung einer gerechten Konzeption der Gesellschaft und damit auch ihre öffentliche Identität.

Mit Martha Minow ließe sich fragen:

> When does treating people differently emphasize their differences and stigmatize or hinder them on that basis? And when does treating people the same become insensible to their difference and likely to stigmatize or hinder them on that basis?[62]

Alle hier an Rawls exemplifizierten Argumente lassen sich systematisch zuspitzen zu einem spezifischen Konzept kollektiver Identitäten, das ich unter Typ (I) als das liberale, individualistische Identifikationsmodell bezeichnet habe.

Wie das im Anschluss diskutierte zweite Modell der hier stilisierten Typologie behaupten diese Theorien eine *intentionale, aktive* Konstruktion, Konstitution und Reproduktion der kollektive Identitäten auszeichnenden symbolischen Sinngrenzen und Bedeutungsmuster, aber auch Praktiken und Rituale. Die Zugehörigkeit zu bestimmten ethnisch-kulturellen Kollektiven entsteht hier nicht durch passive Sozialisation[63] und unbewusste Reproduktion der die Gruppe auszeichnenden

Merkmale oder Traditionen. Stattdessen wird das einzelne Individuum als erkenntnis- und handlungstheoretischer Ausgangspunkt konzipiert, das sich selbst entwirft – und zwar rational und den eigenen Bedürfnissen und Interessen entsprechend. Die Zugehörigkeit stellt sich hier als eine *erworbene* Identifikation dar. Das Individuum *entscheidet* sich für eine Identität. Es handelt sich demnach um eine Angehörigkeit aus Überzeugung.

Daraus folgt auf der rein deskriptiven Ebene der Darstellung der Entstehung und Funktionsweise kultureller Kollektive dreierlei:

(i) Durch das Rückführen aller Überlegungen auf das *individuell* handelnde Subjekt als Ausgangspunkt und Entstehungsmotor, als individueller Autor der Narrative kollektiver Identitäten, gelingt es, kollektive Identitäten als in sich *heterogen* und vielfältig zu beschreiben. Es werden auf diese Weise nicht Verschiedenheiten zwischen Kollektiven stilisiert, ohne auf die Unterschiede innerhalb der Gruppen zu achten. Dadurch können fahrlässige oder rassistische Essentialisierungen und Stigmatisierungen vermieden werden.[64] Eine einzelne Person kann in diesem Modell nicht aufgrund einer Essentialisierung eines gruppenspezifischen Merkmals allein als repräsentativ für die ganze Gruppe ausgemacht werden. Justice Clarence Thomas vertritt genauso wenig den Standpunkt aller Afroamerikaner, wie Alice Schwarzer der Überzeugung aller Frauen Ausdruck verleiht. Das Modell erlaubt insofern eine Differenzierung zwischen *Zugehörigkeit und Erfahrung* einer kollektiven Identifikation/Identität.[65]

Der Mythos von endogamen Kulturen, die sich als monolithische Sinn- und Handlungszusammenhänge gleichsam automatisch vererben und traditional reproduzieren – wie sich das beispielweise Harold Isaacs noch vorstellte[66] –, wird hier verabschiedet. Des Weiteren und damit zusammenhängend folgt aus der Setzung des individuell handelnden und über seine ethnisch-kulturelle Identifikation entscheidenden Subjekts, dass *multiple Zugehörigkeiten* denkbar sind. Chandra Mohanty hat eindrücklich darauf hingewiesen, wie die Zugehörigkeit zu verschiedenen kollektiven Identitäten bzw. die spezifische Kombination von Zugehörigkeiten gravierende Unterschiede innerhalb der Gruppe ausmachen können.[67]

(ii) Durch die Charakterisierung der Entstehung der Identität als Identifikation durch rationale Entscheidung, durch selbstbestimmte Wahl, erhält die Zugehörigkeit zu einer kollektiven Identität den Status von etwas *Erworbenem*. Das Subjekt entscheidet sich für eine Zugehörigkeit – ob aus Interesse oder Verbundenheit oder religiöser oder intellektueller Überzeugung. Dadurch wird die Identität zu einer *variablen, veränderbaren, ablegbaren* Kategorie. Den einzelnen Mitgliedern wird damit eine – auch epistemologische – »exit-option« eingeräumt. Sie vermögen, je nach Bedarf und Überzeugung, ihre Gruppen auch wieder zu verlassen.

Zudem wird hiermit der *subjektive* Charakter solcher erworbener Zugehörigkeiten hervorgehoben. Die Identitäten entstehen aus individueller, autonomer Selbstbeschreibung und Selbstinteresse.

(iii) Schließlich wird das als rational beschriebene Individuum mit der Fähigkeit zur *kritischen Distanznahme* seiner oder ihrer Umwelt gegenüber ausgestattet. Denn nur derjenige vermag rational aus den unterschiedlichsten Angeboten an Lebensformen *auszuwählen*, dem das notwendige Vermögen zur Transzendierung der erworbenen Sinn- und Handlungsmuster gegeben ist. Die Gemeinschaften in diesem Modell sind nicht *symbolisch geschlossen*, sondern gestatten ihren Mitgliedern den epistemologischen Zugang zu anderen Kulturen. Der oder die Einzelne steht in keiner intellektuellen oder emotionalen *Abhängigkeit* zu der Kultur, in der er oder sie sozialisiert wurde. Vielmehr scheint die kulturelle Identität der sozialen Umgebung aus Überzeugung angeeignet zu sein und erlaubt insofern auch kritische Distanznahme und sogar Veränderung.

Kritisch lässt sich vorläufig Folgendes feststellen:

(i) Das Setzen des individuellen Subjekts als Ausgangspunkt aller Überlegungen um kulturelle-ethnische kollektive Identitäten zeitigt zwar die oben genannten Vorzüge – nämlich der Beschreibbarkeit von (a) Heterogenität innerhalb von kollektiven Identitäten, (b) multipler Zugehörigkeiten und (c) des subjektiven Charakters aller Identitäts-Kategorien und damit Vermeidung von essentialisierenden Beschreibungen –, aber dadurch wird vernachlässigt, inwieweit beispielsweise der moderne Rechtsdiskurs von der Beschreibbarkeit eben *kollektiver* Identitäten ausgeht: Die Auswahl der Mitglieder einer Geschworenen-Jury im zeitgenössischen Amerika mag dafür als Beispiel dienen. Aber auch das europäische Asylrecht nach Schengen-II arbeitet mit der Ablehnung von Rechts- bzw. Asylansprüchen aufgrund der ›objektiven‹ Feststellbarkeit einer ethnisch-nationalen Identität.[68]

(ii) Aber es geht nicht allein darum, inwieweit kulturelle Identität, ob als kollektive oder individuelle, in normative Diskussionen Eingang gefunden hat. Es bleibt auch zu fragen, ob es *allen* Gruppen gleichermaßen *möglich* ist, das Individuum als Ausgangspunkt kollektiver Identität zu setzen oder ob die Theoretiker dieses Modells nicht mit der Vorstellung einer ganz *partikularen, spezifischen Form* ethnisch-kultureller Identität operieren.

> This individualist ideology, however, in fact obscures oppression. Without conceptualizing women as a group in some sense, it is not possible to conceptualize oppression as a systematic, structured, institutional process. If we obey the injunction to think of people only as individuals, then the disadvantages and exclusions we call oppressions reduce to individuals in one of two possible ways. Either we blame the victims and say that the disadvantaged person's individual life-styles and capacities render them less competitive; or we attribute their disadvantage to the attitudes of the other individuals, who for whatever reason dont »like« the disadvantaged ones. In either case structural and political ways to adress and rectify the disadvantage are written out.[69]

Eines der evidentesten Beispiele für dieses Problem der Fremdzuschreibung und Unterdrückung repräsentiert der Fall der assimilierten, säkularisierten oder getauften Juden im Deutschland des 19. Jahrhunderts. Bis dahin hatten sie ihr Judentum, ihre kollektive oder individuelle Identität, über die symbolische Markierung ihrer traditionellen Konfession selbst definiert. Mit der Konversion oder dem Vergessen der alten Riten und Praktiken hörten die meisten zu dieser Zeit *nach ihrem eigenen Selbstverständnis* auf, jüdisch zu sein.[70] Aber ab 1870 begann die Mehrheitskultur die symbolischen Markierungen und Zugehörigkeitskriterien zu ändern und definierte die kollektive Identität der »Juden« mit der neu konstruierten Kategorie »biologischen Ursprungs oder Rasse«.[71] Die Juden blieben danach Juden – völlig unabhängig davon, wie sie sich selbst veränderten oder interpretierten. Es kann vielleicht in diesem Sinne gemeint sein, dass – wie Michel Foucault sich das vorstellte – hegemoniale Diskurse nicht bloß repressiv operieren und mittels verschiedener Machtdispositive unterdrücken und auslöschen, sondern vielmehr Diskurse auch ausdrücklich *produktiv* sein können: auf eine bestimmte Weise unterdrückte die Mehrheitskultur in Deutschland im späten 19. Jahrhundert nicht allein die jüdische Minderheit, sondern sie *produzierte* sich ihre »Juden« selbst, indem sie deren symbolische Zugehörigkeitsmerkmale konstruierte und festlegte.

Insoweit zeigt sich, dass manchen Gruppen oder Individuen eben nicht gestattet ist, ihre Ethnizität zu wählen, je nach Kontext abzulegen oder aus Eigeninteresse zu wandeln – wie das Modell 1 suggeriert.

(iii) Theoretiker dieses Modells interpretieren bestimmte Entstehungsbedingungen kollektiver oder individueller ethnisch-kultureller Identität als selbstbestimmte, rationale Wahl einer Identifikation oder Zugehörigkeit. Wenn sich aber zeigen lässt, dass diese Wahl ihrerseits externem Zwang und nicht selbstbestimmten Beschränkungen unterlag, dann lässt sich fragen, ob nicht das hier beschriebene Modell diese Beschränkung schlicht reproduziert und durch die Beschreibung als »rational und selbstgewählt« nachträglich legitimiert.

Am Beispiel: Der Soziologe Orlando Patterson vertritt die These von Ethnizität als selbstgewählter Identifikation aus Eigeninteresse. Vor der Hintergrundannahme, dass sich die Funktion und Bedeutung von kulturell-ethnischen Attributen und Ritualen je nach Kontext ändern kann, behauptet Patterson, dass individuelle Personen ihre ethnische Zugehörigkeit je nach Kontext unterschiedlich beschreiben und zu ihrem eigenen Vorteil einsetzen können. Was Patterson hier ausschließlich als Vorteil beschreibt, nämlich die Wandelbarkeit der Funktion und Bedeutung von Attributen und Praktiken, kann auch gravierende negative Folgen, nämlich Verletzung der Integrität einer Person, nach sich ziehen. Dadurch wird die Idee der individuellen Selbstbeschreibung insoweit relativiert, als die Bedeutung der symbolischen Merkmale oder Praktiken von der *externen, sozialen* Welt konstruiert oder korrigiert werden kann und damit dem alleinigen Einfluss des Individuums entzogen ist.

Anhand einer Anekdote aus den Jugenderinnerungen des russischen Dichters Joseph Brodsky lässt sich dieses Problem gut verdeutlichen:

> The real history of consciousness start's with one's first lie. I happen to remember mine. It was in a school library when I had to fill out an application for membership. The fifth blank was of course »nationality«. I was seven years old and knew very well that I was a Jew, but I told the attendent that I didn't know. With a dubious glee she suggested that I go home and ask my parents (…) I wasn't ashamed of being a Jew, nor was I scared of admitting it (…) I was ashamed of the word »Jew« itself – in Russian »yevrei«. A word's fate depends on the variety of its contexts, on the frequency of its usage. In printed Russian »yevrei« appears nearly as seldom as, say, »mediastinum« or »gensel« in American English. (…) When one is seven one's vocabulary proves sufficient to acknowledge this word's rarity, and it is utterly unpleasant to identify oneself with it (…) I remember that I always felt a lot easier with the Russian equivalent of »kike« – »zhyd« (pronounced like André Gide): it was clearly offensive and thereby meaningless (…) All this is not to say that I suffered as a Jew at that tender age; it's simply to say that my first lie had to do with my identity.[72]

Während die Geschichte einerseits das Problem der sozialen Bedeutung und Wertung der Kategorien deutlich macht, die dem Einzelnen vorgegeben werden, zeigt sich gleichzeitig die unvermeidbare soziale *Realität*, die diese konstruierten Kategorien und Bewertungen für den oder die Einzelne(n) dann haben. Während die Kategorien und Wörter arbiträr und willkürlich konstruiert sein mögen, so ist doch die *Erfahrung*, sich damit identifizieren zu müssen – weil man die soziale Verwendung und Bedeutung von Begriffen so schnell nicht ändern kann – keineswegs arbiträr. Der junge Brodsky schämt sich nicht dafür, Jude zu sein, sondern sich mit dem seltenen und nicht selbstgewählten Wort identifizieren zu müssen.

Brodsky zeigt hier die Brechung auf, die zwischen der äußeren und inneren Wahrnehmung und Bewertung der Identität entsteht. Identität wird in der objektivierten Fassung zu etwas Fremdem, von dem man Abstand nimmt. Der Junge schämt sich nicht dafür, Jude zu sein, sondern er lügt über seine (also von *außen* bewertete und gewichtete) Identität. Die Erfahrung der Verletzung wird zur Erfahrung der Identität. »Meine erste Lüge betraf meine Identität.« Es gilt an dieser Stelle ausdrücklich hinzuzufügen, dass die in dem Beispiel beschriebene Relevanz der sozialen Bedeutung von Bezeichnungen und Kategorisierungen für die Bezeichneten *nicht* als *alleinig* identitätsformierend gedacht ist – wie das bei Judith Butler in *Gender Trouble* der Fall ist.[73] Die Anekdote von Brodsky soll nicht im Butler'schen Sinne suggerieren, dass Identität als bloßer linguistischer Effekt repressiver Institutionen, Praktiken und Diskurse zu verstehen ist. Sie soll lediglich versinnbildlichen, dass eine Identitätskonzeption, die nur von überzeugter, rationaler Identifikation mit der eigenen Gruppe und deren Praktiken ausgeht, vernachlässigt, inwieweit auch diese Gruppe in einen Kontext eingebettet ist, in dem Erfahrungen mit den Wahrnehmungen anderer gemacht werden, die das Selbstbild und die geteilten Überzeugungen verändern können. Die Identifikation mit »unseren« Bedeutungen, »unseren« Überzeugungen und »unserer« Identität läuft auch über die Vermittlung und Verzerrung durch Außenstehende.[74]

Die hier genannten Gruppen und deren Erfahrung von ethnisch-kultureller Identität können in dem oben diskutierten Modell (I) nicht verortet werden. Die Brechung zwischen äußerer und innerer Wahrnehmung der Identität taucht in den oben beschriebenen Konzeptionen nicht auf, weil der Begriff der *Überzeugung* (im Sinne des voluntativen Selbstverständnisses) nicht von dem der *Erfahrung* (die die Wahrnehmung der anderen miteinschließt) entkoppelt wird. Es wird die kulturelle Identität als individuelle Identifikation mit Praktiken und Bedeutungen beschrieben, die durch bewusste, teilweise strategische, in jedem Fall aber rationale Wahl entsteht. Die Anhängerschaft oder Mitgliedschaft bildet sich aufgrund von Anschauungen oder Interesse, nicht aber aufgrund gemeinsam geteilter Erfahrungen, Schicksale oder eines kollektiven Gedächtnisses. Als Kollektiv materialisieren sich diese kulturellen Identifikationen kaum, es sind eher gestaltlose Gebilde, die mit sich verändernder Zustimmung und Unterstützung, mit sich verändernden Interessen und Plänen auch andere Formen und Bedeutungen annehmen.

Die Erfahrung kultureller Identität ist in Modellen dieses Typs der Überzeugung – im Sinne eines *voluntativen Selbstverständnisses* – nicht vorgängig oder nachträglich, sondern geht darin auf. Dabei wird übersehen, dass die individuelle Erfahrung einer bestimmten Zugehörigkeit auch gänzlich unabhängig von rationaler Wahl oder strategischer Überzeugung entstehen kann, dass sich auch *bestimmte*[75] kollektive Identitäten nicht durch Identifikation bilden, sondern dass *unfreiwillige* gemeinsame Erfahrung vorgängig sein und eine bestimmte Identität/Identifikation erst nach sich ziehen kann.

Am Beispiel von Joseph Brodsky: Dieser betont ausdrücklich, dass es nicht sein Judentum ist, dessen er sich schämt. Es ist die soziale Wertung der Kategorie, die von außen beschrieben wird, die ihm unangenehm ist und deretwegen er lügt. Nun macht er nicht mit seiner individuellen Überzeugung seiner Herkunft oder kulturellen Identität eine Erfahrung, sondern mit der Diskrepanz zwischen Eigen- und Fremdwahrnehmung, und aus dieser Diskrepanz erwächst die Lüge.

Das Bewusstsein, über die Diskrepanz zwischen der eigenen und der sozialen Überzeugung hinweglügen zu müssen, kann auch als Verletzung der Integrität der ursprünglichen Überzeugung/Identität beschrieben werden:

Die Scham, die der Lüge vorausgeht, wird aber nun zu einem Bestandteil der tatsächlichen, alltäglichen Erfahrung der Identität.[76] Die Erfahrung der Verletzung wird zur Erfahrung der Identität. Die Fremdwahrnehmung und die wie immer ungenügende oder verzweifelte Reaktion darauf werden zum – wenn auch schmerzhaft – integrierten Bestandteil der eigenen Erfahrung kultureller Identität.

Nun zeigt sich, warum die konzeptuelle Entkopplung von Überzeugung (als voluntativem Selbstverständnis) und die Deutungen und Bewertungen der Anderen mit einschließende Erfahrung so wichtig sein kann: weil nur auf diesem Wege die Erfahrung der Außenwahrnehmung als ein die Identität mitbildender, konstituierender Faktor verstanden werden kann. Am Beispiel der Verletzung der Integrität der Person und ihrer kulturellen Identität zeigt sich, inwieweit die Erfahrung der *Fremdwahrnehmung* neben der *eigenen* Überzeugung integrativer Bestandteil identitätsstiftender Erfahrung ist. Die kulturelle Identität kann sich nicht in einem monologischen Verfahren im homogenen, symbolisch geschlossenen Raum der eigenen Lebenswelt ausbilden, sondern entwickelt sich in intersubjektiven kommunikativen Prozessen der Verständigung über Praktiken und Geschichten verschiedener Personen und Gruppen. Die Überzeugung von der eigenen kulturellen Identität/Identifikation ist nicht monologisch, sondern die Bestimmung der Identität hat – wie Charles Taylor sagt – »dialogischen Charakter«. »We define this [our identity] always in dialogue with, sometimes in struggle against, the identities our significant others want to recognize in us.«[77]

Zu Brodskys Identität gehört nun eben auch, dass er sich der Fremdwahrnehmung derselben schämt. Zu der eigenen Überzeugung kommt die der Anderen hinzu, zu dem Vertrauten gesellt sich die soziale Bewertung, die objektivierte Fassung von etwas Eigenem *als* Fremdes hinzu: *beides* macht seine Erfahrung seiner Identität von nun an aus.

Nun ist es für unsere Rekonstruktion der Entstehungsprozesse *kollektiver* Identitäten wichtig zu zeigen, dass auf diese Weise nicht nur individuelle kulturelle Identitäten intersubjektiv durch ihr Gegenüber, einen »significant other«, ausgebildet werden, sondern dass eben auch kollektive kulturelle Identitäten über solche Fremdbeschreibungen konstruiert werden und die individuellen Personen sich in der Erfahrung der Verletzung tatsächlich gemeinsam – in einer Identität der Verletzung – wiederfinden.[78]

Das oben bereits erwähnte historische Beispiel der deutschen Juden im neunzehnten Jahrhundert mag das verdeutlichen: Als individuelle Personen hätten sie bis zu einem bestimmten Zeitpunkt alle unterschiedlichen identitätsbildenden und sinnstiftenden Praktiken und Bedeutungen angegeben, die ihnen individuell kulturelles Handlungs- und Orientierungsmuster waren. Das Judentum, dem sie konfessionell wie in gelebten Praktiken und Ritualen und der eigenen Überzeugung nach nicht mehr angehörten, stiftete kein gemeinsames Band zwischen ihnen.[79] Mit der Erfindung der biologischen Kategorie »Rasse« und ihrer sozialen Anwendung auf die vormalige »Gruppe« der Juden wurden die verschiedenen Personen wieder zu Juden klassifiziert – gegen ihre Überzeugung –, und von da an teilten sie auch gewisse – negative – Erfahrungen, teilten sie eine Identität.[80]

Wichtig ist nun, dass auch diese negative, schmerzhafte Erfahrung der Fremdzuschreibung zu einer gelebten Überzeugung werden kann. Manche Behinderte bezeichnen sich selbst als »Krüppel« und verleihen damit der Verletzung ihrer Integrität den Status einer Erfahrung, mit der sie sich – auch öffentlich – identifizieren.[81] Die Gründe dafür sind vielfältig. Während es vielen langfristig darum geht, die Verschiedenartigkeiten ihrer Behinderungen und deren Lebenswirklichkeit zu erläutern, so versprechen sie sich kurzfristig von diesen Feinheiten wenig. Drückt sich doch in der Tat in dem Begriff »Krüppel« am trefflichsten die Tatsache der Diskriminierung aus, die zu einem Aspekt ihrer – *allen gemeinsamen* – aktuellen Identität geführt hat. »In this sense, it remains politically necessary to lay claim to [those terms (*C.E.*)] precisely because of the way these terms [...] lay their claim on us prior to our full knowing.«[82] Den Begriff dann zu resignifizieren, mit einer neuen, positiven Wertung zu füllen, die soziale Konnotation der Kategorie zu ändern, den Begriff trotz seiner eigenen Geschichte zu rekontextualisieren wie das beispielsweise den amerikanischen Homosexuellen mit der Verwendung und Bedeutung des ehemaligen Schimpfwortes »queer« gelungen ist, ist dann noch ein weiterer Schritt.[83]

Nochmals: die strukturelle Entkopplung der Begriffe Überzeugung und Erfahrung ist deshalb so wichtig, weil mit ihrer Hilfe sowohl (i) die Erfahrungen von Minderheitskulturen mit repressiven / produktiven Institutionen und Praktiken beschrieben werden können, die ihr Selbstbild, ihre sozialen Bedeutungen (»shared meanings«) und schlicht ihre Selbstbestimmung als kollektive Identität in elementarer Weise beeinflussen können, als auch (ii) die Handlungsfähigkeit und Intentionalität der Subjekte (theoretisch) erhalten bleibt, die sich gegen solche Fremdzuschreibungen zur Wehr setzen wollen, oder solche Gruppen beschrieben werden können, deren einzelne Mitglieder immer schon aus freier Wahl und Entscheidung zu ihrer Identifikation / Identität gelangen konnten. Dabei soll nicht übersehen werden, dass natürlich auch die Identifikationen, die sich zur mehr oder minder geteilten Überzeugung ausbilden, durchaus heterogene, umstrittene und beständig in Frage gestellte sind.[84] Ebenso wie Erfahrungen, auch und gerade in unterdrückten Gruppen, nicht allein negative (wie das in den erwähnten Beispielen der Fall ist) und vor allem identische sein können / müssen.

Vielmehr geht es bei der systematischen Verwendungsweise dieser beiden Konzepte darum, sowohl (i) die Entstehungsform *bestimmter* kollektiver Identitäten angemessen zu beschreiben – nämlich derjenigen, die auch durch manipulative oder repressive Fremdzuschreibung mitbestimmt werden – als auch (ii) deren Selbstverständnis theoretisch treffend rekonstruieren zu können. Die Entkopplung der Begriffe erlaubt uns dabei, den aktiven, rationalen, selbstbestimmten Teil der Entstehung von dem eher passiven, fremdbestimmten zu unterscheiden. Dadurch kann möglicherweise in einem eigenen Entwurf die Erfahrungswirklichkeit missachteter und unterdrückter Identitäten wahrgenommen werden, ohne normativen Geltungsansprüchen oder individueller Handlungsfähigkeit die Grundlage zu entziehen. Es sollte auf diese Weise gelingen, die Entstehung bestimmter Gruppen angemessener zu beschreiben und dadurch diese Gruppen nicht aus den normativen Diskussionen herausfallen zu lassen und gleichzeitig ein kriteriologisches Moment zu behalten, um akzeptable von inakzeptablen Entstehungsbedingungen zu unterscheiden.

Solange das Modell (I) ausschließlich mit dem Begriff der Überzeugung arbeitet, ohne die Erfahrung in ihrer eigenständigen Funktion für die Entstehung und Bedeutung kollektiver Identitäten zu beschreiben, wird es auf der normativen Ebene für diese Theorien fragwürdige Folgen geben: Eine Gerechtigkeitstheorie, die nur auf Gruppen, die aus Überzeugung entstanden sind, Rücksicht nimmt, indem sie sie »toleriert«, wird die Ungerechtigkeit gegenüber Gruppen, die durch Fremdbeschreibung entstanden sind, nicht verändern können. Sie nimmt die objektivierte Fassung der Identität für die subjektive und unterdrückt die Eigenperspektive.

Das Argument wird im dritten Teil ausführlich beschrieben und begründet werden. An dieser Stelle nur so viel: In der fahrlässigen Vernachlässigung des Begriffs der Erfahrung (und der darin möglichen Unterscheidung zwischen verletzenden und akzeptablen Fremdbeschreibungen) liegt eine Vorentscheidung für das Konzept der Toleranz, das sich auf Gruppen mit unterstellt selbstgewählter Beschreibung von Differenz bezieht. Mit dem Begriff der Erfahrung können stattdessen auch Gruppen, die aus Fremdzuschreibung und Solidarität angesichts von Diskriminierung entstanden sind, wahrgenommen und mittels eines *differenzierten* Konzepts der Anerkennung normativ angemessen behandelt werden.

> Ich wurde als Mensch nicht als zugehörig gefordert, weder von einem einzelnen noch von einer Gemeinschaft, weder von den Menschen meines Ursprungs noch von denen meiner Sehnsucht, weder von denen meiner Art noch von denen meiner Wahl. Denn zu wählen hatte ich mich ja nachgerade entschlossen, und die Wahl hatte stattgehabt. Von jenen habe ich mich mehr durch inneres Geschick als durch freien Entschluß geschieden, diese aber nahmen mich nicht auf und an.[85]   *Jakob Wassermann*

2.1.2 Typ (II) Das Gruppen-Identitäts-Modell (Kymlicka, Taylor)

> To some extent national identities must be taken as givens.
> *Will Kymlicka*

Das zweite Modell der hier konstruierten Typologie ähnelt Typ (I) insoweit, als die Konzeption der Entstehungs- und Reproduktionsweise von Praktiken und Bedeutungen kultureller Identitäten ebenfalls als eine freiwillige, aktive und intentionale gedacht ist. Auch hier wird keine externe Konstruktion oder zwanghafte Fremdzuschreibung von Identitäten oder Attributen thematisiert. Allerdings steht hier weniger, als das bei Typ (I) der Fall war, das einzelne, rational entscheidende Individuum im Vordergrund, sondern die Theorien dieses Typs arbeiten vornehmlich mit dem Kollektiv der Gruppe, der Nation, der Lebensform als *gegebenem*, wenn auch immer durch einzelne Mitglieder stets wieder bestätigtem und affirmiertem Handlungssubjekt. Dabei ist die geerbte *Zugehörigkeit* zu einer bestimmten ethnisch-kulturellen Gemeinschaft in diesem Modell gleichsam *zwangsläufig*, naturwüchsig. Lediglich bei den Reproduktionsprozessen der mehr oder weniger traditionellen Praktiken und Bedeutungen *re-aktivieren* oder konstituieren die Mitglieder ihre Zugehörigkeit durch bewusste Zustimmung und Übernahme oder Veränderung dieser Rituale und Praktiken.

Der kanadische Theoretiker Will Kymlicka hat in seinem 1995 in den USA erschienenen Buch *Multicultural Citizenship*[86] einen großangelegten und mittlerweile vieldiskutierten Entwurf einer liberalen Theorie der Minderheiten-Rechte vorgelegt. Dazu konnte Kymlicka teilweise auf seine Argumente für den Wert kultureller Mitgliedschaft zurückgreifen, die er 1989 in seinem Buch *Liberalism, Community and Culture*[87] vorgelegt hatte. In seiner Theorie der Minderheiten-Rechte geht es ihm darum, die universalen Menschenrechte, die Individuen *unabhängig* von ihrer Gruppenzugehörigkeit zugeschrieben werden, um bestimmte *gruppenspezifische* Rechte zu erweitern. Will Kymlicka geht es um den Nachweis, dass für eine umfassende liberale Gerechtigkeitstheorie in einem multikulturellen Staat kollektive Rechte sowohl unentbehrlich als auch mit klassischen individuellen Rechten vereinbar seien. Dafür konfrontiert er den Leser zunächst mit einer Reihe terminologischer Unterscheidungen, auf die er seine spätere Argumentation gründet. Kymlicka differenziert zwischen zwei Formen des Pluralismus: (i) Pluralismus in *multinationalen* Staaten, in denen die kulturelle Vielfalt durch die Eingliederung vormals selbstbestimmter, territorial geballter Kulturen in größere Staaten entstanden ist. (ii) Pluralismus in *polyethnischen* Staaten demgegenüber ist nach Kymlicka durch individuelle und familiäre Immigration entstanden. Dementsprechend entwickelt Kymlicka eine Typologie von Minderheiten-Rechten, die sich an diesen unterschiedlichen Pluralismusformen orientiert: Demnach gibt es (a) *Selbstbestimmungs- bzw. Selbstverwaltungsrechte*, bei denen Macht an nationale Minderheiten delegiert wird, sowie (b) *polyethnische Rechte*, unter denen Formen finanzieller Unterstützung oder rechtlichen Schutzes zu verstehen sind, die sich auf bestimmte Praktiken ethnischer oder religiöser Gruppen beziehen, und schließlich (c) *spezielle Repräsentationsrechte*, die die Vertretung ethnischer und nationaler Gruppen in den zentralen Institutionen innerhalb größerer Staaten garantiert.[88]

Kymlicka versucht im Anschluss daran zu begründen, warum kollektive und individuelle Rechte einander nicht notwendigerweise widersprechen müssen: Zu diesem Zweck unterscheidet er zwischen *internen Beschränkungen* und *externem Schutz*. »Indeed, what distinguishes a *liberal* theory of minority rights is precisely that it accepts some external protections for ethnic groups and national minorities, but is very sceptical of internal restrictions.«[89] Kymlicka will also sowohl nationale oder ethnische Gemeinschaften *als* kollektive Identitäten innerhalb größerer, pluraler sozialer Systeme oder multikultureller Staaten vor kulturellen Übergriffen durch Mehrheitskulturen beschützen, als auch den einzelnen Mitgliedern *innerhalb* dieser Gemeinschaften freie Wahl und Selbstbestimmung, und zwar *unabhängig* von den Vorgaben ihrer ethnisch-kulturellen Gemeinschaft, garantieren.

Wichtig für unseren Zusammenhang ist aber nun, wie Kymlicka diese beiden Pole seiner liberalen Demokratietheorie miteinander verknüpft, indem er das Konzept individueller Wahl an das Vorhandensein einer sozialen Kultur[90] koppelt: »Individual choice is dependent on the presence of a societal culture, defined by language and history, [...] and [...] most people have a very strong bond to their own culture.«[91] Theoriestrategisch ist Kymlickas Vorgehensweise nur konsequent, denn auf diese Weise – bei Nachweis der Verbindung von individueller Wahl und der dafür notwendigen Mitgliedschaft in einer Gemeinschaft – kann Kymlicka begründen, warum auch eine liberale Theorie, die auf freier Wahl und Selbstbestimmung des Individuums beruht, gruppenspezifische Rechte inkorporieren muss.

Doch zu diesen normativen Argumenten später mehr. Es gilt zunächst, Kymlickas Begriff der Kultur und kultureller Mitgliedschaft aus *Liberalism, Community and Culture* zu erläutern, bevor dann Kymlickas eigene Typologie kultureller Kollektive, wie er sie in den Kapiteln 2 und 5 von *»Multicultural Citizenship«* entwickelt, analysiert wird.

In »Liberalism, Community and Culture« versucht Kymlicka, den Wert kultureller Mitgliedschaft in einer liberalen, an Autonomie und Selbstachtung des Individuums orientierten Gerechtigkeitstheorie zu verorten. Dabei argumentiert Kymlicka zunächst an den Rawls'schen Begrifflichkeiten entlang: Ziel der Strategie ist es, kulturelle Mitgliedschaft in den Rawls'schen Kanon von Grundgütern (»primary goods«) zu platzieren, die strukturelle oder soziale Voraussetzungen für individuelle Selbstbestimmung darstellen. Demnach verfügt jedes Individuum über ein höchstes Interesse am eigenen guten Leben, das wiederum durch *freie Wahl aus wertvollen Optionen* seine Handlungen bestimmt. Kymlicka verknüpft die Konzepte von Selbstachtung und Autonomie derart mit dem Begriff der kulturellen Mitgliedschaft, dass nur »die«[92] Kultur wertvolle Möglichkeiten zur Wahl bietet. Wenn sodann Selbstachtung an das selbstbestimmte Auswählen sowie Revidieren von Praktiken und Bedeutungen gebunden ist, dann besteht der Wert kultureller Mitgliedschaft darin, dass sie sich nach Kymlicka *als soziale Voraussetzung* von Selbstachtung entpuppt – denn nur sie kann die sinnvolle Auswahl, nur die wertvollen Möglichkeiten zur Wahl bieten – und somit als Grundgut theoretisch anerkannt werden muss.

Anschließend beschreibt Kymlicka, wie diese »societal cultures« selbst vorzustellen sind. Er bietet also ein deskriptives Modell kollektiver Identitäten, die dann mittels seiner Minderheiten-Rechte normativ anerkannt werden sollen. Kymlicka unterscheidet zwischen dem *Charakter* einerseits und der *Struktur* einer Kultur andererseits. Dabei verweist der Begriff des Charakters einer Kultur auf die Merkmale der spezifischen Praktiken, Rituale, Werte und Institutionen, die Struktur der Kultur meint demgegenüber eher den den Mitgliedern gemeinsamen sprachlich-historischen Horizont, mit der Struktur der Kultur ist der Rahmen oder Kontext der Entscheidungen gemeint (»context of choice«). Diese Differenzierung erlaubt es ihm, auch Diskontinuität oder Ambivalenz im Verhältnis von Identität und Geschichte zu beachten und den historischen Wandel im Selbstverständnis oder in Praktiken kultureller Kollektive anzuerkennen, ohne deswegen gleich die – ursprüngliche – kollektive Identität als aufgelöst zu betrachten.

Schließlich muss aber Kymlicka noch die Bedeutung der »eigenen« Kultur für Identität und Selbstachtung des Individuums behaupten, denn ansonsten wäre nicht klar, warum Minderheiten-Kulturen mit besonderen Rechten ausgezeichnet werden sollen und warum es nicht ausreicht, Individuen die Mitgliedschaft in »irgendeinem« kulturellen Horizont zur Identifizierung und als Kontext ihrer Wahl anzubieten. »People are bound in an important way, to their own cultural community. We can't just transplant people from one culture to another«.[93] Nach Kymlicka ist die Sozialisation in eine bestimmte Kultur konstitutiv für die intakte Ausbildung und Entwicklung personaler Identität. Kymlicka argumentiert im Folgenden mit einer Negativ-Figur: Er will die Bedeutung und die Notwendigkeit des dauerhaften Erhalts der eigenen Kultur für die Identität durch *ihren Verlust* verdeutlichen. Das freiwillige Austreten aus der eigenen Kultur interessiert Kymlicka hier weniger. Bei *erzwungenem* Verlassen der eigenen Kultur dagegen erleiden nach Kymlicka die Angehörigen einen *Verlust an Selbstachtung*.[94] Es gibt aber zwei unterschiedliche Erklärungen für diesen Verlust an Selbstachtung, und es scheint nicht ganz eindeutig, welcher Variante Kymlicka folgt. Einerseits (i) erleidet das zwangsweise versetzte Individuum einen Verlust seiner kulturellen Struktur, innerhalb deren allein die für ihn oder sie sinnvolle Selbstbestimmung möglich ist, weil diese Struktur spezifisch seine Wünsche und Entscheidungen für das eigene gute Leben nicht nur erfüllt, sondern auch selber generiert. Diese These macht nur Sinn, wenn Kymlicka einen sehr starken und vor allem lebenslangen Zusammenhang zwischen der Sozialisation in der »ursprünglichen« Kultur, in der man aufgewachsen ist, und der individuellen Identität behaupten will.

Nur dann muss die ursprüngliche Kultur erhalten bleiben, in der die einzelne Person sozialisiert wurde, denn nur innerhalb *dieser* Struktur kann sie sich weiterhin sinnvoll und ohne großen Verlust verwirklichen. Kymlicka ist aber in seinen Formulierungen, *welche* Kultur

(a) die, in der man sozialisiert wurde;

(b) die eigene als gewählte, der man aus Überzeugung zustimmt; oder

(c) nur irgendeine bestimmte

für die Selbstachtung und Entwicklung der Identität der Person existentiell ist[95], ausgesprochen unklar: Er spricht von »the culture of one's upbringing«, »one's own culture«, »a particular culture«.[96] In der zweiten Lesart (ii) besteht der Verlust der Selbstachtung bei erzwungenem Verlassen der eigenen Kultur weniger in dem materialen Verlust der kulturellen Struktur und den damit verbundenen Praktiken und Bedeutungen, sondern vor allem im *Akt der Verletzung*, die durch den *Zwangscharakter* des Verlassens der eigenen Kultur erlitten wird. In der Gewalt, der man unterworfen wird, liegt die Verletzung, die der Verlust von Kontrolle über das eigene Leben bedeutet, darin liegt der Verlust von Selbstachtung, die aus Selbstbestimmung und Anerkennung genährt wird. Bei dieser zweiten Lesart besteht der Wert der Mitgliedschaft in einer Kultur darin, dass sie überzeugt, die Bindungskraft der Kultur speist sich aus der Zustimmung ihrer Mitglieder – nicht daraus, dass sie die Einzelnen sozialisiert hat.

Das Argument für die Rechte zum Schutze von Minderheiten und deren kulturellen Strukturen bestünde in der zweiten Lesart in einem Argument für den Erhalt einer Kultur, weil sie von ihren Mitgliedern *gewollt* wird und nicht weil sie die einzige Möglichkeit für sinnvolle Selbstverwirklichung oder Selbstachtung darstellte. Wenn aber die Zustimmung das entscheidende Kriterium für den Schutz einer Kultur darstellt, dann hätten auch Immigranten – die freiwillig oder unfreiwillig ihr Herkunftsland verlassen haben – in ihrem neuen Land, wenn sie ihre alte Kultur erhalten wollten, Anspruch auf Unterstützung. Genau dies bestreitet aber Kymlicka später mit seiner Differenzierung zwischen Immigranten und nationalen Minoritäten.

Es zeigt sich, dass Kymlicka von dieser zweiten Lesart in seinem Buch *Multicultural Citizenship* eher abgerückt ist und den Begriff der ersten Variante von der eigenen Kultur als der »angestammten« noch zusätzlich (eher fragwürdig) um ein Nationen-Konzept erweitert hat.

Wie bereits angedeutet, unterscheidet Kymlicka in *Multicultural Citizenship* zwischen kulturellem Pluralismus in multinationalen und in polyethnischen Staaten. Dem voraus liegt die Unterscheidung zwischen (i) »Nationen« und (ii) »ethnischen Gruppen«. Es gilt zu bemerken, dass Kymlicka zunächst diese beiden Konzepte in ihren jeweiligen Kontexten, d. h. nationale Minoritäten in multinationalen Staaten und ethnische Gruppen in polyethnischen Staaten, verwendet. Im Verlauf seiner Argumentation führt er aber noch einen weiteren Begriff, nämlich den der »societal culture« ein, den er von »sozialen Bewegungen« unterschieden wissen will.

Eine Nation innerhalb eines multinationalen Staates definiert Kymlicka als: »a historical community, more or less institutionally complete, occupying a given territory or homeland, sharing a distinct language and culture«.[97] Kymlicka verwendet weniger Zeit und Aufwand für die Begründung seiner Definitionen der unterschiedlichen Formen kollektiver Identitäten als für die Begründung der Geltungsansprüche dieser Gruppen. Kymlicka ist in der Beschreibung der Notwendigkeit, die Ansprüche kollektiver Identitäten zu beurteilen, durchaus eindringlich und auch präziser. Demgegenüber lässt er es an *Begründungen* für die Unterscheidungen und Merkmale seiner Definition kultureller Kollektive leider fehlen.

Beginnen wir mit dem Konzept der »Nation«, wie Kymlicka es uns in Kapitel 2 entwickelt:

Kymlickas »Nation« verfügt, wie wir oben schon gesehen haben, über verschiedene – scheinbar gleichwertige – Charakeristika: Sie ist

(i)   eine historische Gemeinschaft;
(ii) mehr oder weniger institutionell vollständig;
(iii) besetzt (besitzt?) ein gegebenes (»given«) Territorium und
(iv) teilt eine bestimmte gemeinsame Sprache und Kultur.

Kymlicka versäumt es, Unterschiede in der Gewichtung der einzelnen Merkmale oder verschiedene Kombinationsmöglichkeiten dieser Kriterien anzuführen, so dass wir daraus nur schließen können, dass wir von der gleichwertigen und gleichzeitigen Bedeutung dieser Merkmale ausgehen müssen.

In Kapitel 2 verwendet Kymlicka den Begriff der Nation nur im Kontext multinationaler Staaten, in die diese Minderheits-Nationen zwangsweise durch Eroberung oder Kolonisation inkorporiert wurden. Kymlicka geht es darum, diese Minderheits-Nationen so darzustellen, dass sie, wenn ihnen in der Vergangenheit kein Unrecht geschehen wäre, ebenso mehrheitlich eine eigene staatliche Souveränität darstellen könnten wie andere Nationen. Dies ist eine retroaktive, implizite Spekulation über die »konjunktivische« Entwicklung von heutigen Minderheits-Nationen, die Kymlicka später auf der normativen Ebene zu zwei seiner drei veschiedenen Argumentationen für Minderheiten-Rechte führt: (i) Geschehenes Unrecht in der Vergangenheit führt zu der Pflicht, den misshandelten Gruppen rechtliche oder symbolische oder territoriale Reparationen zu gewährleisten (»history-based argument in favor of minority rights«) und (ii) bei Nachweis unfairer Benachteiligung einer Gruppe muss mit Hilfe von Minderheiten-Rechten wieder Ausgleich geschaffen werden (»equality-based argument«) – der heutige Status der Minderheits-Nationen ist insofern »unfair«[98], als sie – nach Kymlicka – bei gerechterer Machtverteilung in der Vergangenheit eine eigenständige souveräne Regierung hätten erwerben können.

Relevant ist zunächst vor allem, dass Kymlicka die These vertritt, die Überlebensfähigkeit von Nationen[99] sei von dem *Erhalt ihrer Sprache* und ihrer *territorialen Autonomie* abhängig. Es stellt sich allerdings schon hier die Frage, warum Kymlicka das Gebundensein oder Besetzen eines bestimmten Territoriums zu einem konstitutiven Merkmal von Nationen macht. Kymlicka bietet dafür keine Gründe, lediglich Beispiele an. Gleichwohl lässt sich Kymlickas Darstellung auch mit Gegenbeispielen ebenso kritisch hinterfragen:

Ethnisch-kulturelle Kollektive wie die Sinti und Roma beispielsweise, die keinerlei Bindung an ein bestimmtes Territorium aufweisen, konstituierten demnach keine Minderheits-Nation. Das Fehlen einer gemeinsamen Sprache, wie das zum Beispiel bei den aus ganz Europa und der Sowjetunion nach Israel einwandernden Juden nach 1945 der Fall war, entzieht auch dieser Gruppe nach diesen Vorgaben die Legitimation einer »richtigen« Nation in Kymlickas Sinn.[100]

Kymlicka scheint Nationen auch in Zeiten der Moderne eine stabile, materiale und verortbare Form zuzuschreiben. Angesichts der zahlreichen zeitgenössischen Literatur zum Begriff der Nation und vor allem der Geschichte der Nation als einer sozial konstruierten oder gar imaginierten politischen Kategorie überrascht Kymlickas Konzept der Nation auf mehreren Ebenen[101]:

(i) Schon Marx verwies auf die *Wandlungen*, denen moderne Gemeinschaften ausgesetzt sind:

> [...] die fortwährende Umwälzung der Produktion, die ununterbrochene Erschütterung aller gesellschaftlichen Zustände, die ewige Unsicherheit und Bewegung [...]. Alle festen eingerosteten Verhältnisse mit ihrem Gefolge von alterwürdigen Vorstellungen und Anschauungen werden aufgelöst, alle neugebildeten veralten, ehe sie verknöchern können. Alles Ständische und Stehende verdampft [...].[102]

Moderne Gesellschaften unterliegen zunehmend umfassenden und kontinuierlichen Veränderungsprozessen, die die Vorstellung von traditionalen Gemeinschaften oder Nationen als stabilen, kohärenten und einheitlichen Systemen unterwandern. Auf der *zeitlichen* Achse bleibt abzuwarten, ob moderne Nationen dem Druck der sich beschleunigenden Veränderungswellen lange widerstehen und als intakte Gebilde erhalten werden können.[103]

(ii) Durch das Moment der *Reflexivität* als Charakteristikum der Moderne werden die Angehörigen und Mitglieder von Nationen auch in zunehmendem Maße ein Bewusstsein für die Konstruiertheit ihrer eigenen Traditionen und Rituale entwickeln.[104] In dem Moment aber, in dem sich eine Gemeinschaft der eigenen Mythen ihrer vermeintlichen Entstehung oder Gründung gewahr wird, stellt sich auch die Frage der Ungebrochenheit ihrer normativen oder politischen Geltungsansprüche neu. Das heißt nicht, dass nicht auch bloß »vorgestellte Gemeinschaften« legitime Ansprüche anmelden könnten. Lediglich Kymlickas ungebrochene Berufung[105] auf gemeinsame Geschichte und Territorium als Kriterien für Nationen sollte in etwas kritischeres Licht gerückt werden.

(iii) Besonders Kymlickas Verknüpfung von *Nation und Territorium* ist bedenklich: Einerseits weil Autoren wie Edward Said darauf hingewiesen haben, dass es sich bei solchen Verortungen von Identitäten um »imaginäre Geographien« handelt.[106] Andererseits aber, weil mit Anthony Giddens zu fragen ist, inwieweit in Zeiten zunehmender Globalisierung »Ort« und Raum von kollektiven Identitäten auseinanderfallen. »Die Moderne rückt in wachsendem Maße den Raum vom Ort weg, indem sie die Beziehungen zwischen ›abwesenden‹ anderen fördert, lokal entfernt von jeder gegebenen Interaktion von Angesicht zu Angesicht.«[107]

Erstaunlich scheint auch, dass Kymlicka nicht zwischen unterschiedlichen Möglichkeiten oder Formen der Referenz einer Kultur / Nation auf ein Territorium unterscheidet. So ließen sich (a) historische Ansprüche, die sich auf die »Erstbesetzung« einer Gegend, Stadt, Region beziehen, beispielsweise von solchen Ansprüchen (b) unterscheiden, die ein spezifisches Verhältnis der eigenen Kultur zu dem Territorium einklagen: wenn Territorien eine mythische oder rituelle oder in irgendeinem Sinn konstitutive Rolle innerhalb des kulturellen Narrativs spielen.

Gerade die erste Form der Referenz auf ein Territorium lässt aber noch eine Vielzahl von Fragen offen: Ab wann hat eine Gruppe Anspruch auf ein Gebiet? War vor ihr wirklich keine andere Gruppe dort (Grenzwertbestimmung)? Wenn die Gruppe aus »ihrem« Land vertrieben wurde, wie lange gelten dann noch die Besitzansprüche (Halbwertszeit)? Wenn mittlerweile andere Gruppen über einen bestimmten Zeitraum sich auf diesem Gebiet angesiedelt haben, unter welchen sozialen Kosten ist es noch vertretbar, die Ansprüche einzuklagen?

Kymlickas Nationen-Konzept ignoriert die hier erwähnten Differenzierungen der zeitgenössischen Literatur zum Begriff der Nation und gibt keine Antworten auf die offenen Fragen zur exakteren Bestimmung des Verhältnisses von Nation und Territorium.[108]

Ethnische Gruppen innerhalb sogenannter polyethnischer Staaten demgegenüber stellen keine institutionell-kulturell eigenständige Gruppe dar:

> Their distinctiveness is manifested primarily in their family lives and in voluntary associations, and is not inconsistent with their institutional integration. They still participate in the public institutions of the dominant cultures and speak the dominant language.[109]

Ethnische Gruppen bestehen nach Kymlicka aus individuellen Immigranten und deren Familien, die ihre »eigene« nationale Gemeinschaft verlassen haben, um in eine andere Gesellschaft einzutreten.[110] Kymlicka beschreibt die Immigration als einen intentionalen, bewussten Akt der Aufgabe der eigenen Nationalität – und zwar nicht bloß im Sinne von »Staatsbürgerschaft« (das wäre geradezu banal), sondern als Aufgabe der »nationalen Identität« und der Ansprüche, die mit der Zugehörigkeit zu einer Nation verbunden sind. »In deciding to uproot themselves, immigrants voluntarily relinquish some of the rights that go along with their original national membership.«[111] Mit der Darstellung der Immigration als einer »freiwilligen Entscheidung«, sich zu entwurzeln (»to uproot themselves«), kann Kymlicka wohl kaum Flüchtlinge, Vertriebene und politisch oder rassistisch Verfolgte im Auge haben. Das Argument ist umso erstaunlicher, als Kymlickas Theorie mit der zeitgenössischen Diagnose der zunehmenden ethnisch-kulturellen Konflikte beginnt, als deren direkte Folge ebenjene Vertriebenen und Flüchtlinge anzusehen sind.[112] Aber nach Kymlicka berauben sich die Immigranten mit der Entscheidung, ihr Land zu verlassen, bereits bestimmter Ansprüche – anders als nationale Minderheiten, die auf ihrem »angestammten« Territorium nach wie vor, allerdings ohne nationale Souveränität, leben.

Kymlicka geht sogar so weit, nur im Fall jener Immigranten und Flüchtlinge, die aus nachweisbarer Dringlichkeit und Not ihr »Heimatland« verlassen haben, für einen Anspruch auf Schutz des Erhalts ihrer sozialen Kultur in der neuen Gemeinschaft zu plädieren. Bei Wegfall der dringlichen Gründe[113] für das Verlassen des Herkunftlandes seitens der Immigranten entfällt nach Kymlicka auch die Pflicht des neuen Staates, deren kulturelle Identität zu fördern. »I believe that if the international distribution of resources were just, then immigrants would have no plausible claim of justice for re-creating their societal culture in their new country.«[114] Das ist insofern wirklich erstaunlich, als Kymlicka doch für die Aufnahme der eigenen Kultur in den Kanon der Grundgüter plädiert hatte. Insofern müsste es vollständig egal sein, aus welchen Gründen eine Person ihr Heimatland verlassen hat – laut Kymlickas eigener Argumentation bleibt die ursprüngliche kulturelle Identität relevant und schützenswert, weil nur sie freie Wahl und Selbstbestimmung garantieren kann.

Möglicherweise verrät Kymlickas Terminologie den Grund für seine ungleiche Verteilung von berechtigten Ansprüchen: Kymlicka spricht sehr plastisch und erdhaft von dem Verlassen des »Heimatlandes« als der Entscheidung, die eigenen »Wurzeln aufzugeben« (»to uproot oneself«). Nationalität ist bei Kymlicka an ein Territorium gebunden, insofern gibt der Immigrant bei Verlassen seines »Landes« (im doppelten Sinne) eben auch seine Nationalität / nationale Identität auf, sie lässt sich nicht verpflanzen.

Kymlicka scheint sich die mit der Zugehörigkeit zu einer Nationalität verbundene Kultur als einen irgendwie geschlossenen und in einem bestimmten Territorium verankerten Block vorzustellen, innerhalb dessen man sich zwar möglicherweise bewegen kann, der sich aber nicht transportieren lässt.[115] »Choosing to leave one's culture is qualitatively different from choosing to move around within one's culture.«[116] Hierin zeigt sich der Unterschied gegenüber den Theoretikern des bereits diskutierten liberalen, individualistischen Modells: kulturelle Identitäten sind nicht rationale Identifikationen, die mit der Zeit wechseln können, ideelle Überzeugungen, die überprüft und wieder abgelegt werden können und die schlicht in der individuellen Entscheidung und überzeugten Wahl des sozusagen in Raum und Zeit »freischwebenden« Einzelnen begründet sind. Bei Kymlicka sind solche kulturellen Identitäten (als Nationen)[117] an ein Territorium gebundene und darin räumlich-materielle Gebilde.

Innerhalb des Kontextes der Diskussion um Minderheits-Nationen (insbesondere sogenannter *indigenos*) mit Ansprüchen auf territoriale Autonomie in Kapitel 2 mag dieser Begriff der Nation noch erklärbar sein – erstaunlich wird dann aber Kymlickas im Verlauf der Argumentation beinahe identischer Begriff der »societal culture«, den er ursprünglich einführt, um die Bedeutung einer Kultur für individuelle Wahl zu kennzeichnen.

Kymlicka diskutiert zunächst kollektive Identitäten als *Träger von Rechtsinstanzen*, bevor er das Konzept in einem späteren Schritt entwickelt als *Option für individuelle Selbstbestimmung* – die in der Einleitung angekündigte zweite Rolle, in der kollektive Identitäten und Kulturen im modernen Demokratietheorie-Diskurs oftmals erscheinen. Eine *societal culture* definiert Kymlicka als: »a culture which provides its members with meaningful ways of life across the full range of human activities, including social, educational, religious, recreational, and economic life, encompassing both public and private spheres.«[118]

Kymlicka geht es zunächst darum, die Form einer *societal culture* zu beschreiben, die für die Freiheit und Autonomie des Individuums besonders relevant zu sein scheint. Es geht ihm um den Nachweis der Thesen, dass (i) individuelle Wahl von der Verfügbarkeit einer *societal culture* abhängig ist – einer Kultur, die sich durch eine gemeinsame Sprache und Geschichte auszeichnet – und dass (ii) die meisten Menschen eine starke Bindung an ihre *eigene* Kultur aufweisen.[119] Dabei wird die Zugehörigkeit zu einer Kultur zunächst – ähnlich wie es auch bei Charles Taylor thematisiert wird – als sinnstiftende und sinnvolle Option (»meaningful option«) für den oder die Einzelne(n) vorgestellt. *Societal cultures* geben den Handlungen der Individuen eine Bedeutung, sie bieten einen bestimmten, begrenzten Handlungs- und Sinnhorizont, innerhalb dessen sich die Einzelnen orientieren können. Sie ziehen Grenzen des Vorstellbaren und des Erwartbaren ein. »Things take an importance against a background of intelligibility.«[120] Nur vor dem Hintergrund eines solchen kulturellen Sinnhorizonts gelingt dem Individuum demnach eine bewusste Selbstbestimmung. Der oder die Einzelne muss eine Auswahl aus den sie umgebenden sozialen Praktiken treffen, und die *societal culture* bietet diese Auswahl nicht bloß an, sie macht sie auch verständlich durch ein »gemeinsames Vokabular an Traditionen und Konventionen.«[121] Insoweit wir die kulturellen Narrative unserer Umgebung verstehen, gelingt es uns, wertvolle und sinngebende Entscheidungen bezüglich unserer Handlungen zu treffen.[122]

Kymlicka unterstellt nun die empirische Neigung jeder Gesellschaft, eine *dominante*, alle vereinigende Kultur zu schaffen. Angesichts dieser Tendenz erhöht sich der Druck auf *societal cultures*, und das Überleben und die Entwicklung ihrer kulturellen Eigenständigkeit erschwert sich zunehmend. Die Fähigkeit, *societal cultures* gleichwohl als solche zu erhalten, schreibt Kymlicka »Nationen« zu. In dieser Argumentation ist es sozusagen Selbsterhaltungstrieb, der *societal cultures* in modernen Gesellschaften dazu treibt, nationale Kulturen zu sein.

In dem Kontext von Kapitel 5 erscheinen Nationen als eine pragmatische, institutionelle Form, dessen sich *societal cultures* bedienen, um individuelle Freiheit zu ermöglichen. Insofern erscheinen Nationen in diesem Zusammenhang lediglich als Produkt der Anpassung von *societal cultures* an Modernisierungsprozesse, sie stellen hier mehr Mittel zum Zweck der *societal culture* dar.

Dieser Begriff der Nation scheint weit entfernt von dem in Kapitel 2 entwickelten, der immerhin stark normative Ansprüche (territoriale Autonomie z. B.) »um der Nation selbst willen« begründete. Leider verzichtet Kymlicka auf eine Rückkopplung der beiden Konzepte, die eine Verbindung der unterschiedlichen Funktionen erläutern könnte. Auch die Darstellung der Entstehungsweise verweist auf verschiedene Rollen der kollektiven Identitäten in Kymlickas Theorie. Kymlicka weist zunächst ausdrücklich darauf hin, dass diese *societal cultures* keineswegs »naturwüchsige«, ahistorische Gebilde sind, sondern soziale Produkte/Konstrukte, die im Zuge der Modernisierung aus Gründen funktionaler Anforderungen moderner Wirtschaften und aufgrund des hohen Bedarfs an Solidarität in modernen Demokratien entstanden sind.[123] Später allerdings, wenn es um den – nicht näher eingeführten – Begriff »nationaler Identitäten« geht, unterscheidet Kymlicka historische Formen solcher nationaler kollektiver Identitäten von deren zugrundeliegendem, »authentischem«, gleichsam ahistorischem Selbst. Im Gegensatz zu Theoretikern, die »Nationen« als soziale Konstruktionen dekonstruieren oder gar als politische Propaganda entlarven[124], scheint Kymlicka das Konzept nationaler Identität zu re-substantialisieren. »But it is important not to confuse the heroes, history or present day characteristics of a national identity with the underlying national identity itself.«[125] Es ist unklar, ob Kymlicka einen objektiven Zusammenhang zwischen den Charakeristika einer Nation (Geschichte, institutionelle Vollständigkeit, Territorium, Sprache) und einer in irgendeiner Weise darauf bezüglichen »nationalen Identität« herstellen will / kann. »But recent history suggests that to some extent national identities must be taken as givens. The character of the national identity can change dramatically [...] but the identity itself – the sense of being a distinct national culture – is much more stable.«[126] Demnach versteht Kymlicka unter dem Begriff der »nationalen Identität« ausschließlich das kollektive Selbstverständnis nationaler oder kultureller Differenz. Die Merkmale nationaler Identität können Wandlungen unterliegen, aber das subjektive Empfinden einer eigenständigen kollektiven nationalen Identität ist – nach Kymlicka – stabil. Kymlicka argumentiert im Verlauf des Kapitels 9 ähnlich wie Anthony Smith, der nationale Identitäten, ganz unabhängig von ihrer Genese und wie immer arbiträren oder eingebildeten Substanz, als feste, gleichsam unvermeidliche politische Instanz anerkannt sehen will.[127] Kymlicka rät, sich mit der *Realität* der Kategorie »nationaler Identität« abzufinden und Versuche, verschiedene nationale Identitäten auf ein ihnen gemeinsames Selbstverständnis zu einigen, wehrt er als nicht nur hoffnungslos, sondern vielmehr gefährlich ab. Kymlicka verkoppelt also zweierlei:

(i) Einerseits verbindet er den Begriff der *societal culture* mit dem der »Nation«. Während *societal cultures* zunächst ein für individuelle Autonomie konstitutives Element sind, weil sie die Einzelnen mit der Möglichkeit der individuellen Wahl ausstatten, formieren sich diese *societal cultures* in modernen Gesellschaften unter zunehmendem Konformitäts- oder Einheitszwang zu nationalen Kulturen. Nationen ihrerseits sind an Territorien gebundene, institutionell wie kulturell verankerte Gemeinschaftsbildungen, die eine sinnstiftende und identitätsversichernde Funktion erfüllen.

(ii) Andererseits und damit zusammenhängend knüpft Kymlicka den Begriff der »individuellen Wahl«, die zur Freiheit und Selbstbestimmung des Individuums beiträgt, an den der »nationalen Identität«. Während es zunächst so erscheint, als bedürfte die einzelne Person nur *irgend*-einer *societal culture*, innerhalb deren Horizont sie sinnhafte und wertvolle Entscheidungen für sich zu treffen vermag, wird im Verlauf des Textes deutlich, dass Kymlicka sich sinnvolle und wertvolle Wahl anscheinend nur innerhalb einer einzigen dichten, dominanten Kultur – innerhalb einer nationalen Identität vorzustellen vermag. Damit unterläuft Kymlicka aber das zentrale *liberale* Argument, mit dem er ursprünglich die Bedeutung und Notwendigkeit von (nationalen) Kulturen erst begründen wollte, nämlich dass sie jeweils *eine* mögliche unter vielen verschiedenen Optionen für ein selbstbestimmtes, sinnhaftes Leben darstellen. Das Moment der tatsächlichen Wahl wird weitgehend unterminiert, wenn es theoretisch eigentlich gar keine Auswahl zwischen verschiedenen sozialen Kulturen an verschiedenen Orten mehr gibt. Das Argument resultiert einerseits sicherlich aus der oben genannten Kopplung von *societal culture* und nationaler Kultur/Nation. Anderseits gehen damit bei Kymlicka aber auch eine *anthropologische* (a) und eine *epistemologische* (b) These über die Relevanz und Funktionsweise einer nationalen Kultur für individuelle Autonomie einher.

(a) Kymlicka behauptet nämlich die Bedeutung einer *einzigen, dominanten* Kultur für das Wohlergehen der einzelnen Person. Innerhalb des Sinn- und Werthorizonts dieser einen Kultur orientiert sich das Individuum, zumeist sein ganzes Leben lang. »We should assume that people are born and expected to lead a complete life within the same society and culture.«[128]

Es geht also nicht darum, die Relevanz *eines* kulturellen Horizonts für das Individuum zu konstatieren; es ist Kymlicka nicht darum zu tun, für die je individuelle, räumlich und zeitlich möglicherweise wechselnde Wahl einer sozialen Kultur Anerkennung und Schutz zu suchen, sondern vielmehr den »Lebensraum« und Sinnhorizont, in den eine Person hineingeboren ist, auch als solchen und als Nation zu erhalten, weil nur das nach Kymlicka die individuelle Autonomie wirklich zu gewährleisten vermag. Für Kymlicka scheint die Wahl, die eigene *societal culture*/Nation zu verlassen, einen Mangel an Rationalität aufzuweisen, wenn nicht geradezu an individuelle Selbstaufgabe zu grenzen. »The choice to leave one's own culture can be seen as analogous to take a vow of perpetual poverty and enter a religious order […].«[129] Es gilt zu bemerken, dass Kymlicka an dieser Stelle nicht davon spricht, *jede* Einbindung in eine *societal culture* aufzugeben. Das würde in der Tat aus philosophisch-an-thropologischer Sicht einer individuell-sozialen Selbst-Aufgabe gleich-kommen. Kymlicka geht aber von dem Verlassen der *eigenen* (»one's own«) Kultur aus. Und »eigene« scheint hier »ursprüngliche« zu bedeu-ten. Dieses freiwillige Austreten aus der eigenen, angestammten *societal culture* stellt er dar, als gleiche diese Entscheidung einem Eintritt ins kulturell-verarmte Nichts. Kymlickas *societal culture* ist demnach nur sinnvoll, wenn sie als ein das Individuum dauerhaft umgebendes, dis-tinktes, territorial gebundenes Umfeld gedacht ist, das auch nicht durch irgendein ebenso funktional gestaltetes, aber eben anderes zu ersetzen ist. Denn sonst müsste Kymlicka die Möglichkeit des Verlassens der eigenen Kultur und des Neueintritts in eine andere Kultur als adäquate, *ebenso* sinnhafte und wertvolle Wahl beschreiben können.

Es fällt auf, dass Kymlicka mehrere alternative Varianten der Wahl und Zugehörigkeit zu Kulturen vernachlässigt:

(i) Kymlicka stellt sich die Zugehörigkeit zu einer Kultur wie das Eingeschlossensein in eine räumlich-zeitliche Struktur vor. Er scheint anzunehmen, dass man dieses Umfeld nicht ohne gravierende Verluste verlassen kann, um in eine andere Kultur einzutreten. Der Fall einer *erfolgreichen Immigration und Integration* in eine andere ethnisch-kul-turelle Gemeinschaft ist bei Kymlicka unsichtbar.

(ii) Genauso wenig diskutiert Kymlicka die Möglichkeit der *gleich-zeitigen* Zugehörigkeit zu verschiedenen Kulturen, da sie ihm schon aufgrund der territorialen Gebundenheit unmöglich erscheinen muss. Er vergegenwärtigt sich beispielsweise nicht das Phänomen von Kindern, die zwar in einem Land aufwachsen, aber durch Eltern mit unterschied-lichen ethnisch-kulturellen Identitäten erzogen werden, genauso wenig berücksichtigt er Personen, die in wechselnden Ländern »zu Hause« sind: Gastarbeiter, die in regelmäßigen Abständen wieder in ihr Her-kunftsland zurückkehren, verdeutlichen diesen Fall ebenso wie Exi-lanten oder, wie Seyla Benhabib nur halb scherzhaft sagen würde, wie »Vagabunden«.[130] Sinnhafte Identifikation mit verschiedenen *societal cultures* oder Orientierung innerhalb verschiedener symbolischer Hori-zonte – wie Jeremy Waldron das unter dem Begriff der *kosmopolitischen Alternative* beschreibt[131] – scheint bei Kymlicka undenkbar.[132] Von dem Zustand oder Gefühl des gleichzeitigen Fremdseins in verschiedenen Kulturen ganz zu schweigen:

(iii) Die Zugehörigkeit zu einer *liberalen Kultur*, in der gerade eine gewisse Beweglichkeit der Identifikation möglich ist, die eine Gewähr für individuelle Autonomie darzustellen vermag, wird von Kymlicka erstaunlicherweise eindeutig abschätzig behandelt. »It seems particularly puzzling that people should have a strong attachment to a liberalized culture. After all, as a culture is liberalized [...] the resulting culture becomes thinner and less distinctive.«[133] Auf den ersten Blick mag es verwundern, dass Kymlicka nicht verstehen will, dass Personen starke Bindungen an eine liberale Kultur aufweisen können. Was soll das heißen? Nicht zuletzt begreift doch der Theoretiker Kymlicka seinen Entwurf als einen Beitrag zu einer liberalen Demokratietheorie. Auch will Kymlicka in späteren Kapiteln seines Buches kritisch gegen illiberale Gemeinschaften argumentieren und deren Möglichkeiten, gegen ihre eigenen Mitglieder interne Restriktionen zu verhängen, beschränken. Warum also argumentiert er an dieser Stelle gegen die Bindungskraft liberaler Kulturen?

Die Antwort lässt sich nur über den zweiten Teil der oben zitierten Textstelle rekonstruieren: Kymlicka unterstellt, dass die *societal culture*, die liberalisiert wird, *als* Kultur an Dichte und Eigenständigkeit verliert (»becomes thinner and less distinctive«). Es gilt zu bemerken, dass Kymlicka an keiner Stelle zuvor Dichte und Eigenständigkeit als elementare und für die Bindungskraft der Kultur konstitutive Kriterien von sozialen Kulturen oder Nationen eingeführt hat. Im Gegenteil: Kymlicka hatte noch argumentiert, dass gerade die »ethische Leere« oder Wertevielfalt innerhalb nationaler Identitäten individuelle Freiheit ermöglichte: »Indeed, it is precisely because national identity does not rest on shared values that it provides a secure foundation for individual autonomy and self-identity.«[134] Überhaupt war in dem bisherigen von einer notwendigen »Bindungskraft« oder spezifischen »Attraktivität« der sozialen Kulturen nicht die Rede. Kymlicka hatte bislang noch gar keine Charakteristika angeführt, die *societal cultures*/Nationen aufweisen müssen, um gewinnend und funktionstüchtig zu sein. An dieser Stelle scheint Kymlicka aber darauf zu verweisen, dass nur »dichte« und »distinkte« Kulturen sinnvollerweise anziehend und bindend wirken können, liberalisierte Kulturen weisen nach seiner – wie übrigens auch nach Michael Walzers –[135] Einschätzung einen Mangel dieser Qualitäten auf. Es fragt sich, warum liberalisierte Kulturen keine Eigenständigkeit sollen aufweisen können – zeichnen sie sich doch gerade vor dem Hintergrund illiberaler Kulturen ausgesprochen klar ab. Gerade moderne, auf individuelle Selbstbestimmung bedachte Personen sollten eine starke Bindung an liberalisierte, »verdünnte« Kulturen empfinden können, denn gerade diese ermöglichen wandelnde Identifikationen, multiple Zugehörigkeiten, Konversion und darin sowohl freie Wahl von wertvollen Optionen, die erst durch die Möglichkeit der kritischen Distanznahme wirklich *bewusste* Optionen werden, als auch *jeweils* überzeugende Sinn- und Handlungshorizonte. Es zeigt sich, dass Kymlicka das Konzept der individuellen Wahl auf die Optionen *innerhalb* einer einzigen, eher homogenen sozialen Kultur zu beschränken versucht. Der Grund dafür liegt in der impliziten *epistemologischen These*, die Kymlickas Konzept der Kultur/Nation zugrunde liegt.

(b) Kymlicka unterstellt letzten Endes, dass intelligible Wahl oder Selbsterfindung nur innerhalb einer mehr oder minder geschlossenen symbolischen Struktur verständlich ist. »There is undoubtedly some truth […] there are limits to the extent to which we can put ourselves into each other's shoes.«[136] Dies ist auch der Grund für Kymlickas kritische Haltung gegenüber dem »freiwilligen« Verlassen des Heimatlandes: Da Kymlicka glaubt, die kulturelle Identität ginge in der eigenen nationalen Identität auf, und da diese an territoriale Autonomie gebunden ist, geht bei Verlassen des nationalen, kulturellen Heimatlandes auch die sinnhafte Selbstbestimmung verlustig, für die die *societal culture* ursprünglich die symbolische Struktur und Auswahl bieten sollte. Es lässt sich nach Kymlicka eben nicht einfach ein neuer Horizont aufbauen.

Im Umkehrschluss resultiert daraus auch das Warnen vor liberalisierten Kulturen, bei denen geringere oder porösere Grenzen zwischen verschiedenen Kulturen gezogen sind. Für Kymlicka müssen damit auch die symbolischen Abgrenzungen problematischer werden. Es handelt sich hierbei nicht nur um eine Inkompatibilitätsthese, sondern eher schon eine innerhalb des Rationalitätsdiskurses angesiedelte These wechselseitiger Unverstehbarkeit der Kulturen. Kymlicka behauptet nicht allein, dass die verschiedenen Wertesysteme unterschiedlicher kultureller Kollektive miteinander inkompatibel seien, sondern er vertritt die epistemologisch stärkere These, dass ihre jeweiligen Angehörigen keine wechselseitigen Perspektivenwechsel und Rollenübernahmen durchführen können. Die kulturelle Differenz verliert in diesem Kontext jede Dynamik und verweist auf die diesem Argument zugrundeliegende Annahme von symbolisch geschlossenen kulturellen Systemen, die interkulturelle Verständigung insoweit verhindern, als sie Perspektiven-übernahmen verunmöglichen, weil sie letzten Endes verschiedene Rationalitätsstandards verkörpern.[137] Das Problematische an Kymlickas Text besteht vornehmlich in seiner Vorgehensweise: Er diskutiert zunächst kulturelle Kollektive als *Träger von Rechtsansprüchen und -instanzen.* Danach erst entwickelt er die Darstellung ihrer Funktionsweise und Bedeutung für individuelle Personen und ihren Selbstentwurf, also als *Option für individuelle Selbstbestimmung.* Lediglich implizit, sozusagen unterschwellig, verläuft die These von Kulturen als *Widerständen der Verständigung.*

Durch diese Vorgehensweise verliert Kymlicka nicht allein seinen ursprünglichen Plan aus den Augen, er argumentiert sozusagen am Ende gegen seine eigenen Begründungen an.

Ausgangspunkt von Kymlickas Entwurf war der Versuch einer Integration von gruppenspezifischen Rechten in eine liberale, am Individuum und dessen Autonomie orientierte Demokratietheorie. Zu diesem Zweck wollte Kymlicka den Nachweis erbringen, dass gruppenspezifische Rechte und individuelle Rechte einander nicht ausschließen, sondern vielmehr bedingen. Theoriestrategisch ganz konsequent wollte Kymlicka in diesem Sinne argumentieren, warum *societal cultures* unabdingbar für individuelle Selbstbestimmung sind – als symbolischer Sinn- und Handlungshorizont, innerhalb dessen allein intelligible und wertvolle Entscheidungen zu treffen sind. Wenn dieser Nachweis erst einmal erbracht wäre, könnte Kymlicka sodann für den Schutz und Erhalt von kulturellen Kollektiven argumentieren, ohne an die liberale Idee der normativen Priorität der individuellen Person zu tasten.

Doch die rückwärtige Vorgehensweise bringt schließlich auch inhaltliche Probleme mit sich: Kymlickas Darstellung der Entstehung und Funktionsweise von kulturellen Kollektiven, seine ineinanderfließende Begrifflichkeit von *societal cultures* und Nationen, seine Verkopplung des Nationen-Konzeptes mit territorialer Autonomie, seine epistemologische These über die Unmöglichkeit kosmopolitischer oder multikultureller Identitäten, ganz zu schweigen von der Annahme der Grenzen der Perspektivenübernahmen, lassen ihn mehr und mehr von der Relevanz individueller Wahl und Selbstbestimmung abkommen und bringen ihn zu einer Resubstantialisierung des Nationen-Konzepts. So erscheint am Ende eine Theorie, der es bei der Diskussion von kulturellen kollektiven Identität mehr um den Erhalt nationaler Einheiten als um Kulturen als Bedingungen der Möglichkeit freier Wahl und Selbstbestimmung geht.[138]

Der ebenfalls kanadische Philosoph Charles Taylor hatte schon in seinem 1989 erschienenen Buch *Sources of the Self*[139] über den spezifisch *modernen* Zusammenhang von individueller Selbstfindung/-bestimmung und Kulturen als den dafür notwendigen Sinn- und Handlungshorizonten geschrieben. Aber erst seine nachfolgenden Arbeiten *The Ethics of Authenticity* und *Multiculturalism. Examining the Politics of Recognition*[140] wurden Auslöser einer weitreichenden und einschlägigen Debatte um die Bedeutung von kollektiven Identitäten.[141]

In dem essayistischen Entwurf *Ethics of Authenticity* geht es Taylor um den Nachweis der moralischen Kraft, die dem modernen Ideal der Selbstverwirklichung zugrunde liegt. »The moral ideal behind the self-fulfillment is that of being true to oneself, in a specifically modern understanding of the term.«[142] Taylor will nachweisen, dass aus dem modernen Ideal der Selbstverwirklichung noch lange nicht eine instrumentalistische Vernunft, ein individueller Sinnverlust und eine egoistische, unfreie Gesellschaft folgen muss.[143] Vielmehr will er das Konzept der Authentizität als Bindeglied zwischen das Ideal *individueller Selbstbestimmung* und die notwendige Praxis *kollektiver Sinngebung* in einem kulturellen, symbolischen Horizont stellen. Dadurch wird die als egozentrische missverstandene Selbstverwirklichung wieder zu einem *sozialen* und eben auch *moralischen* Vorgang.

Charles Taylor argumentiert einerseits (a) historisch für das Ideal der *Authentizität* (»being true to oneself«), andererseits versucht er (b) den systematischen (philosophisch-anthropologischen) Nachweis einer bestimmten *conditio humana* zu erbringen, die die Erfüllung dieses Ideals bedingt und erlaubt, ohne gleichzeitig in moralischen Relativismus verfallen zu müssen.

Doch zunächst gilt es zu erläutern, was Taylor unter *Authentizität* versteht:

> Being true to oneself means being true to my own originality, and that is something only I can articulate and discover. In articulating it, I am also defining myself. I am realizing a potentiality that is properly my own. This is the background understanding to the modern ideal of authenticity, and to the goals of self-fulfilment or self-realization in which it is usually couched.[144]

An dieser Stelle flicht Taylor schon die drei historischen Konzepte ein, die seiner Ansicht nach den Hintergrund für das moderne Ideal der Authentizität darstellen: (i) Innerlichkeit, (ii) selbstbestimmte Freiheit und (iii) Originalität.[145] Die Originalität ist ein zu verwirklichendes Potential, das mir allein eigen ist (»properly my own«). Dieses individuell Besondere, mir Eigene muss aber zunächst *entdeckt* und kann erst dann *artikuliert* werden. Darin verknüpfen sich Innerlichkeit und selbstbestimmte Freiheit. Während diese drei Konzepte historische Wegbereiter des modernen Verständnisses von Authentizität sein können, so setzt sich diese doch inhaltlich von den Vorläufern ab: Authentizität bedeutet, so erzählt Taylor, schon bei Herder, dass jedes einzelne Individuum in seiner Art einzigartig ist, dass jeder über ein eigenes Maß verfügt. Taylor verweist darauf, dass es vor dem 18. Jahrhundert kein allgemeines Bewusstsein für die Existenz und Bedeutung individueller Differenz gab. Danach erst erhält das *Selbstverhältnis* zu mir als eigenem, besonderem Wesen, dessen Einzigartigkeit auch »wahrhaftig« verwirklicht und »authentisch« gelebt werden soll, eine moralische Konnotation.[146]

Im Anschluss daran diskutiert Taylor, inwieweit es, trotz des eher relativistisch anmutenden Ideals der Authentizität, möglich sein kann, vernünftig mit anderen Menschen zu argumentieren, die nichts außer ihrer eigenen Innerlichkeit und Selbsterfüllung anstreben. Taylors Ziel ist es, das Ideal der Authentizität in Einklang mit einer intersubjektivistisch verstandenen conditio humana zu bringen, um damit sowohl den epistemologischen als auch moralischen Relativismus, der dem Ideal zunächst anzuhaften scheint, zu widerlegen.[147]

Taylor verfolgt zwei unterschiedliche Strategien:

(i) Einerseits argumentiert er für die intersubjektive Verflechtung der Ich-Identität, für die Ausbildung der Entscheidungsfähigkeit des sich entwerfenden Subjekts innerhalb eines ihn oder sie umgebenden sinnstiftenden Horizonts.

(ii) Andererseits verfolgt er den daran anschließenden Diskurs um den Bedarf an Anerkennung, der aus der dialogischen Entwicklung von Identitäten in einer modernen Gesellschaft entsteht.

(i) Taylor beginnt, in Anlehnung an George Herbert Mead, den dialogischen Charakter der Person zu erläutern: »The genesis of the human mind is in this sense not monological, not something each accomplishes on his own, but dialogical.«[148] Taylor verfolgt darin zunächst, aber nicht allein die sprachphilosophische These von der Entwicklung der Ich-Identität einer Person, die über den intersubjektiven Spracherwerb und -austausch funktioniert. Wir erlernen mit einer Sprache bei unserer Sozialisation in einer Sprech- und Handlungsgemeinschaft nicht allein den Sinn und die Verwendungsweise von Wörtern, die wir sprechen und mit denen wir uns mit anderen in unserer Familie und Lebenswelt verständigen können, sondern auch eine oder mehrere Sprachen (Kunst, Gestik, Liebe werden von Taylor genannt), um *uns selbst* und unser *Selbstverständnis* zu entwickeln und auszudrücken.

Taylor argumentiert nun, dass die dialogische Ausbildung der Identität nicht mit dem Erwerb der sprachlichen Mittel oder der Sozialisation in eine kulturelle Lebenswelt, also mit ihrer *genesis*, abgeschlossen ist, sondern vielmehr, dass es sich um einen andauernden kommunikativen Prozess handelt, der unsere Erfahrung von uns selbst dauerhaft kennzeichnet. Insofern kann keine absolut scharfe Trennungslinie zwischen der eigenen Identität und der anderer Menschen, die für unsere eigene entscheidend, prägend und bedeutsam sind, gezogen werden.[149] »If some of the things I value most are accessible to me only in relation to the person I love, then she becomes internal to my identity.«[150] Taylor diskutiert im Folgenden, dass Werte oder Ziele für Individuen nur Bedeutung erlangen vor einem intelligiblen Hintergrund, der für die Einzelnen sozialen Sinn und Bedeutung generiert – und insofern auch verhaltensbestimmend zu sein vermag.[151] Diese durch symbolische Strukturen und Praktiken gezogenen Sinngrenzen sind für Taylor insofern relevant, als sie nur bestimmten Entscheidungen Bedeutung zumessen. Taylor will zeigen, dass freie Wahl und selbstbestimmte Entscheidung, dass die freie Interpretation und Konstitution der eigenen Identität und des eigenen Lebensentwurfs nur relevant sind, weil bestimmte Dinge bereits eine besondere Bedeutung und Wichtigkeit erlangt haben, die weder objektiv aus ihnen selbst hervorgehen noch ihnen von mir allein subjektiv zugeschrieben werden können.[152] Insofern will Taylor nachweisen, dass das Ideal der freien Selbstbestimmung und der je eigene Lebensentwurf andere Themen, Aspekte und Werte *voraussetzen*. Das Ideal der Selbstwahl kann nicht für sich stehen, denn es setzt einen symbolisch-kulturellen Horizont voraus, in den es eingebettet ist und der den Entscheidungen und Praktiken erst ihre Bedeutung und Sinnhaftigkeit verleiht.

But our normal understanding of self-realization presupposes that some things are important beyond the self, that there are some goods or purposes the furthering of which has significance for us and which hence can provide the significance a fulfilling life needs.[153]

Diese »horizons of significance«, diese symbolisch-kulturellen Systeme, die zur individuellen Interpretationshilfe und Handlungsorientierung dienen, stellen nach Taylor aber auch Topographien nicht allein kognitiver oder evaluativer, sondern auch moralischer Grenzen dar.[154]

Wichtig ist aber an dieser Stelle weniger der kulturelle (beziehungsweise moralische) Relativismus, der hier entgegen Taylors Intentionen anklingt, als vielmehr die Art und Weise, wie Taylor diese Argumentation zur Identitätsbildung auf der sozial komplexeren Achse mit einer Anerkennungsdiskussion verknüpft:

(ii) Taylor behauptet in dieser zweiten Argumentationslinie, dass die Anerkennung von Differenz, gleich dem Begriff der Selbstwahl, eines Sinn- und Bedeutungshorizonts bedarf – und zwar eines gemeinsamen. Dazu muss er zunächst erläutern, inwieweit der Begriff der Anerkennung überhaupt in diesem Zusammenhang relevant wird. »On the social plane, the understanding that identities are formed in open dialogue, unshaped by predefined script, has made the politics of recognition more central and stressful.«[155] Taylors Erklärung ist eine historisch informierte. Da Taylor in diesem Essay wenig zur Herleitung des Konzepts sagt, beziehe ich mich im Folgenden auf die Passagen in »The Politics of Recognition«:

Taylors Begriff der Anerkennung entwickelt sich in seinem genealogischen Narrativ (a) einerseits aus dem *Zerfall sozialer Hierarchien* sowie (b) aus dem spezifisch modernen Verständnis individueller oder *individualisierter Identität*,[156] wie sie sich ab dem Ende des 18. Jahrhunderts abzuzeichnen beginnt. Während die herkömmliche gesellschaftliche Positionierung in vorgegebene, definierte Klassen und Schichten die »Ehre« des Einzelnen vorzeichnete, bedeutete die Auflösung dieser hierarchischen Gesellschaft auch das Ende der sozial ableitbaren Identität, und damit verweist Taylor auf zwei (sic!) neuartige Quellen von Identität:

Einerseits (i) verortet Taylor hier den Beginn der *innerlichen Genesis* individueller Identität, der zunehmenden Bedeutung des Begriffs der »Würde« des Einzelnen und schließlich der Entstehung des Ideals der Authentizität.

Der Begriff der Anerkennung wird in diesem Zusammenhang insofern bedeutsam, als meine Identität (ii)[157] entscheidend von meinen *dialogischen Beziehungen* zu anderen abhängig ist. Dieses Moment der Abhängigkeit ist dabei keineswegs historisch neu; gerade die hierarchische Gesellschaft und die darin vorbestimmte, sozial abgeleitete Identität zeichnete sich durch Abhängigkeit aus. Aber Anerkennung stellte in jener Gesellschaft kein Problem dar.

> General recognition was built into the socially derived identity by virtue of the very fact that it was based on social categories that everyone took for granted. Yet inwardly derived, personal, original identity doesn't enjoy this recognition a priori.[158]

In der Moderne taucht nicht plötzlich Anerkennung als unbekannte Größe auf, vielmehr entsteht die Anerkennung der Identität nun erst durch kommunikative Prozesse, wird gleich der herkömmlichen sozialen Identität nicht schlicht ererbt, sondern erworben. Anerkennung ist nichts Selbstverständliches mehr. Das Streben nach Anerkennung ist ein Versuch. Er kann fehlschlagen. Erst unter diesen Umständen wird der kommunikative Austausch mit anderen, der Anerkennung oder Missachtung zu vermitteln vermag, zum identitätsbildenden Faktor. Während das moderne Ideal der Authentizität zunächst das Entwerfen und Erfinden der eigenen Identität *aus sich selbst* sowie Originalität betonte (und damit möglicherweise Widerstand gegen die gesellschaftlichen Normen und Konventionen förderte), will Taylor durch diese beiden hier nachgezeichneten Argumente für eine intersubjektive Verflechtung der personalen Identität nachweisen, wie verhindert werden kann, dass das Ideal der Authentizität in Subjektivismus verfällt (»slide to subjectivism«):

Nach Taylor verlangt sowohl Authentizität nach einem dialogischen Selbstentwurf als auch nach einer *Offenheit gegenüber den Sinn- und Bedeutungshorizonten* der eigenen identitätsbildenden Sprech- und Handlungsgemeinschaft, die Anerkennung und Missachtung zu zollen vermag.

Das Ambivalente an Taylory Identitäts-Modell, das in dem späteren Text »Politics of Recognition« auf der Ebene kollektiver Identitäten – auch rechtsphilosophisch – besonders problematisch wird, deutet sich schon in *Ethics of Authenticity* an: Taylor mäandert in seiner Argumentation zwischen einem (a) *dialogischen* und einem (b) *essentialistischen* Identitäts-Modell.

(a) Zunächst scheint es so, als entwickelte Taylor ein philosophisches Konzept von *dialogischer Identität*, das an die sprachphilosophischen Sozialisationstheorien von Mead und Habermas anknüpft: Hier entsteht die nicht hierarchisch vorgeschriebene Identität durch dialogischen Entwurf in einer »kommunikativen Lebensform«[159]. Es ist jene Gruppe von Gesprächspartnern, deren Sprache und Verständigung für mich Sinn und Bedeutung ergibt, die meine Identität bildet und prägt.

Soziale Identität ist hier das wandelbare, stets umstrittene und um Anerkennung werbende *Produkt* kreativer, intersubjektiver sprachlicher Vergesellschaftungsprozesse. Identität wird hier durch permanente, um Verständigung ringende, aber eben auch strittige Kommunikation *erworben und hergestellt.*

(b) Andererseits entwickelt Taylor ein stark *essentialistisches Identitäts-Modell*, das um den Begriff der Authentizität kreist. Schon der Begriff der Authentizität suggeriert eine »ursprüngliche«, »eigentliche«, einzigartige individuelle Substanz, einen Kern, der das Wesen eines Individuums darstellt – demgegenüber die Person wahrhaftig (»being true to oneself«) zu sein hat (genau darin besteht ja nach Taylor das Ideal der Authentizität). Hierin unterstellt Taylor eine unstrittige, gleichsam vorgegebene Identität, der lediglich Ausdruck verliehen werden muss: »an authentic nugget of selfhood, the core that is distinctively me, waiting to be dug out [...].«[160] Es ist eine aristotelische, teleologische Vorstellung eines authentischen Kerns personaler Identität, der stabil und unangetastet bleibt.

Die in dem Begriff der Authentizität angelegte Vorstellung von personaler Identität kennt keinen »Kampf um Anerkennung«, kein dialogisches Ringen mit der sozialen Umwelt um das eigene individuelle oder kollektive Selbstverständnis; hier wird ein sanfter und vor allem autonomer Übergang vom inneren zum äußeren individuellen Selbst angenommen. In dem Essay *Ethics of Authenticity* bleibt noch undeutlich, welchem Identitäts-Modell Taylor den Vorzug gibt, in *The Politics of Recognition* scheint er sich dann für die zweite Variante entschieden zu haben.

Um zu analysieren, wie Taylors Identitätsbegriff zwei einander widersprechende Konzepte miteinander vermengt bzw. wie Taylor zwischen zwei konträren Vorstellungen personaler Identität schwankt, ist es notwendig, seinen Anerkennungsbegriff in seiner historischen Darstellung in *The Politics of Recognition* noch einmal genauer auf ebensolche Ambivalenzen hin zu untersuchen. Das ist insoweit hermeneutisch akkurat, als Taylor selbst davon ausgeht, dass die modernen Diskurse zu Identität und Anerkennung miteinander verflochten sind.[161]

In Taylors Darstellung der Genealogie des modernen Anerkennungsbegriffs verbergen sich zwei unterschiedliche Vorstellungen von Anerkennung, »re-cognition«, die dann auch zu den zwei Varianten beim
Identitätsbegriff führen.[162] Eine etymologische Erklärung verdeutlicht
das: »to recognize«, von *recognescere*, bedeutet im Englischen zweierlei: (i) zu wissen, fähig sein, etwas wieder-erkennen zu können, das
man schon einmal gesehen oder gehört etc. hat, oder (ii) willens zu sein,
etwas oder jemanden zu akzeptieren als das, was er oder sie behauptet
(gewesen) zu sein.[163] Im Griechischen verweist *anagnorisis* in jenem
ersten (i) Sinne auf das Wiederkennen, das Wieder-Erinnern einer ehemals bekannten Identität oder die Wiederherstellung (*ana-*) von der ursprünglichen *gnosis* im Kern. Hier ist das Wieder-Erkennen einer bereits
existierenden, bekannten Entität gemeint, der Begriff ist Ausdruck einer
rückwärtsgewandten Perspektive: Eine ursprüngliche Identität wird
– nach Zeiten der Verwirrung, des Vergessens – wieder entdeckt, sozusagen wieder erinnert. Im Akt der so verstandenen Anerkennung wird
die Identität lediglich als *sie selbst* erkannt, wird wiederhergestellt. Die
Frage der Anerkennung wird hier zu einer Frage der Übereinstimmung
von Wahrnehmung und Wahrzunehmendem identitärem Kern, als des
Wiedererkennens der »ursprünglichen«, »wahren« Identität.[164] Es ist ein
Prozess, der in einem einmaligen Akt vonstattengeht und ein definitives
Ende zeitigt: nämlich das Erkennen der alten, wahren Identität.

In der zweiten Verwendungsweise des Begriffs steht demgegenüber
der dynamische Charakter des Verhältnisses von Anerkennung und Identität im Vordergrund. Dieser Sinn verweist auf die konstitutive Rolle,
die Anerkennungprozesse für personale Identitäten spielen.[165] Hier geht
es um keine bereits fixierte, nur ihren ursprünglichen Kern suchende
Identität, sondern in diesem Konzept wird die Identität als dynamisches
Produkt intersubjektiver Verständigungsprozesse verstanden. Das Verhältnis der Begriffe Identität und Anerkennung ist hier ein konstitutives:
Die Identität wird durch die Anerkennung nicht allein ihrer selbst ver-
gewissert, sondern darin erst eigentlich als persönliche und besondere
hergestellt. Hier handelt es sich um einen dynamischen und vor allem
unabgeschlossenen Prozess.[166]

Nun kann man mit etymologischen Verweisen im Allgemeinen beinahe alles erklären, aber in der Tat entsprechen diese beiden Verwendungsweisen den beiden von Taylor in seiner historischen Darstellung
als signifikant gekennzeichneten Momenten *moderner Identität*. Taylor

beschreibt zwei Phasen in der Geschichte der Identität, die vormoderne und die moderne.

In der vormodernen Phase des *ancien régime* wurde die Anerkennung nach der vorgezeichneten Hierarchie sozialer Positionierung vergeben. Hier wurde, wie oben bereits erwähnt, Identität nicht erworben, nicht errungen, sie basierte auf den bestehenden sozialen Kategorien, die jeder für selbstverständlich gegeben hielt.[167] Erst mit dem Wegfall dieser statischen Hierarchien entwickelt sich Anerkennung zu einem instabilen, herstellbaren, aber eben auch verlierbaren Faktor, ebenso wie die damit in Wechselbeziehung stehende Identität nun zu einer gestalt- und wandelbaren Kategorie gemacht wurde. Doch während aus dieser Entwicklung in Taylors Narrativ zunächst lediglich die zunehmende konstituierende Bedeutung von intersubjektiven Verständigungs- und eben Anerkennungsprozessen für die Ausbildung personaler Identität ableitbar scheint, fügt Taylor einen zweiten Strang seiner historischen Erzählung hinzu, der diesem Identitäts-Modell entgegenläuft: das Entstehen des historischen Bewusstseins für das Moment der *Innerlichkeit* als autarker Quelle personaler Identität.[168]

Nun ist es wichtig zu analysieren, inwieweit dieser Begriff der Innerlichkeit und das damit verbundene Ideal der Authentizität den Begriff der Anerkennung und das angeschlossene Identitätsmodell nicht allein gravierend, sondern auch fatal modifziert.

Durch das Moment der Innerlichkeit, durch das Ideal der inneren, individuellen Genesis personaler Identität wird der Begriff der Anerkennung auf die eine Verwendungsweise, auf den einen Sinn von Anerkennung reduziert: nämlich den des Wiederkennens einer bereits bestehenden, bekannten Identität. Die einzelne Person kann und soll lediglich in sich selbst nach dem verschütteten oder vergessenen Kern ihrer selbst, nach ihrer eigenen Quelle in sich suchen: Die Anerkennung der Identität besteht in ihrem Wiederfinden, Wiedererkennen. Das einzig dynamische Moment besteht alsdann im täglichen, beständigen Überprüfen, ob man sich selbst auch entspricht. Die Konstitution der Identität besteht im Streben nach dem Angleichen des Selbst an diesen vorgegebenen ursprünglichen Kern.[169] Das so verstandene Ideal der Authentizität hat zwar bei Taylor eine Entstehungsgeschichte, aber Authentizität selbst scheint für jedes Individuum *geschichtslos* und in seiner Substanz *unwandelbar*.[170] Es zeigt sich, dass durch diesen zweiten Strang moderner Identität, d. h. dem Moment der inneren Genesis personaler Identität und dem anschließenden Ideal der Authentizität, der moderne Begriff der Anerkennung geradezu auf seine vormoderne, statische Bedeutung reduziert wird. So wie Anerkennung in Zeiten starrer sozialer Hierarchien lediglich das An-Erkennen der vorgegebenen Positionierung und damit verbundenen Identität bedeutete, so vernachlässigt Taylor letzten Endes *auch in modernen Zeiten* fast vollständig die zweite, dynamische, konstituierende Verwendungsweise des modernen Anerkennungsbegriffs und reduziert es schließlich auf das An-Erkennen oder Wiedererkennen der »eigentlichen«, vorgegebenen »authentischen« Identität.

Obgleich Taylor in seiner Genealogie des modernen Anerkennungsbegriffs von zwei Momenten, von zwei Quellen modernen Identität – der inneren und der dialogischen – spricht, markiert der Übergang von der vormodernen zur modernen Gesellschaft *nicht* zugleich den Übergang vom lediglich den Kern erinnernden zum dialogisch konstituierenden Anerkennungsbegriff.[171]

Multikulturalismus bedeutet in diesem Zusammenhang für Taylor nicht mehr als das Ersetzen »falscher« oder »verzerrter« Bilder von kulturellen Kollektiven durch eine Politik der Anerkennung, die den »authentischen«, »wirklichen« Identitäten Rechnung trägt.[172]

Nach dieser kritischen Diskussion des historischen Narrativs des Anerkennungsbegriffs wird deutlich, dass und warum sich Taylor in seinem Aufsatz *The Politics of Recognition* für das zweite der beiden, in *The Ethics of Authenticity* sich abwechselnden Identitäts-Modelle entscheidet: Taylor reduziert den Anerkennungsbegriff auf seine rückwärtsgewandte erinnernde, wiederherstellende Bedeutung, und dadurch vernachlässigt er das mit dem dynamischeren Anerkennungsbegriff einhergehende dialogische Identitäts-Modell gegenüber dem essentialistischen, teleologischen Begriff einer »wahren«, ursprünglichen Identität.

Taylors essentialisierende Reduktion des Anerkennungsbegriffs hat auch auf der von Taylor in *The Politics of Recognition* diskutierten rechtsphilosophischen Ebene gravierende Konsequenzen.

Es interessiert an dieser Stelle zunächst weniger Taylors Diskussion universaler Rechte und inwieweit das Recht auf individuelle Selbstbestimmung und -entfaltung bestimmte gruppenspezifische Rechte nach sich zieht, sondern, inwieweit seine Übertragung des mit dem Ideal der Authentizität verknüpften Identitäts-Modells auf kollektive Identitäten auf verschiedenste Weise fundamentalisierende Auswirkungen zeigt:

Zwar unterscheidet Taylor mit Verweis auf Hegel unterschiedliche

Ebenen, auf denen Anerkennungsprozesse greifen: (i) In intimen Zusammenhängen, in der privaten Sphäre formen Anerkennungsverhältnisse individuelle personale Identitäten durch ihre jeweiligen »significant others«, und (ii) auf der sozialen Ebene, im öffentlichen Raum werden Identitäten durch Anerkennung oder das Verweigern von Anerkennung in existentieller Weise ge- oder verformt: »The projection of an inferior or demeaning image on another can actually distort and oppress, to the extent that the image is internalized.«[173] Das Problem besteht allerdings darin, dass Taylor das normative Ideal der Authentizität von individuellen auf kollektive Identitäten schlicht überträgt.

Taylor geht es darum, das Recht und den Anspruch, seine eigene Identität formen und bestimmen zu können, auch auf ganze Kulturen anwenden zu können – auf der universalen Grundlage des Rechts auf Differenz. Dabei macht Taylor den Staat als alleinigen Verteiler und Garanten von Anerkennung innerhalb des öffentlichen Raums aus.[174] Der Staat soll den einzelnen kollektiven Identitäten rechtlichen Schutz der kulturellen Unversehrtheit und – um es mit Habermas zu formulieren – ein Recht auf »Artenschutz« garantieren.[175]

Taylors Strategie ist zunächst durchaus verständlich: Er weist die Relevanz von kollektiven Identitäten für die Sozialisation und intakte Selbstbestimmung und -entwicklung der einzelnen Person nach, sodann verweist er auf das historische Ideal der Authentizität, das es notwendig macht, der eigenen Identität auch zu entsprechen, und daraus will er die Notwendigkeit ableiten, die das Individuum in seiner Originalität und Besonderheit prägenden kulturellen Kollektive auch als solche authentisch zu schützen und zu erhalten.

Allerdings birgt Taylors Argumentation einige Aspekte, die der individuellen Selbstentfaltung der einzelnen Mitglieder dieser so geschützten kulturellen Kollektive sowie dem von Taylor eingeklagten Recht auf Differenz in zweifelhafter Weise entgegenlaufen:

(i) Taylors Anwendung des Ideals der Authentizität und die damit verbundenen Vorstellungen von Sozialisation und Anerkennung werden von Individuen schlicht auf kulturelle Kollektive übertragen. Dabei ignoriert Taylor einerseits auf der horizontalen Achse *die Heterogenität und Vielfalt* innerhalb der Kollektive sowie andererseits *die Konstitutions- und Reproduktionsdynamiken* von kollektiven Identitäten oder Kulturen auf der vertikalen Achse, die durchaus Brüche in der Tradition und im Selbstverständnis der Gruppe produzieren können.

(ii) Die Reduktion auf den Staat als Monopol für die Verteilung von Anerkennung innerhalb des öffentlichen Raums qua Rechtszusicherungen vernachlässigt die Relevanz anderer demokratischer Quellen und Institutionen der Gesellschaft, die Anerkennung zu vermitteln vermögen.[176] Außerdem zeichnet Taylor ein zu naives Bild des Staates als alleiniger Retter des Überlebens von Minderheitskulturen, anstatt auch die Gefahren einer Homogenisierung und Essentialisierung seitens der sich um rechtliche Anerkennung bewerbenden Gruppen zu vergegenwärtigen.[177]

(i) Der Grund für Taylors – um es vorsichtig zu formulieren – Vernachlässigung der Heterogenität und Vielfalt innerhalb einer kulturellen Gruppe sowie der Brüche zwischen Generationen derselben kollektiven Identität liegt nicht nur an dem zu statisch und ahistorisch verstandenen Begriff der Authentizität. Vielmehr führt Taylors theoretisch zu *unterkomplexe* Vorstellung der *Genesis kultureller Kollektive* in der Moderne zu dieser Problematik. Taylor überträgt den Anerkennungsbegriff schlicht von Individuen auf kulturelle Gruppen – ohne die *Entstehung* dieser Gruppen eigentlich recht zu beschreiben. Zwar verfügen Individuen in Taylors Narrativ über eine Sozialisation und eine Entwicklung in ihrer Identitätsformation, kulturelle Kollektive dagegen kommen ohne Geschichte daher. Das lässt sich anhand einer Rekonstruktion von Taylors Beschreibung von Form und Funktionsweise kultureller Kollektive demonstrieren:

(a) Taylors rückwärtiges Ideal der Authentizität suggeriert eine idealtypische Vorstellung einer jeden spezifischen kulturellen Identität, der gegenüber die Mitglieder sich authentisch erweisen können oder sollen. Um den Erhalt einer solchen kollektiven Identität gewährleisten zu können, müssen die Mitglieder ein *gleichbleibendes*, *ursprüngliches Set* an identischen Überzeugungen und Praktiken kennen und teilen.

Aber schon das berühmte Beispiel der Gemeinschaft der Mashpee von James Clifford hat gezeigt, dass eine kollektive Identität – zumindest in der Selbstbeschreibung und im gelebten Selbstverständnis – bestehen kann, auch wenn nur manche der »ursprünglichen« Rituale und kulturellen Codes praktiziert werden. Taylors Konzept verlangt implizit nach einer Kontinuität von Geschichte und Identität, setzt eine lineare Teleologie voraus, die dem Ideal der Authentizität erst Sinn verleiht. James Clifford erzählt uns stattdessen von den Mashpee einen porösen, brüchigen, diskontinuierlichen Narrativ einer nichtsdestotrotz existierenden kollektiven Identität.

The Mashpee trial seemed to reveal people who were sometimes seperate and »Indian«, sometimes assimilated and »American«. Their history was a series of cultural and political transactions, not all-or-nothing conversions or resistances. [...] Seen from a standpoint not of finality (survival or assimilation) but of emergence, Indian life in Mashpee would not flow in a single current.[178]

(b) Kulturen werden bei Taylor nur als Horizont von Individuen beschrieben. Sie stellen den Interpretations- und Handlungszusammenhang aktiver, selbstbestimmter individueller Personen dar. Dabei werden kulturelle Kollektive von Taylor genau in dieser *Funktion* begriffen, sie erfüllen einen spezifischen *Zweck*, nämlich einen Sinn- und Verständigungshorizont für das sich selbst entwerfende Individuum darzustellen. Kulturelle Kollektive fungieren als ein Vehikel, wenn man eine Struktur oder einen Horizont denn als ein »Vehikel« bezeichnen kann, für den Prozess der Identitätsformation individueller Personen. Wenn kulturelle Kollektive nicht intakt erhalten und beschützt werden können, dann droht – so Taylors Argumentation – auch die »heile« Entwicklung und Ich-Ausbildung der einzelnen Personen Schaden zu nehmen.

Taylor begreift das Zusammenwirken von individueller und kollektiver Identität nur *einseitig* funktional, anstatt zu erkennen, dass es sich hierbei um eine *Wechselbeziehung* handelt, bei der auch das Individuum an der Formation der kollektiven Identität Anteil hat.

Taylor präsentiert uns die das Individuum umgebenden kulturellen Horizonte als statische, als von der Zustimmung oder gelebten Praxis der Angehörigen *unabhängige* Blöcke, die lediglich vonseiten des Staates oder der Mehrheitskultur bedroht werden können.

Das Problem besteht in Taylors Vorstellung *kultureller Reproduktionsprozesse*: hier werden kulturelle Kollektive noch gleichsam automatisch und als Ganzes traditional durch ihre Angehörigen reproduziert.

(c) Der Grund liegt in einer mangelhaften soziologischen Analyse der *Bedingungen der Moderne*, die sich gerade dadurch auszeichnet, dass kulturelle Tradition ihren Sinn und Bedeutung eben *nicht* mehr auf unmittelbar eingängige Weise vermittelt und überträgt. In der weitverzweigten Diskussion zur Theorie der Moderne werden post-traditionale Gesellschaften zumeist als solche beschrieben, in denen eine »Entstrukturierung« des Sozialen wahrgenommen werden kann. Unter den zeitgenössischen Bedingungen des Pluralismus und zunehmender Heterogenität verlieren herkömmliche soziale Strukturen und die Autorität der Tradition an Determinationskraft.[179] Es kann keine Kontinuität der Überlieferung und keine Einigkeit über die Deutung der bestehenden Weltzustände mehr vorausgesetzt werden.[180] Während die Entstrukturierung des Sozialen einerseits das Aufweichen von vormals scharf konturierten Identitäts- und Rollenvorgaben sowie Orientierungsmustern bedeutet – und damit einen Individualisierungsschub kennzeichnet –, führt gleichzeitig der sinkende Einfluss der Tradition auf ebendiese sozialen Strukturen zu einer »kommunikativen Verflüssigung« (Habermas). Herkömmliche Gültigkeitsurteile, Interpretationsmuster sowie Legitimations- und Sozialisationsschemata unterliegen zunehmend *kritischer Reflexion* und diskursiver Überprüfung. »Dezidiert modern sind erst diejenigen Lebensformen, in denen die Erfahrung der Nicht-Alternativlosigkeit ihrer eigenen Existenzform zur *alltäglichen* Erfahrung prinzipiell *aller* ihrer Mitglieder gehört.«[181]

Wenn in modernen Gesellschaften eine Pluralität von ethischen und kulturellen Bezugssystemen und damit Integrationsmustern vorausgesetzt werden muss, dann darf das Konzept der sich selbst symbolisch reproduzierenden kulturellen Gruppen weder ethnisch homogen noch substantiell gedacht sein. Auch kann eine ungebrochene Kontinuität von Identität und Geschichte nicht mehr vorausgesetzt werden. In postkonventionellen Gesellschaften ist es vielmehr der Regelfall, dass unser Verständnis von der Welt *nicht* mehr unproblematisch in eine allen gemeinsame Lebensform eingelassen ist und als solche gleichbleibend übernommen und reproduziert werden kann, sondern *permanent* problematisiert werden muss.

> Für die Individuen stellt sich die Enttraditionalisierung ihrer Lebenswelt zunächst als eine schicksalhaft erfahrene Ausdifferenzierung vervielfältigter Lebenslagen und konfligierender Verhaltenserwartungen dar, die sie mit neuen Koordinations- und Integrationsleistungen belastet.[182]

Die persönliche Identitätsformierung geht in der Moderne mit einem Prozess der Differenzierung einher, der angesichts der *Vielfalt* des angebotenen kulturellen Repertoires an Orientierungsmustern und Interpretationshorizonten einen ständigen Zwang zur empirischen Evaluierung der vorhandenen Werte und Lebensformen bedeutet.

In der Moderne muss die einzelne autonome Person sich nicht einfach nur »finden«, sondern artikulieren, kritisch überprüfen in ihren Zielen, Zugehörigkeiten, Überzeugungen und Werten und eben auch rechtfertigen: vor sich, dem eigenen sowie anderen kulturellen Kollektiven gegenüber. *Kritische Selbstreflexion* und diskursive Überprüfung der eigenen Standards und Überzeugung werden zum konstitutiven Bestandteil der modernen rationalen Ich-Ausbildung.[183] Das ergibt sich sowohl aus der normativen Erwartung der Moderne an die autonome Selbstbestimmung und Handlungsfähigkeit des Individuums als auch aus dem Zwang zur Differenzierung angesichts zunehmender Pluralität der Lebensformen und Wertestandards in modernen Gesellschaften.

Das heißt aber, dass kritische Selbstreflexion und diskursive Überprüfung in der Moderne zu einem konstitutiven Bestandteil der Reproduktionsprozesse *kollektiver* Identitäten werden. Zwar können Verständigungsprozesse zwischen Mitgliedern einer kollektiven Identität oder zwischen Mitgliedern verschiedener Kollektive (angesichts zunehmender Pluralisierung zunehmend wahrscheinlich) auch der gelungenen Selbstverständigung und Integration dienen, sie können aber gleichzeitig als Motor für die Auflösung stark integrierter Kollektive und als Quellen der Reform operieren. Denn alle Verständigungsprozesse, die der Überprüfung und Interpretation sozialer Normen und Werte dienen, stellen sich insofern als Quellen des Dissenses und damit auch des Pluralismus dar, als letztlich jedes kommunikativ erzeugte Einverständnis von Ja/Nein-Stellungnahmen zu kritisierbaren Geltungsansprüchen abhängig ist.[184]

Da Taylor diese *Erfahrungsoffenheit und Dynamik* der kulturellen Reproduktionsprozesse, die aus dem modernen Moment *kritischer Selbstreflexion* erwachsen, vernachlässigt, konzeptualisiert er das Verhältnis von individuellen und kollektiven Identitäten auch nicht als *wechelseitig* konstitutiv.

Die kulturellen Kollektive stellen sich aber als von der Zustimmung und dem Einverständnis ihrer Angehörigen abhängige dar. Unter dem Druck der Pluralisierung und Evaluierung durch ihre Angehörigen werden kulturelle Kollektive im Zuge der symbolischen Reproduktionsprozesse porös und unterliegen Wandlungen.

(ii) Daraus folgt aber, dass kulturelle Kollektive nicht nur von staatlichen Anerkennungsprozessen abhängig sind. Vielmehr ist die Anerkennung der von ihnen eingespielten Wertestandards, Orientierungsmuster und Deutungsvorgaben *durch ihre eigenen Angehörigen* ebenfalls existentiell. Kulturelle Kollektive müssen den Test der permanenten kritischen

Reflexion der sich selbst entwerfenden und bestimmenden eigenen Mitglieder und deren diskursive Überprüfung der sie umgebenden Praktiken und Bedeutungen in Selbstverständigungsdiskursen überstehen, sie müssen die eigenen Angehörigen gleichsam in ihren Überzeugungen überzeugen, wenn sie überleben wollen.

Taylor hingegen konzeptualisiert Anerkennungsprozesse nur auf zwei Achsen, in nur zwei Richtungen: Auf der intimen Ebene werden Ich-Identitäten sprachlich vermittelt, dialogisch sozialisiert und in kulturellen Sinn- und Handlungshorizonten formiert und anerkannt. Diese sich in kulturellen Kollektiven materialisierenden Sinn- und Handlungshorizonte werden wiederum staatlicherseits anerkannt und darin als feste, authentische Einheiten konstituiert und bestätigt. Taylor realisiert nicht, dass nicht nur individuelle Personen (durch »significant others« oder kulturelle Gruppen) oder kulturelle Kollektive (staatlich) anerkannt werden können, sondern auch Werte, Interpretationen und Praktiken in Frage gestellt oder eben anerkannt werden können.

Dadurch, dass Taylor nur den Staat als Anerkennungsmonopol konzeptualisiert, und dadurch, dass er kulturelle Kollektive als gleichsam ahistorische, sich selbst identisch reproduzierende Gebilde versteht, gelangt er auch zu einem recht fragwürdigen normativen Entwurf einer Anerkennungspolitik, die den Erhalt kultureller Kollektive über Generationen hinaus garantieren soll. »Policies aimed at survival actively seek to create members of the community, for instance, in their assuring that future generations continue to identify as French-speakers.«[185]

Taylor aber geht es nicht allein darum, das kulturelle Überleben von solchen Individuen zu schützen und zu fördern, die zeitgenössischen unterdrückten und diskriminierten kulturellen Minderheiten angehören. Vielmehr will er auch gewährleisten, dass ein kulturelles Kollektiv auch auf unbegrenzte Zukunft hin existiert – und zwar unabhängig von der Zustimmung seiner Mitglieder, denn das könnte Taylor bei zukünftigen Generationen von Angehörigen ja wohl kaum garantieren. Das zeigt sich in einer Fußnote, in der er sein Argument für kollektive Rechte von dem Will Kymlickas abgrenzen will.

Kymlicka's reasoning is valid (perhaps) for existing people who find themselves trapped within a culture under pressure, and can flourish within it or not at all. But it doesn't justify measures designed to ensure survival through indefinite future generations. For the populations concerned, however, this is what is at stake.[186]

Taylor dreht seine eigene normative Begründung der Notwendigkeit einer Politik der Anerkennung von kollektiven Identitäten als Sinn- und Handlungszusammenhänge selbstbestimmter, freier moderner Individuen spätestens an dieser Stelle um: Während ursprünglich die Kulturen bei Taylor anerkannt werden sollten, *um* damit *ihren Angehörigen* gleichwertige Anerkennung zu zollen, werden nun kulturelle Kollektive *unabhängig* von ihrer Überzeugungs- und Motivationskraft – und das heißt unabhängig davon, ob ihre Angehörigen diese Sinn- und Handlungszusammenhänge als überzeugende aktiv reproduzieren *wollen* – mit einer politischen Überlebensgarantie rechtlich ausgestattet.

Rechtsstaatlich kann diese hermeneutische Leistung der kulturellen Reproduktion von Lebenswelten nur ermöglicht werden. Eine Überlebensgarantie müßte nämlich den Angehörigen genau die Freiheit des Ja- und Nein-Sagens rauben, die heute für die Inbesitznahme und Bewahrung eines kulturellen Erbes nötig ist.[187]

Zusammenfassend kann gesagt werden, dass das hier anhand der zwei zurzeit prominentesten Vertreter[188] dargestellte *Gruppen-Identitäts-Modell* dem erstgenannten liberalen Modell (2.1.1) insofern ähnelt, als auch hier die Entstehung kultureller kollektiver Identitäten als ein *aktiver,* durch die Angehörigen *selbst autorisierter* Prozess gedacht ist.

Anders allerdings als im liberalen Modell stellt sich hier die Zugehörigkeit zu kulturellen Kollektiven als gleichsam naturwüchsige dar: Zugehörigkeit wird *nicht* im Laufe des Lebens *erworben* und in der Folge möglicherweise gewechselt und geändert. Die Momente der freien Wahl und des rationalen Selbstinteresses, die noch im ersten Modell die kulturelle Identität/Identifikation der individuellen Personen motiviert und ermöglicht haben, geraten hier in den Hintergrund, wenn sie nicht gar vollständig aus dem Konzept verschwinden. Vielmehr wird hier die kulturelle Zugehörigkeit und damit Sinnbindung an ein und dasselbe Interpretationsmuster gleichsam ererbt. Dabei existieren die kulturellen Kollektive sozusagen vor und unabhängig von der Zustimmung ihrer Mitglieder.[189] Kulturelle Kollektive tragen als Sinn- und Handlungshorizont, in dem personale Identitäten sich selbst zu verstehen lernen, aktiv zu deren individueller Selbstbestimmung und Sinnstiftung bei. Während im liberalen Modell Kollektive nur als momentane Träger von Überzeugungen oder Praktiken repräsentiert wurden, die durch das rationale Eigeninteresse individueller Angehöriger gewählt und wieder verlassen werden konnten, stellen sich Kollektive in diesem Gruppen-Modell als dauerhafte, materiale sowie ideelle Gebilde dar, von denen das in sie eingebettete und in seiner Ich-Formation damit verwachsene Individuum kaum zu trennen ist.

Positiv lässt sich dazu vermerken, dass sich in diesem Modell die Erfahrungen der Sozialisation in einer dichten Kultur besser beschreiben lassen; die existentielle Bedeutung von Kulturen nicht nur als Handlungshorizont oder Überzeugungsträger, sondern als die sinnhafte, Identität erst stiftende, die intakte Ich-Ausbildung des modernen Subjekts erst ermöglichende Struktur wird hier theoretisch anerkannt.

Auf der normativen Ebene ermöglicht dieses Modell erst die Notwendigkeit der Wahrnehmung der Relevanz von Gruppen für die individuelle Selbstbestimmung. Während nämlich Letzteres Grundlage sowie primäres Ziel liberaler, normativer Theorie darstellt, werden Gruppen dort häufig eher stiefmütterlich als beiläufiges Nebenprodukt bewertet: Dass kulturelle Kollektive aber ein für die glückende Selbstbestimmung oder -entwicklung konstitutives Moment sein könnten, wird dabei übersehen.

Wie aus der hermeneutischen Diskussion der beiden Autoren aber schon ersichtlich, weist das Gruppen-Modell gleichwohl eine Vielzahl von höchst problematischen Aspekten und Gefahren auf:

(i) Die unterstellte, nahezu zwangsläufige Kontinuität von Geschichte und kollektiver Identität in diesem Modell nivelliert Widersprüche und historische Brüche in kulturellen Narrativen. Kulturelle Reproduktionsprozesse werden geradezu ahistorisch und undynamisch konzeptualisiert. Dabei weisen selbst üblicherweise als eher konservativ/konservierend, also als eher vermeintlich traditional beschriebene kulturelle Gemeinschaften wie die orthodoxen Juden ein Selbstverständnis auf, das Kritik und Innovation bei ihrer eigenen symbolischen Reproduktion geradezu traditionell *institutionalisiert* hat – wie sich in und anhand der Talmudischen Interpretationsgeschichte zeigen lässt.[190]

(ii) Die Sinnstiftung von kollektiven Identitäten wird in manchen Fällen in diesem Gruppen-Modell an ein *Nationen*-Konzept geknüpft, das wiederum unter anderem *territorial* definiert ist. Mit dieser Territorialität oder räumlichen Zuordnung von kollektiven Identitäten geht aber auch eine scharfe Grenzziehung von Innen und Außen einher, die sich manchmal auf der epistemologischen Ebene in der Vorstellung symbolisch geschlossener Kulturen widerspiegelt. Insofern ist dieses Modell höchst ambivalent in seiner Bezugnahme oder Integration von Differenz: Während einerseits ausdrücklich kulturelle Kollektive normativ aufgewertet werden und zu politischer Anerkennung gelangen können/sollen, werden gleichzeitig die Grenzen zwischen diesen Kollektiven als weniger porös konzeptualisiert, und damit werden Gemeinsamkeiten reduziert, Verständigung als erschwert und Wandelbarkeit als begrenzt dargestellt.

(iii) Anthropologisch setzt dieses Modell zumeist voraus, dass sich (a) Individuen in lediglich *einer* Kultur sinnhaft und unbeschädigt entwickeln können und dass es dazu (b) einer *dominanten* Kultur bedarf. Deswegen tendieren die Autoren dazu, von dem Begriff »societal cultures« schnell zum Begriff der »Nation« überzuwechseln. Diese begriffliche Unklarheit oder, wenn sie denn bewusst geschieht, identische Begriffsbestimmung von »Nation« und »Kultur« führt bei (i) der Annahme territorialer Gebundenheit als Merkmal von Nation und (ii) der normativen Forderung nach Schutz und Anerkennung von sozialen Kulturen schließlich in letzter Konsequenz (das heißt bei eben übereinstimmender Verwendungsweise von »Nation« und *societal culture*) zu fragwürdigen politischen Ergebnissen: Segregation oder Seperation von *societal cultures*/Nationen, die jede Vision »multikulturellen« Zusammenlebens oder eines Miteinanders in Verschiedenheit schon im Vorhinein theoretisch geradezu verunmöglicht hat.

2.2 Modelle mit passiver, unreflektierter Identitätsbildung

> Gerade in dieser Zeit begann mein zweieinhalbjähriger Sohn damit, die Farben zu lernen. Und ich gab die Botschaft schließlich an ihn weiter, indem ich sagte: »Du bist schwarz.« Er antwortete: »Nein, ich bin braun.« Da sagte ich: »Falscher Referent. Verfehlte Konkretionsebene, philosophischer Fehler. Ich spreche nicht von deinem Farbkasten, sondern von deinem Kopf.«
> *Stuart Hall*

In diesem Abschnitt 2.2. werden Modelle und Argumente rekonstruiert, die sich den Konstruktions- oder Reproduktionsprozess der Praktiken und Bedeutungen von kollektiven Identitäten als einen passiven, nichtintentionalen Prozess vorstellen. Die Angehörigen und Mitglieder einer kollektiven Identität sind hier nicht aktiver Ausgangspunkt ihrer Lebensform. Hier haben die einzelnen Menschen sich nicht ihre Zugehörigkeiten ausgesucht, sie haben noch nicht einmal die vorgefundenen Praktiken und Bedeutungen bewusst bejaht und übernommen. Die einzelnen

Subjekte sind so wenig Autor ihrer eigenen kulturellen Lebenswirklichkeit, dass sie theoretisch aus dem Zentrum der Betrachtung an die Peripherie geraten und stattdessen die das Individuum imprägnierenden Strukturen und Hierarchien fokussiert werden. In diesen Modellen werden die Individuen in den sie einengenden oder zwingenden materialen Strukturen beschrieben. Nicht die subjektive Rationalität der handelnden Personen, sondern die objektive Realität von Machtstrukturen oder etablierten Praktiken und Habitus[191], in die sich die Angehörigen von Minderheiten, Frauen oder Bevölkerungen von Kolonialstaaten fügen müssen, werden in diesen Modellen diskutiert. Deshalb stehen häufig auch eher die sozio-ökonomischen und politischen Strukturen oder Diskurse im Vordergrund, die zu diesen unterdrückenden Machtstrukturen führen: Rassismus oder Antisemitismus, Homophobie, Kolonisation oder politisch-ökonomische Ausbeutung von Frauen.[192] Das Selbstverständnis von kulturellen Reproduktionsprozessen als selbstbestimmten, aktiven und rationalen Vorgängen autonom handelnder, individueller Subjekte entlarven diese Theoretiker lediglich als Ausdruck eines kulturell hegemonialen Diskurses, der diese rationale Handlungsfähigkeit eben nur der »eigenen«, nicht aber den »anderen« Gruppen gestattet.

Die Theoretiker unterscheiden sich allerdings hinsichtlich der Einschätzung und Gewichtung (i) des Zwangscharakters der Fremdzuschreibung einerseits und (ii) der Möglichkeit, sich dieser externen Konstruiertheit widersetzen zu können oder zumindest neben dieser erzwungenen Identität noch eine andere »eigene« beibehalten zu können, andererseits.

Die einzelnen Mitglieder der unterdrückten und zwangsweise konstruierten kollektiven Identitäten kommen als autonome, kritik- und handlungsfähige Subjekte bei diesen Theoretikern nie in den Blick – vielmehr zeigt sich die Unterdrückung der Minderheiten in diesen Modellen gerade darin, dass ihnen jede Selbstbestimmung und Wahl ihrer kulturellen Praktiken und Bedeutungen entzogen ist. Die Gefahr dieser Beschreibung der Identität als ausschließlich erzwungener besteht darin, dass letzten Endes unklar bleibt, woher die einzelnen Subjekte, wenn sie denn vollständig in der externen Fremdzuschreibung *aufgingen*, die Kriterien für deren Unrechtmäßigkeit oder gar eigene Beschreibungen hernehmen sollten. Die Vorstellung von und Sehnsucht nach *eigenen* kulturellen Überzeugungen und Lebensweisen, die die einzelnen Angehörigen von unterdrückten Minderheiten teilen und praktizieren würden, wenn sie könnten, muss sich aus irgendeiner Quelle generieren. Wenn die innere Selbstbeschreibung mit der äußeren Zwangszuschreibung wirklich identisch wäre, wenn die gewaltsame Konstruktion von Personen wirklich so erfolgreich wäre, wie das manche Autoren anzunehmen scheinen, wenn sie in der Tat die individuellen Subjekte zur vollständigen Übernahme der ihnen zugeschriebenen Attribute, Praktiken und Überzeugungen hegemonial-diskursiv zwingen könnten – dann gingen den unterdrückten Personen auch die Begriffe und die Überzeugung ab, ihre Identität als erzwungene beschreiben zu wollen/können. Insofern mag die externe Konstruktion zwar die Praktiken erzwingen können und auch die Lebensform und -umstände; *die gesamte* Identität *als Identifikation* mit ihren Neigungen, Bedürfnissen, Interessen und ihrem Selbstverständnis kann aber nur unschwer darin aufgehen.

Der Status dieser Kritik besteht aber nicht allein darin, dass die These vom Verlust der individuellen Instanz, die eigene von fremden Be- oder Zuschreibungen noch unterscheiden kann, nicht allein problematisch ist, weil dies *normativ* fragwürdige Konsequenzen hätte. Sondern die These ist auch problematisch, weil diese theoretische Konzeption an dem *Selbstverständnis* unterdrückter Personen als eben unterdrückter vorbeizielt: Um beschreiben zu können, dass diesen Personen etwas *Eigenes* weggenommen wird, dass sie in ihrer autonomen Selbstbestimmung oder in ihrem Selbstverständnis von ihren Neigungen, Bedürfnissen und Überzeugungen sowie den damit verbundenen Praktiken *diskrimiert* werden – dazu bedarf es einer theoretischen *Verortbarkeit dieses eigenen Selbstverständnisses*, das nicht in der externen Zuschreibung und erzwungenen Identität aufgeht.

Das manchmal geradezu absurde Wechselspiel zwischen Anerkennung und Ablehnung der von außen übergstülpten oder von innen angenommenen Identität – von dem Jill Nelson schreibt – wird in diesen Modellen nicht wahrgenommen:

I wanted to be down with the get down, but not of it. I wanted to be a sister by night, a black princess by day. [...] I was like a perverse anthropologist, looking for the real N. outside myself instead of just looking in the mirror.[193]   *Jill Nelson*

2.2.1 Typ (III) Das passive, serielle Identitäts-Modell (Sartre, Young)

> Le Juif est un homme que les autres hommes tiennent pour Juif.
>
> *Jean-Paul Sartre*

Für die Rekonstruktion der Argumente dieses Modells passiver, serieller Genesis kollektiver Identität soll zunächst ausnahmsweise ein sehr viel älterer Text herangezogen werden: Jean-Paul Sartres gegen Ende des Zweiten Weltkriegs 1944 geschriebene *Réflexions sur la question juive*.[194] Das ist insoweit sinnvoll, als die zeitgenössische Diskussion, insbesondere Iris Marion Young, Motive und Argumente wiederaufnimmt, die Sartre in diesem Text und auch in der später veröffentlichten *Critique de la raison dialectique*[195] entwickelt hat.[196]

Schon der Untertitel der deutschen Ausgabe: *Psychoanalyse des Antisemitismus* verrät Sartres Herangehensweise und darin nicht zuletzt auch die Grundthese. Für Sartre stellt sich die »Judenfrage« als die Frage des Antisemitismus und deutet damit zunächst auf den konstitutiven Zusammenhang von »Judenfrage« und Antisemitismus[197], später dann auf den konstitutiven Zusammenhang von jüdischer Identität und Antisemitismus.

Sartres Argument besteht aus vier Schritten: (i) Zunächst stellt er die den nachfolgenden Argumenten zugrundeliegende, in diesem Text nicht weiter ausgeführte existentialistische These auf, dass die Identität des einzelnen Menschen, aber auch kollektive Identitäten (zunächst) durch die Situation, in der sie sich wiederfinden, bestimmt werden. In einem zweiten Schritt (ii) weist Sartre nach, wie der Antisemit die Lebenssituation der Juden und damit die Juden selbst in ihrer Identität konstruiert. Schließlich (iii) beschreibt Sartre sehr eindrücklich, wie der Jude oder die Jüdin sich dem Bild, das sich der Antisemit von ihnen macht und das sich in ihrer von ihnen nicht gewählten Lebenssituation wiederfindet, zunehmend nachbildet und – bei allen Ambivalenzen und Widersprüchen von Furcht, Scham und Stolz – diesem schließlich entspricht. Als Kosequenz fordert Sartre (iv), dass sich die Juden ihrer Situation »stellen«, sie sich aktiv aneignen und dadurch überwinden.

(i) Nach Sartre unterscheiden sich Individuen oder Gruppen nicht nach spezifischen Wesensmerkmalen oder »somatischen, moralischen oder geistigen Eigenschaften«, sondern nach bestimmten Lebensbedingungen, das heißt der »Summe der Schranken und Imperative«, in denen sie sich wiederfinden. In eine spezifische Lebenssituation geworfen, sind sie mit einer konkreten Vergangenheit und einem Spielraum an Handlungsmöglichkeiten konfrontiert. Für Sartre bildet jeder Mensch ein mit dieser seiner politischen, »biologischen«, wirtschaftlichen und kulturellen Situation »synthetisches Ganzes«.[198]

Das Individuum lässt sich nach Sartre nicht von seiner sozio-politischen Umgebung entkoppeln, eine Gesellschaft lässt sich nicht in ihre Einzelteile »isolierter und isolierbarer« Moleküle zergliedern. Und die Merkmale der Individuen lassen sich auch nicht von ihren Lebensumständen abstrahiert betrachten, sowenig wie sie sich den vermeintlichen »Natürlichkeiten« unterschiedlicher vermeintlicher »Rassen« zuschreiben lassen.[199] Sartre bemüht sich gar nicht erst, die jüdische Identität als Ergebnis einer bestimmten individuellen Überzeugung, einer Identifikation mit einem Glauben, einer Konfession, mit gewissen Praktiken und Bedeutungen auszumachen. Er dekonstruiert auch nicht *jedwede* Form kollektiver jüdischer Identität als vermeintlich essentialistisch und fundamentalisierend, aber er betrachtet weder angeblich natürliche oder objektive »rassische« Gemeinsamkeiten noch das individuelle Subjekt als autonomen Ausgangspunkt seiner gewählten Identität, sondern die den einzelnen Juden umgebenden Strukturen rücken ins Zentrum des Interesses.

(ii) Es ist der *moderne Antisemitismus*, der die spezifisch jüdische Situation mit all ihren Schranken und Hindernissen formt und verformt und damit auch die kollektive jüdische Identität generiert und bestimmt. Sartre beschreibt den Versuch der jüdischen Personen, sich in die Nationen Europas zu integrieren, sich in die jeweiligen Kulturen der sie umgebenden Gesellschaften zu assimilieren als ein hoffnungsloses Unterfangen, weil »man ihn als denjenigen beschreiben kann, den die Nationen nicht assimilieren *wollen*.« (Hervorhebung C.E.)[200] Das Scheitern des Assimilationsversuchs gleicht hier dem hoffnungslosen Bemühen des Hasen im »Hase und Igel«-Märchen, das Rennen zu gewinnen: Ganz gleich, wie sehr »der« Jude auch versuchen mag, sich anzupassen, seine rituellen jüdischen Handlungen abzulegen, sich mit dem »Entreebillet zur europäischen Kultur« (H. Heine), der Taufe, der eigenen Konfession und damit der Zugehörigkeit zum religiösen Judentum zu entledigen[201], ganz gleich ob »der« Jude auch sein praktiziertes und überzeugtes Judentum ablegt und damit nach *seinem eigenen* Verständnis *aufhört*, Jude zu sein – im Urteil der Umwelt bleibt er Jude.[202] Allen individuellen Überzeugungen und Handlungen des individuellen »Juden«[203] zum Trotz steht am Ende der Antisemit dem Juden gegenüber, beschreibt ihn nach wie vor als Juden und sagt: »Ick bin ol da.«

Ludwig Börne schreibt noch Jahre nach seiner Konversion und Namensänderung in dem 74. Brief aus Paris: »Die einen werfen mir vor, dass ich ein Jude bin, die anderen verzeihen es mir, der dritte lobt mich gar dafür, aber alle denken daran. Sie sind wie gebannt in diesem magischen Judenkreis. Es kann keiner hinaus.«[204] Es ist übrigens bemerkenswert – und auch anhand der Begriffsgeschichte des Wortes »Antisemitismus« rekonstruierbar –, dass dieser »magische Judenkreis« gerade zu jenem historischen Zeitpunkt aufkam, als die Juden *als* Juden – gemäß den bis dato etablierten konfessionellen *Kriterien der Zugehörigkeit*: des Glaubens, den damit verbundenen rituellen Praktiken und der daraus resultierenden Lebensform – verschwanden (indem sie im Zuge der Emanzipation, Assimiliation eben einfach nicht mehr ihr traditionelles Judentum praktizierten oder indem sie konvertierten). Als Juden nach geltenden Maßstäben (Religion und Lebensform) keine Juden mehr waren, wurden – seitens der nicht-jüdischen Mehrheit – neue, nun säkulare Maßstäbe aufgesetzt und Kriterien der Zugehörigkeit kreiert. Nun wurden die Kategorien der aufkommenden biologischen, »rassischen« Wissenschaft genutzt, um den Juden wieder als Juden (als Semiten) kenntlich zu machen.[205]

Sartre weist ausdrücklich darauf hin, dass diese Situation möglich ist, obgleich die legale Gleichstellung längst verwirklicht ist. Tatsächlich hat gerade der Umstand, dass die Juden erst rechtlich und staatsbürgerlich noch zu Beginn des 19. Jahrhunderts »gleichgestellt« werden mussten, ihre Sonderstellung betont.[206] Mit der rechtlichen Gleichstellung wird der Jude noch lange nicht als Gleicher anerkannt und nicht gleichbehandelt. »Jeder Fortschritt bedeutete eine erneute Fixierung des Trennenden und damit eine zumindest teilweise Aufhebung des eben erzielten Erfolges.«[207]

Während also der Jude *als* Jude in zweifacher, privater und öffentlich-rechtlicher Hinsicht verschwunden war, gerade zu diesem Zeitpunkt, als eine Anerkennung der Juden als Gleiche erfolgen konnte – und auf der rechtlichen Ebene zumindest formal auch ausgesprochen wurde –, ändern sich die Kriterien der Zugehörigkeit (nun nämlich werden »rassische« Merkmale erfunden und als ausschlaggebend für die nationale und gesellschaftliche Zugehörigkeit befunden) und damit auch die Kriterien der Anerkennung: Und die Juden fallen aus beiden wieder heraus.[208]

Die jüdische Situation oder kollektive jüdische Identität bestand in diesem Zusammenhang also keineswegs in einer Interessengemeinschaft und auch nicht in einer Glaubensgemeinschaft, sie zeichnet sich nicht durch gemeinsame Identifikation mit einer Konfession und auch keiner Nation[209] aus: »Le seul lien qui les unisse, c'est le mépris hostile où les tiennent les sociétés qui les entourent.«[210] Es ist also die Reaktion, die Vorstellung, die Projektion[211], der Hass der »Anderen«, der Nicht-Juden, der die Situation des Juden und seine jüdische Identität bestimmt.[212] Nun behauptet Sartre nicht allein, dass die Situation die Identität des Juden beeinflusst oder eben beeinträchtigt, dass der Antisemitismus die Situation des Juden nicht nur als Struktur und Horizont mit Hindernissen und Leid versieht, sondern der Antisemitismus *produziert* vielmehr nach Sartre die jüdische Identität, der Antisemitismus *erschafft* gleichsam »den Juden«: »Le Juif *est* un homme que les autres hommes tiennent pour Juif.«[213]

Es steht also nicht ein bestimmtes Subjekt oder ein Kollektiv mit spezifischen Praktiken und Bedeutungen einer Umwelt oder Mitwelt *gegenüber*, die es ablehnt und in seiner Lebensweise beeinträchtigt und beschneidet, sondern das jüdische Kollektiv *ist* das, was die christliche Gesellschaft aus ihm macht.

Sartre argumentiert hier scheinbar wie zeitgenössische »label«-Theoretiker im Zuge der »social constructionist debate«. Dabei bezieht sich eine Kategorie zunächst nicht auf eine objektive Realität, die der Begriff repräsentiert und bezeichnet, sondern bezieht sich die Kategorie lediglich auf eine intersubjektiv geteilte Vorstellung, die Menschen von einer vermeintlichen Realität (in diesem Fall einer Person oder Personengruppe) haben. In diesem Sinne beschäftigt sich Sartre eben bei dem Erfassen der jüdischen Identität nicht mit den Merkmalen der einzelnen Mitglieder, sondern mit den Vorstellungen, die andere mit der Idee und dem Begriff der Juden verbinden. Nun wäre es auch möglich, die Vorstellungen oder Ideen der Juden selbst zu nehmen. Aber Sartre rekonstruiert die jüdische Identität anhand der Vorstellungen der Antisemiten. Es ist unklar, ob er davon ausgeht, dass die Juden selbst gar keine Vorstellung von sich als Juden hätten, bevor sie mit der antisemtischen Vorstellung konfrontiert wurden.

In dem Moment, in dem eine Kategorie, ein Etikett (*label*) erst einmal zugeschrieben wurde, entfaltet und konstruiert es aber auch eine soziale Realität. »Numerous kinds of human beings and human acts come into being hand in hand with our invention of the categories labeling them.«[214] Diese sozialen Etikette haben also sowohl eine eigene Begriffsgeschichte als auch eine *Geschichte ihrer unterschiedlichen Effekte*: Sie beeinflussen und bestimmen aber nicht nur die *soziale Wirklichkeit* und Situation, der unter diesem Etikett klassifizierten Personen, Individuen oder Gruppen, sondern sie bestimmen auch deren *psychologische Wirklichkeit*. Die Identifikation und das Handeln der so beschriebenen, definierten Personen leitet sich in den Vorstellungen der »label«-Theoretiker nach solchen sozialen Etiketten. Die intentionale Handlung von Personen vollzieht sich demnach anhand oder gemäß bestimmter »Beschreibungen«.[215] Personen bestimmen ihre Handlungen und Lebenspläne auch nach den ihnen zur Verfügung stehenden Konzepten und Beschreibungen. Anthony Appiah spricht in diesem Zusammenhang von »scripts« – Drehbüchern, nach denen einzelne Personen Rollenvorgaben vorgeschrieben bekommen, denen sie sich anverwandeln können.[216]

Die antisemitische Konstruktion des Juden bildet in Sartres Text gleichsam drei unterschiedliche Rollen und Effekte. Sie stellt sich (a) in Form der *Vorstellung des Antisemiten* dar: Hier ist es die Ideologie und Projektion, wie sie von den Antisemiten konstruiert wird, (b) als die *soziale Wirklichkeit*, die diese Projektion nach sich zieht: Hier handelt es sich sozusagen um die »Materialität der Ideologie« (Althusser), die sich in Institutionen, Gesetzen und Praktiken ausdrückt und die die jüdische Situation bestimmt, und schließlich (c) kehrt sie wieder in der Vorstellung des so bezeichneten und beschriebenen individuellen Subjekts, in dessen *psychologischer Wirklichkeit*, das sich auf irgendeine Weise zu dieser Fremdzuschreibung verhalten muss – und natürlich zu den Umständen, die diese Idee nach sich gezogen hat.[217] (iii) Im dritten Schritt verdeutlicht Sartre, inwieweit die Juden sich ihrer durch die antisemitischen Fremdzuschreibungen bestimmten Lebenssituation und des von außen eben nicht widergespiegelten, sondern extern konstruierten »Selbst«bildes bewusst werden. Sartre beschreibt die Wirkung der permanenten Konfrontation mit diesen fremden und vor allem negativen Beschreibungen und mit der darin impliziten Ablehnung auf das Selbstverständnis der Juden.

Sartre beginnt mit dem Hinweis, die Juden oder die Menschen im Allgemeinen seien zu sehr mit sich selbst verwachsen, um einen Blick von außen, einen objektiven Blick auf sich selbst haben zu können. »Pourtant ce petit mot de ›Juif‹ a fait un beau jour apparition dans sa vie et n'en sort plus.«[218] Sartre geht im Verlauf des Textes interessanterweise von dem Fall eines jüdischen Kindes aus, das man »lange in Unkenntnis über [seine] ›Rasse‹ belassen« hatte und erst plötzlich von außen auf seine Zugehörigkeit und damit seine »Andersartigkeit« gestoßen wird:

> Mais de quelque façon que ce soit, il faut bien qu'ils apprennent un jour la vérité: quelquefois c'est par les sourires des gens qui les entourent, d'autres fois par une rumeur ou par des insultes [...] tout d'un coup, ils s'aperoivent que les autres savaient sur eux quelque chose qu'ils ignoraient.[219]

Das Beispiel und die beiden zitierten Textstellen scheinen zu suggerieren, dass erst mit dem *Wort* »Jude«, eine jüdische Identität in das Leben des Kindes eindringt. Sartres Formulierungen legen nahe, dass das Kind, wenn es ohne die Hinweise von der Außenwelt aufgewachsen wäre, keine spezifisch jüdische Identität im Sinne eines Bewusstseins einer jüdischen Identität, dass es keine Überzeugung ausgebildet hätte: »die anderen wussten etwas von ihnen, was sie selbst nicht wussten«. Was soll das heißen, dass sie nichts davon wussten, bevor die anderen sie darauf hingewiesen haben? Es gibt davon zwei Lesarten:

(a) Einerseits kann es bedeuten, dass das Kind durchaus über eine jüdische Identität verfügte, *bevor* es das Wort »Jude« hörte, aber nichts von dem Wort dafür wusste oder kein Selbst-Bewusstsein ausgebildet hatte.[220] Es könnte mit bestimmten – höchstwahrscheinlich nicht strengorthodoxen[221] – Riten und Geboten vertraut gewesen sein, ohne deren Ursprung zu kennen, ohne zu wissen, dass diese Gebräuche nicht ebenso den Alltag aller anderen Familien in seiner Nachbarschaft strukturieren. In diesem Sinne wäre dem Kind gar nicht bewusst gewesen, dass es etwas praktiziert und darin zumindest eine Zugehörigkeit, wenn auch keine bewusste oder überzeugte Zugehörigkeit manifestiert. Erst in dem Moment, da ihm von außen eine Differenz zu den anderen aufgezeigt wird, als es einen gesonderten Namen erhält, wird es sich dieser Zugehörigkeit bewusst. Für diese Lesart spricht, dass Sartre sagt, dass die anderen »etwas *wussten*« – dass es also etwas zu wissen gab, und dass er sagt, das Kind würde eines Tages »die Wahrheit« erfahren. Die jüdische Identität ist also »wahr«, auch wenn das Kind nichts davon weiß, und sie besteht auch vor der Benennung durch außen.

Der Begriff, wenn auch vielleicht nicht die soziale Bedeutung, die die Kategorie »Jude« durch die Fremdbeschreibung der Antisemiten erlangt, hat tatsächlich eine reale *Extension*: nämlich bestehende Praktiken im Hause des Kindes. Das Kind weiß nur nicht von der Bedeutung dieser Praktiken in seinem Haus, nämlich der Zugehörigkeit zur jüdischen Gemeinschaft, und kann sich demgemäß weder positiv selbstbeschreiben *als* Jüdin oder Jude noch mit der – jüdischen – Bedeutung der Praktiken identifizieren.

Diese Lesart könnte auch noch eine andere Interpretation erlauben. In der oben ebenfalls zitierten Textstelle spricht Sartre davon, dass das Kind lange in Unkenntnis »über seine Rasse« belassen wurde. In dieser Variante erfährt das Kind durch die Anrufung als Jüdin oder Jude ebenfalls erst seine jüdische Identität. In diesem Fall besteht der »Wahrheitsgehalt« oder das »Wissen«, das die anderen dem Kind voraushaben, allerdings nicht in der Tatsache, dass die Praktiken und Gebräuche, die es von zu Hause her kennt, sich als jüdische entpuppen, sondern dass es über eine bestimmte »Rasse« verfügt. Diese Interpretation wäre höchst sonderbar, nachdem Sartre zuvor selbst die Kategorie »Rasse« dekonstruiert hatte.

Beide Varianten dieser Lesart (a) deuten aber auf eine der Bezeichnung oder Kategorie »Jude« zugrundeliegende Realität einer spezifischen Identität. Das heißt: Der Begriff, von dem das Kind erst spät erfährt und zu dem es erst dann ein bewusstes Verhältnis ausbildet, bezieht sich auf eine ihm, dem Wissen, »vorausliegende« Wirklichkeit. Die anderen »wissen« von etwas, das bereits da ist und das sie mit diesem Begriff zu erfassen suchen.

Dies trifft selbst dann zu, wenn sich die soziale Bedeutung und Wertung der Selbstbeschreibung (wenn das Kind ein Bewusstsein seiner durch die Ausübung bestimmter Praktiken manifestierten Identität hätte) von der Bedeutung und Wertung der Fremdzuschreibung, die beide unter dem gleichen Begriff figurieren, nur eben in anderen Sprachspielen stattfinden, *gravierend unterscheiden*.[222]

Es geht an dieser Stelle zunächst nur darum festzustellen, ob der Begriff, das Etikett auf eine bestimmte Identität in Form identifizierbarer spezifischer Praktiken und Bedeutungen *schon vor* der Fremdbeschreibung und Aneignung der Fremdbeschreibung durch die bezeichneten Subjekte rekurrieren kann.

(b) In der zweiten Lesart tritt nicht der Begriff »Jude« als Bezeichnung von etwas, das bereits vorhanden und gelebt war, in das Bewusstsein des Kindes, sondern die gesamte Identität wird mit diesem Begriff erst eigentlich geschaffen. So wie eines Tages das »Wörtchen Jude« auftaucht und nie wieder verschwindet, so taucht mit dem Begriff auch erst die Identität auf und verschwindet nie wieder.[223] Das Kind hat keinerlei Praktiken zu Hause kennengelernt und ist auch in keinerlei spezifisch jüdischen Gebräuchen sozialisiert worden. Erst das Etikett »Jude« schafft eine jüdische Situation und damit auch eine bestimmte Identität. Mit dem Begriff und der Fremdbeschreibung von außen wird also auch eine Wirklichkeit und eine *der Kategorie entsprechende* Gruppe von Personen geschaffen. Erst mit der Bezeichnung, mit der Anrufung und Benennung durch den Begriff »Jude« wird der Jude zum Juden. Hier ist keine Identität dem Diskurs vorgängig, hier wird Identität – wie das später bei Judith Butler heißen wird – »zum Effekt diskursiver Praktiken«.[224]

In dieser zweiten Lesart handelt es sich bei dem Etikett, das die Identität des Kindes kategorisiert und definiert, um ein »leeres«, es hat keine Extension. Diese Lesart könnte mit Ian Hacking als dynamischer Nominalismus verstanden werden.[225]

Für diese Lesart des Textes von Sartre würde sprechen, dass er uns die jüdische Situation als ausschließlich durch die Fremdwahrnehmung der Antisemiten geprägte darstellt. Das Kind in Sartres Beispiel verfügt über keine vorausgehende Identifikation mit spezifisch jüdischen Praktiken, es hat keine Überzeugung einer eigenen, selbstbestimmten jüdischen Identität ausgebildet. Seine erste Begegnung mit »seiner« Identität wird über die Konfrontation mit der Fremdbeschreibung und der Beschimpfung »Judenfratze«[226] gemacht.

Die hier genannten zwei Lesarten entsprechen zwei unterschiedlichen Positionen oder Versionen der *konstruktivistischen Sozialtheorie*: Während beide Typen davon ausgehen, dass es keine essentielle, aus einem authentischen, ahistorischen Kern bestehende Identität geben kann, sondern dass es sich dabei um das kontingente *Produkt* bestimmter historischer Praktiken, Selbstverständnisse und Diskurse handelt, unterscheiden sie sich hinsichtlich dessen, *was* konstruiert wird: als Kandidaten dafür gelten wahlweise (i) Konzepte, (ii) Praktiken, (iii) Wissenssysteme oder -material oder (iv) neue Formen oder Typen von Personen oder Gruppen. In beiden Varianten stellt sich Identität als nichts Naturwüchsiges oder Gegebenes dar, sondern verfügt über eine eigene Konstruktions-Geschichte und wird von den Individuen *erlernt*.

(i) In der ersten Variante des Konstruktivismus entspricht aber der Bezeichnung eine objektive Eigenschaft, Praxis oder Identität – selbst wenn die so bezeichneten Personen erst mit dem Begriff als Typen entstanden sind. Der Begriff repräsentiert eine zwar konstruierte, aber existente Realität. In der einen Lesart von Sartres Beispiel bestehen auch ohne Bewusstsein des Kindes bestimmte spezifisch jüdische Praktiken (zumindest nach einer unserer Interpretationen), auf die die Kategorie rekurriert. Nach Foucault beispielsweise entstand mit dem Begriff des Homosexuellen im 19. Jahrhundert der Homosexuelle *als ein spezifischer Typ Person.* Zwar wurden homosexuelle Praktiken bereits im antiken Griechenland von Männern ausgeübt, aber ohne die Kategorie des Homosexuellen wurden diese Praktiken nicht zu Merkmalen einer spezifischen Identität der Person verdichtet (darin würden beide Versionen übereinstimmen).[227] Insofern hat der Begriff zwar eine Geschichte seiner Konstruktion und damit auch die Identität der Person, aber der Begriff repräsentiert nach dieser Lesart tatsächlich Personen und ihre Praktiken und Überzeugungen.

(ii) In der zweiten Variante sind zwar die Begriffe und Kategorien historisch konstruiert worden, in der Realität *entsprechen* ihr aber keine Personen oder Gruppen. In der Vorstellung dieser Theoretiker ähnelt der Wahrheitsgehalt von solchen Identitäts-Kategorien dem des Begriffs »Hexe«. Die Kategorie »Hexe« wurde im 17. Jahrhundert auf einzelne Personen angewandt (von ihnen selbst wie von anderen), und sie entfaltete auch bestimmte Überzeugungen und auch reale, materiale Konsequenzen in der sozialen Welt (Gesetzgebungen, Verfolgungen, Aussonderung und Hinrichtungen), aber trotzdem entsprachen der Kategorie und den Kriterien der Kategorie (Frauen mit übernatürlichen Kräften, die mit dem Teufel verkehren) faktisch keine Personen. Es handelt sich hier um eine Kategorie ohne Ontologie, sie ist »leer«.

In Sartres Beispiel träfe diese Variante zu, wenn das Kind keinerlei jüdische Praktiken kennen würde, es in keinerlei spezifisch jüdischen Hinsicht sozialisiert worden wäre und ihm dennoch von außen der Begriff »Jude« übergestülpt würde oder wenn das Kind bestimmte Praktiken ausüben würde, es diese auch mit bestimmten Bedeutungen versehen würde, aber der Begriff »Jude« der Fremdbeschreibung auf keine dieser realen Praktiken Bezug nimmt.

Beide Varianten gehen dann aber noch mal von einer gravierenden Rückwirkung der Fremdbeschreibung – unabhängig davon, ob sie eine reale Referenz bezeichnet oder nicht – auf die bezeichnete individuelle oder kollektive Identität aus. Insbesondere wenn die soziale Bedeutung der Fremdzuschreibung oder der Kategorie eine diffamierende ist, zieht sie eine *psychologische* Wirkung der Anpassung nach sich.[228] Die Notwendigkeit zur Anpassung taucht bei den konstruktivistischen Sozialtheoretikern schon deshalb auf, weil durch die konstruktivistische »Erfindung« der Realität seitens der Betrachter sich die Orientierung der handelnden Subjekte an einer sich mit verändernden Beschreibungen und Bedeutungen der Wirklichkeit verändernden Umwelt ebenfalls verändert, verändern muss: Sie passt sich an.[229]

Weder die eine, noch die andere Einschätzung ist in irgendeinem objektiven Sinne wahr oder wirklich, die Folgen dieser Einschätzung aber erschaffen konkrete Resultate persönlicher und gesellschaftlicher Natur.[230]

Zwar bleibt es bei Sartre zunächst etwas unklar, ob er von einer »Leere« der Etiketten ausgeht, die jüdische Identität also ausschließlich über die Fremdzuschreibung konstruiert wird, oder ob ihr nicht eine gewisse Praxis ohne reflexive Identifikation zugrunde liegt, in jedem Fall aber rekonstruiert Sartre die psychologische Rückwirkung der Fremdwahrnehmung der Juden durch die Antisemiten als unfreiwillig *identitätsbildend*. Sartre beschreibt den ambivalenten Prozess der erzwungenen Identifikation oder Abwehr, in jedem Fall aber *Verinnerlichung der Fremdwahrnehmung* in die Selbstwahrnehmung der eigenen Identität und Zugehörigkeit zur – teilweise erst so geschaffenen – kollektiven Identität. Es ist der Prozess, bei dem aus einer externen transitiven Identifikation eine reflexive Identifikation wird.

Auch hier wiederholen sich die zwei bereits herausgelösten Lesarten der Konstruktion der Identität auf der Ebene der Ambivalenz der Aneignung von Fremdzuschreibungen: Einmal (a) wird das Subjekt, das

sich keiner spezifischen Identität/Differenz bewusst ist, einer Fremdzuschreibung ausgesetzt, und in der zweiten Variante (b) wird die jüdische Person mit einem negativen Fremdbild konfrontiert, dem es aber
eine eigene Beschreibung einer jüdischen Identität und eine positive
Identifikation entgegenhalten kann.

(a) Zunächst verweist Sartre einmal nur auf den Schock, der die jüdischen Kinder erfasst, wenn sie *ausgesondert* werden. »Ils se sentent
séparés, rétranchés de la société des enfants normaux [...] qui n'ont pas
de *nom spécial*.«[231] Sartre verweist auf das unverständliche Leid, das
durch diesen Sonderstatus, dieses als »anders« ausgesondert zu werden,
verursacht wird. Und Sartre beschreibt den Prozess, wie die Fremdbeschreibung und Ausgrenzung, mit der das Kind erstmals konfrontiert
wird, in sein Bewusstsein dringt und es sich diesen Begriff und seine
soziale Wertung, diese Abschätzung mal aneignet, mal verstößt, es sich
aber in keinem Fall diese Außenperspektive vom Leib halten kann. »Ils
rentrent chez eux, ils regardent leur pére, ils pensent: ›Est-ce que lui
aussi est un Juif?‹ et le respect qu'ils lui portent est empoisonné.«[232]

Die Ambivalenz besteht in dieser Variante der Konfrontation mit der
Fremdwahrnehmung darin, dass der Jude über *keine* Wahrnehmung seiner Identität als differente, als andersartige verfügt und ihm gleichwohl
von außen eine Besonderheit zugeschrieben wird. Der Jude kann den
Unterschied nicht erkennen, denn es gibt keinen sichtbaren Unterschied
in Praktiken und Überzeugungen. Nur die Überzeugungen der anderen
beinhalten, dass er eben »anders« sei. »S'il demande des explications,
on lui trace une portrait dans lequel il ne se reconnaît pas.«[233] Sartres
erste Beschreibung der passiven Aneignung und Anpassung entspricht
interessanterweise genau dem Zustand, in dem nach psychoanalytischen
Vorstellungen die Identifikation mit externen Vorgaben oder eine Anpassung an fremde Zuschreibungen gelingen kann: Demnach bedarf es für
eine erfolgreiche Konstruktion von Identität exakt eines vorhergehenden
Mangels an einer verwurzelten Identität, d. h., das Subjekt verlangt nach
einer Identifikation, eben weil es über einen originären und unüberwind-
baren Mangel an Identität verfügt.[234]

In der zweiten Variante (b) hat der Jude eine eigene, selbstbestimmte
jüdische Identität, der er sich auch mit Überzeugung zugehörig fühlt, und
macht nun die demütigende Erfahrung mit einem andersgearteten und vor
allem diffamierend bewerteten Fremdbild, das sich aus antisemitischen
Projektionen und Vorurteilen speist. Sartre rekonstruiert nun, wie sich

dieser permanente tägliche Konflikt zwischen Selbst- und Fremdwahrnehmung niederschlägt und das einzelne Individuum psychisch genötigt wird, sich die externen verzerrenden und negativen Bilder, Zuschreibungen und Stigmatisierungen anzueignen. »Mais il importe peu que ce soit une erreur, le fait est que cette erreur est collective.«[235]

Und während der einzelne Jude anfangs noch mit diesen Fremdzuschreibungen ringt und sie durch gegenteiliges Verhalten oder andersgeartete Haltungen und Ansichten durch sein eigenes Beispiel zu entkräften sucht, während er anfangs noch auf Gemeinsamkeiten mit seiner Umwelt hinzuweisen versucht, nimmt nach und nach der externe Blick der anderen auf ihn selbst überhand, und er internalisiert zunehmend die fremden, äußerlichen Projektionen und die damit verbundenen Wertvorstellungen auf sich selbst.

Und er schämt sich.[236]

Und genau diese Scham bildet Grundlage einer – veränderten –[237] Identität. Einer Identität, die eben nicht durch selbstbestimmte Wahl der eigenen Überzeugungen und Praktiken entstanden ist, sondern durch passive Objektivierung und nicht-intentionale Internalisierung von fremden Überzeugungen und Anschauungen, von dem Blick der anderen auf einen selbst.[238]

Hier wird die eigene Identität nach fremden Konstruktionsvorgaben erzwungen. Das Individuum ist nicht freier Autor oder autonomer Ausgangspunkt seiner Lebensgeschichte.[239] Es sind nicht mehr spezifische Praktiken und Rituale, nicht mehr die kulturell-religiösen Narrative und die Überzeugung der Zugehörigkeit, die die – neue – Identität kennzeichnen, sondern es ist gerade das Moment der Scham.

Und in diesem Moment, da der einzelne Jude die antisemitischen Vorstellungen so weit in sein eigenes Selbstbild inkorporiert hat, da seine Identität die Verleumdungen und Beleidigungen der feindseligen Umwelt so weit internalisiert hat, dass er sich seiner selbst schämt, in diesem Moment hat sich ein Teil der antisemitischen Zuschreibung *tatsächlich* erfüllt: *self-fulfilling projection.* Das Bild seiner vermeintlichen Identität, das die Gesellschaft auf ihn zurückstrahlt, mag so erfunden und falsch sein, wie es wolle, dieses fremde Bild wird durch die allgemeine Anerkennung und Geltung so zu seiner Wirklichkeit (und zwar seiner sozialen Wirklichkeit – *der Situation* bei Sartre – als auch seiner psychischen), dass es in der Tat Teil seiner passiv angeeigneten Identität wird: »Le Juif est un homme que les autres hommes tiennent pour Juif.«

Um genauer zu klären, wie Sartre sich diesen Prozess der passiven Objektivierung vorstellt, sei ein kleiner Exkurs zu dem ein Jahr vorher 1943 veröffentlichten *L'être et le néant* gestattet[240] – dies wird es uns auch erlauben, die Verkürzungen und Mängel des Sartre'schen Entwurfs zu verdeutlichen[241]:

Exkurs

Im Folgenden geht es vor allem um Sartres Konzeption zwischenmenschlicher Beziehungen, um seinen Begriff des *être-pour-autrui* (Für-Andere-Seins), wie er es anhand der Schlüsselsituation des *Erblicktwerdens* im dritten Teil des Buches schildert. In dieser (Park-)Szene wird das Subjekt sich plötzlich unmittelbar des Blicks eines Anderen gewahr und erfährt sich dabei zugleich als Objekt-für-den Anderen.

Im Erblicktwerden erfährt das Subjekt sich selbst als Anderen, es erfährt sich als entfremdetes, verdinglichtes Objekt. Sartre beschreibt, wie das Subjekt sich im Erblicktwerden als wehrlos empfindet. Während das Subjekt ansonsten über seine eigenen Möglichkeiten, sich selbst und seine Freiheit zu gestalten und zu bestimmen, *verfügt*, erfährt es im Blick des Anderen nach Sartre das irreduzible Faktum des Festgelegtwerdens, der freie Entwurf, die »permanente Transzendenz seiner Handlungsentwürfe«,[242] wird im Blick des Anderen gleichsam lahmgelegt.[243]

> Ainsi, cet être n'est pas mon possible, il n'est pas toujours en question au sein de ma liberté: il est, au contraire, la limite de ma liberté, son *dessous*, au sens où on parle du *dessous des cartes*, il m'est donné comme un fardeau que je porte sans jamais pouvoir me retourner vers lui pour le connaître.[244]

An dieser Stelle zeigen sich schon einige Besonderheiten der Sartre'schen Konzeption: Sartre beschreibt die Schlüsselsituation immer aus der Erlebnisperspektive des erblickten Subjekts, es ist die Innenperspektive des Bewusstseins des einen Subjekts, das in der Begegnung oder besser: dem Gewahrwerden des Blicks des Anderen, dem Anderen zum Objekt und damit sich selbst zum Anderen wird. Diese interaktive Situation des Blicks wird aus der *interiorité* des einen Subjekts beschrieben, und in dieser Innerlichkeit des Bewusstseins bleibt es getrennt vom Anderen.

In dieser *interiorité* besteht das erste Problem von Sartres Konzeption einer stets »zum Scheitern verurteilten«[245] zwischenmenschlichen Beziehung, die in – scheinbar – unvermeidlicher Negation besteht. Sartre verbleibt in seiner Theorie der Intersubjektivität immer im Bewusstsein des erblickten Subjekts, das seinen Weltbezug nur als Selbstbezug formulieren kann. Die Begegnung mit dem Anderen in der Situation des Blicks lässt sich nach Sartre nur als gegenseitige Ausschließung, als gegenseitige Negation erfahren. In der Situation der Begegnung mit dem Anderen wird niemals ein fremdes Subjekt erfahren, sondern lediglich das Ich als wehrloses Objekt. Es stellt sich auch keine Beziehung zum Anderen dar, sondern nur die *Kehrseite* meiner Beziehung zu mir selbst, hier nicht als freies, mich selbst bestimmendes Subjekt, sondern als verdinglichtes, verändertes Objekt-des-Anderen. Sartre beschreibt diese Beziehung zu sich selbst auch nicht als wechselseitig, er stellt auch keine dialogische Intersubjektivität her, in der das einzelne Subjekt *dieses Verhältnis* zum Anderen im Moment des Erblicktwerdens selbst thematisieren könnte. Sartre verbleibt mit dieser Konzeption in der Subjekt-Objekt-Dualität, über die er eigentlich gerade hinauswollte.

Wie Theunissen gezeigt hat, folgt aus dieser *interiorité* und Getrenntheit des Subjekts von dem Anderen bei Sartre auch die gegenseitige Ausschließung, die eine Perspektivenübernahme verunmöglicht. Die Wahrnehmung des Anderen oder die Einfühlung in seine Situation können so nicht konzeptualisiert werden.[246]

Ein anderes Problem der Sartre'schen Theorie zeigt sich anhand des Begriffs der Scham. Nach Sartre schämt sich das Subjekt im Moment des Erblicktwerdens: Das Ich realisiert, dass es nicht alleine ist, es fügt die Anwesenheit des Anderen ins eigene Bewusstsein ein.

Sartres Konzeption der Scham ist eine abstrakte: Das Ich schämt sich nur, *dass* es von jemand anderem wahrgenommen wird, und bildet hierin ein Bewusstsein seiner selbst als An-Sich, als verdinglichtes Objekt aus. Es schämt sich bei Sartre nicht dessen, *wie* es wahrgenommen wird. Es handelt sich bei Sartre weder um eine materiale noch um eine moralische Scham: Das Subjekt schämt sich nicht, weil es sich gegenüber dem Anderen seiner eigenen Schlechtigkeit bewusst wird, sondern weil es als Subjekt negiert wird. Nach Sartre entpuppt sich im Moment der Scham das Subjekt lediglich als erblicktes Objekt, nicht aber als Objekt einer fremden Wertung und Beurteilung.[247]

Das lässt rückschließen darauf, wie sich Sartre das freie, sich selbst entwerfende Subjekt des Für-Sich vorstellt: scheinbar als ein vereinzeltes Subjekt, dessen Authentizität frei von jeder Konfrontation mit Fremdbeschreibung oder Deutungen ist. Sartres Vorstellung radikaler

Freiheit, die die Beeinflussung oder schon die Deutung durch Andere ausschließt, macht es ihm theoretisch unmöglich, sich ein Netzwerk von Deutungen und Interpretationen, von Werten und Orientierungsmustern vorzustellen, innerhalb dessen sich das freie Subjekt im *Austausch mit anderen* entwirft.

Schon die Anwesenheit des Anderen zerstört nach Sartre das Für-Sich des Subjekts, nicht erst die verzerrte oder verzerrende Wahrnehmung oder Beschreibung, die negative Wertung durch den Anderen, entfremdet das Ich – schon die bloße Wahrnehmung durch den Anderen allein formuliert Sartre als Negation.[248]

Diese beiden Hinweise helfen auch, die *Réflexions* zu verstehen, und erklären auch zugleich einige ihrer Schwächen:

Die *interiorité* erklärt, warum Sartre das Verhältnis zwischen Juden und Antisemiten immer nur aus der Binnenperspektive des Juden beschreibt. Es findet kein Dialog und keine Beschreibung des Erblicktwerdens des Antisemiten durch die Juden statt. Es wird lediglich der antisemitische Blick auf die Juden und der Prozess der Entfremdung und Verdinglichung, der dadurch ausgelöst wird, beschrieben. Zwar scheint es zunächst so, als wollte Sartre historisch-soziologische Erklärungen für das Phänomen des Antisemitismus liefern, doch scheint er letzten Endes in die ontologischen Vorgaben aus *L'être et le néant* zurückzufallen.

In den *Réflexions* liefert Sartre keine differenzierte Beschreibung der Scham: Während er in diesem Text deutlich machen müsste, dass es nicht um das bloße Erblicktwerden durch irgendeinen Anderen geht, sondern um die verzerrte Wahrnehmung und ideologische Verunglimpfung durch die Antisemiten, beschreibt Sartre die Schlüsselsituation des jüdischen Kindes, das Bekanntschaft mit den Antisemiten macht, lediglich als eine, in der das Kind einer besonderen Wahrnehmung von außen gewahr wird. Sartre beschreibt dieses Moment als eine Erfahrung des Ausgeliefertseins an die Fremdwahrnehmung, als passive Objektivierung.

Das Entscheidende an dem in den *Réflexions* beschriebenen Fall gegenüber der neutralen Blick-Situation aus *L'être et le néant* besteht aber in der extremen Verzerrung, die in dem antisemitischen Blick und der projektiven Beschreibung von außen liegt, und in der gesellschaftlichen Dominanz dieser Fremdbeschreibung, der sich das einer Minderheit zugehörige Subjekt nicht widersetzen oder entziehen kann. Hier liegt keine Reziprozität oder Symmetrie innerhalb der intersubjektiven Identitätsausbildung der einzelnen Gruppen oder kollektiven Subjekte vor: Während der einen, dominanten Gruppe zugestanden wird, sich *maßgeblich* in der Perspektive der ersten Person zu entwickeln und auf eine Integration der Perspektive der dritten Person (der Juden) zu verzichten, können die Juden nicht umhin, durch den Blick der anderen geprägt und bestimmt zu werden.

Da Sartre aber schon immer den Blick des Anderen als Negation beschreibt, gelingt es ihm nicht, genauer auf diesen Unterschied, dem zwischen einer neutralen, reziprok wirksamen dialogischen Identitätsausbildung und dem erzwungenen, diffamierenden »looping-effect« der Identifikation mit der verzerrenden Fremdzuschreibung, einzugehen. Doch genau in dieser Differenz liegt das Kriterium, um akzeptable von inakzeptablen Formen der Identitätsbildung zu unterscheiden. Das Problem besteht weniger in der Unterscheidung von vollständig authentischen, autonomen Selbstbeschreibungen gegenüber verdinglichender Fremdbeschreibung; vielmehr scheint die für die Analyse solcher Phänomene wie die des Antisemitismus adäquatere Unterscheidung in der zwischen akzeptablen und inakzeptablen Formen der Beschreibung/Konstruktion von Identitäten zu bestehen. Die deskriptive Ebene der Selbstbeschreibung gemäß der Frage »Wer bin ich?« orientiert sich ohnehin schon immer an Selbstbeschreibungen und Fremdbeschreibungen. Auf der reflexiven Ebene gemäß der Frage »Wer will ich sein?«, also des Sich-zu-sich-Verhaltens, erfolgt dann erst die Aneignung oder Ablehnung von Beschreibungen als akzeptabel/inakzeptabel. Für die Ablehnung gibt es unterschiedlichste Gründe und Motivlagen: Die Beschreibungen, so scheint mir, können als (a) *erkennbar* wahre/falsche Behauptungen kategorisiert werden, (b) als *unsinnig* (falsche Präsuppositionen, Kategorienfehler, z. B. »Der Stein ist bösartig«), (c) *fragwürdig* abgelehnt werden (weil die unterstellte Zugehörigkeit fragwürdig ist), oder sie können (d) abgelehnt werden, weil sie *pejorativ*/normativ *belastet* sind.

Sartre unterscheidet sich von diesen Vorschlägen, weil bei ihm die Fremdbeschreibung schon immer als inakzeptabel verortet wird.

Nach Sartre scheint es keinen Unterschied zwischen dem Verhältnis zwischen dem Juden und dem Antisemiten oder zwischen irgendeinem Subjekt und irgendeinem Anderen zu geben, da er nur auf das Erblicktwerden, nicht aber auf das *wie* der Fremdbeschreibung eingeht. Sein

Beispiel scheint insofern kontingent und kein probates theoretisches Mittel zu enthalten, um verzerrende, verletzende Fremdbeschreibung von eher neutraler Fremdbeschreibung zu unterscheiden oder um den Unterschied zwischen einer externen Perspektive einerseits und Ideologie oder Diffamierung andererseits zu entlarven.[249]

Diese Unterscheidung müsste sich widerspiegeln in der Differenz zwischen zwei distinkten Formen der Scham: der ersten, abstrakten Scham, die entsteht, wenn das Subjekt sich der Beobachtung durch den Anderen gewahr wird, und die ein Symptom für das entstehende Bewusstsein seiner selbst darstellt; und der anderen, eher materialen oder moralischen Scham, die sich der negativen Wertung der eigenen Person in der Perspektive und Beurteilung des Anderen gewahr wird, und die bereits ein Symptom für die Übernahme der fremden Wertung in das eigene Selbstverständnis darstellt.

Sartre erklärt die Entstehung der kollektiven jüdischen Identität aus dem Weltbild der Antisemiten. Es ist nicht die wechselseitige Anerkennung der Angehörigen, die die Zugehörigkeit zur Gruppe bestimmt, durch die die kollektive Identität eigentlich erst entsteht – im Sinne von Margalit / Raz handelte es sich somit bei den so als Kollektiv gebildeten Juden um gar keine »encompassing group«.[250]

Es ist nicht das subjektive Selbstverständnis und intentionale Handeln selbstbestimmter Individuen, die sich aufgrund gemeinsam geteilter Praktiken und Überzeugungen als Kollektive bilden, sondern es sind ideologische Projektionen und hegemoniale Diskurse, die sich in materialen Strukturen in der sozialen Welt – in Institutionen, Gesetzen und Praktiken – niederschlagen, und durch die das einzelne Subjekt ins jüdische Kollektiv kategorisiert wird. Diese antisemitischen Diskurse und Praktiken konstruieren die Realität des Juden und darin seine Identität. Das einzelne Subjekt ist nicht allein in einer spezifischen Situation »situiert«[251], »vielmehr wird das Subjekt durch diese Positionen konstituiert«.[252] Den Prozessen der Identitätsbildung, die hier beschrieben werden, liegt also keine subjektive Handlungsrationalität oder Intentionalität, keine Konzeption individueller, autonomer Wahl zugrunde – vielmehr rücken das einzelne Subjekt und seine Teilnehmer- oder Betroffenenperspektive an die Peripherie der Betrachtungen und die die Zugehörigkeit klassifizierenden und das Subjekt konstruierenden Prozesse, Positionen von Fremdzuschreibungen und Ausgrenzungen werden fokussiert. Die Konstruktion des Subjekts mittels dieser diskursiven Praktiken verläuft nach Sartre auf zwei Ebenen:

(i) Einerseits konstruieren die Antisemiten die soziale Welt nach ihren Vorstellungen, und so erlangen mit der Zeit die antisemitischen Projektionen und Ideologien eine *materiale Existenz* in Institutionen, Gesetzen und sozialen Praktiken.

Gleichzeitig akzeptiert der Jude ab einem bestimmten Moment aber auch das antisemitische Fremdbild seiner selbst – nicht, weil er es internalisiert hätte und es dadurch wahr geworden wäre, sondern weil es *allgemeine Geltung in der sozialen Wirklichkeit* erlangt hat und somit in der Tat zu einem Teil seiner praktischen alltäglichen *Erfahrung*, wenn auch nicht Überzeugung geworden ist.

Die Praktiken und Bedeutungen, die den Alltag des Juden als spezifischen ausmachen, sind identifizierbar, aber sie speisen sich nicht aus, sie gründen nicht auf rationalen oder subjektiven Überzeugungen, sondern auf der Erfahrung mit der transitiven Identifikation von außen *als* Juden.

(ii) Andererseits führt die permanente Konfrontation der einzelnen Subjekte mit diesen externen »Repräsentationen« ihrer vermeintlichen Identität zu einer psychischen Ambivalenz. Dabei internalisieren sie zunehmend die ihnen von außen übergestülpten Beschreibungen und Wertvorstellungen und entfremden sich darin nach und nach von ihrer eigenen Perspektive auf sich selbst. Und mit dieser Aneignung der fremden Perspektive inkorporieren sie die antisemitischen Zuschreibungen und passen sich an. Im letzten Schritt (iv) der Argumentation in den *Réflexions sur la question juive* beschreibt Sartre die Möglichkeit der Juden, aus der passiven Rolle der Übernahme von Fremdzuschreibungen durch die Antisemiten zu treten und das eigene Selbstverständnis aktiv zu gestalten: »Il ôte tout pouvoir et toute virulence à l'antisémitisme du moment même qu'il cesse d'être passif.«[253]

Während in *L'etre et le néant* das Scheitern der interaktiven Schlüsselsituation noch unvermeidbar war und das Verdinglichende des Erblicktwerdens der einzelnen Subjekte einseitig und unabänderlich blieb, scheint sich bei kollektiven Subjekten eine Möglichkeit des aktiven Eingreifens in diesen Prozess aufzutun, und das Erblicktwerden kann nun retourniert werden.[254]

Sartre fordert von den Juden, sich der eigenen Situation zu stellen und darin den Versuch der »Tarnung« aufzugeben, aufzuhören, sich nach den Vorstellungen der Antisemiten anpassen und assimilieren zu wollen, sondern zu ihrer »selbstgewählten« Differenz zu stehen: das nennt Sartre einen »aufrechten Juden«. Der ist »aufrecht«, der austritt aus der Erfahrung der Ohnmacht[255], der, der sich selbst zum Juden macht. Der, der sich selbst als different beschreibt, entgeht der Karikatur der Fremdzuschreibung und der Ausgrenzung.

Zwanzig Jahre später wird Sartre diese bewusste Aneignung der von außen gestellten Situation, diese Ausbildung von Selbstbewusstsein und gemeinsamem Interesse angesichts der eingeschränkten Möglichkeiten – als den Übergang von einer Serie in eine Gruppe bezeichnen.

Für Sartre ist allerdings klar, dass diese Maßnahme nur angesichts einer historischen Situation notwendig und richtig ist, in der die Juden in einer antisemitischen Gesellschaft leben. Für eine soziale und politische Lösung des Problems der Judenfrage ist es notwendig, beim Antisemitismus anzusetzen und nicht bei den passiv oder aktiv identifizierten Juden. Solange der Antisemitismus besteht, müssen sich die »aufrechten Juden« nach Sartres Ansicht einer Assimilation widersetzen. »Certes, ils rêvent de s'intégrer à la nation *mais en tant que Juifs*, qui donc oserait le leur reprocher?«[256]

Interessant ist es, einen anderen Text von Sartre heranzuziehen, der diese Vorstellung der selbstbewussten Aneignung der eigenen Situation gegenüber einer bloß passiven Objektivierung ausformuliert: Sartres 1948 erschienener Aufsatz zur *négritude* und der Poesie schwarzer Dichter »Schwarzer Orpheus«.[257]

Sartre konstatiert anhand der von Senghor herausgegebenen Anthologie schwarzer Dichter die Neupositionierung der Schwarzen angesichts der sie umgebenden Feindseligkeit und des institutionalisierten Rassismus: Sartre deutet die in diesem Band gesammelten Texte als ein Abbild eines Prozesses der Selbsterkenntnis, der Selbstschau. Die Schwarzen entdecken sich nach Sartre insoweit selbst, als sie sich ihrer Selbst angesichts ihrer Unterdrückung *bewusst* werden.

Es ist ein ähnliches Argument wie das der Bewusstheit für die Situation des Juden angesichts des Antisemitismus, das Sartre hier am Beispiel der Schwarzen gegenüber der Kolonisation rekonstruiert: »Et puisqu'on l'opprime dans sa race et à cause d'elle, c'est d'abord de sa race qu'il lui faut prendre conscience.«[258]

Und Sartre deutet die veröffentlichten Texte als eine bewusste, eine selbstbewusste Rückeroberung ihrer selbst, ihres Für-Sich, mittels der Darstellung ihrer eigenen Subjektivität, die sie der aufoktroyierten Fremdbeschreibung, die sie jahrhundertelang geprägt hat, entgegensetzen: die *négritude*. Diese *négritude*, also die Selbstbeschreibung der Schwarzen, dieses gemeinsame, sprachliche und poetisch erschlossene Verständnis ihrer selbst, beschreibt Sartre als ein dialektisches, das sich zwischen »Sein und Sein-Müssen«[259] ansiedelt. Für Sartre drückt die *négritude* keinen Zustand, sondern eine Selbstüberschreitung aus. Es ist die bewusste Aneignung, die selbstbewusste Aneignung der Situation, in der die Schwarzen sich wiederfinden. Dabei wird aber die Erfahrung, die sich als unterdrückte und passive Objektivierung durch die rassistische Umwelt dargestellt hat, zunächst selbstbewusst angenommen und sodann überschritten.

Sartre beschreibt diesen Prozess des Austretens aus der passiven Rolle der Unterdrückten auch in der Metaphorik des Blicks aus *L'être et le néant*: »Aujourd'hui ces hommes noirs nous regardent et notre regard rentre dans nos yeux.«[260] Erstmals kehrt sich hier nach Sartre die Blickrichtung um: Zuvor waren lediglich die Schwarzen diejenigen, die die negierende und verdinglichende Erfahrung des Erblicktwerdens machen mussten. In der passiven Objektivierungssituation gelingt den Schwarzen jedoch keine Wechselseitigkeit des Blicks. Es ist ein einseitiges Phänomen, wie sich schon in dem Exkurs zu *L'être et le néant* zeigte. Erst in dem Text »Schwarzer Orpheus« gestattet Sartre dem selbstbewussten Schwarzen den Blick zurück.

Interessanterweise unterscheidet sich aber der Blick, den die Weißen erfahren, von dem, den die Schwarzen erleben mussten. Es ist »unser Blick«, der zu uns zurückkehrt, und der Blick der Schwarzen ist erfüllt mit ihrer eigenen Subjektivität – nicht mit unserer Verdinglichung. Die Schwarzen erobern mit ihrem Blick sich selbst, nicht uns: Die Texte handeln von ihrer eigenen Subjektivität, die sie sich erst wieder aneignen müssen.[261] Während der Blick des Weißen sich in der dritten Person formulierte, schreiben die Schwarzen in der ersten Person.

Zwar geht Sartre damit über die bloße Verdinglichung, wie er sie in *L'être et le néant* beschrieben hatte, hinaus, und räumt erstmals die Möglichkeit der Selbstbeschreibung der ursprünglich lediglich erblickten Personen, hier der Schwarzen, ein. Damit stemmen sie sich gegen die Wehrlosigkeit an, die Sartre in *L'être et le néant* noch als unveränderlich zementiert hatte. Aber auch hier zeigt sich, dass Sartre die interaktive Situation niemals in dem Verhältnis der ersten zur zweiten Person beschreiben kann oder will – ein dialogisches Verhältnis, als eine das Selbstverhältnis wie das Verhältnis zu Anderen prägende Figur, taucht bei Sartre nicht auf. Es ist letztlich das gleiche verkürzte Verständnis von Intersubjektivität, das uns auch schon in *L'être et le néant* begegnet ist.

In ihrem Buch *Justice and the Politics of Difference*[262] legte die amerikanische Philosophin Iris Marion Young 1990 eine Theorie vor, die die theoretischen Folgen der faktischen Ausdifferenzierung und kulturellen Vielfalt in modernen Gesellschaften diskutierte. Iris Young untersuchte dabei unterschiedliche Gerechtigkeitsmodelle in ihrer Fähigkeit, auf die Herausforderung sozialer Bewegungen und einer in ethnisch-kulturelle Gruppen ausdifferenzierten Gesellschaft einzugehen.

> I argue that where social group differences exist and some groups are privileged while others are oppressed, social justice requires explicitly acknowledging and attending to those group differences in order to undermine oppression.[263]

Für unsere Typologie kultureller kollektiver Identitäten ist allerdings ein späterer Aufsatz von 1994 relevanter, der sich explizit der Konzeptualisierung von kollektiven Identitäten zuwendet: »Geschlecht als serielle Kollektivität«.[264] Auch wenn es Young in diesem Text um einen Entwurf der Kategorie »Geschlecht« vor dem Hintergrund, oder besser: unter Verwendung des Sartre'schen Konzepts der Serie geht, scheint es hermeneutisch akkurat, Youngs Analyse auch für die uns interessierenden kollektiven Identitäten gelten zu lassen. Denn einerseits transformiert sie selbst Sartres Vorlage: das Konzept der Serie, das ursprünglich vornehmlich für soziale Klassen gedacht war, für die Kategorie Frauen; andererseits verweist Young (wie im Übrigen auch Sartre selbst) auch auf weitere Übertragungsmöglichkeiten des Konzepts.[265] Young verspricht sich mit dieser Anwendung des Begriffs der Serie auf die Kategorie »Frau« einen Ausweg aus der verfahrenen feministischen Diskussion zum kollektiven Subjekt der »Frau«, die zwischen Theorien der normierenden Essentialisierung einerseits und solchen einer zur politischen Handlungsunfähigkeit verurteilenden Dekonstruktion und Auflösung in mannigfaltige Geschichten und Selbstverständnisse andererseits dilemmatisch erstarrt sei. Demgegenüber erhofft sie sich, mit einem serialisierten Geschlechtsbegriff die Prozesse der sozialen Herstellung von und der sozialen Bedeutung der Mitgliedschaft in Kollektiven erklären zu können, ohne dabei auf Identität und Selbstidentität, ohne auf vermeintlich gemeinsame Merkmale oder eine identische Situation rekurrieren zu müssen.[266]

Young entwickelt einen Begriff der »Frau« als sozialer Kollektivität, der auf der von Sartre in seiner *Critique de la raison dialectique* formulierten Unterscheidung zwischen »Gruppe« und »Serie« beruht.

Die *Gruppe* ist demnach eine durch ein gemeinsames Ziel, durch ein gemeinsames Projekt verbundene Kollektivität, deren Mitglieder sich und ihr gemeinsames Engagement *wechselseitig anerkennen*: Sie sind durch ihr gemeinsames, an ein und demselben Ziel orientiertes Handeln verbunden. Die Gruppe konstituiert und identifiziert sich aktiv in ihrem *selbstbewussten Interesse*. Die individuellen Mitglieder bringen nach Sartre ihre »Kollektivstruktur *selbst*« (Hervorhebung C.E.) hervor.[267]

Der wechselseitigen Anerkennung des gemeinsamen Handelns, des gemeinsamen »*Unternehmens*« (Sartre), vergewissern sich die Mitglieder mitunter in einem einmaligen konstitutiven Akt – einem Vertrag, einem Eid, einem Statut etc.

Diese als Gruppen bezeichneten Kollektive entstehen aus unbewussten, nicht selbst-bewussten kollektiven Einheiten: den »Serien«.

Serien sind, so führt Young in Anlehnung an Jean-Paul Sartre aus, »social collectives whose members are unified passively by the objects their actions are oriented around and / or by the objectified results of the material effects of the actions by the others.«[268]

Serien stellen sich also als *Reaktionen* auf vorgegebene materiale bzw. materialisierte gesellschaftliche Strukturen oder Praktiken dar, die die Kollektive *routinemäßig* und *unreflektiert* reproduzieren. Sie bilden sich nicht aufgrund des genuinen oder rationalen Interesses einzelner Individuen, die sich aktiv und reflexiv um ein gemeinsames Projekt und Selbstverständnis scharen und darin in ihrer Identität geformt werden. Es sind passive, unreflektierte Anpassungsprozesse von einander fremden, anonymen Personen an eine einschränkende, widerständige Umwelt, es ist das Gefühl der Ohnmacht gegenüber dem »Milieu des Handelns«, das die Erfahrung als Serie prägt.

Sartre geht von Objekten und Strukturen aus, um die herum sich Serien als praktisch-inerte Realitäten bilden. Theoretischer Ausgangspunkt von Sartres Analyse kollektiver Identitätsbildungsprozesse sind dabei stets Entstehung und Funktion menschlichen Handelns. Die Serie strukturiert sich nach Sartre durch das Handeln, das lediglich auf vorhandene Strukturen im Alltäglichen gleichsam routinemäßig reagiert. Die Mitglieder der Serie teilen also keine gemeinsamen Merkmale oder Interessen, sie verfügen nicht über eine gemeinsame Geschichte, Erfahrung oder Identifikation – sie gruppieren sich lediglich um bestimmte Objekte oder Praktiken. Sartres berühmtes Beispiel an dieser Stelle ist die Bushaltestelle, an der Menschen gemeinsam und doch isoliert stehen und durch den Bus, die Verkehrsplanung, Wetterbedingungen, Regeln, die für Verkehrsteilnehmer gelten, etc. geeint werden. Ihre Beziehung zueinander wird durch ihre Beziehung zu einem Gegenstand und die den Gegenstand umgebenden Regeln und Strukturen gebildet.[269]

Die Personen und Mitglieder einer Serie sind einer sozialen Wirklichkeit als einer einschränkenden ausgeliefert. Sie passen sich den Objekten und Strukturen und den daraus folgenden Bedeutungen und Regeln an, sie orientieren ihre Handlungen und Erwartungen an diesen vorgegebenen Praktiken. Sie bleiben dabei als Handelnde vereinzelt und einander fremd. Das ihnen Gemeinsame ist lediglich die Erfahrung der seriellen passiven Existenz als Zwang.

Young überträgt diese Konzeption der Serie als praktisch-inerte Realität auf die Kategorie der Frau und beschreibt den weiblichen (sozialen) Körper als ein solches soziales Objekt, um das Frauen als serielle Kollektivität ihre Handlungen passiv und unreflektiert gruppieren.

An Youngs Beispiel zeigt sich aber auch eine mögliche Schwierigkeit der so – durch das Handeln um »Objekte« einerseits und »Strukturen« herum andererseits – definierten Kategorie der Serie. Young versucht zunächst, den weiblichen Körper zu einem praktisch-inerten *Objekt* zu machen, das das weibliche Geschlecht als serielle Kollektivität produziert beziehungsweise um den herum sich das Handeln der Serie Frau orientiert. Dabei verweist sie ausdrücklich darauf, dass das weibliche Geschlecht nicht nur durch die »rein körperlichen« Merkmale oder »physischen Fakten« (Young) bestimmt wird – darunter versteht sie »die Attribute Busen, Vagina, Klitoris etc.« –, sondern soziale Objekte enthalten auch die Einschreibungen vergangener Praktiken und deren Produkte.[270] Young führt aus, wie die Kategorie der Frau als Serie ihr Handeln also nicht nur nach dem sozialen Objekt ihres Körpers allein richtet, sondern auch nach dessen sozialen Bedeutungen, Regeln und Möglichkeiten – als Beispiel nennt Young den biologischen Prozess der

Menstruation und die damit verbundenen Objekte und Praktiken, die das weiblich-serielle Handeln strukturieren.

Gleichzeitig aber verweist Young auch auf die gesellschaftlichen *Strukturen*, die auf den sozialen Körper einwirken und diesen definieren: Die Struktur der institutionalisierten Heterosexualität definiert nach Young die Bedeutung der Körper als praktisch-inerte Objekte und konstituiert die Serie der Frau: »Heterosexuality as a set of material-ideological facts that constitute women cross-culturally«[271]

Das Problem an Sartre/Youngs Konzeptualisierung der Serie als der passiven Reproduktion von gesellschaftlichen Strukturen durch das Handeln um Objekte oder Strukturen herum besteht in der *gleichwertigen* Verortung von Handlungen, die durch (i) Strukturen einerseits und solchen, die durch (ii) Objekte andererseits definiert werden. Gerade an Youngs Beispiel wird dies besonders deutlich: Nach Young ist die serielle Kollektivitätsbildung der Frauen gleich, ob sie sich durch das jeweilige Handeln um – mit Verlaub – das Tampon oder um heterosexistische Gesetzgebung herum orientiert.

Zwar stimmen die Beschreibungen der *passiven, reaktiven* Handlungsweise der Personen in den Serien in beiden Fällen, der am Objekt sowie der an einer Struktur orientierten Handlungen, aber die *unterstellte Gleichartig- oder Gleichwertigkeit* der konstituierenden Kraft dieser sozialen Faktizität der praktisch-inerten Realität scheint fragwürdig.

Es ließe sich beispielsweise fragen, ob nicht der *Zwangscharakter*, der von der praktisch-inerten Realität – und nach Young wie Sartre gleichermaßen, ob als Objekt oder als Struktur – auf die Serien einwirkt, unterschiedlich wahrgenommen werden muss: Mancher Zwang wird zusätzlich neben dem Gefühl der *Ohnmacht* (das Young wie Sartre beide konstatieren) auch noch das Gefühl der *Verletzung* hervorrufen.

Diese Differenzierung lässt sich am Beispiel des Übergangs von einer Serie in eine Gruppe nachweisen: Während Sartre und Young beide davon ausgehen, dass sich Gruppen aus Serien in dem Moment entwickeln, in dem sie aus ihrer Passivität heraustreten und sich reflexiv mit den einengenden materialen Strukturen und sozialen Objekten auseinandersetzen, scheint es doch einen wesentlichen Unterschied zu geben, je nachdem, ob sie sich nun aktiv und selbstbewusst auf die sie umgebenden Objekte oder auf Strukturen beziehen oder nicht. Am Beispiel von Young: Ein selbstbewusstes, reflektiertes und aktives Verhalten der Menstruation gegenüber zeigt sich wesentlich nur im Umgang mit den *sozialen Bedeutungen* der Praktiken und Objekte (Tampons werden möglicherweise offen sichtbar an der Theke des Studentencafés ausgelegt, Werbekampagnen werden aggressiver und plakativer gestaltet etc.), aber nicht im Versuch der Abschaffung dieses Objekts selbst, das einen zwangsweise bestimmt. Das selbstbewusste, aktive Verhalten gegenüber den einengenden und prägenden Strukturen scheint dagegen sehr viel aktiveres Eingreifen und Verändern der Strukturen nahezulegen: siehe das Beispiel der institutionalisierten Heterosexualität.

Strukturen scheinen tendenziell eher geeignet, eine Diskriminierung mit sich zu führen, als Objekte. Insofern ist die Differenzierung zwischen Objekten und Strukturen als *unterschiedlich* zwanghafte relevant, weil sie möglicherweise auch eine Differenzierung zwischen diskriminierend zwingenden und bloß zwingenden praktisch-inerten Realitäten erlaubt.[272]

Der Status dieser Kritik bewegt sich nicht allein auf der normativen Ebene und besagt nicht einfach, dass Sartre nicht zwischen akzeptablen und inakzeptablen Formen der kollektiven Identitätsbildung zu unterscheiden vermag (oder zwischen hinderlichen und verletzenden Strukturen), sondern dass dies auch schlicht unterschiedliche Rückwirkungen auf die so gebildeten Kollektive zeitigt. Gerade Sartre, der den *looping-effect* und die erzwungene Identifikation und Übernahme der diffamierenden Fremdzuschreibungen thematisiert hat, müsste dies theoretisch bei seiner Vorstellung kollektiver Identitätsbildungsprozesse berücksichtigen.

Es gibt aber noch einen anderen Aspekt, der nach Sartre/Young den Unterschied zwischen Gruppen und Serien kennzeichnet, der bislang noch unerwähnt geblieben ist:

Während in Gruppen die Mitglieder sich wechselseitig in ihrem Engagement anerkennen und sich darin *als sie selbst* wiederkennen, erfahren sich die Mitglieder der Serie jeweils als »Anderer«: Die Serie versammelt eine kollektive Alterität. »Each member of the series is isolated, Other to the Others, and as a member of the series Other than themselves.«[273] Bei Sartre erfahren wir über diesen Modus der Alterität, dass es sich dabei um eine von jedem einzelnen Mitglied der Serie vollzogene »Verinnerung des gemeinsamen Außer-Sich-Seins im vereinigenden Gegenstand«[274] handelt. Die einzelnen Mitglieder der Serie erfahren sich in der serialisierten Kollektivität als durch die Handlungsbeschränkungen definierte. Sie begegnen sich selbst in diesen Situationen, in denen sie die Grenzen und Schranken ihres selbstbestimmten Handelns erleben, als entfremdeter Anderer. Der Grund für diese Erfahrung der eigenen Fremdheit liegt darin, dass die Mitglieder der Serie »von außen geeinigt«[275] werden. Sie teilen keine gemeinsamen Eigenschaften oder Merkmale. Was sie teilen, teilen sie in Isoliertheit: Es ist die ohnmächtige Ansammlung und Orientierung um einen Gegenstand oder eine institutionalisierte, materialisierte gesellschaftliche Struktur herum.[276] Sie teilen in Zukunft dieselbe objektive Realität, aber in ihrer Passivität und Isoliertheit im Verhältnis zu dieser objektiven Realität sind sie austauschbar. Die Isoliertheit der einzelnen Mitglieder der Serie stellt eine »Negation jeder Wechselseitigkeit«[277], jeder affirmierenden Wechselseitigkeit dar – die bei selbstbewussten Gruppen in Sartres Sinne gerade konstituierendes Prinzip sind.

Da bei diesen einzelnen Mitgliedern der Serie ihre *aktive Individualität* gar nicht bestimmt wird, sondern sie nur durch äußere Handlungseinschränkungen definiert werden, erfahren die einzelnen »Organismen« sich selbst und die anderen als Andere. Sie verfügen über kein differenziertes Verhältnis zu dem Gegenstand, ihr Verhältnis zu der sie bedingenden sozialen Faktizität ist das Gleiche.

Dadurch dass die serialisierte Kollektivität aber ausschließlich von außen bestimmt wird, kennt sie nach innen keine strukturierenden Merkmale oder Kriterien. Es gibt in diesem Sinne kein Konzept einer Serie.[278] Es gilt aber noch zu fragen, inwieweit diese »Verinnerung des gemeinsamen Außer-Sich-Seins« die gesamte Identität der einzelnen Mitglieder der Serie okkupiert, inwieweit dieser Modus der Alterität die Identität bestimmt.

Young ist hier eindeutig zweideutig: Einerseits behauptet sie, die Mitgliedschaft in einer seriellen Kollektivität bestimmte die Identität des einzelnen Individuums: Sie »[…] defines an individual's being, in a sense – one *is* a farmer, or a commuter, or a radio listener, and so on, together in series with others similarly positioned.«[279] Wenige Sätze später allerdings behauptet sie anscheinend das Gegenteil: »While serial membership delimits and constraints an individual's possible actions, it does not define a person's identity.«[280]

Während es eindeutig zu sein scheint, dass die in der Serie zusammengefassten Personen weder durch Eigenschaften und Merkmale miteinander verbunden sind noch durch wechselseitige Anerkennung, sondern durch passive Orientierung und Anpassung an gegebene Objekte und

Strukturen, scheint es unklar, wie sehr diese Anpassung das Selbstverständnis der in diesen Handlungsbeschränkungen befangenen Personen affiziert.

Nach Young bestimmen die Serien zwar das »Wesen« der Person, nicht aber deren »Identität«. Was kann damit gemeint sein? Young scheint das »Wesen« mit der Erfahrung der sozialen Faktizität der durch die praktisch-inerte Wirklichkeit verhinderten Person gleichzusetzen. Dem Begriff »Identität« scheint sie demgegenüber eher die »inneren Eigenschaften«[281] sowie die Erlebnisqualität des eigenen individuellen Selbstverständnisses zuzuordnen. Daraus ließe sich folgern, dass eine Person zwar in der alltäglichen Praxis sich in einer bestimmten Serie verorten ließe, die individuelle Person aber gleichwohl sich in die Perspektive anderer Serien oder Gruppen hineinversetzen könnte – da ihre inneren Eigenschaften und Überzeugungen ja nicht affiziert sein sollten von ihrer sozialen Faktizität.

Dem widersprechen allerdings Aussagen von Young in einem anderen Aufsatz: In »Das politische Gemeinwesen und die Gruppendifferenz«[282] schließt Young gerade diese Möglichkeit, die epistemische Möglichkeit der Distanznahme zu prägenden Erfahrungen im sozialen Leben und der Perspektivenübernahme, aus.

> Die Existenz sozialer Gruppen impliziert verschiedene, wenn auch nicht unbedingt zwangsläufig nicht vergleichbare Vergangenheiten, Erfahrungen und Perspektiven auf das soziale Leben, und sie impliziert, daß die Menschen die Erfahrungen anderer Gruppen nicht vollends verstehen können.[283]

Es zeigt sich, dass am Ende die Figur der Argumentation einen Bogen vollzogen hat: Ging es Sartre und Young um einen Anti-Essentialismus, der versucht, den Blick von vermeintlich natürlichen oder angeborenen oder auch nur voluntaristisch gewollten Eigenschaften und Überzeugungen hin zu den die Individuen und Gruppen umgebenden Strukturen und Ideologien zu richten, und waren sie ausgezogen, die substantialistischen Kategorien und Beschreibungen zu dekonstruieren und zu vermeiden, so wandern die externen, zwingenden Strukturen und Ideologien von außerhalb wieder zurück ins Innere der Individuen und der Mitglieder der Kollektive und werden dort nicht allein wieder substantiell – sondern so substantiell, dass sie Verständigung oder Identifikation mit anderen verunmöglichen.

Sollte ursprünglich die Andersartigkeit oder Verschiedenheit des Anderen dekonstruiert bzw. historisiert werden mittels der theoretischen Erklärung seiner sozialen Konstruktion durch zwangsweise Fremdbeschreibungen und institutionalisierte Unterdrückung, so präsentieren uns beide Autoren am Ende einen radikal differenten Anderen, der von »uns« getrennt ist, in den wir uns nicht hineinversetzen können und der uns in seiner Getrenntheit potentiell bedroht, weil er unsere radikale Freiheit schon durch seine bloße Präsenz einschränkt.

Während es zunächst darum ging, individualistische und voluntaristische Erklärungsansätze kollektiver Identitäten aufzulösen und stattdessen das einzelne Subjekt mehr in das es umgebende Handlungsgefüge einzubetten und damit auch den Einfluss von sozialen Strukturen und Hierarchien hervorzuheben, die als Hindernisse die Einzelnen in ihrem Alltag zu Kollektiven formen, vermittelt sich am Ende das Bild vollständig vereinzelter und durch die Anderen als Andere bedrohter Individuen.

Dadurch, dass die Verschiedenheit anderer immer schon als Bedrohung eigener radikaler Freiheit[284] beschrieben wird, gelingt auch am Ende zwar eine selbstbewusste Rückgewinnung der Freiheit, zu der man nach Sartre verurteilt ist, aber weder ein differenziertes Verständnis des Anderen noch ein differenziertes Verständnis von den Strukturen, die die Individuen oder Kollektive behindern oder eben verletzen.

Da Sartre über kein Konzept »unversehrter Intersubjektivität«[285] verfügt, da er sich nicht Graduierungen des Zwangs oder der Einschränkung der Selbstbestimmung zu denken vermag, gelingt ihm auch keine Konzeption des Anderen (ob als Einzelsubjekt oder als Gruppe), der selbstverständliche, intakte identitätsmitbildende Kräfte auf uns ausübt, ohne uns zu verdinglichen, entfremden oder gefährden. Das mag daran liegen, dass Sartre (i) keine Ebene des Sich-Verstehens vor den Beschreibungen und dem Streit um Beschreibungen hat und dadurch Fremdbeschreibungen auf keine Gegenwehr stoßen. Zudem (ii) konzipiert Sartre Selbstbeschreibungen niemals als Fremdbeschreibungen miteinschließende. Dadurch gelingt keine Konzeption von Fremdbeschreibungen, deren deskriptiver Gehalt nicht falsch und deren normativer Gehalt nicht pejorativ belastet ist.

Es ist erstaunlich, dass Sartre seine eigenen Begrifflichkeiten nicht weiter ausgebaut hat. Sartre selbst behauptet ja, dass der Andere für die Ausbildung des Selbstbewusstseins unabdingbar sei. Wenn aber der Andere zur Selbstreflexion gehört und wenn die Fremdbescheibung identitätsbildend zu wirken vermag, fragt es sich, warum er aus diesem

Negativ-Relief nicht den umgekehrten Abdruck gewinnen kann und uns ein Bild eines ohnehin immer schon im Netzwerk verschiedenster Beschreibungen, Werte und Deutungen verwobenen Subjekts zeichnet. Auch das soziale Kollektiv ist mit den Beschreibungen und Beurteilungen der anderen Gruppen verwoben, nicht nur das Einzelsubjekt innerhalb der eigenen Gruppe – das hat uns Sartre anhand der Juden wie der Schwarzen eindrücklich vorgeführt. Die Anderen gehören immer schon zu »uns«. Die »Einbeziehung des Anderen«[286] ist demnach nicht allein aus moralischen Gründen gefordert, sondern ethisch-existentiell für die eigene Selbstverständigung notwendig. Denn auch die kollektiven Identitäten bilden und vergewissern sich ihrer selbst erst im Austausch und in Auseinandersetzung mit anderen.

Erfreulich bleibt zunächst, dass Sartre und Young auf die prägenden Erfahrungen mit ausschließenden Strukturen und Ideologien sowie deren Materialisierungen in Gesetzen und Institutionen aufmerksam machen. Und sie zeigen, wie diese negativen Erfahrungen der Diffamierung ebenso identitätsbildend wirken können wie positive Überzeugungen, die sich in wechselseitigen Anerkennungszeremonien manifestieren. Durch die theoretische Entkopplung von »Erfahrung« und »Überzeugung« gelingt eine differenziertere Beschreibung der Entstehungs- und Reproduktionsprozesse kollektiver Identitäten und deren Abhängigkeit von der Deutung und Beurteilung durch andere Kollektive. Gerade hierfür wäre allerdings eine Unterscheidung zwischen Erfahrungen mit bloß hindernden, zwingenden Strukturen und diffamierenden, ausschließenden Strukturen dienlich, denn die Auswirkungen auf die sich mit diesen Erfahrungen – notgedrungen – identifizierenden Personen oder Kollektive sind existentiell unterschiedlich: Ob ein Kollektiv sich durch passive routinemäßige Anpassung an alltägliche Handlungsbeschränkungen formiert oder durch verletzende Fremdbeschreibungen und Diskriminierungen geprägt wird, muss für das Selbstverständnis der Mitglieder der kollektiven Identität unterschiedlich rekonstruiert werden. Busbenutzer oder Juden in einem antisemitischen Umfeld bilden nicht das gleiche serielle Selbstverständnis aus.

> But, of course, the colored world was not so much a neighbourhood as a condition of existence. And though our own world was seemingly self-contained, it impinged upon the white world [...] in almost every direction.[287]   *Henry Louis Gates*

2.2.2 Typ (IV) Das Modell erzwungener, ausgegrenzter Identität/ Differenz (Foucault)

> L'homme dont on nous parle et qu'on invite à libérer est déjà
> en lui-même l'effet d'un assujetissement bien plus profond
> que lui   *Michel Foucault*

In diesem letzten Abschnitt werden die Argumente von Autoren diskutiert, die wie die Theoretiker von Modell (III) die die sozialen Gruppen umgebenden Strukturen und Mechanismen analysieren und nicht,
wie das bei den Vertretern der ersten beiden Modelle der Fall war, die
aus ihren eigenen, individuellen oder kollektiven Überzeugungen heraus entstandenen Gruppen selbst. Die symbolischen und kulturellen
Praktiken und Bedeutungen werden hier nicht durch die sich selbst
wechselseitig anerkennenden Mitglieder der Gruppen konstituiert und
reproduziert, die Subjekte rücken nicht als autonome, selbstbestimmte
Autoren ihrer eigenen kulturellen Lebensgeschichte in den Blick, sondern sie werden selbst zum konstruierten Objekt, zum Effekt dieser sie
eben nicht bloß prägenden, sondern sie selbst produzierenden »Machtdispositive«.

Die »subjektkonstituierende« Kraft von Ideologien, Gesetzen, Sprache und dem, was Foucault mit »Diskurs« bezeichnet, wird von diesen
Autoren diskutiert – nicht die rationale, selbstbestimmte Autorenschaft
von Subjekten, die ihre Lebenszusammenhänge und Überzeugungen
wählen und gestalten können. Anders als im Modell (III) allerdings
werden:

(i) die Subjekte hier nicht allein *passiv*, durch bloße alltägliche, an-
passende Routine an sie behindernde Strukturen oder Praktiken in bestimmte Gruppen sozialisiert, vielmehr werden sie bewusst und aktiv
durch Wissenssysteme oder institutionelle Praktiken von außen in kollektive Identitätszusammenhänge gezwungen. Der Grad bzw. das Ausmaß des Zwangscharakters der Fremdbestimmung ist hier stärker.

Zudem ist (ii) der externe Konstruktionsprozess der Identität hier vollständig und absolut gedacht. In diesen Modellen ist der Fremdbeschreibung oder -zuschreibung von außen *keine Subjektivität vorgängig*: Das
Subjekt wird vollständig durch die Fremdzuschreibung, durch die sich
materialisierenden »Episteme« und »Machtdispositive« ins Leben gesetzt und produziert. Deswegen konzeptualisieren die Theoretiker dieses

Modells auch den *Aneignungsprozess* der Fremdzuschreibungen nicht als einen, in dem das Subjekt noch mit den fremden Zuschreibungen gegenüber der Selbstbeschreibung als eben fremden ringt.

Der französische »Ethnologe unserer Kultur« Michel Foucault war ein vielseitiger und komplexer Theoretiker, der mit seinen zahlreichen Schriften nicht nur unterschiedlichste Themen, Epochen, Personengruppen und Denksysteme historisch oder systematisch bearbeitet, sondern auch einige Positionswechsel vollzogen hat.[288] So wird man ihm schwerlich gerecht, wenn man ihn nur auf einen eben für diese Arbeit relevanten Aspekt seines Werks, nämlich die Theorie vom Subjekt als bloßem Effekt diskursiver Machttechniken, reduziert.[289] Für die zeitgenössische Diskussion um Herstellung und Bedeutung von kollektiven Identitäten sind aber speziell Foucaults Beiträge zur Analyse der »Diskursivierung als Produktion sozialer Wirklichkeit«[290] und der Konstruktion des »Anderen« durch seine Aussperrung, Einsperrung und vermeintliche Therapierung relevant.

Deshalb konzentriert sich die folgende Diskussion zunächst auf Foucaults 1961 in Paris erschienene *Histoire de la folie*[291], in der am Beispiel der »Irren« nachgezeichnet wird, wie wissenschaftliche Diskurse und die ihnen angeschlossenen Debatten, Institutionen und Praktiken den Wahnsinn analysieren und zugleich die ihnen entsprechenden Personen zu »erklären« und auszuschließen vermögen. Vor allem aber werden zur Diskussion von Foucaults späterem monistischen Begriff der Macht, die nicht mehr allein repressiv, sondern primär produktiv wirkt, sowohl *Surveiller et punir. La naissance de la prison*[292] als auch zusätzlich der erste Band der *Histoire de la sexualité*: *La volonté de savoir*[293] sowie einige Vorlesungen und spätere Aufsätze und Interviews herangezogen.[294]

Es scheint notwendig zu erläutern, warum Foucaults Theorien und Argumente in unserem Zusammenhang *überhaupt* relevant sein sollten:
Foucault schreibt seine kritischen Genealogien über die Diskurse und Institutionen, die sich mit »Wahnsinnigen«, »Kriminellen« oder »Homosexuellen« beschäftigen und sie zugleich, in bestimmten historischen Phasen, konstruiert und produziert haben. Inwieweit aber ist es analytisch akkurat, diese Analysen des produktiven Machtbegriffs,

der subjektkonstituierenden Kraft, auch auf andere kollektive Identitäten zu übertragen? Besteht da nicht ein Unterschied zwischen kollektiven Identitäten, die sich um gemeinsamen Glauben oder Religion gruppieren, und der kollektiven Identität der Gruppe der »Wahnsinnigen«? Können wir so grundsätzlich verschiedene soziale Gruppen wie z.B. Muslime, Inuit, Homosexuelle und Afroamerikaner alle mit dem gleichen theoretischen Handwerkszeug, mit den gleichen Terminologien und Kategorien analysieren? Nach welchen Kriterien oder Charakteristika können diese Gruppen gemeinsam untersucht werden?

Wie in der Einleitung schon erwähnt, besteht in der Debatte Uneinigkeit darüber, wovon wir reden, wenn wir von kollektiver Identität reden. Als Arbeitshypothese war von daher die neutrale Formulierung von Parsons vorgeschlagen worden: Kollektive Identitäten teilen Praktiken und Bedeutungen.

Dies mögen (i) Praktiken und Bedeutungen sein, die aus *religiösen* oder *konfessionellen Überzeugungen*, die aus *rationalen Interessen* oder Lebensplänen resultieren, die eine einzelne Person – im Zusammenleben oder -wirken mit anderen – dann in der Alltagspraxis umsetzt (Modell (I)). Es können (ii) Praktiken und Bedeutungen sein, wie sich das die Vertreter des zweiten Modells vorstellen, die aus *traditionellen* religiösen, familiären oder nationalen *Überlieferungen* hervorgehen: sei es in Form kultureller Narrative und Gesetze, sei es in Form von gesellschaftlichen oder staatlichen Institutionen. Es mögen aber auch (iii) Praktiken und Bedeutungen sein, die aus schmerzlicher *Erfahrung mit einer dominierenden und unterdrückenden Mehrheitskultur* entstammen und die die in der Minderheit befindliche kollektive Identität erst zu einer Gruppe geformt haben – so entstehen die Kollektive und Lebensformen im Rahmen des dritten und auch vierten Modells.

In diesem Zusammenhang – im Kontext des dritten und vierten Modells – macht es Sinn, Homosexuelle oder Kriminelle als *ebensolche* kollektive Identitäten, die Praktiken und Bedeutungen teilen, anzuerkennen wie Juden oder Afroamerikaner.[295]

Wenn die Gruppen sich wesentlich durch gemeinsame Erfahrungen (der Ablehnung und Ausschließung), gemeinsame Geschichte und einen geteilten Alltag (der Unterdrückung und Exklusion) *als* Gruppen oder Lebensform konstituieren und *nicht* durch gemeinsame Überzeugungen oder Glauben, die die Praktiken und Bedeutungen erst nach sich ziehen – und das ist in den Theorien der Autoren dieses Modells der Fall –, dann scheint der Vergleich von z. B. der »Gruppe der Wahnsinnigen« und der »Gruppe der Juden« zulässig.[296]

So viel vorweg.

Eine Kultur über ihre Grenzerfahrungen zu befragen, heißt, sie an den Grenzen der Geschichte über eine Absplitterung, die wie die Geburt ihrer Geschichte ist, zu befragen.[297]

Bei dem Verweis auf *Histoire de la folie* soll nicht der Erfolg oder Misserfolg von Foucaults Versuch einer Vernunftkritik durch die Archäologie einer Humanwissenschaft analysiert werden.[298] Vielmehr soll hier der Entwurf betrachtet werden, der die Genesis moderner Subjektivität von dem Standpunkt ihres Anderen – des Wahnsinns oder des Wahnsinnigen – aus erklärt. Dabei behauptet Foucault einerseits, dass sich die neuzeitliche Vernunft gerade erst durch die Definition und den – nachfolgenden – Ausschluss des Wahnsinnigen, des »Anormalen« und »Asozialen« *selbst* erklärt: Der Wahnsinn ist das Andere eines selbstbestimmten, souveränen, selbstbewussten und eben vernünftigen Individuums. Die Begriffe erläutern sich in wechselseitiger Negativität: Der Wahnsinn ist Un-Vernunft, und die Vernunft ist das Gegenteil von Wahnsinn. In ebendiesem Verhältnis der binären Trennung von Vernunft und Unvernunft meint Foucault eine der »Dimensionen der Ursprünglichkeit«[299] unserer abendländischen Kultur zu entdecken. Entscheidend ist an dieser Behauptung vom Wahnsinn als Komplementärphänomen der Vernunft genau diese These des gemeinsamen Ursprungsortes, die »Geschichte der Absplitterung als Geschichte ihres eigenen Ursprungs«, weil daran Foucault die Vernunft schon im Moment ihrer eigentlichen Entstehung als vermeintlich *notwendig* monologische und ausschließende ausgemacht hat. Denn das wechselseitige Bedingungsverhältnis von Wahnsinn und Vernunft ist bei Foucault von Beginn an *asymmetrisch*: Die Ursprungsgeschichte der Vernunft erzählt Foucault als die Geschichte ihrer gewaltsamen Grenzziehungen, die Vernunft definiert ihre eigenen Grenzen, und sie bestimmt das, was außerhalb liegt. Das Definitionsmonopol liegt und bleibt bei der Vernunft. Und sie bestimmt nicht allein, was außerhalb liegt, sie weist es zurück und offenbart darin zugleich ihr eigenes schreckliches Gesicht[300]:

»Und während ihrer ganzen Geschichte sagt diese geschaffene Leere, dieser freie Raum, durch den sie sich isoliert, ganz genau soviel über sie aus wie über ihre Werte.«[301] Es ist gleichsam ein Monolog mit sich selbst, den die Vernunft führt und durch den sie den Wahnsinn als das Andere mitgebärt. Dabei bleibt unklar, inwieweit die Begegnung der Vernunft mit ihrem Heterogenen schon das Heterogene voraussetzt und es sodann »lediglich« ausgeschlossen, eingesperrt und kontrolliert wird, oder ob das Heterogene als Heterogenes, *als* Anderes, »Anormales« und »Asoziales« erst – durch die Ausgrenzung – geschaffen wird.[302] Handelt es sich also um einen Spaltungsprozess der bereits bestehenden Vernunft oder um eine Gleichursprünglichkeit von Vernunft und Wahnsinn?

Zum anderen analysiert Foucault in *Histoire de la folie* die »Strukturen der Ablehnung«[303], und hier verweist er – wie später auch in *Surveiller et punir* und in *La volonté de savoir* – auf die Verbindung von »Diskursen« und »Praktiken« der Ausgrenzung und Unterdrückung. Dabei untersucht Foucault die Geschichte des Umgangs mit den »Irren« und »Anormalen«, und er zeigt, wie die Form der Ausgrenzung sich mit der Geburt der Humanwissenschaft der Psychiatrie verändert hat: von der ursprünglich üblichen territorialen Ausgrenzung, die in dem Bild des Narrenschiffs, auf dem die Irren und Geisteskranken ausgewiesen und verbracht wurden, ihren realen Ausdruck wie auch fiktionales Symbol fand, über die Internierung mit Kriminellen und »Asozialen« hin zu der Klinifizierung und Objektivierung des Wahnsinns des 18. Jahrhunderts als zu behandelndes und kontrollierendes Phänomen der Geisteskrankheit, die nicht ausgeschlossen und verbracht, sondern zunächst »befreit« und sodann unter dem Deckmantel der Therapierung eingeschlossen und versklavt wurde.

Relevant für unseren Zusammenhang ist hier zunächst Foucaults Begriff der Macht und die Verbindung mit Wissenssystemen und Diskursen, die kognitive Herrschaft und Kontrolle ausüben. In *Histoire de la folie* arbeitet Foucault noch mit dieser Konzeption der Macht, von der er sich später verabschieden wird, die unterdrückt und unterwirft, die als rein negative Disziplinarmacht auftritt. Im Folgenden soll kurz diese noch repressive Form der Macht dargestellt werden, die mit Diskursen operiert, die Konzepte von Wahrheit und Normen zur Unterwerfung von Subjekten einsetzen.

In selbstkritischer Rückschau fasst Foucault 1977 seine Vorstellung repressiver Macht aus *Histoire de la folie* folgendermaßen zusammen:

> [...] J'acceptais du pouvoir la conception traditionelle, le pouvoir comme mécanisme essentiellement juridique, ce que dit la loi, ce qui interdit, ce qui dit non, avec toute une kyrielle d'effets négatifs: exclusion, rejet, barrage, dénégations, occultations ...[304]

In *Histoire de la folie* führt uns Foucault gleich mehrere verschiedene Ausschlussformen solcher negierender, unterwerfender Macht des Verbots vor: Wie Hinrich Fink-Eitel[305] gezeigt hat, lassen sich daran unterschiedliche Arten oder Techniken und Methoden der *repressiven Exklusion* nachweisen: (i) Exklusion als territoriale Segmentierung oder Aussetzung (die bereits erwähnten Narrenschiffe mögen hier als Beispiel dienen); (ii) die physische Vernichtung, die in *Histoire de la folie* allerdings nicht spezifisch thematisiert wird, und (iii) Ausschluss durch Inhaftierung, durch Einsperren wie im *Hôpitale générale* zu Paris. Die Begründungen für den Ausschluss und für Verbote sowie die Effizienz der sozialen Kontrolle verbinden sich aber schon in *Histoire de la folie* mit Wissenssystemen oder Diskursen, die kognitive Herrschaft ausüben. Es sind Wahrheitsdiskurse, die bestimmen und legitimieren, wer ausgeschlossen, wer verboten und interniert wird, und die denen, die über sie verfügen, zur Machtsteigerung dienen.

Zu dieser Verknüpfung von Machtverhältnissen und Diskurstatsachen erläutert Foucault 1976:

> Il n'y a pas d'exercise du pouvoir sans une certaine économie des discours de vérité fonctionnant dans, à partir de et à travers ce pouvoir. Nous sommes soumis à la production de la vérité et nous ne pouvons exercer le pouvoir que par la production de la vérité. […] C'est vrai de toute société, mais je crois que dans la nôtre ce rapport entre pouvoir, droit et vérité s'organise d'une façon très particulière.[306]

Diskurse, auch Wahrheitsdiskurse, erfüllen in Foucaults Theorie weder eine Darstellungsfunktion, d. h., den zur Sprache gebrachten Dingen entsprechen keine objektiven Gegenstände in der Welt, noch dienen sie zur Kommunikation und Verständigung zwischen Personen. Diskurse tauchen lediglich als Instrumente zur Kontrolle und Machtsteigerung auf.[307] Dabei bleibt Foucault äußerst ambivalent hinsichtlich der Frage, ob der Diskurs ein der Inanspruchnahme durch spezifische Herrschaftsinteressen *vorgängiges* Wissenssystem oder Set an sprachlichen Kodifizierungen darstellt oder ob der Diskurs erst aufgrund konkreter Gruppen und deren Interessen hergestellt wird und somit Produkt der Machtausübungen darstellt.[308]

In jedem Fall ordnen sich Wahrheitsdiskurse politischen Interessen und Machtverhältnissen unter, sie dienen keineswegs der Aufklärung; die Suche nach Wahrheit dient keineswegs der Befreiung von unterdrückenden oder hinderlichen Vorurteilen, Fehlurteilen oder Lügen – vielmehr werden mit den Wahrheitsdiskursen und den daran angeschlossenen Praktiken »bestimmte Wahrheiten« und daran angeschlossen bestimmte Personen marginalisiert, ausgeschlossen und unterdrückt.[309]

Unklar bleibt auch, woraus sich die Kodifizierung und der Wahrheitsanspruch des jeweiligen Diskurses eigentlich schöpfen. Zwar erklärt Foucault den Ausschluss bestimmter Aussagen oder Ansprüche als »falsch« und »unwahr« mit der Kodifizierung eines spezifischen Wahrheitsdiskurses, woher diese Kodifzierungen selbst stammen und woher sie ihren Geltungsanspruch beziehen, bleibt allerdings unklar. Denn auch Wahrheitsdiskurse, die in den Disziplinen der Humanwissenschaften gebildet werden, werden bei Foucault als ebensolche unterdrückende diskursive Praktiken verortet, die zur Steigerung der Macht dienen. Warum sich bestimmte Diskurse gegenüber anderen durchsetzen, bleibt bei dieser Analyse unklar, da Foucault kein Kriterium für die Überlegenheit der Geltungsansprüche eines Diskurses gegenüber einem anderen anzugeben vermag. Anders ausgedrückt: Das Verhältnis von Genesis, Gültigkeit und Geltung der Diskurse scheint unbestimmt.

Anders als in späteren Arbeiten entwickelt Foucault hier auch noch ein Konzept der *Wirkungsrichtung* von Diskursen und Macht, die sich von oben nach unten bewegt. Wie immer das exakte Konstitutions- und Reproduktions-Verhältnis von Diskursen und Praktiken – in jedem Fall handelt es sich um eine Form der Macht, die des Verbots, die auf die anderen Bereiche der Gesellschaft *herunter*strahlt.[310]

In *Histoire de la folie* analysiert Foucault jedoch nicht allein das Zusammenwirken von Diskurstatsachen und Machtverhältnissen als eine spezifische Struktur der Ablehnung und der Exklusion, er verweist auch schon auf einen zweiten Machttyp, den der normativen Integration: »Die situative Beschränktheit der äußeren Gewalt wird abgelöst durch die Allgemeinheit zu verinnerlichender Normen.«[311] Unter Normen versteht Foucault Regeln und Kodierungen, die instrumentell-strategisch eingesetzt werden, um zur Verhaltenskontrolle von Subjekten beizutragen. Dabei sollen diese Normen so häufig wiederholt werden, dass die Subjekte sie mit der Zeit verinnerlichen und sich selbst entsprechend dieser vorgegebenen Normen disziplinieren – oder eben gleich mittels und mit diesen Normen konstruiert werden. Der Begriff ist bei Foucault von jeder moralischen Konnotation entleert, es handelt sich lediglich um Verhaltens- oder Handlungsanweisungen, die durch permanente Wiederholung zur Routine werden.[312]

Auch die Analyse dieses zweiten Machttyps, der die Individuen zwar nicht mehr physisch verletzt oder foltert und auch nicht mehr durch Verschiffung aussperrt, sondern im Gewande scheinbarer Befreiung therapeutisch und normativ diszipliniert, auch diese Argumentation ist als *Gewaltkritik* zu interpretieren. Foucault weist lediglich auf die unterschiedlichen Formen und Techniken der Gewalt hin: Ob mittels Kerkern, Gefängnissen, Kliniken, Administration oder Psychatrien – es bleibt bei Repression.

Bemerkenswert an Foucaults gleichwertiger Diskussion unterschiedlicher Machttechniken und der Ineinssetzung von Repression durch physische Gewalt und Einkerkerung einerseits und durch Disziplinierung und Normalisierung durch Ideologien, Normen und also Diskurse andererseits scheint jedoch zu sein, dass Foucault dem »Umweg« der Einwirkung von Ideologien oder Normen durch die langsame Verinnerlichung durch die Individuen selbst überhaupt keine Rechnung trägt.

Diese zweite Form der Macht, die mit Hilfe von Normen arbeitet, ist aber nicht notwendig nur repressiv, sondern sie kann auch produktiv wirken. Diese Produktivität wird allerdings in *Histoire de la folie* nur angedeutet – richtig entwickelt wird sie von Foucault erst in *Surveiller et punir* und vor allem in *La volonté de savoir.*

Bevor die Konzeption produktiver Macht bei Foucault in ihrer subjektkonstituierenden Kraft analysiert wird, soll zuvor noch auf einige terminologische Brechungen und Sinn-Verschiebungen hingewiesen werden, die sich aus den unterschiedlichen Sprachen und deren Übersetzungen ergeben.

Foucault spricht im Zusammenhang mit der Konstruktion von Personen und Personengruppen durch die Unterwerfung unter Normen und Diskurse im französischen Original von »assujetissement«. Butler, die sich im Amerikanischen auf Foucault direkt bezieht und ihn weiterentwickelt, spricht in dieser Hinsicht von »subjection«. Beide Begriffe verweisen dem Wortstamm nach auf das Subjekt, dem etwas getan wird. Der englische Begriff »subjection« lässt interessanterweise zwei Verwendungsweisen zu: (i) Unterwerfung, also die aktive Unterjochung eines Subjekts durch einen anderen, sowie (ii) Unterworfensein, also der passive Zustand des unterworfenen Subjekts, das sozusagen zum Objekt wird.[313] Auch im Französischen enthält der Begriff eine Dopplung: hier die aktive Unterwerfung des einen oder der einen einerseits und dort die *Gebundenheit* an diesen Zustand seitens des anderen oder

der anderen.[314] Der deutsche Begriff der »Unterwerfung« stammt zwar auch vom lateinischen *subjicere, submittere* hat demgegenüber aber keinerlei Anklang mehr an das »Subjekt«, dem die Unterjochung geschieht. Allerdings verfügt das Deutsche »unterwerfen« ebenfalls über eine Dopplung, eine transitive und eine intransitive Bedeutung, nämlich nicht eine aktive und eine passive Bedeutung, sondern (i) den aktiven Akt der Unterwerfung, des »Bezwingens, Zähmens«, bei dem ein Subjekt das andere unterwirft, und (ii) den ebenfalls aktiven Akt des *sich* Unterwerfens, sich »Unterordnens«. Hier ist also nicht allein der Zustand des Unterworfenseins oder der Gebundenheit an dieses Unterdrückungsverhältnis gemeint, der das Ergebnis der Handlung anderer darstellt, sondern hier unterwirft das Subjekt sich selbst.[315]

Zur Diskussion der Konzeption der Macht als produktiver Disziplin werden mehrere Schritte vollzogen: Zunächst wird die Abgrenzung zu Foucaults älterer Vorstellung rein repressiver, negativer Macht dargestellt; sodann werden das Erscheinungsbild und die Verortung von Macht als gesellschaftliche, dynamische, unkontrollierbare Verhältnisse erläutert, und schließlich erst wird Foucaults Begriff des Subjekts als Effekt diskursiver Praktiken und eben produktiver Macht ausführlich analysiert und für unseren Zusammenhang kritisch untersucht. Die neue Form der Macht (oder die neuen Mechanismen der Macht), die der spätere Foucault uns präsentiert, grenzt sich in einer Vielzahl von Hinsichten von seiner alten Konzeption ab.

Diese neuen Machtverfahren stellt er als solche dar,

> [...] qui fonctionnent non pas au droit mais à la technique, non pas à la loi mais à la normalisation, non pas au châtiment mais au contrôle, et qui s'exercent à des niveaux et dans des formes qui débordent l'État est ses appareils.[316]

Die neue Konzeption der Macht ist im Unterschied: subjektlos, nicht zentralistisch, strategisch und allgegenwärtig.[317] Foucault verabschiedet sich von der Vorstellung einer eindeutigen Lokalisierbarkeit »der« Macht und damit von einem materialen-punktuellen Bild der Macht. »Le pouvoir, ça n'existe pas.«[318] Sie kann strategisch funktionieren, aber es lässt sich kein Stratege, der sie gesteuert hätte, mehr ausfindig machen. Insofern lässt sich die Macht und ihre Wirkungsweise nicht mehr subjektivieren, wie das noch mit der negativen Macht des Verbots möglich war, das mit dem verordnenden Souverän, dem Vater einerseits und dem gehorchenden »Subjekt« andererseits personifizierbar war. Diese neue Macht greift im und umspannt den ganzen gesellschaftlichen Körper, es handelt sich um ein Netzwerk von Macht-Verhältnissen, in die wir als Subjekte unausweichlich dauernd verwoben sind.[319] Macht ist gegenwärtig in allen sozialen Beziehungen.[320]

Analytisch ist dieser Machtbegriff insofern problematisch, als Foucault ihn ohne Konturschärfe einführt: Alles ist Macht, es gibt kein gesellschaftliches Verhältnis, das nicht ein Machtverhältnis darstellt – insofern verfügt der Begriff über keinerlei analytische Aussage- oder Erklärungskraft mehr und wird nutzlos. Aber auch aus empirischem oder gesellschaftskritischem Blickwinkel ist der so eingeführte Machtbegriff problematisch: Während sich Foucault ursprünglich in seiner kritischen Genealogie um eine *historische* Analyse der unterschiedlichen Verbindungen von Machttechniken und Diskursformationen zur Erläuterung der Formen repressiver Exklusion bemüht hatte, verfügt sein späterer Begriff allgegenwärtiger Machtverhältnisse über keinerlei historisch-soziologische Tiefenschärfe mehr. Foucault schenkt der eigentlichen *Entstehung* sozialer und politischer Machtverhältnisse keine Beachtung. Macht ist da, und sie ist überall. Gerade nach seiner Analyse des Zusammenwirkens von wissenschaftlichen Diskursen und deren Materialisierung in sozialen Institutionen, Gesetzen und sozialen Praktiken zum Zwecke der Machtsteigerung und Kontrolle ist es verwunderlich, dass nun die ursprünglich kritische Genealogie im Hinblick auf Institutionen- und Wissenschaftskritik angesichts des späteren monistischen Machtbegriffs ins Leere laufen muss. Foucault kann die *Entstehung* sozialer Beziehungen genauso wenig erklären wie das Entstehen und Herstellen von Herrschaftsverhältnissen. Das Netz der Machtverhältnisse überzieht politische Institutionen wie private Interaktionen gleichermaßen von Anbeginn an. Da Foucault soziale Interaktionen und Beziehungen jetzt als immer schon asymmetrische und hierarchische beschreibt, da die Machtverhältnisse alle Beziehungen und Kommunikationen durchdringen und ihr Netz »keine Maschen der Freiheit« gestattet, kann Foucault auch keinerlei kritische Perspektive mehr einführen, um illegitime von legitimen Machtverhältnissen oder gewalttätige von gewaltlosen sozialen Beziehungen zu unterscheiden.[321] Außerdem gestattet Foucaults monistischer Begriff der Macht keinerlei Differenzierung in Bezug auf die unterschiedlichen *Arten* von gesellschaftlichen Zwängen. Auf der normativen Ebene fragt sich auch, wie sich Foucault eine ge-

117

lungene, unversehrte gesellschaftliche Integration denken will, wenn er jede Form sozialer Interaktion im Sinne von asymmetrischen Machtverhältnissen konzeptualisiert. Nun könnte Foucault sicherlich auch antinormativistisch antworten[322], dass er sich unversehrte Integration nicht denken kann / will.

»Il est vrai, me semble-t-il, que le pouvoir est *toujours déjà là*; qu'on n'est jamais *dehors*.«[323] Aus Herrschaft, die historisch-soziologisch als ein sozial entstandenes Verhältnis analysiert werden kann, ist bei Foucault ein ontologisches Prinzip einer Macht-Konzeption geworden.[324] Damit aber geht Foucault auch der Möglichkeit, diese Machtverhältnisse kritisch hinterfragen zu können, verlustig – dem kritischen Intellektuellen bleibt nichts übrig, als sich in den strategischen Kampf um Wahrheitsdiskurse einzureihen.

Doch nach dieser Einführung zu der veränderten Erscheinungsform der Macht bei Foucault soll nun ihre Produktivität untersucht werden. Wie bereits angedeutet, konzeptualisiert der spätere Foucault seit *Surveiller et punir* Macht nicht mehr als primär repressive, ausgrenzende, sondern als diskursiv-produzierende. Es ist eine Macht, die weniger vorhandene Subjekte unterdrückt, als vielmehr die zu kontrollierenden Subjekte mittels der diskursiven Disziplinierung erst selber konstruiert.

Wie funktionert nun diese subjektkonstituierende Disziplinarmacht?

Foucault scheint gegenüber Sartre die radikalere These von der vollständigen Konstruiertheit der sozialen Wirklichkeit und der Subjekte durch diskursive Macht zu behaupten. Foucault entwickelt die Konzeption der Macht als produktiver Disziplinarmacht in zwei aufeinander folgenden, sich ergänzenden Studien: Während in *Surveiller et punir* am Beispiel des französischen Strafvollzugs[325] aufgezeigt werden soll, wie die moderne Integration mittels *körperlicher* Disziplinierung als Subjektivierung – im doppelten Wortsinne als »Unterwerfung« und »Individuierung« – erfolgt, analysiert *La volonté de savoir* die diskursiven Entstehungsbedingungen nicht allein des modernen Subjekt-Verständnisses[326], sondern moderner Subjektivität schlechthin.

Bei beiden Studien wird die produktive Disziplinarmacht als eine Kombination aus nicht-diskursiven, unterdrückenden Praktiken (des Typs ausgrenzender Macht) und diskursiven Praktiken (des Typs normativer Integrations-Macht) dargestellt.[327] Foucault untersucht dabei die Technik und Funktionsweise der Machtverhältnisse an der Schnittstelle von Normen, Wissen und Körpern. Von daher rückt in *Surveiller et punir* der Körper als Spielfeld der unterschiedlichsten disziplinarischen und zugleich subjektkonstituierenden Kräfte ins Zentrum der Untersuchung. In beiden Texten wird das Subjekt als der Effekt disziplinarischer, diskursiver Macht dargestellt. Es ist bei der Unterwerfung nicht bereits vorgängig, sondern wird erst in der Unterwerfung subjektiviert und darin als Individuum konstitutiert. Das Subjekt entsteht nach Foucault, indem es ein Verhältnis zu sich selbst als Objekt, d. h. als sich unterwerfendes Subjekt, ausbildet. »L'homme dont on nous parle et qu'on invite à libérer est déjà en lui-même l'effet d'un assujetissement bien plus profond que lui.«[328]

Zunächst gilt es, diese Wirkungsweise der produktiven Disziplinarmacht auf den Körper zu untersuchen, bevor dann eine allgemeinere Analyse der Idee der subjektkonstituierenden Kraft der Machtverhältnisse folgen wird, in der auch zu fragen sein wird, wie man sich solche, auf diese Weise konstruierten Subjekte eigentlich vorzustellen hat. In *Surveiller et punir* untersucht Foucault die politische Besetzung des Körpers innerhalb oder mittels des Strafvollzugs, der die Körper drillt, züchtigt und diszipliniert und dabei immer einer eigennützigen Ökonomie folgt, die sich den Körper und seine Kraft gefügig und nutzbar macht. Um ökonomisch nützlich zu sein, bedarf es eines Körpers, der unterworfen, aber gleichwohl produktiv ist.

Um die Funktionsweise der Disziplinarmacht auf den Körper zu beschreiben, bedient sich Foucault früherer Konzeptionen von asymmetrisch angelegten Machtkomplexen, die mit Hilfe von wissenschaftlicher Objektivierung, Wahrheitsdiskursen und den ihnen nachfolgenden Institutionen Subjekte klassifizieren, kategorisieren, ausgrenzen und unterwerfen.

Foucault bezeichnet das »Ensemble« von Diskursen, Institutionen, Gesetzen, administrativen Verordnungen, wissenschaftlichen Sätzen mit dem Begriff des »Dispositivs«. Das Dispositiv stellt sowohl die Summe als auch die Verbindung zwischen diesen unterschiedlichen diskursiven und nicht-diskursiven Praktiken dar. Das Neuartige an der Konzeption der asymmetrischen Machtverhältnisse besteht in *Surveiller et punir* aber nun darin, dass Foucault nicht das Einwirken der dominanten, herrschenden Dispositive auf das »Selbstverständnis« und »Bewusstsein« der unterworfenen Subjekte beschreibt, die die ihnen aufoktroyierten Fremdbeschreibungen, Kodifizierung und Normen mit der Zeit verinnerlichen und ver-körpern, sondern Foucault analysiert den Prozess, durch den sich die Macht in den »Körpern« festsetzt und diese durch sie »zerrieben«[329] werden. Die Herrschaftsverhältnisse erweisen sich demnach nun nicht mehr allein als effizient, wenn sie mittels wissenschaftlicher Wahrheitsdiskurse sprachliche Äußerungen binär zu kodifizieren und dadurch Personen oder Gruppen ein- oder auszuschließen vermögen. Jetzt gelingt die gesellschaftliche Kontrolle nur, wenn die körperlichen Funktionsweisen im ökonomischen wie politischen Interesse strategisch kontrolliert und »gezüchtet« werden können. Die Macht muss nach Foucault allein von den Körpern, nicht von den kognitiven oder moralischen Überzeugungen der Subjekte Besitz ergreifen und sie durchdringen. »Si le pouvoir atteint le corps, ce n'est pas parce qu'il a d'abord été intériorisé dans la conscience des gens.«[330] Im dritten Kapitel in *Surveiller et punir* führt Foucault diese produktive Disziplin und ihre Wirkungsweise auf den Körper anhand der Institutionen des Klosters, der Kaserne und der Fabrik vor, die den Körper in einzelne Bewegungsabläufe, Haltungen und Gesten »zerlegen« und in diesen Einzelteilen drillen und disziplinieren – um in anderer Konstellation diese Teile wieder zusammenzufügen. Darin besteht nach Foucault das Geheimnis des produktiven Erfolgs der Disziplinarmacht: in der Zerlegung und anschließenden Resynthese der Körper. Dabei werden natürlich nicht eigentlich »die Körper« zerlegt, sondern die Kräfte des Körpers werden zur Produktivitätssteigerung isoliert und rekonfiguriert.[331] Foucault geht davon aus, dass durch diese stetig wiederholte und in unterschiedlichen Institutionen praktizierte Zerlegung und Resynthese der Körper-Kräfte der Körper durchdrungen und das Subjekt als unterworfenes »fabriziert« wird.[332] Dabei funktioniert die produktive Macht mittels einer Disziplinierung, die einerseits die Fähigkeiten und Kräfte »der Körper« steigert und sie in produktive Bahnen lenkt – und dadurch als ökonomische Produktivkraft nützlicher oder effizienter macht. Gleichzeitig steuert die Disziplinarmacht diese Kräfte, die nicht übermächtig werden dürfen, und zwingt sie zu unbedingter Unterwerfung. Der Disziplinarzwang erreicht auf diese Weise eine »gesteigerte Tauglichkeit und vertiefte Unterwerfung«.[333]

Foucault beschließt seine Analyse der disziplinierenden, produktiven Kräfte mit einer Darstellung der Technik der »Prüfung«, die neben die nicht-diskursiven Praktiken der körperlichen Disziplinierung nun die diskursiven Praktiken der normativen Integration / Sanktion stellt, mit der das Individuum gefügig und sich selbst kontrollierend gemacht wird. Die Prüfung kombiniert für Foucault eine hierarchische Form der Machtausübung mit einer bestimmten Technik der Wissensformierung, die eine qualifizierende, normierende Überwachung darstellt. Die Prüfung erfüllt nach Foucault aber vor allem eine besondere Funktion: Sie erreicht eine Formalisierung des »Individuellen«, des Individuums innerhalb der Machtbeziehungen.[334] Das Individuum ist als einzelner, disziplinierter Körper isoliert und überwacht, und so wird es erstmals sowohl analysierbar als auch vergleichbar. An diesem Punkt markiert Foucault den Eintritt des Individuums – anstatt der Spezies – in die Wissenschaft vom Menschen – und damit in das Wirkungs- und Kontrollfeld der Macht.[335]

Der Prozess der Individualisierung stellt sich bei Foucault also ausschließlich als einerseits »Vereinzelung« und andererseits »Verdinglichung« dar. Die Subjekte werden zunächst in Körper, Räumen und Zeiten parzelliert und sodann als verdinglichte Objekte vermachtet, gedrillt, »gezüchtet« und kontrolliert und darin als neue sich selbst unterwerfende, gleichermaßen gestaltete Subjekte[336] geformt.

Diese Konzeption der historischen Entstehung des Individuums als vereinzeltes, verdinglichtes Subjekt, das durch seine Unterwerfung konstituiert wird, ist in zweierlei Hinsicht aufschlussreich: es lässt sich daran sowohl (i) Foucaults reduktionistische Vorstellung von dem Verhältnis von Gesellschaft und Individuum als primär durch Vermachtungsprozesse bestimmtes als auch (ii) seine Konzeption des Individuums als beliebig konditionierbares Wesen ohne wirkungsmächtiges Innenleben aufzeigen.

(i) Bei einem Blick auf Foucaults *Topographie der Gesellschaft* fällt auf, dass er sich dabei nicht eine Vielzahl ausdifferenzierter und voneinander unabhängiger sozialer Sphären und Aktivitäten zu denken vermag. Bei Foucault begegnet uns lediglich das Individuum als Effekt allgegenwärtiger, subjektloser Machtverhältnisse, die unkontrollierbar disziplinarisch-produktiv Personen wie Gruppen subjektivieren und konstruieren. Die soziale Welt teilt sich bei ihm nicht in die seit Parsons gängige Dreiteilung unterschiedlichster sozialer Einheiten, Personen oder Kulturen.[337] Soziale Einheiten oder Vergesellschaftungen umfassen im Allgemeinen Personen in sprachlichen Interaktionen, in Handlungszusammenhängen oder in sozialen privaten oder öffentlichen Beziehungen. Darunter können Freundschaften, Nachbarschaftsfeste, Firmen, Vereine, Parteien, Verwandtschaftsbeziehungen ebenso gezählt werden wie Städte, Nationen oder soziale Bewegungen.[338] Demnach herrscht eine gewisse Abgrenzung von sozialen Systemen, Sphären oder Institutionen gegeneinander bei gleichzeitiger Interdependenz. Jede soziale Entität bildet bestimmte spezifische Handlungsmuster oder *scripts* heraus, an denen sich die Personen, die in diesen Zusammenhängen interagieren, orientieren können. Entscheidend ist nun für unseren Zusammenhang, dass diese sozialen Einheiten gänzlich unterschiedliche Bindungskräfte oder auch Handlungszwänge auf die in ihnen handelnden oder kommunizierenden Personen ausüben. Es gibt darunter durchaus *bewusste, intentionale* Vergesellschaftungen, die ihre Sinngrenzen, Normen und Praktiken selbst bestimmen: In modernen westlichen Gesellschaften gehen wir zumeist davon aus, dass die Personen aus dem pluralistischen Repertoire an Lebensentwürfen und kollektiven Identitäten relativ frei und bewusst zu wählen vermögen. Es gibt freiwillige Assoziationen zu symbolischen oder expressiven Gemeinschaften, die erst die Basis späterer öffentlicher oder manchmal gar politisch-rechtlicher Kommunikationen oder Organisationen wie Staaten oder Nationen bilden. Ebenso wie es auch soziale Einheiten gibt, in die Personen unbewusst, aber gleichwohl gewaltfrei hineingeboren werden und in denen sie durch »stillschweigende Zustimmung« weiterhin handeln und interagieren.

Häufig überschneiden sich solche soziale Einheiten, oder die Mitgliedschaften überkreuzen sich und verursachen persönliche oder institutionelle Konflikte.[339] Das ökonomische System überlagert sich mit dem politischen, das politische mit dem kulturellen etc.

Diese Beispiele sozialer Vergemeinschaftung moderner ausdifferenzierter Gesellschaften und ihre Interdependenzen sind hier nur aufgeführt, um zu verdeutlichen, wie unterkomplex Foucaults Darstellung des Verhältnisses von Individuum und Gesellschaft, wie reduktionistisch seine Konzeption von Sozialisation ist.

Foucault konzeptualisiert Vergesellschaftung *ausschließlich* als unbewusste, nicht-intentionale Vermachtung. Dabei wird das Subjekt zu »sozial induzierter Bewusstlosigkeit«[340] *diszipliniert*. Die Determinationskraft der Machtverhältnisse ist dabei *ungebrochen*. Es gibt keine familiären Bindungen, keine Freundschaften, keine sozialen Verhältnisse, die freiwillige Zusammenkünfte und gewaltfreie Kommunikation, symmetrische Verhältnisse darstellen oder auch nur einen kritischen Blick auf die repressiven Strukturen erlauben würden. Das Individuum erfährt keinerlei andersgeartete, gewaltfreie[341] Sozialisation in Familien, Freundschaften oder ähnlichen sozialen Bezügen, *bevor* es in die Zwangsmaschinerie disziplinarischer Machtfänge gerät. *Danach* wäre es für solche andersgearteten Interaktionen nach Foucault ohnehin nicht mehr empfänglich oder zumindest nicht mehr in einem identitätsstiftenden Sinne, denn das Subjekt ist dann bereits durch diese Disziplinierungen der Effekt seiner eigenen Unterwerfung geworden. »Il n'y a pas, entre les mailles de son i-seau, des plages de libertés élémentaires.«[342]

Es soll durchaus nicht bestritten werden, dass Foucault mit seinen Analysen eine *bestimmte* Form von repressiver/produktiver Identitätsformation trifft, die das Subjekt eben nicht nur unterwirft, sondern auch massiv imprägniert oder traumatisiert. Es soll in dieser Arbeit auch nicht geleugnet werden, dass es auch unbewusste oder nicht-intentionale, symbolische Beziehungen gibt, dass es soziale Objektivationen in der sozialen Welt gibt, die einmal produziert, schwer wieder korrigierbar sind. Auch ist es richtig, dass es sozial konstruierte Verhaltenszwänge gibt, die sich, wie Pierre Bourdieu das unter dem Begriff des »Habitus« analysiert hat, durch wiederholte Disziplinierung und anschließende Routinisierung herstellen lassen. Solche habitualisierten Handlungsweisen und Dispositionen können durchaus Wahrnehmungs- und Erfahrungsweisen prägen und können somit mitunter auch eine starke Wirkung auf die Persönlichkeitsstrukturen selbst erzielen. Ein konzeptuelles Problem ergibt sich für Foucault aber daraus, dass er sich die Sozialisation der Personen als *ausschließlich* in solchen bereits zum Zwecke der Disziplinierung vermachteten Strukturen vorstellt. Seine Gesellschaft »darf« nicht in unterschiedliche soziale Sphären und Einheiten ausdifferenziert sein. Er kann bestimmte empirische Phänomene: nämlich soziale Verhältnisse, die symmetrisch angelegt sind (seien es Liebesbeziehungen, Geschwisterverhältnisse, Freundschaften oder freiwillige Assoziationen), in seiner Gesellschaftstheorie nicht unterbringen. Bei Foucault gibt es und kann es auch keinen gesellschaftlichen Bereich geben, in dem die Personen sich durch ihre eigenen normativen Überzeugungen oder auch ethisch-existentiellen, identitären Bedürfnisse assoziieren und miteinander verständigen, denn die Personen und Gruppen sind bei Foucault jeder intentionalen oder auch nur gewaltfreien Vergesellschaftung beraubt.[343] Diese »Freiräume« sprach- und handlungsfähiger Subjekte würden eine Bedrohung für den Alleinanspruch Foucault'scher allumfassender Machtverhältnisse darstellen. Insofern können die Sub-

jekte im Prozess der Vergesellschaftung auch nicht eigentlich indivi-
duiert, sondern lediglich als vereinzelte Körper manipuliert werden.[344]
Das historisch-soziologisch Problematische an dieser Darstellung der
Subjekte als im Prozess der Vermachtung disziplinierte und konstruierte
Körper besteht außerdem darin, dass Foucault keinerlei genealogische
Erklärung anbietet für die *Entstehung* dieser Machtverhältnisse oder die
Entwicklung, als deren Symptom und Ergebnis die schleichende Selbst-
entfremdung der Subjekte zu beobachten ist.[345] Vielmehr bestehen diese
Machtverhältnisse bei Foucault immer schon, es gibt kein »außer-ih-
nen«, und die Subjekte sind gleichsam ontologisch von Beginn an kon-
ditionierbar beziehungsweise das Produkt ihrer Konditionierbarkeit.[346]

(ii) Wie genau aber stellt sich Foucault dieses Subjekt als vollständig
modulierbares oder gestaltbares Wesen vor? Wie ist das exakte Verhältnis von Körper und Bewusstsein? Unterwirft sich bei der Disziplinie-
rung/Konstitution des Subjekts zuerst der Körper, und das Bewusstsein
folgt ihm nach, oder umgekehrt? Oder wird es durch objektivierende
Vergegenständlichung unterworfen/subjektiviert? Bleibt eine Erinnerung im Körper/der Seele an das unterworfene Subjekt zurück? Bleiben
Spuren, die auf ein jenseits der Machtverhältnisse verweisen?

Um diese Fragen beantworten zu können, sei zunächst noch eine Erweiterung der Darstellung der positiven, produzierenden Macht und ihrer
Wirkung auf das Subjekt oder des Subjekts als Wirkung angefügt, wie
es uns Foucault mit dem ersten und zweiten Band von seiner Geschichte
der Sexualität, *L'histoire de la sexualité*, präsentiert. In *La volonté de
savoir* entwickelt Foucault sein Argument der nicht mehr repressiven,
sondern produktiven Macht; in *L'usage des plaisirs* einen historischen
Narrativ, der von der Sexualität als einer Form normalisierender Macht
erzählt – als deren Produkt die neue Spezies Homosexueller produziert
wurde.

> The Invention of homosexuality was one aspect of the deployment of »sexuality« as a
> pervasive instrument of control by which professional expertise and social organisa-
> tion combined to produce new forms of subjectivity that internalized social norms.[347]

Foucault beschreibt die Transformation des Diskurses über Homosexualität im 19. Jahrhundert als einen Wandel von einem theologischen Vokabular der Sünde und des Lasters zu einem medizinischen Diskurs des
Erfassens, Beschreibens und Klassifizierens einer »Krankheit«.[348] Dabei

124

operiert die allgegenwärtige Macht mittels eines Netzwerks von diskursiven Techniken, dem Sexualitätsdispositiv, das Sexualität als Instrument der Kontrolle sowie Effekt der Konstruktion von persönlichen und kollektiven Identitäten benutzt. Die Sexualität scheint bei Foucault sowohl Effekt der Diskursivierung als auch Schauplatz und Wirkungsfeld diskursiver Normalisierung zu sein. Das Sexualitätsdispositiv bestimmt, was wir für unser Begehren halten, was für unsere Lüste und was als pervers zu gelten hat. Durch den Nachweis der Diskursivierung der Lüste mittels solcher Techniken wie des Geständniszwangs der Beichte und der Psychoanalyse rekonstruiert Foucault erneut die Produktivität (anstatt der Repression) polymorpher Machtverhältnisse.

La mécanique du pouvoir qui pourchasse tout ce disparate ne prétend le supprimer qu'en lui donnant une réalité analytique, visible et permanente: elle l'enfonce dans les corps, elle le glisse sous les conduites, elle en fait un principe de classement et d'intelligibilité, elle le constitue comme raison d'être. [...] il s'agit, en les disséminant, de les parsemer dans le réel et de les incorporer à l'individu.[349]

Anstatt Handlungen und Praktiken zu unterdrücken, werden die Personen zur Diskursivierung der verbotenen Lüste angehalten und damit zur Wiederholung und permanenten Produktion des Verbotenen selbst. Insofern produziert die Macht mittels Diskursivierung die soziale Wirklichkeit. Die These Foucaults besteht nun aber nicht allein darin, dass die Macht die Rede über bestimmte Formen der verbotenen Lüste, des Begehrens und des Sexes durch den Zwang zum Geständnis produziert, sondern sie produziert die Lüste in den Körpern, sie durchdringt die Körper selbst und produziert das Verhalten.

Das Argument der *Diskursivierung* der Wirklichkeit und der Personen darin scheint bei Foucault aus zwei Teilen zu bestehen:

(i) Einerseits behauptet Foucault, dass durch die Psychologisierung und Klinifizierung der »perversen« Lust, aus spezifischen Praktiken einzelner Individuen eine Personengruppe *als* Spezies zunächst bloß kategorisiert und bezeichnet und in der Folge sodann *als* soziale Gruppe eigentlich erst hergestellt wird.

(ii) Andererseits behauptet er, dass die erzwungene Rede über verbotene Lüste und Begehren diese selbst am Leben und im Leben erhält und dadurch eigentlich selber herstellt. Durch das beständig erzwungene Reden über verbotene Praktiken werden die Lüste erst in den Körper eingepflanzt.

(i) Foucault erzählt in *L'usage des plaisirs*[350] die Geschichte der Herstellung des Homosexuellen als »Typ Mensch«, als soziale Identität im Zusammenhang mit der Herausbildung eines biologischen und medizinischen Diskurses der »perversen« sexuellen Identitäten im Laufe des 19. Jahrhunderts. Foucault beschreibt die diskursive Transformation, die statthaben musste, damit aus *Handlungen*, die im Prinzip *jede* Person praktizieren konnte, eine spezifische *innere Wahrheit* eines *bestimmten Typs einer Person* werden konnte, die eben dieselben Handlungen in Symptome und Zeichen dieser inneren Wahrheit wandelte. Es musste der bloße Akt der Sodomie umgedeutet werden in ein Symptom einer zugrundeliegenden Disposition (»innere Androgynität«), die aus den »normalen« Personen, die eine bestimmte sexuelle Handlung ausführen oder praktizieren, eine andere Sorte, einen anderen Typ Person herstellt, der mittels der neuen Formen der Medizin und Psychologie klassifiziert und ob seiner »Perversionen«, seiner »perversen Sexualität« behandelt werden kann.

Dazu analysiert Foucault die Problematisierungen, die dazu benutzt wurden, um dem Handelnden ein moralisierendes Verhältnis zu sich selbst zu implementieren, durch das es sich als Subjekt einer spezifischen Sexualität – und damit als einen bestimmten Typ Person – zu begreifen lernt.

Dementprechend verlagert sich auch der Ort der moralischen oder rechtlichen Kodifizierung, des Verbots oder der Diffamierung: Während ursprünglich »lediglich« universal eine bestimmte Handlungsweise verpönt oder verboten wurde, richtete sich der Spott oder Hohn über eine lächerliche, weil »unmännliche« Figur, die Verachtung gegenüber einem »Zügellosen« oder »Animalischen« oder das Mitleid mit einem zu therapierenden Kranken *gegen die Person selbst*. Aber die Reaktion auf diese Person wandelte sich, denn nun handelte es sich nicht mehr um eine temporäre Abweichung, einen gelegentlichen Ausrutscher einer ansonsten »unauffälligen« Person, nun galt es, die ganze Person »behandelt« zu sehen.[351]

In der Folge manifestiert sich der historische und politische Charakter der Konstruktion kollektiver Identitäten nach Foucault in der Materialisierung oder Institutionalisierung in Administration, Psychiatrie und Gefängnissen der so diskursiv hergestellten sozialen Gruppe.

(ii) Das zweite Moment der diskursiven Produktion der Personen besteht nach Foucault in dem im Verbot und der daran anschließenden Beichte angelegten Zwang zur Rede über das Verbotene, mit der das gefährliche Begehren erst in die Körper eingepflanzt wird und die diese (um-)gestaltet.

Das ist eine erstaunliche These, die uns schon in *Surveiller et punir* begegnet ist. Das Subjekt wird durch Konditionierung und Gestaltung seines Körpers produziert. Und diese Einwirkung geschieht diskursiv. Das Körperverhalten der Subjekte wird nicht allein gesteuert und unterdrückt, sondern produktiv hergestellt. Es geht ihm zunächst darum nachzuweisen, dass tatsächlich *der Körper selbst* gestaltet wird und nicht bloß die Wahrnehmung und Bewertung des Körpers. Foucault behauptet, dass Machtdispositive, dass die Biomacht die physiologischen Prozesse, Lüste und Körperfunktionen selbst zu beeinflussen und konstruieren vermag. Diese Konditionierung und Herstellung des Körpers gelingt, ohne vorher durch das Bewusstsein des Subjekts gesteuert zu sein, vielmehr ziehen die Machtdispositive durch das *Körper*innere hindurch und verändern es. »Si le pouvoir atteint le corps, ce n'est pas parce qu'il a d'abord été intériorisé dans la conscience des gens.«[352] Die Machtbeziehungen wirken also direkt, ohne Vermittlung durch das Bewusstsein, auf *den Körper* ein und gestalten ihn. Das ist die These zur subjektkonstituierenden Kraft der Machtverhältnisse von Foucault, einer Kraft, die durch zwei unterschiedliche Techniken oder Praktiken wirkt: (a) In *Surveiller et punir* vollzieht sich diese Produktion des Körpers durch schlichte *nicht-diskursive Praktiken* der Disziplinierung des Körperverhaltens – also Vereinzelung, Routinisierung bestimmter Verhaltensmuster und Resynthese. Dabei absorbiert der vereinzelte Körper die Verhaltensschemata gleichsam *bewusstlos* im Zuge der geforderten permanenten Wiederholung. Die Konditionierung vollzieht sich nicht als oder aufgrund der Diskursivierung, sondern schlicht in der Folge des Befolgens von Anordnungen, die den Körper und sein Verhalten isolieren, koordinieren und disziplinieren. Hier handelt es sich um den Körper als Effekt von Disziplinierung.

(b) Sowohl in *Surveiller et punir*, aber vor allem auch in *Histoire de la sexualité* gesellt sich zu dieser Form oder Technik der produktiven Disziplinarmacht noch eine *diskursive Produktivität* hinzu, die ebenfalls (!) zuvörderst auf den Körper selbst einwirkt. In den diskursiven Machttechniken des Sexualitätsdispositivs vernetzen und verbinden sich

Macht und Lust in produktiver Weise miteinander und verpflanzen Begehren und »Perversionen« in die Körper der Gesellschaft.

Hier wird der Körper nach Foucaults Vorstellung in der Tat mittels Diskursivierung konditioniert – durch das beständige wiederholte Sprechen über verbotene Lüste und Begehren, das durch den Zwang zur Beichte oder zum Geständnis gefordert wird, werden diese Lüste selber ins Leben gesetzt.

Beide Techniken der produktiven Macht weisen die gleiche Chronologie der Konstitution des Subjekts auf: Es ist der Körper, auf den die Machtdispositive einwirken. Das – körperliche – Verhalten folgt dem ebenso wie das Bewusstsein.[353] Während es durchaus noch nachvollziehbar zu sein scheint, wie nicht-diskursive Praktiken der Disziplinierung den Körper gleichsam bewusstlos zu habitualisierten Verhaltensweisen bringen können (der Exerzierplatz etc.), so scheint es schwerer vorstellbar, wie diskursive Praktiken direkt auf den Körper, ohne vorher über das Bewusstsein gefiltert oder gesteuert zu sein, einwirken sollen. Die Rede über die Lüste pflanzt die Lüste selbst in den Körper ein. Wie das, ohne mit dem Reden auch zugleich das Bewusstsein von oder über die Lüste zu aktivieren? Zu reden, ohne kognitive, psychische oder moralische Vorstellungen oder Überzeugungen zu affizieren?

Das Subjekt – und jetzt ist nicht nur das Subjekt als Körper oder körperliches Verhalten gemeint, sondern das Subjekt als »erkennbarer« Mensch – ist insgesamt Effekt dieser (a) den Körper *disziplinierenden* und produzierenden Machttechniken oder (b) der *diskursiven* Konditionierung seines Körpers, seines Körperverhaltens und der ihm implementierten verbotenen und doch produzierten Lüste.

Le réseau carcéral constitue une des armatures de ce pouvoir-savoir qui a rendu historiquement possibles les sciences humaines. L'homme connaissable (âme, individualité, conscience, conduite, peu importe ici) est l'effet-objet de cet investissement analytique, de cette domination-observation.[354]

Jetzt erst wird das Ausmaß der These Foucaults über den Wirkungsort der Machtdispositive deutlich: Die Macht wirkt nicht nur auch auf den Körper und produziert ihn, sondern die Persönlichkeitsstruktur, wie scheinbar überhaupt das gesamte psychische oder seelische Innenleben (Seele, Individualität, Bewusstsein, Gewissen), stellt sich letztlich nur als der Effekt dieser Körperdisziplinierung dar.[355]

Wie aber stellt sich Foucault dann dieses Verhältnis Körper-Bewusstsein eigentlich vor? Was ist das für ein Subjekt, das auf diese Weise hergestellt wird? Wenn denn das gesamte Bewusstsein selber Effekt produktiver Machtdispositive darstellt – nimmt das Subjekt diese Machttechniken überhaupt noch als zwanghafte wahr? Ist das Subjekt ganz und gar, in Körper und Seele, von diesen Machtverhältnissen durchdrungen und durchzogen?

Noch einen Schritt zurück: Das Subjekt als Subjekt wird also als Effekt produktiver Machttechniken erst durch seinen Körper konstituiert. Das Subjekt konstituiert sich im Moment seiner körperlichen Unterwerfung. Die produktive Macht gestaltet das Subjekt im und durch das Moment der Unterwerfung. »L'homme dont on nous parle et qu'on invite à libérer est déjà en lui-même l'effet d'un assujetissement bien plus profond que lui.«[356] Der Begriff des »assujetissement« führt das Paradox mit sich, dass das Subjekt durch seine Unterwerfung, durch das Negieren seiner eigenen Autonomie, als Subjekt konstituiert wird. Man wird zum Subjekt, indem man unterworfen wird. Es ist hier das gesamte Subjekt, nicht allein eine körperliche Variante, das in der Folge der *körperlichen* Unterwerfung konstruiert wird.[357] Was bedeutet das für Foucaults Begriff des Bewusstseins?

Die Seele oder das Bewusstsein ist ein bloßer Effekt der Machtausübung am, im und um den Körper. Sie wird von der Macht selbst *produziert.* Durch die körperliche Disziplinierung wird dem Gefangenen in *Surveiller et punir* ein normatives Ideal eingepflanzt, in-korporiert, und durch diese erzwungene Verhaltensnorm gelangt die Idee der eigenen Unterwerfung unter diese Norm in den Körper des Subjekts und bildet zugleich eine psychische Identität aus. Insofern wird die Seele, das Bewusstsein, das Gewissen erst durch die körperliche, subjektivierende Unterwerfung *geschaffen.*

Diese Konzeption der psychischen Innenwelt des Individuums als bloßer Effekt körperlicher Disziplinierung erklärt auch, warum die diskursive oder auch nicht-diskursive Produktion des Körpers, warum die Gestaltbarkeit des Subjekts durch seinen Körper auch so *reibungslos* vonstattengehen kann: Es gibt keine kognitiven oder ethisch-existentiellen Überzeugungen der eigenen Person, es gibt kein spezifisches Bewusstsein des Individuums, das sich dieser Disziplinierung widersetzen könnte, weil das ganze Individuum als Individuum, weil das Subjekt erst durch die Unterwerfung geschaffen wird und sich damit von Beginn an als beliebig konditionierbares Subjekt erwiesen hat. Das Subjekt kann den Normen und Anordnungen keine andersgearteten eigenen Vorstellungen entgegensetzen, weil es über überhaupt kein Selbstverständnis vor der Subjektwerdung *als unterworfenes Subjekt* verfügt. Insofern kann das Foucault'sche Individuum auch eigentlich keine gewalttätige Fremdbestimmung oder Unterdrückung empfinden, weil es über keinen vorausliegenden Begriff von Selbstbestimmung verfügt, den es davon abheben könnte.

Die Konsequenz dieser Gleichursprünglichkeit von Identität und Unterdrückung ist nach Foucault die Forderung nach der Ablehnung der eigenen Identität – dessen, was Wendy Brown so genial mit »wounded attachment« beschrieben hat. »Sans doute l'objectif principal aujourd'hui n'est-il pas de découvrir, mais de refuser ce que nous sommes.«[358] Die These von der vollständigen Konditionierbarkeit der Subjekte unter disziplinierenden produktiven Machtverhältnissen führt zu der Aufforderung, sich der eigenen Identität zu verweigern. Dem Subjekt bleibt nichts, als sich selbst zu negieren.

Dies scheint nicht nur (i) *normativ* ein problematisches Ergebnis von Foucaults Vorstellung der Wirkungskraft der Macht und der Genesis der Subjektkonstitution zu sein, es lässt sich auch (ii) im Licht von Ergebnissen der psychoanalytischen Forschung *empirisch* bestreiten.

(i) (a) In der Folge der so verstandenen Konstituierung des Subjekts als durch und durch unterworfenes gerät die politische Inanspruchnahme von Identitätskategorien, gerät die Möglichkeit, im Namen einer so extern erzwungenen Identität Ansprüche zu stellen, ins Zwielicht. Wie Wendy Brown im Anschluss an Foucault ausgeführt hat, wird Identitätspolitik fragwürdig, wenn sie ihre emanzipatorischen Bemühungen nur im Namen von »Identitäten« formulieren kann, die als unterworfene konstituiert sind – und damit im Zuge der Anerkennungsdiskurse lediglich zu einer Reformulierung und Rekonstitution der unterdrückten Identität beiträgt.[359]

(b) Konzeptionen von Widerstand können in einer solchen Theorie des in seinem psychischen Innenleben (Bewusstsein, Seele, Individualität, Gewissen) als unterworfenes konstituierten Subjekts nicht auf einem Begriff eines aktiven, selbstbestimmten, sich wehrenden Subjekts aufsitzen – der Widerstand muss sich in einer solchen Theorie aus den Machtverhältnissen generieren. Dies scheint, wie schon beim Machtbegriff selbst, analytische Probleme der Ununterscheidbarkeit von

Widerstand und Machtwirkungen nach sich zu ziehen.[360] Widerstand ist bei Foucault also nicht mehr an kompetent handlungsfähige Subjekte gebunden, sondern er entsteht aus geradezu systemischen Machtprozessen.[361]

(ii) Die Konditionierbarkeit des Subjekts mittels produktiver Disziplinarmacht soll im Folgenden aber auch noch in ihren beiden Varianten der Produktion mittels diskursiver und nicht-diskursiver Praktiken wenn nicht vielleicht vollständig bestritten, so doch zumindest kritisch erweitert werden. Es gilt zu zeigen, dass individuelle Subjekte wie auch kollektive Identitäten zwar durchaus durch disziplinarische Machtverhältnisse beeinflussbar sind und dass solche traumatischen Erfahrungen mit totalitären Umfeldern auch identitätsbildende Effekte haben können, aber gleichwohl Bruchstellen, Wunden und Erinnerungen in den so geformten Subjekten zurückbleiben. Daraus ergeben sich sowohl kritische Zweifel an der These der vollständigen Konditionierbarkeit der Subjekte als auch optimistische Konsequenzen auf der normativen Ebene, die einen Ausweg aus der Opposition der Modelle einerseits vollständig autonom sozialisierter, selbstbestimmter Individuen / Gruppen und andererseits vollständig extern konstruierter Identitäten anzubieten scheint.

Dazu sollen zwei beispielhafte Erfahrungen mit Extremsituationen in ihrer Wirkung auf die Subjekte analysiert werden, die den Vorstellungen von Foucaults Unterdrückung durch einerseits (i) körperliche und andererseits (ii) diskursive Disziplinierung entsprechen.

(i) Um Foucault beim Wort zu nehmen und zugleich kritisch zu beleuchten, scheint es sinnvoll, sich solche Erfahrungen vor Auge zu führen, die seine Texte beständig implizit evozieren.

In *Surveiller et punir* ähnelt Foucaults Beschreibung der produktiven Herstellung des Gefangenen den Darstellungen und Dokumenten, die wir aus Berichten über die Lager des 20. Jahrhunderts, des GULAG oder der Konzentrationslager kennen.[362]

Bei einer genaueren Analyse der psychoanalytischen Forschung zu den Nachwirkungen der Erfahrungen der überlebenden Lagerinsassen bestätigt sich zwar einerseits Foucaults These von der »produktiven« Disziplinarmacht, die nicht allein unterdrückt, sondern auch eine neue, veränderte Identität schafft – aber gleichzeitig zeugen die autobiographischen Berichte und die psychoanalytischen Forschungen von den

Brechungen und Verdopplungen innerhalb dieser Identitäten, aber auch zwischen den Mitgliedern der »kollektiven Identität der Überlebenden«.

Es mag eingewendet werden, dass eine solche Bezugnahme auf die historischen und psychoanalytischen Texte zu den Konzentrationslagern keinen hermeneutisch akkuraten Einwand gegen Foucault generieren kann. Schließlich handelt es sich hierbei nicht um ein historisches Beispiel, das Foucault selbst verwendet. Warum also sollte sich mit diesem empirischen Exempel Foucaults Macht- und Subjektivierungs-Konzeption bestreiten lassen?

Zwar kann zugestanden werden, dass Foucault selbst seine Darstellung der Wirkungsweise der produktiven Machtverhältnisse lediglich als produktive Disziplinarmacht konzeptualisiert – ohne jeden Bezug zu ausdrücklich totalitären Herrschaftsverhältnissen. Gleichwohl leitet Foucault selbst aus unterschiedlichen historischen Epochen und Kontexten seine empirischen Belege für seine gesellschaftstheoretische Macht-Konzeption ab. Es wird also lediglich seine allgemeine Machttheorie an einem gesonderten Beispiel getestet.

Des Weiteren scheint die hier vorgeschlagene Überprüfung der Macht- und Subjektivierungstheorie am Beispiel der Unterdrückungs- und Terrormaschinerie der Konzentrationslager insoweit sinnvoll, als zumeist Foucault mit einem ganz anderen Vorwurf konfrontiert wird. Autoren wie Habermas, Fraser oder Bernstein kritisieren Foucault vielmehr mit dem Hinweis, dass die »normalen« gesellschaftlichen Verhältnisse keineswegs derart repressiv, subjektivierend oder manipulierend seien und Foucault ein ausschließlich und zu negativistisches Porträt gesellschaftlicher Integrationsprozesse zeichnete. Stattdessen wird hier ein gegenläufiger Versuch unternommen, der eigentlich Foucault gerechter werden müsste: nämlich ein historisches Beispiel zu diskutieren, das zwar zugegebenermaßen extrem und unvergleichbar ist, aber gleichwohl viel eher einen Beleg für die Prozesse sollte abliefern können, um die es Foucault zu tun ist: nämlich repressive, subjektivierende, aber auch produktiv-manipulierende Machtverhältnisse und Subjekt-Konstruktionen.

Während bislang zumeist argumentiert wurde, dass Foucaults Darstellung für heutige Gesellschaften unzutreffend sei, wird hier versucht, die Praktiken und Machtverhältnisse eines Regimes zu rekonstruieren, in dem zunächst einmal Foucaults Analysen *plausibel* erscheinen – um sie sodann kritisch zu überprüfen. Insofern lässt sich die Anwendung dieses Beispiels im Sinne Foucaults begründen.

In einem einzigen Augenblick und mit fast prophetischer Schau enthüllt sich uns die Wahrheit: Wir sind in der Tiefe angekommen. Noch tiefer geht es nicht; ein noch erbärmlicheres Menschendasein gibt es nicht, ist nicht mehr denkbar. Und nichts ist mehr unser: Man hat uns die Kleidung, die Schuhe und selbst die Haare genommen; sollten wir reden, so wird man uns nicht anhören, und wird man uns auch anhören, so wird man uns nicht verstehen. Auch den Namen wird man uns nehmen; wollen wir ihn bewahren, so müssen wir in uns selbst die Kraft dazu finden, müssen dafür Sorge tragen, daß über den Namen hinaus etwas von uns verbleibe, von dem was wir einmal gewesen.[363]

Bei genauerem Studium der autobiographischen Zeugnisse der Holocaust-Überlebenden fällt auf, dass die Autoren zumeist ihre Erzählung in die Erfahrungen vor, während und nach dem Lager unterteilen. In einer Vielzahl der Texte nimmt dabei »die Fahrt« in den Sonderzügen, die die Menschen aus ihrem bisherigen Leben in die Hölle des Konzentrationslagers brachten, eine Sonderstellung ein.[364] Es ist diese leidvolle Fahrt, deren Not und Qual von Hunger, Durst, Enge, Kälte, Ekel, Scham, Schmerz und Angst, die den aus einem bei aller Verfolgung noch vergleichsweise »normalen« Leben Kommenden klarmacht, dass sie von nun an in die physische Vernichtung getrieben werden. Die »Metamorphose«, wie es Primo Levi nennt,[365] beginnt spätestens in den Waggons. Aus den Berichten der Überlebenden wird deutlich, dass es einen wiederkehrenden Schock darstellte, eine wiederholte Erfahrung mit der eigenen Unfähigkeit, das Erleben unter den sich verschlimmernden Umständen, den physischen Terror und das permanente Gefühl der Ungerechtigkeit, mit dem eigenen Selbstbild und den bisherigen Erfahrungen in der sozialen Welt *in Einklang zu bringen*. Die Erfahrungen mit ihrem Leben, sich selbst und ihrer Umwelt vorher scheinen *nicht anschlussfähig* an die Erfahrungen, die sie nun erwarten. Eine Vielzahl der Autoren beschreibt das Gefühl der Ungläubigkeit, dass diese sie nun umgebende und bestimmende Wirklichkeit tatsächlich *ihre* Realität sei.[366] Ihre eigene Vergangenheit sowie das daraus generierte Selbstbild – aber auch ihr »Weltvertrauen«[367] – widersetzen sich (noch) den neuen Umständen und dem ihnen aufgezwungenen Fremdbild eines zu disziplinierenden oder zu vernichtenden dumpfen Tieres. Genau aus dieser Diskrepanz generiert sich auch zumindest ein Teil der Qual und des Leids der Betroffenen: einerseits die Schmach eines »unbescholtenen Bürgers, dem dies plötzlich widerfährt«, andererseits die Verwirrung angesichts der erfolglosen Ursachen- und Schuldsuche am jetzigen Geschehen im vorherigen Leben.

Im Zusammenhang mit der Foucault'schen Theorie der produktiven Disziplinarmacht legt dies zumindest eine Übergangsphase nahe, in der die Macht auch *repressiv* zu funktionieren hat: Sie muss zunächst *eine bereits existierende Identität* auslöschen (die es nach Foucault noch gar nicht gibt), eine Erfahrung mit sich selbst und ein gewachsenes Selbstbild und -vertrauen vernichten, um eine neue Identität in die Körper und Seelen zu pflanzen.

Da bei Foucault die Machtverhältnisse schon immer und überall vorhanden sind, beschreibt er auch nicht *den Eintritt* der Individuen in solche totalitären Zusammenhänge. Gerade hier zeigt sich der Mangel der Foucault'schen Machtkonzeption, die nicht unterschiedliche Grade und Formen des Zwangs unterscheiden kann. So rückt der Wandel der Erfahrung, wie der Identität des Subjekts, das aus »normalen« privaten oder beruflichen Zwängen in die totalitären, gewalttätigen Fänge der Konzentrationslager gerät, aus dem Blick.

Das liegt bei Foucault zum anderen daran, dass es für ihn kein Subjekt vor der vollständigen Unterwerfung gibt. Seine These von der Produktivität der Macht behauptet eben nicht nur, dass Macht in totalitären Zusammenhängen auch produktiv zu wirken vermag, sondern dass Subjektivität schlechthin sich aus solcher produktiven Macht generiert, es also kein Subjekt vor seiner Subjektivierung gibt.

Andererseits *bestätigen* die Darstellungen der körperlichen und seelischen Qualen im Lager Foucault: Die Verfolgungen und Misshandlungen führen zum Bruch der Lebensgeschichte. Die stundenlangen Appelle, die Zwangsarbeit, das Hungern und die Wirkungen, die sie einerseits auf die verfallenden Körper haben, aber auch die Schikanen, die auf die Integrität der Person wirken, die demoralisierenden Ungerechtigkeiten, die systematische Anonymisierung der Gefangenen, die dem Auslöschen der individuellen Lebensgeschichte und Identität diente – all diese Beschreibungen der Erlebnisse bestätigen Foucaults Vorstellung der Wirkungskraft disziplinarischer Macht: Die totalitären Verhältnisse konstruieren systematisch eine *neue Identität* – die eines unterdrückten, namenlosen, manipulierbaren, ängstlichen Wesens, das sich unter diesen schreckenerregenden Regeln und Umständen nur ums eigene Überleben kümmert bzw. kümmern kann.

[The] lesson of the Holocaust is the facility with which most people, put into a situation that does not contain a good choice [...] argue themselves away from the issue of moral duty [...] adopting instead the precepts of rational interest and self-preservation.[368]

Der – nachträgliche – Beleg für die erzwungene Herstellung oder Konstruktion einer neuen Identität unter totalitären, gewalttätigen Machtverhältnissen findet sich laut der psychoanalytischen Literatur in der *traumatischen Neurose* der überlebenden ehemaligen Lagerinsassen. Die traumatische Neurose wird als Veränderung der Struktur des Ich beschrieben, die durch die Erfahrungen mit den körperlichen Strapazen: der Unterernährung, der Unterkühlung, der Erschöpfung, und den psychischen sowie emotionalen Qualen der Erniedrigung, Demütigung, Verunsicherung und Verwirrung, Todesangst und Hilflosigkeit ausgelöst wird.

> Es war hier etwas neues in Erscheinung getreten: chronische, äußerst hartnäckige, wenig therapeutisch beeinflußbare Beschwerden [...] in biographischer Kontinuität aus den furchtbaren leiblich-seelisch-sozialen Schicksalen der Verfolgten.[369]

Die Veränderung der Struktur des Ich im Zuge der psychischen und physischen Belastungen im Lager zeigt sich in einer starken Erschütterung des Vertrauens in Personen und die soziale Welt, aber auch in einer Verunsicherung über die eigene Realitätswahrnehmung.[370] Allerdings scheinen die in diese totalitäre Situation geworfenen, verbrachten Individuen unterschiedliche Mechanismen zur Abwehr der physischen Vernichtung[371], aber auch der psychischen Konditionierung einzusetzen. Abhängig von der Anpassungsfähigkeit der Individuen an die ihnen aufoktroyierte neue Identität scheint die produktive Macht unterschiedlich zu greifen. Jean Améry beispielsweise schreibt von der Vielfalt der Widerstandsfähigkeit der Lagerinsassen und führt diese Graduierung an Resistenz auf die geistige oder religiöse Bindung der einzelnen Individuen zurück. Die Identität des Subjekts geht demnach nicht in der einen Subjektivierung auf, sondern die multiplen Zugehörigkeiten und Bindungen an andere Assoziationen werden für die Fähigkeiten des Individuums, in totalitären Umständen zu überleben, relevant:

> Ich wollte nicht gehören zu ihnen, den gläubigen Kameraden, aber ich hätte mir gewünscht, zu sein wie sie, unerschütterlich, ruhig, stark. Was ich damals zu begreifen glaubte, erscheint mir immer noch als Gewißheit: Der im weitesten Sinne gläubige Mensch, sei sein Glaube ein metaphysischer oder ein immanenzgebundener, überschreitet sich selbst. Er ist nicht der Gefangene seiner Individualität, sondern gehört einem geistigen Kontinuum an, das nirgends, und auch in Auschwitz nicht unterbrochen wird. Er ist wirklichkeitsfremder und wirklichkeitsnäher als der Glaubenslose. Wirklichkeitsfremder, da er doch in seiner finalistischen Grundhaltung die gegebenen Realitätsinhalte links liegen läßt [...] wirklichkeitsnäher aber, weil er sich aus eben

diesem Grunde von den ihn umgebenden Tatbeständen nicht überwältigen läßt und darum seinerseits kraftvoll auf sie einwirken kann.[372]

In der psychoanalytischen Forschung zum Trauma der Holocaust-Überlebenden bestätigt sich Amérys Darstellung unterschiedlicher »Überlebensformen«.[373] Die Foucault'sche produktive Macht ist also *nicht* gleichermaßen wirksam.[374] Nach Foucaults Konzeption der Subjekt-Konstitution sowie der Effizienz der Machtverhältnisse kann er keine Erklärung für diese individuellen Variationen anbieten. Die Autoren der autobiographischen Überlebensberichte sowie die psychoanalytischen Interpreten der Erzählungen führen diese Unterschiedlichkeiten auf verschiedene Adaptions- oder sogenannte »Coping«-Fähigkeiten der einzelnen Individuen zurück.[375] Dabei können nach der psychoanalytischen Holocaust-Forschung unterschiedlichste *Abwehrformen* der der Verfolgung ausgesetzten individuellen Personen ausgemacht werden: neben dem Bemühen um eine Aufrechterhaltung des Narzissmus, dem Versuch, soziale Unterstützung im Lager zu mobilisieren (das führte sehr häufig speziell bei Kindern zu Paarbildungen in Lagern[376]), eben auch die stete Erinnerung an die Zeit *vor* der Verfolgung.[377]

Dieser letzte Aspekt ist für unseren Zusammenhang besonders relevant, denn er beweist, dass es ein Subjekt schon vor der unterwerfenden Subjektivierung geben muss, dass die (Neu-)Konstruktion der Identität durch produktive Disziplinarmacht nicht vollständig gelingt, dass Individuen nicht alle gleichermaßen den Machtverhältnissen unterworfen werden und dass die Individuen sich durchaus selbst zu wehren versuchen und Widerstand nicht allein ein Abfallprodukt oder Versehen der systemischen Machtprozesse ist. Eine Vielzahl der Autoren der autobiographischen Berichte über die Lagererfahrungen beschreibt wieder und wieder die Bedeutung der Erinnerung an ihr Leben und ihre Identität *vor* Auschwitz. Jorge Semprun erzählt von dem Wiedersehen mit seinem ehemaligen Professor Maurice Halbwachs, der im Konzentrationslager Buchenwald unter den Augen Sempruns einen langsam siechenden, qualvollen Tod stirbt:

> Ich legte eine Hand, von der ich mir wünschte, sie sei leicht, auf die spitze Schulter von Maurice Halbwachs. Ein fast morscher Knochen, nah am Zerbrechen. Ich sprach zu ihm über seine Vorlesungen an der Sorbonne, in früheren Zeiten. Anderswo, draußen, in einem anderen Leben: dem Leben.[378]

Es geht hier darum, dass Erinnerung an das »holding environment« (Winnicott) aus der Zeit *vor* der Verfolgung den Individuen hilft, sich gegen die neue auferzwungene Identität zu wehren. Es gibt genügend Anzeichen dafür, dass eine personale Identität der Person, die bereits in ein Leben und einen sozialen Zusammenhang *vor* dem Lagerdasein sozialisiert wurde, zwar durch die Traumatisierung beschädigt wird und mit einer zwangsweisen Vermachtung mit einer anderen Identität konfrontiert und mitunter überwältigt wird, dass sich aber die alte Identität zu wehren versucht – so dass Psychoanalytiker bei den Opfern einen Prozess der »Verdopplung« wahrnehmen. Die alte Identität bleibt neben der neuen bestehen und wird mit allen Mitteln zu schützen gesucht.

Diese alte Identität, die eben nicht vollständig durch die neue ausgelöscht wird, hilft nicht allein *während* der Zeit im Lager, sondern sie bietet auch den besten Ansatzpunkt der Therapie *nach* der traumatischen Erfahrung, um zu versuchen, sich von den Qualen und Erschütterungen der eigenen Identität wieder zu erholen.[379]

Der Bruch, den die Erfahrung des Holocaust für den Überlebenden bedeutete, scheint zunächst unüberwindbar. Während die Opfer einerseits zu einer Vermeidungsstrategie tendieren, um das Durchlittene nicht wieder durchleben zu müssen, können sie sich andererseits ein Leben ohne irgendwie geartete Kontinuität der Identität nicht denken. Während sie einerseits so überwältigt sind, dass sie das Vergangene nicht bewältigen können[380] und keine Heimat mehr finden in der Welt, während sie sich nicht erinnern wollen an das Leid, so bleibt doch als einziger Bezugspunkt ihr Leben und ihre Identität vor dem Holocaust.[381]

Charlotte Delbo beschreibt, wie sie nach Auschwitz einfachste, normalerweise habitualisierte Verhaltensweisen, die sie vor der Zeit im Lager natürlich beherrschte, wieder neu erlernen musste. Auf die Frage, ob sie mit Auschwitz lebe seit ihrer Befreiung, antwortete sie:

No – I live beside it. Auschwitz is there, fixed and unchangeable, but wrapped in the impervious skin of memory that segregates itself from the present »me«. Unlike the snake's skin, the skin of memory doesn't renew itself.[382]

Auch nach Auschwitz lässt sich also eine Dopplung der Identität – und der Erinnerung – feststellen. Die produktive Disziplinarmacht hat also nicht nur zunächst repressiv wirken müssen, sondern sie hat auch nicht vollständig produktiv sein können.

Nun ließe sich natürlich zu Foucaults Unterstützung kritisch einwenden, dass doch eine neue – wenn auch ambivalente und gebrochene – Identität entstanden sei und dass das doch zur Bestätigung seiner These ausreiche.

Dem lässt sich nur entgegnen, dass es sich jedoch gleichwohl um eine entscheidende kritische Erweiterung der Foucault'schen Theorie handelt. Foucault muss entweder zugeben, dass es schon vor Eintritt in solche extremen totalitären Machtverhältnisse eine zwanglos sozialisierte personale, individuelle Identität des Subjekts gibt – oder er muss behaupten, dass auch das vor Eintritt in diese Zusammenhänge existierende Subjekt bereits durch Unterwerfung konstruiert ist. Dann aber kann er nicht mehr Grade des Zwangs oder der Gewalt unterscheiden – was Überlebende des Holocaust für mehr als zynisch halten würden, denn sie vermögen durchaus zwischen Zwängen in der Familie, im Beruf, in der Gesellschaft vor Auschwitz und den Zwängen und der Gewalt in Auschwitz zu unterscheiden. (ii) Wenn wir uns ein Beispiel eher *diskursiver* Disziplinierung oder diskursiver Konstruktion von personalen oder kollektiven Identitäten – wie Foucault sie konzeptualisiert – vor Augen führen wollen, scheint es passend, sich Erfahrungen mit ehemaligen Sektenmitgliedern oder die soziologisch-psychologischen Darstellungen der Funktionsweise moderner Sekten anzuschauen.

Auch hier zeigt sich – ähnlich wie bei den Lagerinsassen –, dass die disziplinarische Macht nicht das Subjekt in seiner gesamten inneren Persönlichkeit aufzulösen vermag. Das Ziel der totalitären Sekten besteht darin, mittels einer sogenannten diskursiven »Millieukontrolle« die Kommunikation in einer abgeschlossenen Umgebung zu bestimmen und zu einer internalisierten Kontrolle des Subjekts werden zu lassen. Die innere Kommunikation des Individuums soll gesteuert werden. Nach Auskunft von Ausstiegsberatern gelingt diese diskursive Steuerung des psychischen Innenlebens des Individuums aber niemals vollständig.[383] Auch hier verzeichnen Psychologen eine Form der Verdopplung: Das neue Ich lebt an der Seite des alten – sozusagen parallel. Während es nach außen und mitunter auch für das Mitglied selbst so erscheint, als sei die Bewusstseinskontrolle vollständig, so bestehen zumeist zwei Persönlichkeiten, deren eine nur gerade dominiert – gemäß den Anforderungen des repressiven Umfeldes.[384]

Also selbst bei extremster Kodierung oder Konditionierung des psychisch-seelischen Innenlebens der Individuen durch eine Disziplinarmacht, in diesem Fall der Sekte und ihrer Dogmatik, gelingt eine vollständige Konstruktion der Identität des Subjekts nicht. Gerade hierin besteht die Chance für die sogenannten »De-Programmierer«, die den verschlossenen Sekten-Anhängern das Durchbrechen der Bewusstseinskontrolle dadurch ermöglichen, dass sie – unter vielen anderen Techniken und Taktiken – versuchen, den Zugang zur alten Identität wieder zu öffnen.[385]

Zusammenfassend lässt sich nochmals darauf hinweisen, dass mit diesen kritischen Einwänden nicht die Wirkungsmacht disziplinarisch-manipulativer Machtverhältnisse gänzlich bestritten werden soll. Die subjektkonstituierenden Kräfte einer Zwangsmacht, die Menschen hungern und frieren lässt, die zu Zwangsarbeit prügelt und in Appellen auszehrt oder durch Zwang zur permanenten Wiederholung von »Gebeten«, Regeln, Glaubensbekenntnissen betäubt, sollen hier nicht nivelliert werden. Ganz im Gegenteil. Spätestens angesichts der extremen traumatischen Schädigungen der ehemaligen Lagerinsassen findet sich eine tragische Spur dieser »Produktivität«.

Relevant für unseren Zusammenhang war jedoch der Nachweis der Existenz einer »unversehrten« Subjektivität vor dem Zeitpunkt der unterwerfenden Subjektivierung. Dabei soll »unversehrt« hier nicht heißen, dass das Subjekt niemals äußeren Zwängen und Beeinflussungen unterlegen war, dass es nicht auch unbewusst in soziale Zusammenhänge verwickelt wurde. Doch es scheint ein Selbstbild und ein Selbstverständnis des Subjekts auch *nach* seiner Unterwerfung zu geben, das zwischen den eigenen und den fremden Wunschvorstellungen zu unterscheiden vermag und das zum Teil auf eine Identität vor der Unterwerfung rekurriert.

Die Subjekt-Konstitution scheint komplexer zu sein, als uns Foucaults Theorie vorgibt. Das Subjekt geht nicht vollständig in seiner Unterwerfung auf. Es ist eine ambivalente Person mit einer eigenen Geschichte, einem Selbstbild und eigenen Wünschen, die sich ihrer Subjektivierung zu widersetzen versucht.

Auf der normativen Ebene hat das weitreichende Konsequenzen.[386] Im Zuge der Identitätspolitik und ihrer Debatten um berechtigte Ansprüche auf Anerkennung als Mitglied einer bestimmten kollektiven Identität ergibt sich zunächst die notwendige Rücksichtnahme auf Erfahrungen bestimmter Kollektive, deren Zugehörigkeit erzwungen wurde und deren Gemeinsamkeit in demselben Schicksal besteht.

Für solche Gruppen, die durch das Schicksal der Verfolgung geeint werden, lässt sich der Zusammenhang von Anerkennungs- und Distributionsfragen[387] beispielsweise sehr schön daran verdeutlichen, dass sich die wissenschaftlichen Debatten um den Status des Befunds einer extremen Traumatisierung der Überlebenden der Konzentrationslager vor allem im Kontext der Begutachtungen im Rahmen der deutschen Entschädigungsgesetzgebung finden.[388]

Andererseits wird aber auch deutlich, warum man den Individuen, die Angehörige solcher erzwungenen, verfolgten kollektiven Identitäten sind, nicht gerecht wird, wenn sie entweder auf diese Erfahrungen als unterdrückte Subjekte festgelegt oder sie aufgefordert werden, diese Erfahrung / Identität schlicht zu negieren.

Wendy Brown hat auf die Gefahr hingewiesen, dass in der Diskussion um Anerkennung von kollektiven Identitäten Mitglieder von unterdrückten oder verfolgten Minderheiten in diesen Erfahrungen und diesem Selbstverständnis *als* Unterdrückte lediglich reproduziert werden – anstatt sie aus diesen traumatischen Zusammenhängen und Gefühlen der Hilflosigkeit zu befreien.[389] Nach Brown besteht eine vielversprechende Perspektive darin, politische Ansprüche kollektiver Identitäten eher in der Sprache des »I want« anstatt des »I am« zu formulieren.[390] Brown glaubt darin eine Strategie gefunden zu haben, wie sich Essentialisierungen und Fixierungen der Identität von Gruppen, die eine Geschichte der Diskriminierung oder Verfolgung teilen und insofern auf eine Identität des Opfers festgelegt werden, vermeiden ließen. Sie will den politischen Diskurs der Identität in einen Diskurs der Wünsche und des Begehrens (»politics of desire«) transformieren.

Zunächst scheint es sicherlich sinnvoll zu sein, gerade den bislang unterdrückten und verfolgten Kollektiven mittels einer Sprache des »I want« erstmals überhaupt die Idee der Möglichkeit von *Selbstbestimmung* zu gewähren – deren Fehlen bislang genau ein Merkmal ihrer Identität ausmachte. Den individuellen Angehörigen aus freiwilligen Assoziationen oder Gruppen, die sich durch wechselseitige Anerkennung konstituieren, wird diese Sprache nur allzu vertraut sein. Die Gruppen, die Rawls in seinem liberalistischen Modell konzeptualisiert, versammeln stets einzelne Personen, die aufgrund ihrer individuellen Überzeugungen und Wünsche, ihre Zugehörigkeit selbst bestimmen. Für die Angehörigen solcher Gruppen, wie sie uns Sartre, Young und Foucault vorgeführt haben, wäre dies aber eine Neuheit.

Gleichwohl kann nicht darüber hinweggetäuscht werden, dass gerade die Erfahrungen mit der eigenen Hilflosigkeit, mit der Verfolgung und Gewalt einen Teil des eigenen Selbstverständnisses der Angehörigen solcher erzwungener Kollektivitäten ausmachen. Bestimmte Erfahrungen scheinen so essentiell oder substantiell zu sein, dass sie sich nicht so einfach dekonstruieren oder vergessen lassen. Sie geben dem »I am« gegenüber dem »I want« eine gewisse Schwerkraft.

Es scheint also wichtig, eine Balance zu finden zwischen der Anerkennung, dass ebensolche Erfahrungen mit Diskriminierung und Verfolgung einen substantiellen Teil der kollektiven Identität ausmachen, da sich die Gruppen als Gruppen wesentlich erst durch die externe erzwungene Identifikation oder als solidarische Reaktion auf diese Diskriminierung und Verfolgung konstituiert haben – und der Anerkennung, dass in dieser erzwungenen kollektiven Identität der Einzelne nicht aufgeht.

Normative Theorien, die sich um eine nicht gleichartige, sondern gleichwertige Anerkennung unterschiedlichster kultureller kollektiver Identitäten bemühen, sollten – das hat uns dieses Kapitel vor Augen geführt – von einer gebrochenen und vielschichtigen Identität ausgehen, die sich nicht allein aus geteilten Überzeugungen und Praktiken speist und nicht allein aus der Erfahrung der Verfolgung.[391]

[I feel] resentment of being lumped together with thirty million African Americans whom you don't know and most of whom you will never know. Completely by accident of racism, we have been bound together with whom we may or may not have something in common, just because we are »black«.[392]

3. Abschließende Kritik und Schlussfolgerung

> But it seems to me that one reasonable ground for suspicion of much contemporary multicultural talk is that the conceptions of collective identity they presuppose are indeed remarkably unsubtle in their understandings of the processes by which identities, both individual and collective, develop.
>
> *K. Anthony Appiah*

Bevor die Modelle im nachfolgenden Abschnitt abschließend noch einmal kurz einzeln kritisch beleuchtet werden, soll zunächst auf einige allgemeinere systematische Aspekte und Schwierigkeiten dieser Typologie hingewiesen werden.

A. Ausgangspunkt der vorangegangenen Kapitel war die Überlegung, der *normativen* Debatte um Anerkennung von kultureller Differenz oder kollektiven Identitäten eine Rekonstruktion unterschiedlicher *Modelle kultureller kollektiver Identitäten voran*zustellen. Dabei sollten die *Entstehungs- und Reproduktionsprozesse* der kulturellen Identitäten und Lebensformen, also die Übergänge von individuellen Praktiken in kollektive oder von individuellen Überzeugungen in kollektive, das heißt das Moment der Entstehung einer Gruppe, nachgezeichnet und zugleich kritisch betrachtet werden.

Die *genetische* Perspektive war deshalb wichtig, weil es durch die genaue Rekonstruktion diverser Entstehungsprozesse erst möglich wird, ein kritisches Regulativ einzuführen, durch das selbstgewählte und gewollte Identitäten von gewaltsam erzwungenen und in der individuellen Zugehörigkeit gänzlich fremdbestimmten *unterschieden* werden können – so dass sie dann auf der normativen Ebene auch unterschiedlich *behandelt* werden können.

Die Schwierigkeit einer solchen genetischen Perspektive besteht darin, dass sie einen *dynamischen Prozess* zu beschreiben sucht und von daher analytisch nicht ganz rein mit ausschließlich *kollektiven* kulturellen Identitäten zu operieren vermag, sondern vielmehr häufig zunächst das individuelle Subjekt im Moment der Bestimmung seiner Zugehörigkeit beschreibt. Dadurch bewegen sich die Ebenen der individuellen und kollektiven Identitäten. Zudem bestimmen die einzelnen Autoren der jeweiligen Modelle gerade dieses Verhältnis von individueller zu kollektiver kultureller Identität unterschiedlich.

Das erklärt, warum sich zwischen den Modellen häufig der Fokus verschob: Der Typ (I) des liberalen Modells z. B. konzeptualisiert kollektive Identitäten kaum je als wirkliche Identität eines Kollektivs, sondern nur als Ort von Loyalitäten und temporären Bindungen eines Individuums, der Typ (II) beispielsweise hatte demgegenüber primär die kollektive Identität als Einheit im Auge.

Zusätzlich erschwert sich die glatte Unterscheidung der individuellen von der kollektiven Ebene neben (a) der in der genetischen Perspektive angelegten *Dynamik* und (b) den Unterschieden zwischen den einzelnen Modellen auch noch (c) durch die im Zuge von Teil 1 immer auffälliger werdende Unterscheidung zwischen *transitiver* und *reflexiver* Identifikation. Wenn die Kriterien für die Zugehörigkeit des Einzelnen zu einem Kollektiv zwangsweise und willkürlich von außen festgelegt werden, wenn die Identifikation also transitiv erfolgt[393], dann können mitunter Personen insoweit in kollektive Identitäten gezwungen werden, dass die individuelle Perspektive verlorengeht. Bei solcher zwangsweise transitiver Identifikation fällt die individuelle Ebene beinahe ganz weg bzw. geht in der kollektiven auf. Das ist ja auch häufig genau der »Sinn« zwangsweiser Konstruktion kollektiver Identitäten: Individuelle Unterschiede sollen negiert und verunmöglicht werden.

B. Eine andere systematische Schwierigkeit in den vorangegangenen Kapiteln schien darin zu bestehen, dass die Modelle grundsätzlich unterschiedliche Annahmen über die *substantielle Ausstattung* solcher kultureller kollektiver Identitäten machen. Damit soll weniger auf unterschiedliche Konzeptionen der Form oder Institutionalisierung von kollektiven Identitäten Bezug genommen werden – wenngleich auch darin die Modelle variieren. Vielmehr geht es um die divergierende Rekonstruktion der Dimensionen der sozialen Welt als »Sinn«, »Praxis« und »Materie«.

Mit der Kategorie »Sinn« sind hier Symbol- und Bedeutungssysteme gemeint, die in einer bestimmten sozio-kulturellen Welt auftauchen, d. h.

Ideen, Werte, Weltanschauungen, Rollenvorgaben, Orientierungsmuster etc. Die »Praxis« bezieht sich demgegenüber auf Handlungen, die symbolproduzierend sind, oder auf soziale Praxis wie in der Wissenschaft, Religion oder Kunst.[394]

Die Modelle des Typs (III) und (IV) suchen genau das Verhältnis dieser Dimensionen zu bestimmen und zu problematisieren: Foucault beispielsweise erarbeitet mit seinen historischen Genealogien exakt den Zusammenhang von Sinn-Dimensionen, die er als Diskurse und Dispositive kennzeichnet[395], und deren Materialisierungen in Körpern und Subjekten oder Institutionalisierungen in Kasernen, Gefängnissen oder Psychiatrien sowie deren Praktiken.

Die Modelle unterscheiden sich sowohl hinsichtlich der substantiellen Bestimmung, was zu diesen Bedeutungen und Praktiken zu zählen sei (ob religiöse, konfessionelle Überzeugungen, rituelle traditionale Praktiken, rationale individuelle Lebenspläne oder Praktiken, die aus Solidarisierung und Not angesichts gesellschaftlicher Unterdrückung entstanden sind) als auch hinsichtlich der Genealogie ihrer Entstehung oder der Hierarchie ihres Verhältnisses zueinander. Das Verhältnis von eher passiv verstandener »Erfahrung« und aktiver, selbstbestimmter »Überzeugung« wird in den Modellen unterschiedlich rekonstruiert: Das Verhältnis von Erfahrung mit der fremden Verortung als Mitglied einer kollektiven Identität zu der Überzeugung, der reflexiven Identifikation der kollektiven Identität anzugehören, variiert.

C. Außerdem unterscheiden sich die Modelle – wie in der Einleitung schon angedeutet – hinsichtlich der Einschätzung von vier zentralen Fragestellungen und -komplexen, die in der Debatte immer wieder für Konfliktpotential sorgen:

(i) Der Grad der *Autonomie* des Einzelnen bei der Bestimmung seiner kulturellen Identität unterscheidet sich zwischen den Modellen gravierend. Es bleibt umstritten, inwieweit der oder die Einzelne aus einem frei verfügbaren Set an kulturellen Optionen seine Zugehörigkeit zu einer kollektiven Identität selbst wählen kann, inwieweit er oder sie dabei von ererbten Vorstellungen und Praktiken geleitet wird oder inwieweit das Wohlbefinden des Einzelnen und seine sinnhafte, authentische Selbstbestimmung ohnehin immer nur im Rahmen des kulturellen Horizonts möglich ist, in den er auch hineingeboren ist.

Der Begriff der Autonomie bezieht sich in diesen Konzeptionen jeweils auf nicht nur substantiell Verschiedenes, sondern Autonomie funktioniert hier auch strukturell anders.

Wenn kulturelle Kollektive – wie das bei Typ (I) der Fall ist – als Kollektive material gar nicht auftauchen, sondern nur individuelle, vereinzelte Bindungen und Überzeugungen thematisiert werden, dann bezieht sich »Autonomie« in diesen Theorien auf die freie Entscheidung, *welche* Überzeugungen der oder die Einzelne teilen möchte, an welche Gruppe oder kollektive Identität er oder sie sich binden möchte. Eine Theorie der Gerechtigkeit oder eine sonstige normative Theorie der Anerkennung kultureller Vielfalt diente im Kontext von einem so verstandenen Begriff der Autonomie dem Respekt vor der freien, individuellen Entscheidung oder Wahl der Zugehörigkeit und dem Schutz der Überzeugung und Praktiken, die aus dieser autonomen Wahl resultieren.

Wenn aber die individuelle kulturelle Identität sich nur im Rahmen ein und desselben kulturellen Kollektivs entwickeln kann – wie das bei Typ (II) der Fall zu sein schien –, dann bezieht sich die Autonomie lediglich auf die Wahlen und Entscheidungen *innerhalb* dieses einmaligen kulturellen Sinnhorizonts, der Authentizität garantiert – und nicht Autonomie. Bei Typ (I) ist die kulturelle kollektive Identität *Ausdruck* von »Autonomie«, bei Typ (II) ist sie *Bedingung der Möglichkeit* von »Authentizität«. (ii) Der Prozess der *Aneignung* der kulturellen Identität sowie die Bedingungen der Zugehörigkeit stellen einen zentralen Komplex dar, der strittig bleibt.

Dieser Punkt hängt konzeptuell mit dem Begriff der Autonomie zusammen. Wenn den einzelnen Personen von vornherein jede Form der selbstbestimmten Wahl genommen ist, weil sie durch externe, willkürliche Fremdbeschreibung in eine Zugehörigkeit gezwungen werden, verläuft der Prozess der Aneignung der die kollektive Identität auszeichnenden Praktiken und Bedeutungen anders, als wenn die Zugehörigkeit auf freier Wahl und intentionaler Vergesellschaftung beruht. Hier besteht Aneignung von Praktiken nicht im Erlernen der mit der eigenen Überzeugung verbundenen Handlungen. Hier eignen sich die Mitglieder etwas an, dem ihre Überzeugung und ihr Selbstbild *widerspricht*. Es bedeutet: Aneignung von Fremdzuschreibungen einerseits, die nicht zutreffend und auch diffamierend sein können[396], und einer sozialen Wirklichkeit andererseits, die von diesen Fremdzuschreibungen geprägt ist. Diese Aneignung kann als *schmerzliche Verinnerlichung* negativer

Beurteilung und Bewertung erfolgen, sie kann aber auch als *Solidarisierung* mit ebenso fremdbestimmten Personen eine positive Wendung der Wertung bedeuten.[397]

(iii) Die Frage der *kognitiven* Fähigkeit zur *Distanznahme* der eigenen Sozialisierung oder der eigenen kollektiven Identität gegenüber tauchte besonders im Kontext der drei letzten Modelle auf.

Bei Typ (II) scheint die selbstbestimmte Gestaltung des eigenen Lebens, scheint die sinnhafte Selbstverwirklichung nur innerhalb eines einzigen – (welchen?) – kulturellen Horizontes möglich zu sein. Im Zuge des Bemühens um eine normative Auszeichnung des »eigenen« kulturellen Umfeldes vernachlässigen die Autoren dieses Modells in ihren Argumentationen sowohl die Wandlungsfähigkeit und Anpassungsfähigkeit einzelner Personen an unterschiedliche Kontexte und Umfelder als auch die Wandlungen der kollektiven Identitäten selbst.[398] Hier werden kollektive Identitäten zu eher starren, in jedem Fall nicht porösen materialen Einheiten, aus denen sich die Mitglieder nicht ohne substantiellen Verlust herausbewegen können.

Bei Typ (III) demgegenüber, zumindest bei Young, wird die Fähigkeit zur Transzendenz der eigenen Herkunft oder der eigenen sozialen Faktizität eindeutig und explizit bestritten.

Zwar handelt es sich bei den Serien als kollektiven Identitäten noch nicht einmal um Vergemeinschaftungen, die sich um Überzeugungen oder gemeinsame Ziele herumlagern (was ja eine gewisse, auch kognitive Bindungskraft verständlich machen würde), sondern um passive Vergesellschaftungen, dennoch bestreitet Young die Fähigkeit der einzelnen auf diese Weise geprägten Personen, sich in die Situation anderer hineinversetzen und deren Erfahrungen verstehen zu können.

Bei Typ (IV) wird das Problem nicht explizit diskutiert, allerdings werden die Subjekte bei Foucault derart von außen in ihrer gesamten körperlichen wie psychischen Persönlichkeit konditioniert, dass es unklar ist, woher diese kognitive Fähigkeit zur kritischen Distanznahme denn stammen sollte. Judith Butler würde sicherlich einwenden, dass auch die unterworfenen Subjekte, auch die in ihrer Unterwerfung subjektivierten Subjekte, insofern Distanz einziehen bzw. Widerstand leisten können, als sie in den Repetitions- und Zitationsprozessen, die notwendig sind, um die diskursive Konditionierung aufrechtzuhalten, *scheitern* können.[399] Es scheint sich hierbei allerdings eher – wenn ich Butler richtig verstehe – um ein Scheitern aus Versehen oder Versagen

(»failure«) zu handeln als um bewusste Verweigerung oder kritische Distanzierung. In jedem Fall würden Foucault wie Butler darin übereinstimmen, dass auch diese Form der Distanznahme von den Machtverhältnissen *selbst* produziert wurde und keineswegs als aktive, intentionale Handlung des einzelnen Subjekts misszuverstehen sei.

(iv) Die Frage der *kulturellen Differenz* – und hier ist die Differenz gemeint, die zwischen einzelnen Subjekten verschiedener kultureller Kollektive und Lebensformen entsteht – wird in allen Modellen unterschiedlich beantwortet.

Bei dem liberalen, individualistischen Typ (I) stellt sich die Differenz als *individuelle* und selbstbestimmte dar. Hier entsteht Verschiedenheit und Vielfalt nicht nur durch den Vergleich kultureller Kollektive in pluralen Gesellschaften, sondern schon innerhalb der kollektiven Identitäten. Dieses Modell trägt sowohl der Heterogenität innerhalb der kollektiven Identitäten Rechnung als auch der Tatsache, dass das einzelne Subjekt mit multiplen Zugehörigkeiten und Identitäten ausgestattet ist.

Bei dem Gruppen-Identitäts-Modell des Typ (II) ist die kulturelle Differenz dagegen *substantiell*. Kollektive Identitäten oder »societal cultures« werden weder als dynamische Vergemeinschaftungen präsentiert, noch verorten die Theoretiker dieses Modells Heterogenität und Vielfalt innerhalb dieser Gruppen. Weil die Autoren so darauf bedacht sind, anthropologische Argumente zu finden, die die normative Forderung nach Schutz des kulturellen Kollektivs untermauern, zeichnen sie uns ein Bild eines Subjekts, dem seine Selbstfindung nur in »einem« kulturellen Horizont sinnhaft möglich ist.

In dem Modell passiver Reproduktion des Typs (III) stellt sich die Differenz als kategorial dar: Bei Sartre ist schon der Einzelne den willkürlichen Zuschreibungen der anderen ausgeliefert. Die Perspektive der Anderen ist stets die »Kehrseite«. Sie ist und bleibt kategorial fremd. Das Entscheidende bei Sartre allerdings besteht in dem Hinweis, dass die Differenz nicht als natürlich oder substantiell gegebene daherkommt, sondern als in ihrer Substanz vollständig konstruierte und »falsche«.[400] Gleichwohl entfaltet diese Differenz sodann aber eine Schwerkraft in der Psyche der unterdrückten Personen und Gruppen sowie in der sozialen Wirklichkeit und ihren Praktiken und Gesetzen. Im Modell des Typs (IV) wird explizit zur Frage der Differenz nur so viel gesagt, dass sie eine Konstruktion von hegemonialen Diskursen und Dispositiven sei. Es kann nur spekuliert werden, was das für die Konzeption kultureller

Differenz zu bedeuten hat: Vermutlich ist die Differenz jeweils so kategorial oder substantiell, wie das Dispositiv vorgeschrieben und die Subjekte dementsprechend konditioniert hat.

Zur abschließenden Kritik der bisher diskutierten Modelle

Nach einer kritischen Rekonstruktion der Argumente zur Entstehung kultureller kollektiver Identitäten zeigt sich, dass sich die Modelle zunächst einmal darin unterscheiden, ob sie sich die Entstehung von kulturellen Kollektiven und die Reproduktion der die Kollektive auszeichnenden Praktiken und Bedeutungen als einen *intentionalen, aktiven* (Typ I und II) Vergesellschaftungsprozess vorstellen oder als einen *nicht-intentionalen, erzwungenen* (Typ III und IV) Prozess der Unterwerfung oder Entfremdung.

Theorien, die einen *intentionalen, selbstbestimmten* Herstellungs- und Reproduktionsprozess konzeptualisieren, orientieren sich tendenziell an der kleinstmöglichen Einheit, der individuellen Person mit ihren Bedürfnissen, Interessen und Überzeugungen, die sich durch selbstbestimmte Wahl und wechselseitige Anerkennung zu größeren Einheiten und Vergemeinschaftungen bindet.

Hier bildet sich die kulturelle Identität des Einzelnen erst aus seinen Überzeugungen und werden die kulturellen Kollektive durch den Einzelnen erst hergestellt und dadurch auch wandelbar gehalten. Das Kollektiv wird hier durch den Einzelnen und seine Zustimmung oder Ablehnung, durch seine Mitgliedschaft oder seinen Austritt, konstruiert und bestimmt. Die Wirkungsrichtung und -dynamik wird von »unten« nach »oben«, vom Einzelnen zum Kollektiv konzeptualisiert.

Theorien des *nicht-intentionalen, subjektivierenden* Typs hingegen argumentieren von der anderen Seite her: Hier wird der Einzelne durch das Kollektiv konstruiert, die personale Identität ist einem fremdgesteuerten Konstruktions- und Manipulationsprozess von anderen Personen oder Machtverhältnissen ausgeliefert. Der Einzelne ist nicht Autor seiner Lebensgeschichte, und kulturelle Kollektive werden auch nicht als das Produkt selbstbestimmter, einander wechselseitig identifizierender Individuen konzeptualisiert. Die kulturelle Identität des Einzelnen, aber auch die Kollektive als Ganzes werden in historischen Genealogien als ideologische Konstruktionen – aber nicht als Fiktionen[401] – entlarvt. Die Wirkungsrichtung verläuft hier entgegengesetzt zu der in den Modellen des Typs (I) und (II).

Das kategoriale Problem der hier diskutierten Modelle der Typologie kollektiver Identitäten besteht darin, dass sich *alle* Modelle primär nur auf jeweils *einen* Formationsprozess festlegen, so dass sie alle anderen Varianten der Genesis und Reproduktion kollektiver Identitäten außer Acht lassen. Dadurch geraten *alle* einzelnen Modelle insofern soziologisch *zu unterkomplex*, als sie der Vielfalt, aber auch Ambivalenz und Komplexität kollektiver Identitäten nicht gerecht werden

Neben einer Reihe von internen Problemen, die im Verlauf der Rekonstruktion der Argumente schon in der Typologie im Einzelnen kritisiert wurden, besteht hierin ein systematischer Fehler, den alle Theoretiker im Rahmen ihrer so unterschiedlichen Theorien jeweils perpetuieren.

Das *Modell (I)* der Typologie konzeptualisiert kollektive Identitäten *ausschließlich* als freiwillige Assoziationen, also als solche Gruppierungen und Vergemeinschaftungen, die durch intentionale, selbstbestimmte individuelle Entscheidungen und Prozesse entstanden sind. Personen, die durch externe Fremdzuschreibungen in Gruppen kategorisiert werden und gesellschaftliche Strukturen, die nicht-intentionale Vergesellschaftungen bedingen, kommen in diesem Modell gar nicht vor. Überhaupt scheint der oder die individuell Einzelne von äußeren Einflüssen – seien es fremde Beschreibungen und Wertungen, seien es gesellschaftliche Praktiken, Institutionen oder Ideologien, die behindern und beschränken können – keineswegs abhängig oder auch nur gravierend imprägnierbar zu sein. Dadurch bleibt dem einzelnen Subjekt zwar eine gewisse selbständige Handlungsrationalität und auch eine kognitive Fähigkeit zur Distanznahme zugeschrieben, das individuelle Subjekt bleibt aber seltsam *immun* gegenüber seiner sozialen Außen- und direkt nachbarschaftlichen oder familiären Umwelt. Zwar sozialisiert sich das individuelle Subjekt auch in diesen Theorien in freiwillige Assoziationen und Vergemeinschaftungen, auch bindet es seine Überzeugungen und Bedürfnisse an diese kollektiven Identitäten und Lebensformen, gleichwohl scheinen die Gruppen selbst erstaunlich unbeeindruckt von sozio-historischen Dynamiken oder Verhältnissen: Die Gruppen scheinen sich vollständig autark um sich und durch sich allein konstituieren zu können und sind keinerlei fremden, externen Einflüssen, Beschreibungen und Beurteilungen oder vor-staatlichen Anerkennungsverhältnissen ausgesetzt. Anerkennungsverhältnisse zwischen Vergemeinschaftungen oder zwischen einzelnen Personen verschiedener Gruppierungen kommen als *konstitutives* Element der Genesis oder Reproduktion kollektiver Identitäten in diesen Theorien des Typs (I) unserer Typologie nicht vor.

Dadurch vergegenwärtigen sich die Autoren dieses Modells auch nicht die potentielle *Diskrepanz der Beschreibungen* der kollektiven Identitäten, die als Deutungs- und Bedeutungsmuster das Selbstverständnis und intentionale Handeln der Personen und Mitglieder kollektiver Identitäten bestimmen.[402] Die Diskrepanz zwischen der *eigenen* und der *fremden* Beschreibung, zwischen eigenen und fremden Deutungen und Wertungen ist aber insofern relevant, als sie – wie uns eine Vielzahl der Autoren der anderen drei Modelle vorgeführt haben – zu einem substantiellen Bestandteil der eigenen kollektiven Identität werden *kann*.

Wie sich im Zuge der Diskussion der Typologie gezeigt hat, scheint für die nachfolgende normative Diskussion besonders relevant zu sein, inwieweit Gruppen nicht allein durch die Diskrepanz zwischen eigenen und fremden Beschreibungen konstituiert werden, sondern mehr noch: inwieweit sie sich gegen inakzeptable Fremdbeschreibungen zur Wehr setzen können.[403]

Es gilt aber an dieser Stelle zunächst einmal festzuhalten, dass die Theoretiker des Modells (I) diese Dimension der Abhängigkeit individueller oder kollektiver kultureller Identitäten von externer, fremder Beschreibung, Wertung und Anerkennung vernachlässigen. Zur teilweisen Verteidigung des Typs (I) mag eingewendet werden, dass es durchaus Gesellschaften gibt, in denen Personen, die Angehörige *bestimmter* kultureller Kollektive oder Lebensformen sind, die Entscheidungs- und Überzeugungsfreiheit gestattet wird, die es ihnen und ihren kollektiven Identitäten ermöglicht, sich in relativer Autarkie und Unabhängigkeit von anderen Gruppen zu entwickeln.[404] Der Status der hier geäußerten Kritik bedeutet vielmehr, dass diese Konzeption des liberalen, individualistischen Typs (I) als *universales* Modell für die Entstehung und Reproduktion kultureller kollektiver Identitäten zu unterkomplex angelegt ist. Während dieses Modell zwar durchaus geeignet scheint, *bestimmte* Vergesellschaftungsprozesse angemessen zu beschreiben, fallen andere Formationsprozesse und die daraus folgenden Vergemeinschaftungen und ihre individuellen Angehörigen gänzlich aus dem Modell.

Das Modell (II) unserer Typologie verweist zwar ausdrücklich auf die Abhängigkeit kultureller kollektiver Identitäten von – vor allem staatlichen – Formen der Anerkennung, dieses Modell scheint auch von allen hier diskutierten Typen am ehesten geeignet, *unterschiedlichste* Formationsprozesse theoretisch integrieren zu können. Fatalerweise aber gerät den Theoretikern des Gruppen-Identitäts-Modells ihre Konzeption kollektiver Identitäten fahrlässig essentialistisch und *ahistorisch*. Die kollektiven Identitäten werden als eher undynamische, tendenziell homogene Vergemeinschaftungen beschrieben, deren Reproduktion sich in traditionaler Weise an Authentizität orientiert: Die Autoren unterstellen demnach implizit eine Kontinuität von Identität und Geschichte. Dadurch empfehlen die Theoretiker dieses Modells letzten Endes die Reproduktion starker, substantiell kohärenter Kollektive und vernachlässigen die Möglichkeit divergierender Interpretationen oder die Möglichkeit von individuellem Dissens.

Zugleich unterstellen die Autoren auf der individuellen Ebene eine *durchgehende* Gemeinschaftszugehörigkeit: Multiple Zugehörigkeiten und Identitäten oder Immigration und Assimilation in andere, neue kulturelle Zusammenhänge und Lebensformen werden negiert. Wie in der Diskussion in Kapitel 2.1.2. bereits gezeigt, entstehen aus dieser Annahme Folgeprobleme bei der Konzeption eines angeblich notwendigen Zusammenhangs von »societal culture« und Nation sowie von Nation und Territorium. Das Modell birgt insofern die Gefahr einer Reessentialisierung des Gruppen/Kulturen-Konzepts – trotz des potentiell dynamisch-dialogischen Ansatzes, den zumindest Charles Taylor zu entwickeln versucht. Umso erstaunlicher ist es in diesem Zusammenhang, wie wenig die Autoren kollektive Identitäten und auch Nationen konzeptualisieren, die in sich das Produkt langwieriger interkultureller Auseinandersetzungen darstellen, in denen dieses Set an kulturellen Überzeugungen und Werten, an Praktiken und Bedeutungen, das Kymlicka und Taylor für derart schützenswert und unbedingt reproduzierend halten, selbst erst das *hybride Produkt* von Anpassungen, Assimilationen und fremden Einflüssen ist – ob die Motivation für die Übernahme, ob der Prozess der Aneignung fremder Praktiken und Bedeutungen nun in passiver Habitualisierung oder in erzwungener Entfremdung bestand, steht dabei noch nicht einmal zur Diskussion.

Das *Modell (III)* wendet sich solchen Formen der Vergesellschaftung zu, die das Modell (I) vernachlässigt hatte: Es rücken die das individuelle Subjekt umgebenden behindernden und verletzenden gesellschaftlichen Strukturen und Ideologien in das Zentrum der Betrachtung. Nicht-intentionale Vergemeinschaftungen werden diskutiert, nicht freiwillige Assoziationen, in die das einzelne Subjekt aus rationalem Selbstinteresse und zur freien Entfaltung eintritt, sondern nicht-intentionale, passive Aneignung von fremdbestimmten Lebensumständen werden in diesem Modell zur Genesis kollektiver Identitäten beschrieben. Die einzelnen Personen werden nicht durch wechselseitige Anerkennung zu Mitgliedern der Kollektive, sondern durch asymmetrische Deutungs- und Wertungsprozesse von außen, von einer das Definitionsmonopol behauptenden kulturellen Mehrheit. Nicht die subjektive Rationalität der handelnden Personen, sondern die objektive Realität von Machtstrukturen oder etablierten Praktiken, in die sich die Angehörigen von Minderheiten, Frauen oder Bevölkerungen von Kolonialstaaten fügen müssen, werden fokussiert. Hier werden die Diskurse und gesellschaftlichen Strukturen analysiert, die zu diesen asymmetrischen Deutungsverhältnissen führen: Antisemitismus, Homophobie, Kolonisation etc.

In diesem Modell wird die Relevanz der Diskrepanz zwischen Selbst- und Fremdbeschreibung, zwischen eigenen und fremden Deutungs- und Bedeutungsmustern deutlich gemacht. Die Autoren zeigen die identitätsbildende, konstitutive Rolle, die das Verweigern von Anerkennung oder das Zuschreiben verletzender Wertungen für die betroffenen Individuen bedeuten kann.

Allerdings laufen die Autoren dieses Modells nicht nur Gefahr, andere Vergesellschaftungsformen zu vernachlässigen[405], sondern sie unterschätzen[406] (a) die Relevanz einer *pejorativen Belastung* (gegenüber einer bloß hindernden Struktur oder bloß externen Identifikation und Deutung) der Fremdbeschreibungen für die reflexive Identifikation mit der so mitgestalteten kollektiven Identität und (b) die *Ambivalenz* solcher Aneignungsprozesse von fremden und verletzenden Beschreibungen und Wertungen.

(a) Das sowohl soziologisch-psychologisch, aber auch normative Entscheidende an den in Theorien dieses Typs (III) erfassten Vergesellschaftungsprozessen besteht weniger in dem nicht-intentionalen Charakter der Genesis oder Reproduktion der kulturellen kollektiven Identität, als das bislang den Anschein hatte. Es ließe sich einwenden, dass Individuen niemals vollständig intentional, bewusst und reflexiv selbstbestimmt ihren kulturellen Sinn-Horizont definieren können, sondern immer schon in Zusammenhänge geworfen sind, die gewisse Vorentscheidungen durch Rollen- und Orientierungsmuster, aber auch habitualisierte Praktiken und Interpretationen bereits imprägniert haben. Es kann also weniger darum gehen, das Verhältnis von freien gegenüber einschränkenden Strukturen zu stilisieren oder von Selbstbeschreibung zu Fremdbeschreibung. Die eigene Selbstgestaltung geschieht schon immer im Horizont und vor dem Hintergrund *einer Vielfalt* (sic!) *kultureller Codes* und Muster, die gegeben sind. Vielmehr geht es im Kontext des Modells (III) unserer Typologie um das Verhältnis von bloß hindernden und einschränkenden Strukturen zu kränkenden und verletzenden. Das heißt, es geht um Vergesellschaftungen, die nicht nur als nicht-intentionale Herstellung kollektiver Identitäten beschrieben werden können, sondern als Fremd-Konstruktionen, die mit nicht allein falschen Kriterien und Beschreibungen operieren, sondern mit pejorativ belasteten. Die so bezeichneten Subjekte können sich dagegen nur schwer zur Wehr setzen, ohne diese Beschreibung nicht schon angenommen zu haben. »Man kann sich nur als das wehren, als was man auch angegriffen ist.«[407]

(b) Die Autoren unterschätzen die Schwerkraft des eigenen Selbstverständnisses gegenüber der diffamierenden und verletzenden Beschreibung und Bewertung durch Personen, Gesetze und Institutionen. Es ist diese Selbstwahrnehmung, die den deskriptiven Gehalt von Beschreibungen als unsinnig oder falsch bezeichnen kann und die den normativ belasteten Gehalt von Beschreibungen als verletzend und kränkend empfinden kann. Durch dieses Selbstverständnis erst gelingt der Vergleich, durch den die Diskrepanz zwischen Selbst- und Fremdbeschreibung als verletzend empfunden werden kann.

Erst durch die Möglichkeit des Vergleichs von akzeptablen und inakzeptablen Beschreibungen und Wertungen wird der Prozess der Aneignung und Ablehnung, das heißt der reflexiven Bezugnahme auf die verzerrenden Fremdbilder, ambivalent.

Das *Modell (IV)* reduziert seine Theorie der Vergesellschaftungsprozesse ausschließlich auf die erzwungene Herstellung und Manipulation von kollektiven Identitäten. Freiwillige, bewusste Vergemeinschaftungen und Assoziationen fallen aus diesem Modell gänzlich heraus. Personen werden unreflektiert und nicht-intentional in Gruppen und Kollektive klassifiziert und darin als unterworfene Subjekte subjektiviert. Letzten Endes läuft dieses Modell allerdings Gefahr, dass dabei am Ende der Begriff des Subjekts selbst anstatt die das Subjekt begrenzenden und subjektivierenden/unterdrückenden asymmetrischen Machtstrukturen dekonstruiert werden. Das einzelne Subjekt, das durch diskursive und nicht-diskursive Praktiken und Dispositive als unterworfenes konstituiert und in konstruierte Identitäten gezwungen wird, verfügt nach diesen Theorien über keine identitäre *Vorgeschichte,* bevor es in solche Prozesse der Vermachtung gerät. Das Subjekt wird erst in der Unterwerfung konstituiert, es hat keine vorgängige Sozialisation in weniger vermachteten Strukturen und Vergemeinschaftungen erfahren, es hat in der Familie keine andersgearteten Erfahrungen gemacht, die die personale Identität des Einzelnen vor der Unterwerfung gestaltet hätten. Das erklärt, warum die Subjekte bei Foucault als beliebig konditionierbare erscheinen, warum die Subjekte den gewalttätigen Disziplinierungen oder diskursiven Manipulierungen keinen bewussten, intentionalen Widerstand entgegensetzen können. Es ist bei der Diskussion dieses Modells aber schon eingewendet worden, dass es Gründe gibt, die für die Grenzen der Konstruiertheit oder der Konstruktion des Subjekts sprechen:

(i) Es gibt ein Subjekt schon *vor* der Subjektivierung in produktiven Machtverhältnissen. Das Subjekt bildet seine personale Identität in familiären und später freundschaftlichen Bindungen und Zusammenhängen aus, bevor es in solchen vollständig vermachteten Strukturen unterworfen und manipuliert wird. Dabei vermerkt es zumindest unterschiedliche *Grade* der nicht-intentionalen Vergemeinschaftung und Identitäts-Formierung.

(ii) Die Identität des Subjekts geht nicht in der einen Zugehörigkeit/Subjektivierung auf, sondern es verfügt über multiple Zugehörigkeiten und Bindungen an andere Assoziationen und kollektive Identitäten. Durch die Bindungs- oder Überzeugungskraft dieser anderen Zugehörigkeiten und Überzeugungen wird das einzelne Subjekt aber auch mit unterschiedlicher Resistenz und Anpassungsfähigkeit gegenüber den manipulativen Machtverhältnissen ausgestattet. Die Wirkungsmacht oder -effizienz der produktiven Macht greift individuell unterschiedlich.

(iii) Durch die verschiedenen Coping-Fähigkeiten der einzelnen Personen, aber auch durch die Schwerkraft der vorangegangenen Sozialisationen und Bindungen bleiben aber psychische oder physische »Bestände« der alten, vor-manipuliativen Identität des Subjekts erhalten (»Dopplung«). Die Konstruktion oder Manipulation des Subjekts gelingt niemals vollständig. Dabei muss noch gar nicht einmal bewusster Widerstand geleistet werden: Manche habitualisierten Verhaltensweisen lassen sich einfach schwerlich abgewöhnen, und wie die Beispiele von Louis Begley, aber auch der multiplen Persönlichkeiten zeigen, spielt die Erinnerung an andere Zeiten und Selbstverständisse innerhalb der eigenen Biographie der These von der vollständigen Konstruierbarkeit des Subjekts einen Streich.

(iv) Wie aber die Diskussion des Modells der passiven, seriellen Genesis kollektiver Identitäten ebenfalls gezeigt hat, lassen sich solche Konstruktionen auch nicht einfach durch eine neuerliche Konstruktion oder Manipulation wieder *rückgängig* machen. Die Erfahrung mit der eigenen erzwungenen Anpassung an diskrimierende oder traumatisierende Strukturen und Ideologien kann ihrerseits zum zwar konstruierten, aber realen und substantiellen Bestandteil der Identität werden.

TEIL 2
Entwurf einer Typologie
kollektiver Identitäten

4. Entstehung kollektiver Identitäten –
ein Versuch

»Kommt ihr aus Deutschland oder aus Überzeugung?«, wurden die deutschen Juden gefragt, die nach 1933 in Palästina ankamen. Nur wenige kamen aus Überzeugung, die meisten […] hatten keine andere Wahl. *Gad Granach*

»Kommt ihr aus Deutschland oder aus Überzeugung?«, kommt ihr aus Not oder aus Enthusiasmus, aus Zwang oder aus freier Wahl – es gibt kaum eine präzisere Beschreibung der so unterschiedlichen Motivlagen und Ursachen für die Entstehung individueller Zugehörigkeit und die Formation einer kollektiven Identität oder, in diesem Fall, eines neu zu gründenden Nationalstaates.

Bei der kritischen Rekonstruktion der Debatte um die Genesis und Reproduktion kultureller kollektiver Identitäten und der sie auszeichnenden Praktiken und Überzeugungen ließen sich genau diese beiden differenzierbaren Typen von kollektiven Identitäten ausmachen.

In dem nun folgenden eigenen Entwurf soll eine differenzierte Typologie entwickelt werden, in der beide Varianten angemessen beschreib- und verortbar werden. Das Argument beruht auf der These, dass diese Konstruktions- und Reproduktionsprozesse kollektiver Identitäten, wie sie in den verschiedenen Modellen entwickelt wurden, *irreduzibel* sind. Daraus folgt die Überlegung, dass eine Theorie zur Entstehung und Anerkennung kollektiver Identitäten mit einer *differenzierenden* Typologie arbeiten muss und nicht mit einem singulären Modell, das in einer einzigen Form der Entstehung alle unterschiedlichen Formationsprozesse und kollektiven Identitäten zu repräsentieren versucht. Die Begründung für diese Überlegung sollte sich eigentlich schon aus der kritischen Rekonstruktion der vorhandenen Modelle und ihrer Mängel ergeben haben. Es ließen sich in der Diskussion *Kriterien der Unterscheidung* zwischen kollektiven Identitäten fokussieren, die sowohl für die deskriptive Beschreibung der Genesis und Reproduktion als auch für ihre normative Anerkennung so relevant sind, dass sie nicht negierbar und in einem einzigen Modell integrierbar scheinen: Ob kollektive Identitäten aus einem Prozess weitgehend intentionaler, aktiver Vergesellschaftung hervorgehen oder aus nicht-intentionaler, unterwerfender Vermachtung und verletzender Fremdbeschreibung, scheint eine *relevante Hinsicht der Differenzierung* zu sein, und zwar sowohl (a) auf der *reflexiven* Ebene der Betroffenen: was das daraus resultierende *Selbstverständnis* dieser Gruppen anbelangt[408], als auch (b) auf der *politischen* oder moraltheoretischen Ebene: also im Hinblick auf die Frage, wie die Gruppen behandelt werden sollten.

Das ist insofern eine gravierende Neuerung, als zumeist kollektive Identitäten und Lebensformen in *substantieller* Hinsicht unterschieden werden, und auf diesen Unterschieden, die also in der – vermeintlichen – kulturellen Substanz: in den Werten, Idealen, Praktiken und Bedeutungen bestehen, werden unterschiedliche Formen der Toleranz und / oder Anerkennung gefußt.[409] Auf diesem Gehalt sitzen dann auch die philosophischen Debatten über das Ausmaß und die epistemische Schwerkraft der Differenz zwischen den kulturellen Lebensformen auf. Diese Arbeit hingegen versucht, eine allen *substantiellen* Differenzierungen hinsichtlich der Legitimität spezifischer Praktiken, hinsichtlich der Anerkennung der kollektiven Identitäten und ihrer Handlungs- und Orientierungsmuster, also hinsichtlich aller Unterscheidungen, die auf einer substantiellen Bestimmung dessen beruhen, was den Kern einer spezifischen Kultur oder kollektiven Identität ausmacht, *vorgängige* Differenzierung einzuziehen.

In der abschließenden normativen Betrachtung wird sich zeigen, dass diese Differenzierung für die Debatten um Anerkennung kollektiver Identitäten systematisierende Wirkung zeitigt. Dieser Teil 2 wird folgendermaßen verfahren: Zunächst (4.1) wird ein Versuch unternommen, die bereits diskutierten Varianten intentionaler, aktiver Vergesellschaftung durch einige Aspekte der Theorie *kommunikativer Lebensformen* zu ergänzen, wie sie sich im Kontext des Werks von Jürgen Habermas finden lässt, sowie um einen Begriff von Intersubjektivität, der im Anschluss an Mead von Benhabib, Habermas und Honneth diskutiert wird. Diese Autoren und ihre Theorien können an dieser Stelle nicht angemessen rekonstruiert und gewürdigt werden. Es wird lediglich auf einige Überlegungen Bezug genommen, die für diesen Entwurf kultureller kollektiver Identitäten nützlich sein könnten und die eine konstruktive Ergänzung zu den bereits diskutierten Modellen darstellen.

Anschließend (4.2) werden die Prozesse rekonstruiert, die zu einer zwangsweisen, ungewollten Vermachtung in kollektive Identitäten führen. Es wird dabei versucht, den Ursprung der Verletzung sowie den Prozess der Aneignung der diskrimierenden Fremdzuschreibung genauer zu beschreiben, als das in den bereits diskutierten Modellen der Fall war. Hier werden die Thesen von Sartre, Young und Foucault noch um einige Überlegungen von Judith Butler zur verletzenden Kraft der Sprache ergänzt.

Es wird bei der Darstellung dieses Typs der Vergesellschaftung versucht werden, im direkten Vergleich genau das Moment zu lokalisieren, an dem die Entwicklung der Konstruktion oder Reproduktion kollektiver Identitäten anders verläuft. Dabei gilt es, zugleich die Gründe für die so unterschiedliche Vergesellschaftung zu verorten und zu benennen.

Im letzten Kapitel (4.3) dieses Teils wird sodann versucht, auf gemeinsame Aspekte dieser verschiedenen Typen kollektiver Identitäten hinzuweisen, die in *normativer* Hinsicht relevant sein könnten. Es werden die zentralen Fragestellungen und Probleme der Debatte um kollektive Identitäten noch einmal zusammengefasst und mit Hinblick auf die Relevanz für normative Diskussionen um Anerkennung kultureller Differenz diskutiert.

4.1 Typ 1: Gewollte, selbst-identifizierte kollektive Identitäten und Lebensformen

> Aber das Eigene muß so gut gelernt sein wie das Fremde.
> *Hölderlin*

Im Gegensatz zu dem ersten Teil dieser Arbeit, der anhand vorhandener Modelle die zentralen Fragestellungen der Entstehung und Reproduktion kultureller kollektiver Identitäten zu erörtern suchte, wird im Folgenden systematisch verfahren.

Der Prozess, bei dem durch intentionale, aktive (kommunikative) Handlungen Überzeugungen und Praktiken vielleicht nicht wirklich generiert werden, aber zumindest erwogen und reproduziert werden, und auf dem Vergesellschaftungen innerhalb moderner Gesellschaften gründen, wird anhand systematischer Punkte und Problemstellungen diskutiert.

4.1.1 Zur Topographie von gewollten kollektiven Identitäten

One of the reasons »culture« has been so hard to delimit is that its abstractness makes any single concrete referent out of the question, and the notions that have accreted around the concept have not been well enough organised to cross-relate them.[410]

Die *Verortung des Gegenstands* der Debatten um kollektive Identitäten und deren Anerkennung verursacht immer wieder Probleme: Worüber reden wir genau, wenn wir von kollektiven Identitäten reden? Reden wir, wie es Joan W. Scott den meisten Theoretikern vorwirft, von einem starren Set an Praktiken und Werten, von einem dauerhaften Erbe an Überzeugungen und Normen, die zu einer naturalisierten Vorstellung von Identität sich ausbilden?[411] Reden wir von einer substantiellen, konkreten Materie, von einer abgrenzbaren sozialen Entität mit spezifischem Gehalt oder von einem porösen, hybriden, eher ideellen Gebilde, das sich zeitweilig bildet und dann wieder verflüssigt, wenn sich seine Zusammensetzung oder die Überzeugungen und Normen ändern?[412]

Selbst durch eine Fokussierung des Herstellungs- und Reproduktions-*Prozesses* (sic) kann man diese Fragen nicht umgehen. Zwar wird so der Gegenstand der Betrachtung weniger als fertiges Objekt denn als Produkt eines *dynamischen* Prozesses verstanden, aber gleichwohl bleibt dabei die Schwierigkeit der Darstellung der Form dieses Produkts einer kulturellen kollektiven Identität.

Kroeber und Kluckhohn definieren die Essenz dieses Prozesses als die »imposition of a conventional form upon the flux of experience«.[413] Wie Bernhard Peters ausführt, konstituiert sich die soziale Welt als *Sinn, Praxis* und *Materie*.[414] Unterschiedliche Theoretiker nähern sich der Frage nach der Topographie von kulturellen Lebensformen oder kollektiven Identitäten aus unterschiedlichen Perspektiven: Da der Begriff der Kultur sowohl die symbolischen Bedeutungen und Sinnsysteme als auch die symbolverwendenden oder -produzierenden Praktiken bezeichnet, können einerseits die symbolischen Weltanschauungen, Werte oder kulturellen Narrative oder die sozialen Aktivitäten und deren institutionelle Voraussetzungen, die kulturelle Symbolsysteme und damit die kollektiven Identitäten reproduzieren, untersucht werden.

Diese beiden Zugangsweisen können durch eine genetische Perspektive noch am ehesten konvergiert werden: So kann das Verhältnis von Kultur und sozialem Handeln *im* Prozess der Konstitution und Reproduktion der symbolischen Bedeutungen und Praktiken bestimmt werden. Wenn die Angehörigen von kulturellen Lebensformen oder Kollektiven die symbolischen Praktiken und Bedeutungen nicht affirmieren, wenn sie sie nicht in ihren Überzeugungen repräsentieren und in ihrem sozialen Handeln manifestieren, zerfällt die Sorte von kollektiven Identitäten, von denen in diesem Kapitel zu reden sein wird.[415]

Kollektive Identitäten können aber zudem noch anhand zweier Phänomene analysiert werden:

(a) Einerseits kann der Gegenstand als Ganzes von außen beschrieben und diskutiert werden, d. h. die kollektive Identität als soziale Entität, die zwar eine eigene einmalige oder permanent sich wiederholende Genesis hat, aber gleichwohl als abgrenzbare Einheit analysierbar ist. Diese Herangehensweise birgt die bereits erwähnten Gefahren einer Re-Substantialisierung eines eher wandelbaren, hybriden und häufig auch widersprüchlichen Produkts.

(b) Andererseits kann die kollektive Identität über die individuelle Überzeugung der Zugehörigkeit des einzelnen Angehörigen verortet werden. Diese Variante birgt insofern eine gewisse Brechung in sich, als das Selbstverständnis des einzelnen Mitglieds noch keine repräsentative Aussagekraft für das ganze Kollektiv darstellt – zumal sich jede einzelne personale Identität, wie bereits mehrfach erwähnt, jeweils in multiple Zugehörigkeiten auffächert.

Allerdings lässt sich aus der Perspektive einzelner Personen der Prozess der Reproduktion sowie der produktiven Aneignung besser rekonstruieren – die in der liberalen Tradition stehenden Theoretiker ziehen diese Argumentation auch aus normativen Gesichtspunkten vor, weil bei ihnen nur das individuell einzelne Subjekt Träger von Ansprüchen sein kann.

4.1.2 Zur Funktionsweise

Im Folgenden sollen also kollektive Identitäten beschrieben werden, bei deren Entstehung oder Reproduktion ein *aktives, bewusstes Element der Mitgestaltung* des Kollektivs durch die Angehörigen auszumachen ist. Die Zugehörigkeit wie die Kriterien der Zugehörigkeit zur kulturellen Identität werden hier durch die Angehörigen bestätigt und anerkannt.

Nun läge es nahe, einfach eindeutige Beispiele von Zugehörigkeiten oder Klassifikationen von Subjekten anzuführen, die ihnen anhand von überprüfbaren und reflexiv identifizierten Eigenschaften zugeschrieben werden können.

Wenn wir so unterschiedliche Aspekte der (persönlichen) Identität einer Person betrachten wie Blauäugigkeit, Linkshändigkeit, Intelligenz, Charme, Bibliophilie könnten wir auch aus diesen Eigenschaften Kriterien für die bewusste und zustimmende Zugehörigkeit in Gruppen mit denselben Eigenschaften formieren. Nur damit unterliefe einem das Missverständnis der Verwechslung von logischen mit sozialen Kategorien. »There is a logical but not a social category of the witty, or the charming, or the greedy: people who share these properties do not constitute a social group, in the relevant sense.«[416] *Welche* Eigenschaften zu einer relevanten Hinsicht der Unterscheidung und damit konstitutive Grundlage von sozialen Gruppen werden, scheint jedoch historisch kontingent zu sein: D. h., in unterschiedlichen Kontexten werden verschiedene Eigenschaften als relevant definiert, und zu unterschiedlichen Zeiten werden neuartige Kriterien der Unterscheidung eingezogen, und bestimmte Eigenschaften werden wechselnd als relevante klassifiziert.[417]

Entscheidend an diesen Eigenschaften und Interessen, die spezifische Praktiken und Bedeutungen nach sich ziehen, ist, dass sie in Wittgensteins Sinn insofern als soziale Gruppen eine Lebensform ausmachen, als sie ins *Leben eingreifen*.[418]

Es geht in diesem Kapitel allerdings um soziale Gruppen, deren Mitglieder selbst bestimmt haben, dass dieses Set an Eigenschaften oder Interessen oder Werten relevant und von ihnen geteilt wird. Es sollen soziale Gruppen, kollektive Identitäten betrachtet werden, an deren Konstruktions- oder Reproduktionsprozess die Angehörigen einen selbstbestimmten, produktiven Anteil haben.

Das können ethnisch-kulturelle Gruppen, Nationen, religiöse Gemeinschaften, nachbarschaftliche Assoziationen, Bürgerinitiativen oder expressive Gemeinschaften sein. Gemeint sind kollektive Identitäten, die unterhalb nationalstaatlicher Institutionalisierung angesiedelt sein können, aber die als Lebensformen »Muster alltäglicher Orientierung«[419] bieten. »Was die Angehörigen einer Lebensform teilen, sind Konventionen der kognitiven, affektiven und normativen Orientierung.«[420] Die kollektiven Identitäten oder Lebensformen unterscheiden sich sowohl hinsichtlich ihrer Größe als auch hinsichtlich der Frage, ob die »konventionelle Form, die sie der Erfahrung überstülpen« (Kluckhohn / Kroeber) primär kognitiver, evaluativer oder moralischer Natur ist. Außerdem bilden unterschiedliche kollektive Identitäten oder Lebensformen unterschiedlich starke Bindungskräfte und dementsprechend unterschiedlich effiziente Integrationsfähigkeiten aus.[421]

Kollektive Identitäten oder kulturelle Lebensformen können als Problemlösungsmechanismen[422] verstanden werden, weil sie neben dem Moment der Selbstverständigung die Funktion der Handlungs- und Wissenskoordinierung erfüllen.[423] Dabei können sie sich unterschiedlichen *Problemdimensionen* zuwenden.[424]

(i) Nach Verständnis des Chicagoer Philosophen Russel Hardin[425] dienen kulturelle Kollektive der *Informations-Koordination.* Sie vermehren und verteilen das für ihre Mitglieder relevante Wissen, sie stabilisieren ihre Angehörigen in ihren Erwartungen und ermöglichen dadurch nicht zuletzt deren Orientierung in der sozialen und auch objektiven Welt. Kulturelle Kollektive und Lebensformen erzeugen den »epistemological comfort of home« (Hardin), und dieser wird instrumentell-strategisch in der objektiven Welt genutzt.

(ii) In einer anderen Dimension dienen sie der Interpretation von Bedürfnissen und daran anschließend der Ausbildung *evaluativer Standards* – hierin besteht nach Martin Seel die primäre Funktion kollektiver Identitäten. Sie bilden den Horizont an Idealen, Werten und Rollenvorgaben, sie eröffnen »Spielräume der Orientierung«.[426] Die Bedürfnisse sind nicht zwangsläufig religiöse oder metaphysische, sondern können auch sinnliche oder materielle Bedürfnisse ansprechen oder expressiven Aktivitäten dienen.

(iii) Schließlich dienen sie der *normativen Koordination* widerstreitender moralischer Ansprüche und Anforderungen an Erhalt oder Vermittlung von Integrität. Dazu bedienen sich kollektive Identitäten eigener Normen, Gebote und Verbote und deren Positivierung in Codes, Kanons und Gesetzen.

Habermas kennzeichnet diese verschiedenen Problemdimensionen der Reihe nach als »pragmatische«, »ethische« und »moralische« Aufgabenstellungen.[427]

4.1.3 Zur Entstehung und Reproduktionsweise intentionaler Vergesellschaftungen

Die These von der *aktiven, intentionalen* Vergesellschaftung besteht genau genommen aus zwei Thesen, die in der Debatte häufig verwechselt werden, aber unterschieden werden sollten:[428]

(I) Einerseits heißt es, dass die individuelle Zugehörigkeit zu kollektiven Identitäten, wenn nicht autonom selbst bestimmt, so doch zumindest aktiv affirmiert wird. Die Zugehörigkeit ist nicht von außen durch ungewollte und inakzeptable Fremdzuschreibung definiert und erwirkt, sondern durch interne, individuelle Überzeugung anerkannt, aktiv mitgestaltet und durch ethisch-moralische Ansichten oder soziales Handeln bestätigt.

(II) Andererseits heißt es, dass die kollektiven Identitäten von der dauerhaften Zustimmung durch die Angehörigen abhängig sind. Die produktive, aktive Zugehörigkeit bedeutet nicht nur einen Gewinn an Bewusstheit im Moment des Eintritts in eine Gemeinschaft, d. h., die Mitgliedschaft reduziert sich nicht auf den einmaligen Akt der Anerkennung und Zustimmung, sondern die Zugehörigkeit gestaltet sich insofern aktiv und intentional, als die Dimensionen von Sinn, Praxis und Materie der kollektiven Identitäten und Lebensformen – zumindest bei post-traditionalen Gesellschaften – von den Mitgliedern einer permanenten diskursiven Reevaluierung unterworfen wird.

4.1.3.1 Die individuelle Sozialisation in intentionale, selbst-identifizierte kollektive Identitäten

Das einzelne Subjekt mit einer bewussten, reflexiven Handlungsfähigkeit und Entscheidungskompetenz hinsichtlich seiner freiwilligen Zugehörigkeit zu kulturellen Lebensformen und kollektiven Identitäten auszustatten, bedeutet zumeist, sich dem Vorwurf auszusetzen, ein unrealistisches, atomistisches Modell eines freischwebenden vereinzelten Individuums zu zeichnen, das über keinerlei Bindungen und Anhänglichkeiten verfügt. Demgegenüber wird häufig ein holistisches Konzept veranschlagt, in dem uns das Subjekt als mit seinem kulturellen Umfeld psychisch wie kognitiv distanzlos und dauerhaft verwobenes präsentiert wird. Die Schwerkraft der Sozialisation in der eigenen Familie, Nachbarschaft wirkt auf den einzelnen Angehörigen dauerhaft nach und schafft so auch eine gewisse Abhängigkeit.

Demgegenüber soll hier ein Konzept der »Individuierung durch Vergesellschaftung«[429] vertreten werden, das verdeutlicht, wie das Subjekt im Zuge seiner Ich-Ausbildung eine Interaktionskompetenz ausbildet und auch lernt, vielfältige Wahnehmungen und konfligierende Erwartungen zu integrieren, und so zunächst zu einer intersubjektiv vermittelten Selbstverständigung und einer Differenzierung der Rollenstruktur gelangt. Außerdem wird die Rolle von kommunikativen Lebensformen für die Individualität des Einzelnen beleuchtet – ohne einerseits (i) einer Unfähigkeit zur kritischen Distanznahme diesen konventionellen Orientierungsmustern gegenüber das Wort zu reden und ohne andererseits (ii) das einzelne Subjekt als atomistisches ohne Bindungen an kulturelle Sinn-Horizonte und vertraute kulturelle Lebensformen zu zeichnen.[430]

So argumentiert Habermas im Anschluss an George Herbert Mead, dass »sich die Individuierung nicht als die in Einsamkeit und Freiheit vollzogene Selbstrealisierung eines selbsttätigen Subjekts vorgestellt wird, sondern als sprachlich vermittelter Prozess der Vergesellschaftung und der gleichzeitigen Konstituierung einer ihrer selbst bewussten Lebensgeschichte.«[431]

An Mead orientierte Autoren wie Benhabib, Habermas und Honneth verweisen auf den Mechanismus der Persönlichkeitsentwicklung, bei dem zunächst das individuelle Subjekt lernt, sich aus der Perspektive des Gegenübers als »Me«, also aus der Sicht der zweiten Person wahrzunehmen.

Das Entscheidende liegt bei dieser Selbstbeziehung, die sich aus dem Verhältnis des Ich zur Perspektive der zweiten Person bildet, darin, dass das vermittelte Selbstverständnis sich gravierend von dem einer bloß vergegenständlichenden, monologischen Introspektion oder einer reinen Beobachterperspektive einer dritten Person unterscheidet. Hier dagegen steht das Ich in seiner performativen Einstellung einer Sprecher-Hörer-Situation gegenüber und verständigt sich durch kommunikatives Handeln mit einem du über sich selbst.[432]

Nach Mead bildet diese Selbstbeziehung des »Me« die konstitutive Grundlage der Identität einer sprech- und handlungsfähigen Person. An dieser Stelle der stufenweisen Ausbildung und Entwicklung der Ich-Identität geht es zunächst lediglich um die Beschreibung des Erwerbs einer Interaktionskompetenz, die es dem Subjekt ermöglicht, sich mit anderen Personen über sich selbst und die Welt zu verständigen.

Habermas untermauert diesen sozialpsychologischen Begriff des praktischen Selbstverhältnisses, das aus interpersonalen Beziehungen hervorgegangen ist, mit einer kommunikationstheoretischen Analyse der Struktur der Sprache.

Der Individuierungseffekt des sprachlich vermittelten Vergesellschaftungsprozesses erklärt sich aus dem sprachlichen Medium selber. Es gehört zur Logik des Gebrauchs der Personalpronomina, insbesondere zur Perspektive des Sprechers, der sich auf eine zweite Person einstellt, daß dieser sich in actu seiner Unvertretbarkeit nicht entledigen, nicht in die Anonymität einer dritten Person flüchten kann, sondern den Anspruch erheben muß, als individuiertes Wesen anerkannt zu werden.[433]

Dabei bildet das Subjekt das Vermögen aus, in sein interaktives Selbstbild nicht allein die kognitiven, sondern auch *normative* Verhaltenserwartungen seines Gegenübers zu integrieren.[434] Aus der Perspektivenwird eine Rollenübernahme, beziehungsweise die Rollenübernahme und das Einbeziehen der normativen Erwartungen gesellen sich hinzu. Jetzt wird nicht mehr allein das Selbstbewusstsein durch die performative Einstellung zur zweiten Person überprüft, sondern die eigenen Handlungsmotive und Verhaltensweisen werden reflexiv *kontrolliert*.

Mit der Übernahme oder Verinnerlichung der normativen Überzeugungen und Erwartungen der kommunikativen Lebensform durch das einzelne Subjekt vollzieht sich aber zugleich eine doppelte Form der Anerkennung: Einerseits anerkennt das Subjekt die Praktiken und Bedeutungen sowie die normativen Standards seiner Sprech- und Handlungsgemeinschaft und richtet sich nach ihnen aus, andererseits und zugleich wird das einzelne Subjekt damit auch als vollwertiges und das heißt zurechnungsfähiges Mitglied dieser Gemeinschaft anerkannt. Es handelt sich um einen wechselseitigen Anerkennungsprozess: Das Subjekt anerkennt durch die Übernahme der Erwartungen die Gemeinschaft, aber es wird im Prozess der Individuierung durch die Vergesellschaftung auch zugleich als unvertretbares und einzigartiges anerkannt.[435] Die Sprech- und Handlungsgemeinschaft hat in diesem Sinne einen sowohl *konstitutiven* als auch *regulativen* Charakter für das einzelne Subjekt.

Da sich bei Erweiterung des Kreises der potentiellen oder reellen Kommunikationspartner aber auch die Verhaltenserwartungen vervielfältigen und dementsprechend einander konterkarieren, bedarf das Kind im Prozess des sozialen Heranwachsens einer weiteren kognitiven Leistung: Es muss die unterschiedlichen, divergierenden Perspektiven und Erwartungen, die es zu verinnerlichen gelernt hat, *synthetisieren*. In der Generalisierung der normativen Erwartungen aller Gesellschaftsmitglieder (die in dem »verallgemeinerten Anderen« ihren Ausdruck gefunden hat) und der Vermittlung der konfligierenden Ansprüche liegt die *Eigenleistung* und eben auch Individualisierung des einzelnen Subjekts.

Es gilt nun zu untersuchen, ob eine derartige Rekonstruktion der intersubjektiven Ich-Ausbildung und der Individuierung des Subjekts in einer Sprech- und Handlungsgemeinschaft zugleich implizit die These vertreten muss, dass mit der so verstandenen Sozialisation in bestimmte partikulare kulturelle oder kommunikative Lebensformen zugleich eine Sozialisation und Erziehung zu rollenkonformem Verhalten einhergeht.[436]

Zunächst scheint es naheliegend, dass kollektive Identitäten bei diesem Prozess der intersubjektiven Konstitution der Ich-Identität an *der* Stelle ins Spiel kommen, da das individuelle Subjekt sein praktisches Selbstverständnis nur im Zusammenhang mit einer konkreten Sprech- und Handlungsgemeinschaft zu entwickeln vermag, auf die hin es sich entwirft und durch die es sich – über sich selbst und die Welt – verständigt. Das spontane, individuelle Ich wird in das soziale »Wir der kulturellen Lebensform« eingebunden. Das praktische Selbstverhältnis, das die Perspektiven- und Rollenerwartungen zu übernehmen erlernt hat, spiegelt die evaluativen Standards und normativen Orientierungsmuster der kommunikativen kulturellen Lebensform oder kollektiven Identität, die es umgibt. »Diese Instanz ist mit dem Bestehenden verschwistert.«[437] Die Erwartungen der partikularen Sprech- und Handlungsgemeinschaft, die an das einzelne Mitglied herangetragen werden und die es über die Instanz des »Me« verinnerlicht, bilden ihrerseits ja das intersubjektiv erzeugte Ergebnis von kulturellen Werten, Praktiken des Alltags, dem konservierten Gehalt von Traditionen und eingespielten Rollenzuschreibungen. Zunächst erweist sich das »Me« als potentiell konservativer Träger der Konventionen und Positionen der Gemeinschaft, in der es situiert ist. Judith Butler führt diese Beschreibung zu der weitergehenden These, das Subjekt könne zu diesen Erwartungen und Positionen keine reflexiv-kritische Haltung einnehmen, weil es von diesen selbst erst konstituiert sei.

Aber es ist eindeutig nicht so, daß »ich« über die Positionen, die mich konstituiert haben, verfüge. [...] Und diese Positionen sind nicht bloß theoretische Produkte, sondern voll eingebettete Organisationsprinzipien von materieller Praxis und institutionellen Gegebenheiten, also Organisationsprinzipien jener Macht- und Diskursmatrix, die mich als entwicklungsfähiges »Subjekt« hervorbringt.[438]

Bei einer so verstandenen Vergesellschaftung oder Konstruktion der Identität des Subjekts stellt sich die Ich-Identität als eine vollständig konventionelle dar, die an den Erwartungen der »Macht- und Diskursmatrix« eines bestimmten partikularen kulturellen Kollektivs haftet. Das »Me« fungiert in dieser Argumentation ausschließlich als »Agent« (Habermas) der partikularen kollektiven Identitäten und deren institutionalisierter Praktiken und Werten. Es kontrolliert das spontane, individuelle Ich, korrigiert es bei nonkonformem Verhalten und richtet es wieder auf die normativen Erwartungen der Gemeinschaft aus.

Mead hingegen zeigt, wie stattdessen das Verhältnis von »I« zu »Me« sich umkehrt. Zwar ist der Einzelne als bewusste und individuelle Persönlichkeit nur, indem er in einer Kommunikationsgemeinschaft in ein Netzwerk an Rollen- und Verhaltenserwartungen eingebunden wird, aber gleichwohl begründet Mead, warum diese Wechselbeziehung des »I« und »Me« zur Ausbildung einer post-konventionellen und also kritikfähigen Identität führt.

Es lassen sich unterschiedliche Quellen finden, aus denen sich das Potential für eine solche post-konventionelle Ich-Identität eines intersubjektiv konstituierten Subjekts schöpfen lässt.

(i) Einerseits gründet sich die Individualität des individuierten Mitglieds einer kulturellen Lebensform – aller Verinnerlichung der normativen Erwartungen und evaluativen Standards zum Trotz – in seiner *spontanen Impulsivität*, die sich nicht bändigen lässt. »One does not ever get it fully before himself.«[439] Dem »Ich« bei Mead haftet stets etwas Unbewusstes an, das als Kreativität oder innerer Drang zur Abweichung verstanden werden kann und dem der oder die Einzelne in der Sehnsucht nach Selbstverwirklichung nachzugeben wünscht.[440] Dieses spontane, kreative Ich stellt den »psychischen Widerpart des Mich« (Honneth) dar.[441] Aber gerade dadurch, dass das Ich durch den sprachlich vermittelten Prozess der Vergesellschaftung sich seiner Abweichung gewahr wird, bildet es eine *ihrer selbst bewusste* Eigenheit, Einzigartigkeit und individuelle Lebensgeschichte aus.

Das Ich sucht den Kreis der Adressaten seiner Kreativität und Impulsivität ständig zu erweitern, sobald es bei den ursprünglichen Bezugspersonen seiner Sprech- und Handlungsgemeinschaft auf Widerstand in Normen und Praktiken stößt. So hat der Einzelne ein persönliches Interesse daran, sich auf eine »umfassendere Gesellschaft« hin zu entwerfen. In diesem Sinne sind kulturelle Lebensformen, die mit ihren Normen und Praktiken Strukturen für menschliches Handelns einziehen, wie Anthony Giddens sagt, »beschränkend und befähigend« zugleich.[442]

(ii) Andererseits entwickelt sich die *post-konventionelle* Identität des vergesellschafteten Individuums dadurch, dass es mit *pluralen* Erwartungen konfrontiert ist, die es in reflektierter Eigenleistung synthetisieren muss. Die pluralen Erwartungen, zu denen das Individuum sich in performativer Einstellung verhalten muss, stellen das Ergebnis verschiedener Differenzierungsprozesse moderner Gesellschaften dar und somit der *Erweiterung und Diversifizierung* des Kreises der *Bezugspersonen*, auf die hin sich der Einzelne entwirft:

(a) Die gesellschaftliche Differenzierung der Moderne bedeutet die permanente Koexistenz und Konfrontation mit andersgearteten oder fremden Lebensformen. Die normativen Erwartungen, die an das Individuum durch die Kommunikationsgemeinschaft herangetragen werden, entstammen in modernen Lebensformen nicht mehr ein und derselben kulturellen kollektiven Identität.[443] Dadurch entstehen konfligierende Erwartungen und Rollenmuster, die von dem Individuum eine eigenständige Leistung der kritischen Beurteilung dieser widersprüchlichen Erwartungen verlangen.

Angesichts der Pluralisierung und gesellschaftlichen Differenzierung vervielfältigen sich die traditionellen Rollenerwartungen der partikularen Lebensformen, und im Gegenzug »zerbricht« die konventionelle Identitätsformation.[444] In der Folge tritt an den Einzelnen eine doppelte Anforderung oder Aufforderung zur Eigenleistung heran: Das Individuum wird gezwungen, eigene moralische Entscheidungen zu treffen, für die es auch als zurechnungsfähiges und verantwortliches Subjekt Rechenschaft muss ablegen können, und zum anderen muss es für eine eigene Lebensgeschichte im Verlauf ethischer Selbstvergewisserung Entscheidungen treffen.[445]

(b) Selbst bei der Annahme, dass es nur eine einzige kulturelle kollektive Identität innerhalb der das Subjekt sozialisierenden Sprech- und Handlungsgemeinschaft gäbe, folgt daraus noch nicht ein singuläres, homogenes, kohärentes Set an Erwartungen und Standards. Allison Weir hat darauf hingewiesen, dass es in jeder Sprech- und Handlungsgemeinschaft stets unterschiedliche Kontexte von Bedeutungen und variierende Interpretationen gibt, die die kollektiven Identitäten, an deren Erwartungen der oder die Einzelne sich orientiert, zu widersprüchlichen und umstrittenen werden lassen.[446]

Auch hier bedarf es eines zwar durch interaktive Beziehungen konstituiertes und sich auf eine Sprech- und Handlungsgemeinschaft hin entwerfendes Subjekts, das sich jedoch kritisch-reflexiv auf die konfligierenden Kontexte von Bedeutungen und Erwartungen zu beziehen vermag.

(c) Außerdem bildet jedes einzelne Individuum durch verschiedenartige Zugehörigkeiten zu – auch – funktional differenzierten Assoziationen oder sozialen Gruppierungen eine Schnittstelle widersprüchlicher Erwartungen, die es zu vermitteln und integrieren versuchen muss.

Alle drei Komponenten liefern Begründungen für die Ausbildung von und Fähigkeit zur *kritischen Reflektionsleistung*, die die Grundlage post-konventioneller Identitätsformation bildet. Es zeigt sich, dass die Sozialisation oder Vergesellschaftung von Individuen *nicht* zu der Unterdrückung jeder selbständigen, kritischen Reflektions- oder kontextuellen Distanzierungsleistung führt, sondern im Gegenteil diese ursächlich fordert und befördert. Die Reevaluierung und kritische Überprüfung gesellschaftlicher Konventionen und Standards wird gerade im und durch den Prozess der Vergesellschaftung des Individuums diesem selbst permanent abverlangt.

Es hat sich gezeigt, dass der Prozess der intersubjektiven Konstitution des Subjekts zwar einerseits das Subjekt mit einer konkreten Sprech- und Handlungsgemeinschaft verwebt, auf die hin es sich entwirft und deren Verhaltenserwartungen es zu verinnerlichen lernt, dass aber das Individuum im und durch den Prozess der Vergesellschaftung in eine konkrete kommunikative Lebensform die Fähigkeit und Bereitschaft zur Reflektion und Evaluierung erwirbt und somit auch seinerseits selbst am Prozess der eigenen Vergesellschaftung mitwirkt sowie zugleich die kulturellen kommunikativen Lebensformen mitgestaltet und verändert.

Allison Weir schreibt dazu:

> For of course, we are constituted as subjects, but from the time we begin to be constituted, we also participate in our own constitution, through our spontaneous acts and responses to others, through the development of our capacities for reflection, deliberation, and intention, through our constant attempts to understand ourselves and others, to express ourselves to others, to act in accordance with ideals, to account for our failures and our incoherences.[447]

Das vergesellschaftete Individuum wird also bei seiner Sozialisation in eine bestimmte partikulare Lebensform keineswegs zu »sozial-induzierter Bewusstlosigkeit« angehalten. Das einzelne Mitglied einer kulturellen kollektiven Identität verfügt – trotz intersubjektiver Konstitution des Ich, trotz Vergesellschaftung in eine partikulare Sprech- und Handlungsgemeinschaft mit spezifischen kulturellen evaluativen oder moralischen Standards, mit eigenen Praktiken und Bedeutungen – über die Fähigkeit zur kritischen Distanz. Das einzelne Subjekt kann seine eigene ethische Selbstverständigung in bestimmten Assoziationen besser verstanden sehen als in anderen, es richtet sein Verhalten und seine Überzeugungen an einer *sich erweiternden* Kommunikationsgemeinschaft aus, auf die hin es sich entwirft.

Damit ist noch nicht behauptet, dass sich jedes Individuum seine kulturelle Zugehörigkeit gänzlich frei und unabhängig wählt. Gewiss werden Personen zunächst in eine bestimmte kulturelle Lebensform, wahrscheinlich die der Eltern, integriert. Aber das in eine Sprech- und Handlungsgemeinschaft sozialisierte Subjekt lernt, eine Vielfalt von konfligierenden Erwartungen zu verinnerlichen und seine eigene ethisch-existentielle Identität und Lebensgeschichte vor und in diesen unterschiedlichen Perspektiven und Interpretationskontexten *zu vertreten*. Auf diese Weise gewinnt die einzelne Person durch den interaktiven Austausch innerhalb ihrer eigenen, häufig widersprüchlichen kulturellen Herkunft, aber auch in der umfassenderen Gesellschaft an der Fähigkeit und Bereitschaft, die eigene kulturelle Identität und Lebensgeschichte in einem Narrativ zu vermitteln und sich nicht zuletzt *reflexiv* dazu *zu verhalten*.

Vor diesem Hintergrund einer intersubjektiven Ich-Ausbildung, die nur im Austausch mit und in wechselseitiger Beeinflussung durch eine auch intern differenzierte, heterogene Sprech- und Handlungsgemeinschaft geschehen kann, hebt sich nun auch der Prozess der *individuellen Identifikation* mit partikularen Praktiken und Bedeutungen einer kulturellen kollektiven Identität ab. Die Identifikation mit einer kollektiven Identität besteht, oder besser: beweist sich nicht allein in der zustimmenden, überzeugten Zugehörigkeit zu einer etablierten kollektiven Identität, sondern es handelt es sich um einen produktiven Aneignungsprozess, bei dem die Praktiken und Bedeutungen in post-traditionalen Gesellschaften auch überprüft werden können. Das Subjekt passt sich den herkömmlichen Praktiken und Bedeutungen an[448] oder aber sucht diese zu verändern. Das Objekt der Identifikation, die kollektive Identität, ist somit mitunter selbst erst Produkt der Wünsche, Überzeugungen und Anforderungen der sich aktiv identifizierenden Angehörigen, die ihre Zugehörigkeit in einem permanenten kommunikativen Prozess artikulieren und manifestieren.

Die Vorteile des Modells der hier nachgezeichneten Individuierung durch Vergesellschaftung mittels eines kommunikativen Interaktionsprozesses, in dem das einzelne Subjekt lernt, sich aus der Perspektive der Anderen einer Sprech- und Handlungsgemeinschaft wahrzunehmen, und zudem lernt, konfligierende Erwartungen zu synthetisieren, scheinen evident: Bei einer so verstandenen Sozialisation in spezifische kulturelle Lebensformen lassen sich unterschiedliche empirische Phänomene, die den bisher diskutierten Modellen stets theoretische Probleme verursacht haben, integrieren:

1. In dieser Konzeption lassen sich auch solche Lebensgeschichten darstellen, in denen *wechselnde Zugehörigkeiten* zu verzeichnen sind. Hier lässt sich verständlich erklären, wie es einem Individuum gelingen kann, aus einem kulturellen Kontext – auf eigenen Wunsch – in einen anderen zu wandern, ohne identitär-existentiellen Sinn-Verlust zu erleiden – wie das Kymlicka noch suggeriert hätte. Das individuelle Subjekt ist hier mit einer Fähigkeit zur kognitiven Distanznahme ausgestattet, die es ihm erlaubt, den eigenen kulturellen Kontext in seinen Wünschen, Bedürfnissen und dem Selbstverständnis zu überschreiten und sich auf einen anderen oder umfassenderen Kommunikations- und Interaktionskreis hin zu entwerfen.

2. In der hier entwickelten Theorie lassen sich auch *multiple Zugehörigkeiten* der individuellen, konkreten Person besser verorten: Das Subjekt ist es ohnehin gewohnt, insbesondere in modernen post-traditionalen Gesellschaften, mit einer Vielzahl konfligierender Erwartungen und Wahrnehmungen konfrontiert zu werden. Es verfügt von daher schon über die Fähigkeit der Vermittlung oder Integration unterschiedlicher Perspektiven und Rollenerwartungen; ob sie sich dabei als interne oder externe erweisen, ist für den Abstraktions- oder Synthetisierungsprozess, den die konkrete Person leisten muss, weniger relevant, als das in den bisher diskutierten Modellen angenommen wurde. Es wird kein statisches Bild von der Sprech- und Handlungsgemeinschaft gezeichnet und auch kein objektivistisches Bild vom Handlungssubjekt. Vielmehr zeigt sich hier das reflexive, produktive Subjekt, das sich schon immer im Spielraum an Interpretationen und Vermittlungen vorgegebener Praktiken und Erwartungen eigenständig orientieren und verhalten muss.[449]

3. Die dichotome Polarität von *Selbst- und Fremdbeschreibung*, an die die Debatte um die freiwillige oder unfreiwillige Zugehörigkeit, um die transitive oder reflexive Identifikation mit kollektiven Identitäten stets stieß, lässt sich in dieser Konzeption wenn nicht ganz vermeiden, so doch anscheinend zumindest differenzierter beschreiben: Bei dem selbstbestimmten Entwurf spielen die Wahnehmungen und auch Beschreibungen der anderen Personen derselben (oder auch fremder) Sprech- und Handlungsgemeinschaft(en) *immer schon* eine konstitutive Rolle. Das Subjekt bildet sein eigenes Selbstverständnis nur im Austausch und auch in Abgrenzung von der Wahrnehmung und den Zuschreibungen anderer Interaktionspartner aus. Im *erfolgreichen* Fall lässt sich diese Interaktion als *Anerkennung* beschreiben, und das Subjekt gelangt mittels symmetrischer Kommunikation zu einer integren Form der angenommenen Identität.

4.1.3.2 Die aktive Reproduktion kultureller kollektiver Identitäten

Aus der vorangegangenen Diskussion der Entstehung oder reflexiven Bezugnahme zur individuellen Zugehörigkeit erschließt sich schon der Zusammenhang zum Verständnis der Herstellungs- und Reproduktionsprozesse der Praktiken und Bedeutungen der kollektiven Identitäten oder Lebensformen »als Ganzes«.

Es gilt zu bemerken, dass der Zusammenhang nicht in einer Ontogenese besteht, die ausschließlich mit dem Erlernen bestimmter kultureller *Inhalte* (und nicht auch Strukturen) gleichgesetzt wird.[450]

Zur eigentlichen Genesis kollektiver Identitäten, also einer vermeintlich einmaligen, ursprünglichen Entstehung oder Herstellung solcher intentionaler Vergesellschaftungen kann hier nichts gesagt werden. Wohl aber lässt sich der Prozess der – permanenten – Reproduktion der symbolischen Sinnsysteme und sozialen Praktiken, aus denen sich kollektive Identitäten speisen, rekonstruieren.

Kollektive Identitäten zeichnen sich durch eine *dynamische Zeitlichkeit* aus, die Homi K. Bhabha als »disjunktive Temporalität«[451] bezeichnet hat. Einerseits verfügen sie als »pädagogisches Objekt« (Bhabha) über eine Vergangenheit und Tradition, auf die die Angehörigen rekurrieren können: Hier kann es sich um positivierte Codes evaluativer oder normativer Überzeugungen handeln, um den historischen oder fiktiven Narrativ des eigenen Ursprungs oder Schicksals der eigenen Gruppe oder um die fixierte Übermittlung ritueller Handlungen und Praktiken (auch diskursiver Praktiken[452]). Gleichzeitig aber lässt sich die kulturelle kollektive Identität in der aktuellen Gegenwart als »Performanz eines Narrativs« (Bhabha) lokalisieren. Hierin manifestiert sich nicht allein der dynamische Charakter der kulturellen kollektiven Identität, sondern auch die aktive Zugehörigkeit ihrer Mitglieder, die sich in produktiver Mitgestaltung – sei es der Nacherzählung des historisch-kulturellen Narrativs, sei es der Interpretation von Praktiken und Bedeutungen etc. – zeigt. Beide Zeitlichkeiten der kulturellen kollektiven Identität sind jedoch gegenwärtig.[453] Und beide Zeitlichkeiten müssen als das Ergebnis eines Überlieferungsprozesses des Weiterreichens tradierter Praktiken und Bedeutungen, aber auch der Selektion[454], der Interpretation, des Vergessens[455], der Stilisierung und der Konstruktion[456] angesehen werden.

»The collection and preservation of an authentic domain of identity cannot be natural or innocent.«[457] Dass dieser Prozess der Veränderung im Zuge der Reproduktion möglich ist, liegt nicht zuletzt daran, dass es sich auch bei dem pädagogischen Objekt, der tradierten kulturellen Identität, um »essentially contested concepts« (Gallie) handelt, die in sich schon einen Pluralismus oder eine Vielfalt an Praktiken und Bedeutungen vereinen, aber nicht vereinheitlichen.[458]

In der Literatur gibt es unterschiedliche Erklärungen für diese *interne Vielfalt*: Einerseits bieten kommunitaristische Autoren wie beispielsweise Walzer, die tendenziell eher von einem stabilen, substantiellen Kern des kulturellen »Wesens von Gemeinschaften« oder Nationen ausgehen, die Erklärung der Möglichkeit der *Interpretation* dieses traditionellen »pädagogischen Objekts« an. Aus dieser *internen* Interpretationsgeschichte durch die Angehörigen der Gemeinschaft selber, entsteht – zumindest an der kulturellen Peripherie – eine gewisse Dynamik und Vielfalt.[459] Andererseits lässt sich die Vielfalt der Praktiken und Bedeutungen innerhalb einzelner kultureller Lebensformen und kollektiven Identitäten als Ergebnis eines interkulturellen Austauschprozesses beschreiben. »As a consequence of the overlap, interaction, and negotiation of cultures, the experience of cultural difference is *internal* to a culture.«[460]

Daraus ergibt sich ein Bild von kulturellen Lebensformen oder kollektiven Identitäten als porösen sozialen Entitäten, die nicht symbolisch geschlossen sind, sondern offen und dadurch auch in der Zusammensetzung und disparaten Verwurzelung hybrid.[461] Das Erzählen der eigenen kulturellen Geschichte kommt hier dem permanent neuen Erzeugen von Sinn und Bedeutung gleich. Es sind stets plurale Kontexte von Bedeutungen und Überzeugungen, die in einem vielfältigen und widersprüchlichen Narrativ verwoben werden.[462] Identität vermittelt sich hier als immer plurale, umstrittene, heterogene.

Bei einer so verstandenen kollektiven Identität kann schwerlich mehr der Anspruch der Einheitlichkeit und Eindeutigkeit, der Homogenität und der Kohärenz erhoben werden. Identität kann als nicht fixierte, nicht statische Einheit – wie Bonnie Honig das formuliert – kein »Zuhause« mehr bedeuten[463]: Das Eigene kann hier genauso viel Abschreckendes und Differentes enthalten wie das Fremde durchaus Vertrautes und Ähnliches.

Es ist wichtig, noch einmal daran zu erinnern, dass die hier rekonstruierten Reproduktionsverhältnisse nur für solche Typen von kollektiven Identitäten behauptet werden, die sich durch eine intentionale, reflexive Vergesellschaftung auszeichnen. Es sind dies kulturelle Lebensformen oder kollektive Identitäten, die insofern als post-konventionell oder post-traditional beschrieben werden können, als sie sowohl in ihren Sozialisationsmustern als auch in ihren institutionellen Institutionen einen »reflexiven Modus der Überlieferung« praktizieren.[464] Das heißt, moderne, post-traditionale kulturelle Lebensformen oder kollektive Identitäten zeichnen sich dadurch aus, dass das Bewusstsein für die Strittigkeit der eigenen Überlieferung sowie für die Möglichkeit der kulturellen Identität als Ergebnis einer reflexiven Selbst-Generation Teil des kulturellen Selbstverständnisses ist.

Gleichwohl unterscheiden sich verschiedene kulturelle Lebensformen und kollektive Identitäten hinsichtlich der *Grade der Bewusstheit* für die eigene Konstruktionsgeschichte. Das heißt, kollektive Identitäten unterscheiden sich auch dahingehend, ob sie sich mehr auf sich selbst und ihre eigene Geschichte als »pädagogisches Objekt« beziehen oder auf eine performativ selbst zu generierende Tradition rekurrieren.[465] Je mehr sich kulturelle Lebensformen auf die eigene Vergangenheit beziehen und sich selbst primär als »pädagogisches Objekt« wahrnehmen, desto weniger wird der Konstruktionsprozess der eigenen Überlieferung thematisiert. Je weniger kulturelle Lebensformen sich ihre eigene Identität als heterogenes, umstrittenes Ergebnis einer Geschichte der Anpassung, Sezession, Selektion, des Vergessens, der Kritik und der Interpretation bewusst machen, desto eher haben sie die Tendenz, sich zu verhärten und zu fundamentalisieren.[466] Das liegt daran, dass mit der Thematisierung der eigenen Historizität auch eine Analyse der Herstellungsprozesse und -konflikte der kollektiven Identität einhergeht; damit wird zugleich der Geltungsanspruch der Praktiken und Überzeugungen sowie die Stabilität der aktuellen kollektiven Identität zumindest relativiert.

Es gilt, den Stellenwert des bisher Behaupteten noch einmal deutlich zu machen: das Argument behauptet *nicht*, dass alle Vergesellschaftungen in der Moderne ein reflexiv-kritisches Selbstverständnis eingeschrieben haben. Stattdessen wird hier lediglich argumentiert, dass *intentionale Vergesellschaftungen*, die sich durch einen produktiven, aktiven Reproduktionsprozess seitens ihrer Angehörigen auszeichnen, ein solch kritisches Selbstverständnis *zur Voraussetzung* haben. Wenn die kulturellen Lebensformen oder Vergesellschaftungen es nicht zu ihrem Selbstverständnis gemacht hätten, dass ihre Mitglieder sie einer kritischen Revision und diskursiven Überprüfung unterziehen können, würden sie die aktive, produktive Teilnahme ihren Mitgliedern gar nicht erst gestatten.[467]

Es ist jedoch wichtig, die diskursive Überprüfung kultureller Praktiken und Bedeutungen nicht so darzustellen, als könnten im Prozess der Reproduktion *alle* kollektiven Geltungs-Überzeugungen einer kulturellen Lebensform oder kollektiven Identität problematisiert werden oder zerfallen. Reproduktionsprozesse stellen sich als zugleich *konstante* und *transformierende* dar. Nicht alle Handlungsorientierungen und Überzeugungen können im Reproduktionsprozess *gleichzeitig* einem Test unterzogen werden, vielmehr dienen sie immer auch dem Erhalt sozialer Beziehungsmuster und der Überlieferung und Weitergabe symbolischer Ressourcen über die Zeit und Generationen hinweg.

Entscheidend für unseren Zusammenhang war allerdings auch nicht die Wandlungsfähigkeit oder vermeintliche potentielle Verflüssigung der Praktiken und Bedeutungen der kollektiven Identität im Zuge ihrer Reproduktion als vielmehr der produktive, reflexive Anteil, den die Angehörigen dieser intentionalen Vergesellschaftungen dabei haben. Die Angehörigen manifestieren ihre Zugehörigkeit nicht durch eine einmalige Wahl, sondern durch immer wieder kritisch hinterfragte Zustimmung.

Andersherum betrachtet bedeutet das, dass kulturelle Lebensformen und kollektive Identitäten ihren Fortbestand nur gewährleisten können, wenn sie ihre Angehörigen von ihren Praktiken und Bedeutungen *überzeugen* können, so dass die Mitglieder von sich aus motiviert sind, diese Zugehörigkeit nach kritischer Evaluierung und in Kenntnis anderer Alternativen zu praktizieren und weiter zu reproduzieren.

Diese kritische Evaluierung geschieht aber nicht allein individuell, sondern vor allem auch im öffentlichen Austausch in »Selbstverständigungsdiskursen« (Habermas), in denen die Angehörigen von kulturellen Lebensformen das eigene Erbe erneut diskursiv überprüfen.[468] Dabei werden Praktiken und Bedeutungen der eigenen Überlieferung interpretiert und bewertet.

Das Besondere an Formen der bewussten, intentionalen Vergesellschaftung in gewollte kollektive Identitäten beweist sich exakt in diesem Prozess der Selbstverständigung. Diesem Typ einer kollektiven Identität ist es nämlich *gestattet*, sich über sich selbst *ohne Zwang* zu verständigen. Dabei geht es nicht darum, dass nicht auch fremde Beschreibungen und Wahrnehmungen der eigenen Identität in die Selbstbeschreibung oder das eigene Selbstverständnis aufgenommen werden könnten – vielmehr ließ sich ja schon im vorangegangenen Kapitel nachweisen, inwieweit das Selbstverständnis immer schon durch fremde, externe Perspektiven und Wahrnehmungen konstituiert ist. Und in diesem Kapitel wurde deutlich, dass die Praktiken und Bedeutungen von kollektiven Identitäten immer schon das hybride Produkt eines langen Herstellungsprozesses sind, indem sich unterschiedlichste Einflüsse und Interpretationen miteinander verbanden. Es kann also sinnvollerweise gar nicht Ziel einer solchen Selbstverständigung sein, Eigenes von Fremdem zu scheiden.

Aber die Vergesellschaftungen des Typs, wie sie hier rekonstruiert worden sind, zeichnen sich durch eine gewollte *Selbst-Identifizierung* aus: Die Kriterien der Zugehörigkeit werden von den Angehörigen selbst bestimmt, die Art der Überlieferung des kulturellen Erbes wird gemeinsam überprüft. Das heißt, ob es sich um eine traditionale Weiterleitung übernommener Praktiken und Bedeutungen handelt oder um einen Selbsttransformationsprozess, bei dem nicht alle Praktiken und Überzeugungen einer kritischen Revision standhalten, entscheiden *die Angehörigen selbst.* Nur auf diese Weise bilden die gelebten Praktiken und Bedeutungen tatsächlich reflexive *Überzeugungen* der Angehörigen der kollektiven Identität aus.

Die Praktiken und Bedeutungen stellen eben nicht das Ergebnis einer zwanghaften Zuschreibung von außen dar, mit der sich die einzelnen betroffenen Personen freiwillig nicht identifizieren würden – es sei denn als schlussendliche Anpassung an die ungewollten *Erfahrungen* mit einer unveränderlichen, diskriminierenden dominierenden Umwelt. Die Kriterien der Zugehörigkeit und also die Beschreibung der eigenen kulturellen kollektiven Identität werden *nicht* von außen, von einer externen, dominanten fremden Kultur willkürlich bestimmt oder zugeschrieben, sondern entstammen ebendem inneren Selbstverständigungsprozess. Die Beschreibungen der kulturellen kollektiven Identität sind vielleicht nicht ausschließlich eigene, sondern selbst das Ergebnis eines Austauschprozesses mit auch fremden Beschreibungen, aber die geltenden Beschreibungen sind nicht verletzend und werden von den Angehörigen *anerkannt*.[469]

Es geht hier darum, Vergesellschaftungen dahingehend zu unterscheiden, ob die fremden Beschreibungen, die die eigene kulturelle Identität beeinflussen, für die Angehörigen akzeptabel sind oder nicht.

> Il est en revanche possible d'ètablir un critère éthique pour juger de la forme des influences: l'essentiel, dirais-je, est de savoir si elles sont imposées ou porposées.[470]

4.2 Typ 2: Nicht-intentionale, subjektivierende Konstruktion von kollektiven Identitäten

> If these subjects could not be who they are without this linguistic bearing toward one another, then it seems that this linguistic bearing might well qualify as something essential to who these subjects are, something without which they could not be said to exist; their linguistic bearing toward one another is not something simply added on to their social relations to one another. It is one of the primary forms that this social relation takes.
> *Judith Butler*

Entgegen der üblichen Praxis, nicht-intentionale, erzwungene Konstruktions- oder Reproduktionsprozesse als ein *Gegen*modell zu den intentionalen, selbst-identifizierenden Vergesellschaftungen aufzubauen, dient der nun folgende Teil der Rekonstruktion einer schlicht *anderen Form* der Konstruktion oder Reproduktion von kollektiven Identitäten, der *gleichzeitig* neben dem anderen Modell unserer Typologie besteht.

Der theoriestrategische Sinn der beiden Typen kollektiver Identitäten besteht darin, eine analytische Unterscheidung zu haben, mittels deren es möglich wird, kollektive Identitäten nicht in ihrer Substanz, nicht anhand eines vorgeblichen inneren Kerns zu identifizieren. Vielmehr werden kollektive Identitäten daran gemessen, ob die Praktiken und Symbolsysteme, die ihre Lebensform zu kennzeichnen scheinen, wirklich Ausdruck ihrer eigenen Überzeugungen sind. Es wird nicht behauptet, dass eine Gruppe für die gesamte Dauer ihres Bestehens nur einem der beiden hier entwickelten Typen entsprechen kann. Kollektive Identitäten werden in beiden Formen als dynamische Gebilde geschildert, die in historischen Kontexten situiert und durch sie verändert werden können. Gerade die Abhängigkeit von dem responsiven Verhalten der Umwelt, auf der die Formationsprozesse kollektiver Identitäten ruhen, fördert die Wandelbarkeit der Identität selbst. Insofern kann eine empirische Gruppe in einem bestimmten historischen Kontext als intentional-vergemeinschaftete Identität auszumachen sein, in einem anderen Kontext aber als subjektivierte: Juden können *unter anderem* als religiöse Konfessionsgemeinschaft, als konstruierte »Rasse« im »Dritten Reich« und als Schicksalsgemeinschaft nach Auschwitz klassifiziert werden. Gerade an solchen Beispielen zeigt sich der Vorzug einer Typologie, die sich auf den Entstehungsprozess der Gruppen selbst und ihr Verhältnis zu anderen Gruppen bezieht. Nur so können einerseits verschiedene kollektive Identitäten berücksichtigt werden und andererseits die Entwicklungen rekonstruiert werden, die jede einzelne Identität in Auseinandersetzung mit anderen durchmacht.

Es werden diskursive und nicht-diskursive Prozesse rekonstruiert, die zu einer zwangsweisen, ungewollten Vermachtung in kollektive Identitäten führen. Wie bei den Autoren der Modelle (III–IV) schon diskutiert, gehören zu dieser Form der erzwungenen, nicht-intentionalen Vergesellschaftung auch solche kollektiven Identitäten, deren gemeinsames Kriterium die Erfahrung der diskriminierenden Verletzung, die Erfahrung mit einer ablehnenden Umwelt darstellt.

Die Debatte um kollektive Identitäten reduziert die hier diskutierte Variante der verletzenden Fremd-Konstruktion einer Identität häufig unter dem vermeintlich gegensätzlichen Begriffspaar Konstruktivismus versus Essentialismus, also der Frage: ob die kollektive Identität, wie sie uns als distinkte gegenübertritt und als die wir sie identifizieren, das Abbild eines inneren, »authentischen« Wesens der einzelnen Mitglieder darstellt oder ob die kollektive Identität erst das »künstliche« Produkt eines sozialen und politisch-historischen Herstellungsprozesses ist.

Zumeist werden die hier erörterten Fälle zwangsweiser Vergesellschaftung und Vermachtung dabei als Beispiele für eine solche fremdgesteuerte Konstruktion von »Identität« angeführt. Dabei suggerieren manche Argumentationen, dass mit dem Verweis auf den Konstruktionsprozess nicht nur die normativen Werte und Überzeugungen dieses Kollektivs ihre Ansprüche auf Geltung zumindest relativieren müssen, sondern sie unterstellen zudem, dass die gesamte Identität »unwirklich« sei.

Dem soll hier widersprochen werden: Auch konstruierte Identitäten und solche, die aus einer Erfahrung der Diskriminierung und anschließender Solidarisierung entstanden sind, entwickeln eine Schwerkraft in der realen Welt. Um mit Searle zu sprechen: Auch Konstruktionen werden irgendwann zur objektiven Tatsache.[471] Das heißt, die Kategorien, mit denen Personen gegen ihren Willen in Gruppen klassifiziert werden und die ein relevantes Mittel der Konstruktion von kollektiven Identitäten bedeuten, *wirken* auch, wenn keine »Essenz« nachweisbar ist.[472]

Es wird im folgenden versucht, genauer das Moment zu verorten, an dem eine Verletzung zu einer konstituierenden Kraft im Prozess der Subjektivierung / Identifikation der Betroffenen wird.

Dabei wird die subjektivierende Vermachtung in erzwungene kollektive Identitäten *ebenfalls* auf der Analyse der intersubjektiven, sprachlich vermittelten Konstitution der Identität aufsitzen, die auch die Grundlage der Rekonstruktion intentionaler, reflexiver Vergesellschaftungsprozesse darstellte. Auch diese kulturellen Lebensformen und kollektiven Identitäten bilden das widersprüchliche Produkt sozialer und interaktiver Beziehungen.[473] Der Unterschied besteht bei den hier beschriebenen Prozessen der Identitätsformation darin, dass den betroffenen Subjekten in einer Vielzahl von Hinsichten und auf unterschiedlichen Ebenen die Fähigkeit oder Möglichkeit zur Artikulation eigener Wünsche oder Perspektiven genommen wird: Es wird ihnen sozusagen »die Sprache verschlagen«, in der sie ein eigenes Selbstverständnis und eigene kulturellidentitäre Narrative hätten artikulieren können. Die eigene kollektive Identität wird unter diesen Umständen zunächst einmal abgegrenzt und als distinkte klassifiziert und sodann entweder gänzlich verschwiegen[474] und diskursiv unsichtbar[475] gemacht, oder sie wird extern konstruiert, normiert (also pejorativ belastet) und als solche sozial fixiert. In jedem

Fall werden die Betroffenen selbst aus diesem Prozess der Identitätsformation mehr oder minder dadurch ausgeschlossen, dass ihrem eigenen voluntativen Selbstverständnis keine Anerkennung gezollt wird und
ihnen institutionell das Forum für Selbstverständigungsdiskurse oder
Artikulation genommen wird.

Diese Missachtung des eigenen kollektiven Selbstverständnisses
führt aber nur dann zu einem neuen, veränderten »Selbst«-Verständnis,
wenn man hier von einer Vorstellung von responsivem Verhalten als
konstitutiver Bedingung intersubjektiver Identitätsformation ausgeht.
Auch die abwertende, missachtende Reaktion der Sprech- und Handlungsgemeinschaft formt die kollektive Identität. Also unabhängig
davon, ob es sich um eine gelingende oder misslingende[476], um verletzende oder anerkennende Identitätsbildung handelt: Die Darstellung
der Konstruktion von kollektiven Identitäten gründet auf der These von
der *»Angewiesenheit«* individueller, aber auch kollektiver Identitäten
auf das »responsive Verhalten anderer«[477]. »To exist is to be called into
being in relation to an otherness, its look or locus.«[478] Wenn die Reaktion der anderen Mitglieder der kommunikativen Lebensform – seien
es Angehörige derselben partikularen kulturellen Identität oder nicht –
anerkennend ist, wird sowohl das Individuum als unvertretbar einzelnes
in seiner Selbstachtung als auch die Selbstbeschreibung als Angehöriger
einer bestimmten kollektiven Identität bestätigt.[479] Es interessiert dabei
primär die zweite Hinsicht der Anerkennung, also die, als Person mit der
Zugehörigkeit zu einer bestimmten kollektiven Identität angenommen
zu werden. Im *misslingenden* Fall entspricht das responsive Verhalten
der Sprech- und Handlungsgemeinschaft, auf die hin sich das Individuum entwirft oder in der sich das Kollektiv als partikulare kulturelle Lebensform und kollektive Identität darstellt, erklären und verantworten
muss, einer Missachtung oder Verletzung des eigenen Selbstverständnisses.

Die Verletzung der Person *als* Angehöriger einer Gruppe oder der kollektiven Identität der Gruppe selbst, die sich zur erzwungenen Identität
verfestigt, entspringt also der Diskrepanz der Deutungs- und Bedeutungsmuster. Die Beschreibung und Bewertung der kollektiven Identität, die soziale Geltung erlangt, ist für deren Angehörige selbst nicht
akzeptabel, weil sie zu weit vom eigenen Selbstverständnis abweicht.
Es scheint für die Rekonstruktion der *Aneignungsprozesse* solcher verletzender, missachtender Beschreibungen und Deutungen und der Kon-

struktion kollektiver Identitäten relevant zu sein, unterschiedliche Arten der falschen/kränkenden Beschreibungen zu differenzieren.

Wie sich im Verlauf der Rekonstruktion des Sartre'schen Modells der Genesis kollektiver Identitäten schon gezeigt hat, gibt es unterschiedliche Gründe und Motivlagen, aufgrund deren sich die Beschreibungen als inakzeptable klassifizieren lassen. Beschreibungen können für die betroffenen Personen inakzeptabel sein, weil:

(i) die *Fremdbeschreibung* auf schlicht *falschen* Behauptungen beruht. Einerseits können die Behauptungen erkennbar und also überprüfbar falsch sein, andererseits können sie unsinnig sein, insofern sie Kategorienfehler begehen oder auf falschen Präsuppositionen beruhen;

(ii) die *Fremdbeschreibung* mit einer »moralisch relevanten Unangemessenheit des Vokabulars‹[480] operiert, d.h. mit einer *kränkenden* Wertung verbunden und belastet ist. Sartres Darstellung der ersten Begegnung des jüdischen Kindes mit der Beschimpfung »Judenfratze« verdeutlicht diesen Fall;

(iii) die kulturelle Lebensform oder kollektive Identität in einer Gesellschaft situiert sein kann, in der ihre *Selbstbeschreibung* systematisch *unterdrückt* und überhört wird. Dies ist der Fall der Homosexuellen in den meisten zeitgenössischen Gesellschaften, aber auch der »ex-colonials« sowohl früher in den ursprünglichen Heimatländern als auch heutzutage in den Ländern ihrer ehemaligen Kolonisatoren;

(iv) eine verzerrende Beschreibung *aktiv von außen manipuliert* und durch eine dominante Kultur oder Okkupationsmacht aufgezwungen werden kann. Dabei muss die Beschreibung noch nicht einmal mit einer negativen Wertung belastet sein. Die Begegnung Cortez' mit der indigenen Bevölkerung der Azteken in Mexiko in der Darstellung von Tzvetan Todorov erzählt einen solchen Fall diskursiver Manipulation.[481]

(v) die *Selbstbeschreibung innerhalb der eigenen Gruppe*, der eigenen kulturellen kollektiven Identität von einer internen Elite *unterdrückt* werden kann, weil sie zu weit vom »mainstream« abzuweichen droht.

Wie in Abschnitt 4.2.3. deutlich gemacht wird, handelt es sich bei diesen Missachtungen der Selbstbeschreibung der Mitglieder einer kollektiven Identität nicht nur um vereinzelte Sprechakte, sondern ihre Schwerkraft und politische Relevanz erhalten sie dadurch, dass sie sich in diskursiven und materialen Strukturen niederschlagen. Sie führen zu Institutionalisierungen und Ideologien, die die Mitglieder im sozialen Leben gegenüber anderen disqualifizieren: einerseits, indem sie ihnen ihre Selbstartikulation erschweren, indem sie ihnen die selbstbestimmte Wahl ihres identitären Horizonts erschweren oder belasten. Dies ist die Einschränkung, die Autoren wie Taylor und Kymlicka kritisieren und die sie dazu führt, die Zugehörigkeit zu einer kollektiven Identität als Bedingung und Ausdruck individueller Selbstbestimmung zu definieren. Andererseits sind diese hier aufgezählten Missachtungen bedeutsam, weil sie nicht nur eine Person in der Ausübung ihrer Überzeugungen behindert, sondern mitunter auch die Person als Kandidaten für bestimmte Rechte oder Ansprüche ungerechtfertigterweise disqualifiziert.[482]

Aus dieser Erfahrung mit der Diskrepanz der Deutungs- und Bedeutungsmuster, aus der Erfahrung mit diskursiven oder materialen Strukturen, die einschränken und verletzen[483], entstehen nun ihrerseits neue Selbstverständnisse kollektiver Identitäten – dies ist der Prozess der nicht-intentionalen, erzwungenen Konstruktion von Identität, dem diese Variante der Typologie gilt.

Warum aber, ließe sich fragen, identifizieren sich die Angehörigen solcher kollektiver Identitäten überhaupt mit nicht zutreffenden oder belasteten Beschreibungen und Wertungen? Warum prallen beleidigende oder verletzende Zuschreibungen und Bewertungen nicht einfach an den Betroffenen ab?

Es gibt für diese Prozesse der Identifikation mit inakzeptablen oder verletzenden oder entfremdenden Deutungen und Zuschreibungen unterschiedliche, zum Teil einander ergänzende Erklärungen.

(i) Intentionales Verhalten orientiert sich an vorgegebenen *scripts*, also Rollen- und Verhaltensmustern.

(ii) Verinnerlichung der Wahrnehmungen und Perspektiven der Anderen einer Sprech- und Handlungsgemeinschaft operiert auch bei kränkenden Wahrnehmungen und Bewertungen.

(iii) Überwältigung angesichts der Dominanz der negativen Wertung in der Gesellschaft und der Materialisierung / Institutionalisierung dieser Ideologie in Praktiken und Gesetzen.

4.2.1 Die Rolle von Etiketten / Klassifikationen im Zuge der Herstellung kollektiver Identitäten

Das bewusste, intentionale Handeln sowie die narrative Selbstinterpretation von Individuen[484] orientiert sich an dem in einer konkreten, partikularen Gesellschaft vorhandenen Material an sogenannten *scripts*, also Vorgaben für Rollen- und Verhaltensmuster. Intentionales Handeln, aber auch das Erzählen der eigenen Lebensgeschichte vollzieht sich anhand von solchen Modellen und Beschreibungen, das Verhalten ist gleichsam konzeptuell vorgeformt. Lebenspläne und ethisch-existentielle Identitätsentwürfe werden insofern anhand von sozial verfügbaren Konzepten entwickelt, als die Identifikation mit diesen Etiketten (»labels«) oder Beschreibungen wie ein Drehbuch des eigenen identitären Narrativs oder Entwurfs funktioniert.[485] Dem liegt die von Charles Taylor treffend formulierte Annahme zugrunde, dass der »Mensch ein *selbstinterpretierendes Wesen*« sei.[486] Die sozial verfügbaren Konzeptionen oder »scripts« dienen dem Subjekt dazu, *anhand* dieser Modelle seine eigene Identität auszurichten, zu verstehen und aber auch anderen verständlich zu machen.

Bis hierher suggeriert diese Konzeption lediglich, dass Personen aus einem bestimmten begrenzten Repertoire an Identitätskonzepten und -idealen auswählen, dass sie sich zunächst mit vorgefertigten Identitätsentwürfen oder Rollenmustern identifizieren und daran ihren eigenen Lebensplan und ihr Verhalten und Handeln ausrichten: Sie passen sich sozusagen auf eigenen Wunsch, aufgrund ihrer freiwilligen Überzeugung solchen Etiketten oder Beschreibungen an. Die *scripts* erweisen sich in diesem Zusammenhang als *befähigende*. Sie können aber auch als *beschränkend* wahrgenommen werden und eingrenzend wirken. »What people can do depends on what concepts they have *available* to them.«[487] *Welche* Konzepte ihnen zur Verfügung stehen, ist aber in mehrfacher Hinsicht kontingent und fragil. Diese identitären Konzepte bewegen sich nicht einfach im ahistorischen, vorpolitischen Raum, sondern sie sind ihrerseits Produkt politischer, kulturell partikularer selektierender und wertender Interaktionsprozesse und Machtverhältnisse.

(a) In einer konkreten, partikularen kulturellen Lebensform können bestimmte *scripts* beispielsweise einfach ausgeschlossen oder noch ungedacht sein – sie stehen also deshalb nicht zur Disposition, weil sie für den Einzelnen gar nicht in den Bereich des Denkbaren rücken. Um nur einige anzuführen: Das Modell berufstätiger Frauen ist in der Geschichte lange ausgeschlossen gewesen, weil es unerwünscht war. Homosexuelle Familien, insbesondere lesbische Paare mit »eigenen« Kindern, die durch artifizielle Befruchtung erzeugt wurden, waren – auch wissenschaftlich – undenkbar und sind es auch heute in vielen Gesellschaften – gesetzlich – noch immer.

(b) Manche *scripts* können zudem unter bestimmten historischen Umständen oder in bestimmten partikularen Gemeinschaften mit pejorativen Belastungen »ausgezeichnet« sein – und laden somit nicht zur Identifikation ein beziehungsweise verlangen von dem oder der Betroffenen eine allen Bürden und Belastungen trotzende Motivation, Neigung oder Überzeugung.[488]

(c) Zusätzlich gibt es dann noch eine Reihe von Klassifikationen oder *scripts*, die als *nicht* strukturell offene konzipiert sind. Der Lebensplan des Landwirts war Juden in Deutschland beispielsweise zuzeiten unmöglich, weil ihnen gesetzlich Grundbesitz verwehrt war.[489] Es gibt Klassifikationen, die nicht jedem zur freien Auswahl zur Verfügung stehen, weil sie historisch-politisch konstruiert werden und ihr Zugang reglementiert wird. »Black Americans, for example, are highly socially constrained to identify as blacks, without other options available to them, even when they believe or know that their forebears included many non-blacks.«[490] Dazu gehören auch solche *scripts*, die bestimmte Merkmale vorschreiben, wenn denn die einzelne Person diesen Entwurf »glaubwürdig« leben soll – was als glaubwürdig gilt, wird dabei wiederum in jeder partikularen Sprech- und Handlungsgemeinschaft festgelegt.

Der belgische Kinofilm *Ma vie en rose* erzählt eine solche Geschichte einer misslungenen Identifikation oder Wahl eines Rollenmusters, eines Lebensentwurfs, die von der sozialen Umwelt nicht anerkannt und missachtet, ja verboten wird, weil die Voraussetzung des Zugangs, also die Zugehörigkeits-*Fähigkeit* bestritten wurde. Der Film erzählt die Geschichte des Jungen Ludovic, der sich an den Rollenmustern der Barbie-Puppen und ihrer imaginären Welt[491] orientiert und sich mit den weiblichen Vorbildern identifiziert. Ludovic kleidet sich folgerichtig wie ein Mädchen, schminkt sich und verliebt sich – zum Entsetzen seiner Eltern und der Nachbarschaft – in seinen Spielkameraden.[492] Ludovic gedenkt, in der Zukunft seinen Freund, der übrigens keinerlei Problem der Bezugnahme auf Ludovic *als* Mädchen zu verspüren scheint, zu heiraten. Allen Hinweisen und Lektionen zum Trotz, die ihm bedeuten, dass er eben kein Mädchen sei und deswegen niemals seinen Freund heiraten könne, beharrt Ludovic und antwortet: Aber er wolle es, und er werde schon noch ein Mädchen werden.

Es geht an dieser Stelle nicht darum zu klären, inwieweit das Merkmal des biologischen Geschlechts selber historisch-politisches Produkt oder Konstrukt ist oder inwieweit Geschlechtsidentitäten überhaupt als

»wahr« oder »falsch« klassifiziert werden können, als vielmehr darum, am Beispiel die Restriktion durch nicht strukturell offene Identitäten oder soziale Kategorien nachzuweisen. Unabhängig von Wahl, Überzeugung oder Identifikation (und Ludovic war dabei durchaus subjektiv glaubwürdig) legen die historischen Umstände oder die kulturellen Zuschreibungen und Wertungen einer partikularen Sprech- und Handlungsgemeinschaft fest, *was* als »glaubwürdige« Darstellung einer Zugehörigkeit oder als »glaubwürdige« Identität zu gelten hat. Ob dann die unglaubwürdige »Darstellung einer Identität« schlicht missachtet wird oder ob sie belächelt wird oder gar verboten, ist dann Folge dieser vorgängigen sozialen Konstruktion von Zugangsberechtigungen.

(d) Das umgekehrte Pendant zu (c) stellt der Fall jener Klassifikationen dar, die als Präskriptionen funktionieren. Es handelt sich dabei nicht einfach um Beschreibungen von Personen und ihren Lebensentwürfen, sondern um Zuschreibungen, Etikettierungen von außen, die äußerliche und willkürliche Eigenschaften zu Merkmalen einer kollektiven Identität konstruieren und daran Lebensentwürfe und Verhaltensweisen als Vorschriften koppeln. »One must learn to be black in this society.«[493] Nun muss aber zu der Erklärung der externen, erzwungenen Konstruktion kollektiver Identitäten mittels solcher Klassifikationen noch ein weiteres Argument hinzukommen: Bislang wurde lediglich behauptet, dass sich Personen als intentional Handelnde und sich selbst interpretierende sowie in Narrativen erklärende Wesen an Rollenmustern, Lebensmodellen, aber auch vorhandenen kulturell-identitären Geschichten orientieren. Dabei wurde sodann darauf verwiesen, dass bestimmte Personen oder Gruppen insofern eingeschränkt werden in ihrem selbstbestimmten Entwurf oder ihrem voluntativen Selbstverständnis, als ihnen bestimmte Identitäts-Modelle oder Rollen nicht zugänglich sind oder sie in ihren eigenen Beschreibungen und Deutungen von den Anderen ihrer Sprech- und Handlungsgemeinschaft nicht wahrgenommen bzw. ausgeschlossen werden.

Dies erklärt zumindest schon einmal, inwieweit identitäre Zugehörigkeit nicht nur von den Eigenschaften oder Überzeugungen der Angehörigen abhängig ist, sondern auch von der *Verfügbarkeit* der sprachlichen, narrativen Repräsentation und Interpretation.

Schwarz ist jedoch keine Frage der Pigmentierung. Das Schwarz, von dem ich rede, ist eine historische, eine politische, eine kulturelle Kategorie. […] Wir müssen zwischen der Art, wie Leute aussehen, und den Geschichten, die sie haben, eine Äquivalenz herstellen. Ihre Geschichten liegen weit zurück, eingeschrieben in ihre Haut. Aber es ist nicht wegen ihrer Haut, daß sie in ihren Köpfen schwarz werden.[494]

Zunächst ist lediglich rekonstruiert worden, wie die einzelne konkrete Person oder kollektive Identität eingeschränkt oder belastet wird in ihrer Selbstbeschreibung, es ist verwiesen worden auf mögliche Konflikte, die durch die Diskrepanz zwischen eigenem voluntativen Selbstverständnis und den sozial-politischen Bedeutungen und Wertungen der dominanten Mehrheitskultur[495] entstehen können; beispielsweise wenn man sich mit einem Lebensentwurf identifiziert, der einem aufgrund von persönlichen Eigenschaften oder Merkmalen verwehrt wird, die man *selbst* für die eigene personale Identität für vollständig *irrelevant* oder kontingent hält.

Inwieweit aber die auf diese Weise vorgefertigten oder ungewollten, erzwungenen Zuschreibungen zu Identifikationen werden, die als Selbstinterpretationen wiederum für die Erfahrungen konstitutiv[496] werden, muss noch geklärt werden.

4.2.2 Verinnerlichung und Übernahme von ungewollten, verletzenden Zuschreibungen

> Could language injure us if we were not, in some sense, linguistic beings?
> *Judith Butler*

Schon in der Rekonstruktion der Argumente der Modelle (III) und (IV) wurde auf Prozesse der Verinnerlichung diskriminierender und verletzender Zuschreibungen und Wertungen von außen hingewiesen. Sartre beschreibt die Entwicklung, durch die eine soziale Kategorie – unabhängig davon, ob sie eine konstruierte, falsche, unsinnige oder eine pejorativ belastete Klassifikation / Prädikat darstellt – eine Wirkung auf die so Bezeichneten ausübt, ja mehr noch, wie sie zum »eigenen« Selbstverständnis sich auswächst.

Nach Sartre vollzieht sich diese Materialisierung von konstruierten Identitäts-Konzepten (wie gesagt, unabhängig davon, ob sie wahr / falsch oder belastet / unbelastet sind) auf zwei Ebenen, die wir auch schon im vorangegangenen Kapitel als zwei Dimensionen der sozial-kulturellen Welt bezeichnet haben, in denen oder an denen sich Konstruktions- und Reproduktionsprozesse vollziehen können, nämlich »Sinn« und »Praxis / Materie«:

1. Einerseits bildet auf der Ebene der symbolisch-diskursiven Sinn-systeme die permanente Erfahrung mit fremden, verletzenden / falschen Zuschreibungen eine psychische Wirklichkeit bei den so bezeichneten Personen oder Gruppen aus. Im Interaktionsprozess mit der eigenen kommunikativen Lebensform werden die normativen oder evaluativen Erwartungen der sozialen Umwelt – auch wenn sie sich gegen die eigene Person richten – mehr und mehr internalisiert.

2. Andererseits lassen sich die Konstruktionen, so sie denn von der kulturell dominanten Mehrheit der Gesellschaft übernommen wer-den, in der sozialen Wirklichkeit als Praxis oder Materie verorten. Sie wachsen sich von – falschen oder unsinnigen oder kränkenden – Über-zeugungen zu sozialen Praktiken aus oder finden in institutionellen und gesetzlichen Kodifizierungen ihre positivierte Materialisierung. Zu dieser zweiten Form der sozialen, politischen Verwirklichung der Kon-struktionen kollektiver Identitäten mittels juridischer Reglementierung, aber auch Produktion im nachfolgenden Abschnitt mehr.

Um zu erklären, inwieweit Verletzungen und inakzeptable Fremd-zuschreibungen nicht nur materiale Konsequenzen in Form von Prakti-ken und Gesetzen nach sich ziehen, sondern auch die Identifikation der Betroffenen mitbestimmen, lässt sich auf die Analyse der intersubjekti-ven, sprachlich vermittelten Konstitution des Ich zurückgreifen. Hierbei geht es nicht mehr allein um die politische Definition von Zugehörig-keiten gegen den Willen der Klassifzierten oder die soziale Bewertung von solchen sozial konstruierten *scripts*, sondern hier geht es um den Prozess der Identifikation, der Verinnerlichung dieser kränkenden Zu-schreibungen oder Fremdbeschreibungen.

Denn es gilt durchaus noch einmal die Frage zu klären, warum denn eigentlich Beschreibungen oder Beurteilungen, die von »Fremden« oder »Anderen« erfolgen und die noch dazu aus unterschiedlichen Gründen als inakzeptable zu bezeichnen sind, überhaupt zum Teil des eigenen Selbstverständnisses werden? Warum kann man sich, wie Hannah Arendt sagt, nur »als das wehren, als was man auch angegriffen ist«?

Eine Antwort auf diese Frage nach dem Prozess der Identifika-tion mit nicht-gewollten Identitäten oder Zuschreibungen liegt in der sprachlichen – intersubjektiven – Konstituiertheit und Verfasstheit des Subjekts. Judith Butler entwickelt besonders in ihrem neuesten Buch *Excitable Speech*[497] eine Theorie zur sprachlichen Verletzbarkeit des Subjekts, die uns verstehen helfen soll, inwieweit die einzelne Person, aber auch nicht-intentional vermachtete Gruppen durch solche Erfahrungen mit sprachlichen Verletzungen subjektiviert und produziert werden.

Dabei sei vorweg schon einschränkend hinzugefügt, dass für Butler die Diskussion sprachlicher Verletzungen insofern relevant ist, als sie davon eine Klärung der Frage erhofft, ob Sprache, genauer: ein Sprechakt, als Handlung zu verstehen sei oder nicht. Wenn nämlich ein Sprechakt als Aktion oder Tat klassifiziert werden kann, dann hat das auf der normativen, aber vor allem juridischen Ebene weitreichende Konsequenzen, die Butler kritisch beleuchten will. Im Kontext dieser Arbeit interessiert allerdings weniger diese Frage nach dem Status des Sprechakts als Handlung als vielmehr, was es ist, wodurch ein Satz, der eine Beleidigung gegen eine Person enthält, diese Person in ihrer Integrität, in ihrem Selbstverständnis verletzt. *Was* ist es, das eine Bezeichnung oder Beschreibung zu einer Demütigung oder Kränkung werden lässt?

Butler verweist darauf, dass das Subjekt sprachlich konstituiert ist, dass es die sprachliche Anrede und die sprachlich vermittelte Situierung in einem Kontext ist, durch die eine Person etabliert wird. Eine Person wird nicht allein dadurch als – handelndes – Subjekt konstituiert, dass es eine Sprache, also die Wörter und deren Verwendungsweisen erlernt[498], sondern auch dadurch, dass es *an-sprechbar* ist und angesprochen wird.

Das Butler'sche Argument über die Empfänglichkeit für sprachliche Verletzung besteht, bei genauerer Betrachtung, aus zwei verschiedenen Thesen:

(a) Einerseits behauptet Butler, dass eine Quelle für die sprachliche Verletzung in der konstituierenden Kraft der Sprache als solcher begründet ist. »My presumption is that speech is always in some ways out of control.«[499] In dieser subjektivierenden Macht der Sprache, der das Subjekt insofern *ausgeliefert* ist, als es durch sie erst konstituiert wird, liegt die Erfahrung, dass das Subjekt niemals alleiniger, selbständiger Autor weder seiner selbst noch seiner Sprache und Worte sein kann. Darin besteht nach Butler ein »Verlust« an Souveränität, der auch als Verletzung beschrieben werden könnte.

Während es durchaus einleuchtend zu sein scheint, dass das sprachliche Medium als durch eine aktuelle Sprech- und Handlungsgemeinschaft, aber auch durch eigene Grenzen limitierter Horizont, also als *beschränkend* wahrgenommen werden kann, so scheint es doch fragwürdig, es als *ausschließlich* einschränkendes und nicht auch *befähigendes*, ermöglichendes zu charakterisieren: eben als *regulatives und konstitutives* Medium. Doch selbst bei einer Darstellung der Sprache als ausschließlich die Souveränität des Subjekts verhindernde bleibt zu fragen, ob darin tatsächlich schon eine Verletzung zu verorten ist?

(b) Zum anderen verweist Butler auf die Bedrohung durch Namen und Bezeichnungen, die die so bezeichneten oder beschimpften Personen verletzen, weil sie sie auf etwas festlegen, das ihrem eigenen voluntativen Selbstverständnis nicht entspricht. »To be injured by speech is to suffer loss of context, that is not to know where you are.«[500]

Das Subjekt, das sich an bestimmten Rollenmustern oder -vorgaben orientiert und seinen Lebensentwurf auch daran ausrichtet, ist darauf angewiesen, dass es in diesen selbstgewählten *scripts* auch anerkannt wird. Wenn Personen in ihrem Selbstverständnis nicht angenommen werden, wenn sie auf eine Weise angesprochen werden, in der sie sich selbst nicht wiedererkennen oder anerkennen wollen, *verlieren sie gleichsam die Orientierung*: Sie verlieren den Zusammenhang, in den sie sich selbst stellen wollen, und »wissen nicht mehr, wo sie sind«[501]. Butler weist hier sehr treffend auf einen besonderen Effekt der sprachlichen Verletzung hin: nämlich den Verlust an Sicherheit. Etwas läuft sozusagen schief. Die Reaktion der sozialen Welt, auf die hin das Subjekt sich entwirft, entspricht nicht der Erwartung, widerspricht Absicht und Wunsch. Während Sprache oder kommunikative Interaktion einen Zusammenhang und Kontext herstellen, in dem sich das Subjekt selbst verorten kann, entzieht verletzende Rede dem Subjekt diesen Kontext wieder.[502]

Gleichzeitig aber verfügt die sprachliche Bezeichnung oder Beschreibung einer Person oder einer Eigenschaft einer Person über die Tendenz, damit eine feststehende, dauerhafte Zuordnung zu schaffen: »A name tends to fix, to freeze, to delimit, to render substantial, indeed, it appears to recall a metaphysics of substance.«[503]

Es ist aufschlussreich, diese Darstellung des festlegenden Charakters von Bezeichnungen und Beschreibungen mit Sartres Darstellung der Wirkung des »Blicks« zu vergleichen:[504] Es ist eine ähnliche Annahme der Verdinglichung und Entfremdung, die dem Subjekt durch die (optische oder linguistische) Wahrnehmung durch den Anderen widerfährt. Das Subjekt wird durch die Wahrnehmung und Beschreibung durch den Anderen in seinem freien Entwurf gehindert.

In ganz ähnlicher Hinsicht parallelisiert sich auch bei Butler das nachfolgende Verständnis der Abhängigkeit vom responsiven Verhalten des Gegenüber: Butler verweist darauf, dass die sprachliche Verfasstheit des Subjekts nicht nur bedeutet, dass die einzelne Person abhängig von anderen ist, als das anerkannt zu werden, was sie sein will, sondern vor allem überhaupt *anerkenn-bar* zu sein.[505] Auch Butler formuliert – erstaunlicherweise ganz ähnlich wie Sartre – die sprachliche (und also intersubjektive) Konstitution des Subjekts als immer schon subjektivierende, als immer schon repressive, den freien, souveränen Entwurf der Person gewaltsam beschränkende.

> But there is also a danger: once we define the identity of meaning in language as a form of restriction and exclusion, we are thereby defining our social construction, and our capacity to speak and interact with each other, as a form of violation.[506]

Sinnvoller scheint es dagegen, die Annahmen, denen Butlers Argument implizit aufsitzt, stärker hervorzuheben: Butler verweist bei der Darstellung der Abhängigkeit der Person vom responsiven Verhalten der Umwelt, ganz ähnlich wie das auch an Mead orientierte Autoren wie Benhabib, Habermas, Honneth und Wingert tun, eben nicht allein auf die linguistische Verfasstheit des Subjekts, sondern auf die intersubjektiven Anerkennungsverhältnisse, die das Subjekt diskursiv bestätigen und stabilisieren. Das bedeutet nicht, dass die Sprech- und Handlungsgemeinschaft *jede* Selbstbeschreibung der Person als privilegiert behandeln und anerkennen muss. Es kann auch Auseinandersetzungen über widerstreitende Wahrnehmungen und Perspektiven geben. Aber die in diesem Zusammenhang relevante Form der Anerkennung liegt schon vor der Anerkennung einer spezifischen Bezeichnung als zutreffende, hier geht es zunächst einmal darum, den Sprecher als gleichwertigen anzuerkennen und ihm zuzuhören – wie im vorangegangenen Kapitel dargestellt, vollziehen sich einige Verletzungen schon durch die asymmetrischen Verhältnisse, die die Angehörigen *mancher* kollektiver Identitäten gar nicht erst zu Selbstbeschreibungen kommen lassen und schon gar nicht das eigene Selbstverständnis zur diskursiven Disposition stellen lassen.

Erst eine solche Verweigerung, symmetrische Interaktionsbedingungen oder Kommunikationsverhältnisse zuzulassen, führen zur verletzenden Kraft einzelner Wörter, Bezeichnungen und Beschreibungen, die dann erst *Ausdruck* mangelnder Anerkennung sind. Das bedeutet auch die treffsichere Beschreibung Butlers vom »Verlust des Kontextes« durch die Anrufung mit einer kränkenden Bezeichnung. Nicht die Bezeichnung an sich ist kränkend, sondern der vorausgehende Verlust der

Anerkennung des eigenen Entwurfs, des eigenen Selbstverständnisses. Die Verletzung kennzeichnet also den *misslingenden* Fall eines Prozesses, eines Verhältnisses, das eben *auch* über ein positives Potential der Anerkennung und wechselseitigen Bestätigung verfügt.

Butler verweist aber sehr eindrucksvoll auf einen weiteren Grund für die Wirkungsmacht verletzender Beschreibungen und Beschimpfungen: auf die Geschichte verletzender Wörter, die durch deren Gebrauch immer wieder mit aktualisiert wird und die den Effekt der Demütigung oder auch Bedrohung noch potenzieren. Butler weist zu Recht darauf hin, dass Wörter und Bezeichnungen nicht unbelastet sind, sondern ihre eigene Verwendungsgeschichte mit transportieren. Der Grad der Verletzung ist insofern von Ort und Zeit der Verwendung abhängig: Jemanden im amerikanischen Kontext als »queer« zu bezeichnen, wäre vor einigen Jahren beispielsweise noch als Beleidigung verstanden worden, mittlerweile ist es hingegen zum stolzen Etikett der Selbstbeschreibung von Homosexuellen geworden. Aber dies ist ein Beispiel einer erfolgreichen (seltenen) Resignifikation einer Bezeichnung. Andere Wörter wirken aufgrund der negativen Schwerkraft einer gewalttätigen Geschichte, die sie evozieren, wenn sie verwendet werden, und die dem so Bezeichneten Angst einflößen oder eine Verletzung zufügen.

Wörter und Bezeichnungen erlangen eine belastete Geschichte durch Zitation. Zunächst werden sie in einem Kontext verwendet, in dem sie direkt mit Diskriminierung oder gar körperlicher Gewalt in Verbindung stehen. Sie drücken Verachtung und zugleich die materialen, realen Konsequenzen dieser Verachtung aus. Selbst wenn dieser historische Kontext nicht mehr besteht, stellt sich durch den Zitationsprozess die Erinnerung an diesen Kontext wieder her. Jemand, der ein Wort gebraucht, erfasst damit auch die Geschichte des Sinns und der Bedeutung des Begriffs in der Vergangenheit – und auch diese Vergangenheit wird zitiert und dadurch wieder aufgerufen.

If we understand the force of the name to be an effect of its historicity, then that force is not the mere causal effect of an inflicted blow, but works in part through an encoded memory or a trauma, one that lives in language, one that is carried in language.[507]

Butler argumentiert im Verlauf des Textes sodann sehr überzeugend dafür, dass gerade dieser Zitationsprozess der Sprache die Verantwortlichkeit des Einzelnen, der sich mit dem Zitat eines verletzendes, belasteten Begriffs einreiht in die Geschichte der gewaltsamen Wirkung dieses Begriffs, erhöht. »The one who utters hate speech is responsible for the manner in which such speech is repeated.«[508] Um Butler nicht missbräuchlich zu verwenden und auch um aus Sprechakten nicht Handlungen zu machen, sei gesagt, dass es hier nur darum geht, die Verletzbarkeit in und durch Sprache zu verdeutlichen. Dies ist nicht der Auftakt für ein Argument zur strafrechtlichen Verfolgung jedweder verletzender sprachlicher Äußerungen.[509]

Für unseren Zusammenhang geht es vielmehr darum zu verstehen, wie aus diesen Verletzungen ihrerseits neue, belastete Selbstverständnisse kollektiver Identitäten resultieren. Butler selbst schreibt dazu: »By being called a name, one is also, paradoxically, given a certain possibility for social existence.«[510] Mit der Beschimpfung erlangt das so bezeichnete Subjekt oder die ganze betroffene Gruppe eine neue soziale Identität: Ihnen ist eine Etikettierung übergestülpt worden, mit der sich zwar das eigene voluntative Selbstverständnis nicht in Einklang bringen lässt, aber dieses Etikett erlangt gleichwohl soziale Geltung. Auch wenn die Beschreibung der Identität von den Angehörigen selbst nicht anerkannt wird, identifizieren die Anderen der Sprech- und Handlungsgemeinschaft die betroffenen Personen unter dieser Zuschreibung. Und sie koppeln an dieses Etikett wie auch an positiv besetzte soziale Kategorien und *scripts* Erwartungen über das Verhalten und Handeln der so klassifizierten Personen.

Durch die intersubjektive Verfasstheit des Subjekts und die darin gründende Angewiesenheit auf das responsive Verhalten der Umwelt scheitert das Subjekt mit seiner Selbstbeschreibung, wenn sie nicht von den Anderen angenommen wird. In einer asymmetrisch strukturierten Gesellschaft, in der bestimmten Personen oder Gruppen keine Repräsentationsmöglichkeit für ihr eigenes Selbstverständnis eingeräumt wird und jede Selbstverständigung oder -darstellung unterdrückt wird, gelingt keine Ausbildung eines unversehrten Selbstverhältnisses. Stattdessen werden die Personen solcher ausgegrenzter Identitäten gezwungen, im Prozess der sozialen Interaktion die verzerrten und kränkenden Perspektiven und Erwartungen der Anderen auf sich selbst zu übernehmen.

Wem alltäglich Diskriminierung und Missachtung widerfährt, wem täglich nahegelegt wird, sich mit falschen oder verzerrenden »Selbst«-Bildern zu identifizieren, wem suggeriert wird, er oder sie müsse sich für seine Neigungen, Orientierungen, Zugehörigkeiten oder Überzeugungen schämen, der wird ab irgendeinem Zeitpunkt diese alltägliche

Erfahrung der Missachtung zu einem Teil seiner Selbstinterpretation macht (müssen), weil sie faktisch einen erheblichen Teil seiner Identität ausmacht. Während Taylor nachweist, inwieweit Selbstinterpretationen für Erfahrung konstitutiv sind[511], ergibt sich hier zudem die umgekehrte These, dass Erfahrungen für die Selbstinterpretation ebenfalls konstitutiv sein können. Das ist es auch, was Hannah Arendt mit ihrem Diktum ausdrückt: »Man kann sich nur als das wehren, als was man auch angegriffen ist.«[512] Insofern reagieren die Angehörigen solcher kollektiver Identitäten lediglich auf bereits etablierte Zuschreibungen. Aber was ihnen bleibt, ist das Bemühen, in politischen und sozialen Auseinandersetzungen die Diskrepanz zwischen den Deutungs- und Bewertungsmustern wieder so zu korrigieren, dass es ihrem eigenen Selbstverständnis entspricht.[513]

Dies ist die eher strategische Erklärung der Übernahme kränkender oder verletzender Zuschreibungen. Es ließe sich auch stärker der Sozialisations-Aspekt intersubjektiver Ich-Ausbildung betonen, durch den das Subjekt erst durch die Vergesellschaftung individuiert wird und in dessen Verlauf es unabdingbar ist, die Perspektiven und Erwartungen der Umwelt zu verinnerlichen. Aber genau in dem Verweis auf diesen Prozess der Verinnerlichung der Perspektiven und normativen Erwartungen der gesamten Sprech- und Handlungsgemeinschaft liegt ein entscheidender Ausblick für die auf diese Weise vermachteten und verletzten Subjekte:

Bei der Diskussion der intersubjektiven Ich-Ausbildung wurde *auch* rekonstruiert, inwieweit das Subjekt auch die Fähigkeit zur Synthetisierung widerstreitender Erwartungen und zur kritischen Distanznahme rollenkonformen Ansprüchen gegenüber ausbildet. Durch diese Fähigkeit gelingt es dem Subjekt, sich von der eigenen Subjektivierung unter fremden Kategorien und Beschreibungen nicht vollständig vereinnahmen zu lassen. Es bleibt damit zumindest die Fähigkeit, zwischen voluntativen und erzwungenen Identitätsentwürfen zu unterscheiden, wenn nicht gar das Potential, die fremden, verzerrenden und verletzenden Beschreibungen abzuwehren. Hieraus ergibt sich nun eine weitere Begründung für die Kritik an der Foucault'schen Konzeption der vollständigen Manipulierbarkeit des Subjekts, die schon in dem Kapitel zu Modell (IV) diskutiert wurde. In dieser Eigenleistung des Subjekts, auch divergierende Erwartungen in reflexiver Einstellung zu synthetisieren, liegt auch die Chance des Subjekts, sich schmerzlichen und diffamierenden Beschreibungen oder Erwartungen gegenüber kritisch zur Wehr zu setzen. Eine Vielzahl von sozialen Bewegungen illustrieren diesen Versuch, nicht nur Strukturen der Ausgrenzung und diskriminierende Gesetze zu bekämpfen, sondern auch das negativ besetzte Selbstverständnis zu ändern. Solche Strategien der Resignifizierung können, wie Judith Butler beschrieben hat, als subversive Parodie auftreten wie im »drag«, sie können mit ironisch-ernsten Bedeutungsverschiebungen arbeiten wie der »girlie«-Kult der späten 90er und Liedtexten wie »… weil ich ein Mädchen bin«, sie können rein selbst-affirmativ antworten wie die »Black-Power«-Bewegung, aber sie können auch mit Gegenentwürfen arbeiten, die eine kulturelle Lebensform materialisiert, die durch die Ausgrenzung selbst erst entstanden sind und durchaus nicht mehr aufgegeben werden wollen. Die Netzwerkstrukturen, die die Schwulenbewegung im Zeitalter von HIV ausgebildet hat, haben eine andere Art von Solidarität und wechselseitiger Hilfe gefordert und gefördert, als es die herkömmlichen Institutionen von Ehe und Familie hätten garantieren können. Für viele Schwule ist die Erfahrung der Unterstützung und Fürsorge eines Netzwerks an Freunden (in Ermangelung staatlicher oder versicherungstechnischer Absicherung!) ein Grund, bestimmte Formen von Gleichbehandlung und Anerkennung *nicht* mehr zu fordern. So wie es eben unterschiedliche »Coping«-Fähigkeiten gibt, so gibt es unterschiedliche Grade der Renitenz, des Sich-Widersetzens, der Reinterpretation, die es den Angehörigen ausgegrenzter und diskriminierter kollektiver Identitäten erlaubt, abzuweichen, auszuweichen und die Brüche und Diskontinuitäten innerhalb der kollektiven Identitäten zu nutzen.

Gleichwohl soll nicht darüber hinweggetäuscht werden, welche Schwerkraft verzerrende und verletzende Beschreibungen auf die so bezeichneten Personen ausüben und dass durch die intersubjektive Verfasstheit des Subjekt, d. h. seine Angewiesenheit auf das responsive Verhalten anderer, diese verletzenden, belasteten Beschreibungen und Bewertungen das eigene Selbstverständnis zumindest mit-gestalten.

4.2.3 Die Relevanz von juridisch-politischen Klassifikationen / Beschreibungen im Prozess der Konstruktion kollektiver Identitäten

> »If you consider yourself Black for political reasons, raise your hands«, said Charles Stewart to a predominantly African American audience at a symposium […]. »The overwhelming majority raised their hands […] When I asked how many people believe that they are of pure African descent, without any mixture, nobody raised their hands.« *Itabari Njeri*

In den vorangegangenen Abschnitten war schon die Rede von der Relevanz von Etiketten und Beschreibungen für die Selbstidentifikation, aber auch Zuschreibung in kollektive Identitäten. Zudem wurde auf die Abhängigkeit vom responsiven Verhalten Anderer in kommunikativen Anerkennungsverhältnissen verwiesen, die zur Verinnerlichung der Wahrnehmungen und vor allem Wertungen der Interaktionspartner führen kann.

Diese Abhängigkeit von Etiketten und von der Anerkennung von eigenen Klassifikationen und Beschreibungen, die in der intersubjektiven sprachlichen Verfasstheit des Subjekts begründet ist, lässt sich aber auch noch auf einer weiteren Ebene analysieren: Wenn Beschreibungen und Bewertungen von Personen oder kollektiven Identitäten in der Rechtssprache ihren Niederschlag finden, wenn sich also Klassifikationen und Definitionen kultureller oder ethnischer Zugehörigkeit nicht allein in sozialer Interaktion, sondern in sozialer Praxis und schließlich Gesetzen materialisieren, werden Etiketten und Zuschreibungen zur *self-fulfilling prophecy*.

Wenn das Repertoire an identitären Etiketten und *scripts* staatlich oder juridisch reglementiert wird und sich individuelle Personen, aber auch ganze Gruppen an diesen Vorgaben und Klassifikationen orientieren (müssen), wird die Entstehung kollektiver Identitäten und ganzer »Ethnien« zu einem politischen Konstruktionsprozess.

In diesem Sinne können Verrechtlichungen zu »freiheitseinschränkenden Normalisierungen führen.«[514] Dies soll im Folgenden anhand einiger Beispiele verdeutlicht werden:

(i) »Hispanics«

A person is of Spanish / Hispanic origin if the person's origin (ancestry) is Mexican, Mexican-Am., Chicano, Puerto-Rican, Dominican, Ecuadoran, Guatemalan, Honduran, Nicaraguan, Peruvian, Salvadoran: from other Spanish-speaking countries of the Carribean or South-America; or from Spain.[515]

Der seit ungefähr zwanzig Jahren zunehmend in den USA verwendete Begriff »Hispanics« klassifiziert Personen, mit einem oder mehreren Vorfahren spanischsprechender Herkunft unter ein und dasselbe Etikett. Während es zunächst noch einmal gar nicht darum gehen soll, ob das negative oder positive Konquenzen für die Betroffenen nach sich zieht, soll hier vorläufig die demarkierende, aber auch homogenisierende Wirkung der Terminologie nachgezeichnet werden.

Wenn wir davon ausgehen, dass wir unter kollektiven Identitäten solche soziale Entitäten verstehen, die gemeinsame Praktiken und Bedeutungen teilen und sich mit diesen – auf die eine oder andere Weise – identifizieren, dann wird sogleich deutlich, was an der oben angeführten Definition problematisch ist: Sie ignoriert gänzlich verschiedene historische Erfahrungen, die diese Nationen mit den USA gemacht haben. Puertoricanische Einwanderer beispielsweise sind Nachfahren von Familien, die durch die USA zur Jahrhundertwende noch kolonisiert wurden. Aber auch ein Amerikaner, dessen Familie aus Nicaragua stammt, teilt nicht selbstverständlicherweise dieselben Praktiken und Bedeutungen wie einer, dessen Familie ursprünglich aus Ecuador stammt.

Unter dem einen Begriff werden die sozialen und politischen Erfahrungen von 23 Millionen Menschen unterschiedlicher Nationalität, Konfession, Klasse, sexueller Orientierung etc. zusammengefasst. Es ließe sich fragen, ob der konfessionell katholische Teil der hier unter dem Etikett »Hispanic« klassifizierten Personen nicht mehr mit z. B. katholischen italienischen Einwanderern teilt als mit den muslimischen Einwanderern des eigenen Herkunftslandes.

Gekoppelt an die unterschiedlichen historischen Erfahrungen in den Herkunftsländern sind auch vollständig heterogene Motivationen zur Emigration. Unter ein und demselben Etikett werden Nachfahren ehemals kolonialisierter Bevölkerungsgruppen genauso klassifiziert wie politische Flüchtlinge oder »Arbeitsimmigranten«. Neben den vollständig unterschiedlichen Lebenszusammenhängen und kulturellen Narrativen, die man diesen verschiedenen Herkunftsländern zuschreiben könnte, garantiert aber noch nicht einmal jedes einzelne für sich eine eindeutige, gleichartige Identität oder Identifikation: »To prescribe an exclusive identification for a multiply constituted subject, as every subject is, is to enforce a reduction and a paralysis.«[516]

Auch ist der Grad der Assimilation und die Bereitschaft zur Assimilation höchst disparat, so dass es zwar durchaus einige Einwanderer aus spanischsprachigen Ländern gibt, die sich nach wie vor positiv mit ihrer Herkunft identifzieren und die sich mühen, ihre kulturellen Praktiken und Bedeutungen auch in den USA zu einer Lebenform auszubilden. Andere hingegen wollen gar nicht immer mit ihrer Vergangenheit und ihrem Herkunftsland identifiziert werden, sei es, weil sie davon Nachteile hinsichtlich der ersehnten erfolgreichen Integration in den USA befürchten, sei es, weil sie in der Tat keine starken emotionalen Bindungen oder positiven Erinnerungen an ihr Herkunftsland übrig behalten haben.

Wie nun wirkt sich diese standardisierte Terminologie, die auch in die Rechtssprache und damit in Gesetze, Verordnungen und Reglementierungen in Verwaltungen, Gerichten, Gesundheitswesen etc.[517] Einzug gehalten hat, auf darunter kategorisierte Personen und Gruppen aus?

Inwieweit prägt der Begriff durch seine politisch-juridische Materialisierung und Anwendung tatsächlich den Lebensalltag und damit die Praktiken und Bedeutungen einer – erst so geschaffenen – kollektiven Identität? Inwieweit schaffen Institutionen die Identitäten erst, die sie im nächsten Schritt reglementieren?

In einer Reihe von empirisch-soziologischen Studien zur Identifikation der »hispanischen« Bevölkerung mit dem politisch zugeschriebenen Etikett wird nachgewiesen, wie sich eine konstruierte ethnische Identifizierung der Betroffenen situationsbedingt einstellt.[518] Angesichts der Reglementierung des Zugangs zu politischer Partizipation, aber auch Repräsentation entlang politisch konstruierter ethnischer Klassifikationen orientieren sich die betroffenen Personengruppen folgerichtig gemäß der zugeschriebenen Zuordnungen und Kategorien.

The recognition and institutionalisation of ethnicity in politics increases the level of ethnic mobilisation […] and determines the boundaries along which ethnic mobilisation and/or conflict will occur.[519]

Es kann also ein von außen zugeschriebenes Etikett – durch seine Anwendung in Gesetzen und administrativen Verordnungen – Personen unfreiwillig in ethnische Kategorien zusammenzwingen. Gleichzeitig orientieren sich die klassifizierten Personen in der Folge auch situationsabhängig, aus strategischen Interessen an diesen Vorgaben. Wenn Vorteile im Zugriff auf ökonomische oder politisch-partizipatorische

Ressourcen davon zu erwarten sind, aktivieren die unterschiedlichen Gruppen ihre – konstruierte – gemeinsame ethnische Identität. In anderen, privaten Zusammenhängen identifizieren sich dieselben Personen dann nicht mehr als »Hispanics«, sondern teilen sich wieder in kleinere soziale Einheiten kollektiver Identitäten auf, die ihrem voluntativen Selbstverständnis entsprechen.

Suzanne Oboler weist in ihrer Studie noch auf eine weitere soziale Folgewirkung des zugeschriebenen Etiketts »Hispanic« hin. Eine wachsende Anzahl von »non-hispanic« Unternehmen projiziert seine Marketingstrategien auf das – fiktive – Marktsegment der »Hispanics«. Dabei werden die unterschiedlichsten Bedürfnisse und Interessen – nämlich der disparaten, heterogenen Zusammensetzung der unter dem Etikett »Hispanic« Klassifizierten – einer homogenen Gruppe zugeschrieben. Oboler fragt zu Recht, inwiefern die ethnisch-stilisierten Verkaufsstrategien der Geschäftswelt nicht ihrerseits erst dazu beitragen, den »Hispanics« ein Bild ihrer selbst zu konstruieren, inwieweit die Werbung nicht selbst erst den ethnisch klar gezeichneten Kunden mit seiner Folklore, seiner Tradition und seinen habitualisierten Praktiken »erfindet«.[520]

(ii) Flüchtlinge in Europa nach Schengen

(1) Politisch Verfolgte genießen Asyl. (2) Auf Absatz (1) kann sich nicht berufen, wer aus einem Mitgliedstaat der Europäischen Gemeinschaften oder aus einem anderen Drittstaat einreist, in dem die Anwendung des Abkommens über die Rechtsstellung der Flüchtlinge und der Konvention zum Schutze der Menschenrechte sichergestellt ist.[521]

Es mag zunächst höchst sonderbar wirken, eine Kategorie aller Flüchtlinge in Europa an dieser Stelle einzuführen. Doch scheint die Flüchtlingspolitik seit dem Schengen-II-Abkommen vom 16.09.1990 (das in Deutschland seit dem 26.03.1995 in Kraft ist) exakt solche Klassifikationen und Bewertungen einzuführen und zu zementieren, die kollektive Identitäten erst konstruieren und in der Folge solche Lebensformen schaffen, die – in Wittgensteins Sinn – in das Leben eingreifen. Zwar mag eingewendet werden, dass wir uns damit von der strikt deskriptiven Ebene verabschieden und schon normative Fragestellungen und Klassifikationen als Rechtsnormen berühren, aber es geht genau darum zu zeigen, dass Beschreibungen und Zuschreibungen von kollektiven Identitäten nicht allein harmlose Missverständnisse im zwischenmenschlichen

Bereich bedeuten, sondern zu sozialen Praktiken werden können und in juridische Definitionen übergehen oder als juridische Reglementierung funktionieren können, die dann ihrerseits die so konstruierten Identitäten erst ins Leben rufen.

Um nicht eine Vielzahl von unterschiedlich gelagerten Beispielen zu debattieren, sei das Problem des Europäischen Flüchtlingsrechts an dem Fall der aus dem Südosten der Türkei fliehenden Kurden und deren Kriminalisierung mittels bundesdeutscher Asylgesetzgebung[522] als symptomatisch ausgewählt.

Am Samstag, den 3. Januar 1998 meldet die Frankfurter Allgemeine Zeitung:

> Im Bundesinnenministerium werden Meldungen über die Ankunft von [kurdischen] Asylantenschiffen an der italienischen Küste mit Besorgnis registriert. Man befürchtet, daß es sich dabei um eine wachsende Zahl von Einwanderern handelt.[523]

In diesem ersten Artikel über die Reaktion der deutschen Behörden auf die Nachricht von der Ankunft kurdischer Flüchtlinge in Italien wird zwar auf die »Besorgnis« des Innenministeriums hingewiesen, gleichzeitig aber macht die Klassifikation »Asylantenschiff« deutlich, um *was* für Einwanderer es sich hier handelt: Flüchtlinge, die Antrag auf politisches Asyl stellen (angemessener ist es, in solchen Fällen von »Asylbewerbern« zu sprechen). Die »Besorgnis« könnte sich nach diesem Artikel noch darauf beziehen, dass man schnell für zahlreiche Unterkünfte und medizinische Versorgung zu sorgen hätte. Doch schon sechs Tage später zeigt diese »Besorgnis« ein anderes Gesicht.

Am 09. 01. 1998 meldet die Deutsche Presse Agentur:

> Polizeiexperten aus sieben EU-Staaten sowie der Türkei haben am Donnerstag in Rom über die illegale Zuwanderung kurdischer Flüchtlinge nach Westeuropa beraten. Sie verständigten sich darauf, ihre Außengrenzen angesichts der Flüchtlingswelle stärker zu kontrollieren. Wie das italienische Innenministerium [...] erklärte, hätten die Polizeiexperten der Schengen-Staaten [...] »gemeinsame Pläne für vorbeugende Aktivitäten und Strafmaßnahmen« ausgearbeitet.[524]

Es fragt sich, warum Flüchtlinge, die ursprünglich noch als Asylbewerber galten und von denen, bei ihrer Ankunft an der Küste Italiens, niemand die individuelle Lebens- oder Leidensgeschichte kannte, so schnell und plötzlich als »illegale Zuwanderer« klassifiziert werden können. Mit der Bezeichnung »illegale« Einwanderer ist zudem ein kriminalisierendes Diktum über diese Flüchtlinge gefällt, die sogleich in den Verantwortungsbereich der »Polizeiexperten« fallen und die nur mehr zum Objekt von »vorbeugenden Aktivitäten und Strafmaßnahmen« gemacht werden.

Während die »seriösen« Medienorgane über die Verhandlungen zwischen den einzelnen EU-Mitgliedstaaten über die Zuständigkeiten für diese »Flüchtlingswelle« und das heißt über die Außengrenzen der »Festung Europa« berichteten, überschlugen sich in anderen Organen die Schauermärchen unter dem Titel des »Kurden-Problems« oder der »Kurden-Frage«. Die Analogie zu der im späten 18. Jahrhundert in Deutschland diskutierten sogenannten »Judenfrage« ist aufschlussreich. Die neueren Antisemitismusstudien gehen mittlerweile darin überein, dass der Antisemitismus nicht eine »Antwort« auf die »Judenfrage« sei – wie es diese Ideologie gerne postulieren würde –, sondern »daß vielmehr umgekehrt der Antisemitismus die moderne Judenfrage erst geschaffen habe«.[525]

Bei den sich wechselseitig in der Spekulation über potentielle Albtraumszenarien überbietenden Fernsehberichten standen in den folgenden Tagen stets Berichte über die »Sicherungsmöglichkeiten« gegenüber einem schier unkontrollierbaren Ansturm kurdischer Flüchtlinge im Vordergrund. Abgesehen davon, dass sich die befürchteten Massen ohnehin nicht eingestellt haben und lediglich Ausgeburt der Phantasien und Ängste der Medienberichterstatter und Politiker darstellten, ließ sich manches Mal vermuten, den Berichterstattern ginge neben der Angst und Verachtung diesen »Horden« von Kurden gegenüber auch eine gewisser Stolz nicht ab.[526] Als ließe sich durch diese Massen, die häufig weniger *nach* Europa, denn aus dem Irak oder der Türkei strömten, irgendwie auch die Qualität und Güte des »Eigenen« beweisen.[527]

Entscheidend für den Kontext dieser Arbeit ist es jedoch, zu klären, woher diese Wandlung der Beschreibung von »Asylbewerbern« in »Illegalen« stammt. Daran anschließend erklärt sich die Bewertung und Verachtung, die Furcht und das Entsetzen, das mit dieser von den Behörden kriminalisierten Gruppe der Illegalen in Verbindung gebracht wird, beinahe von selbst.

Die Konstruktion der kriminellen Kurden gründet in der neuen Asylgesetzgebung, in der nicht nur standardisierte Terminologie eingesetzt wird – wie im Fall der »Hispanics« –, sondern bei der, gegenüber der früheren grundgesetzlich verankerten »Einzelfallprüfung«, seit der Grundgesetzänderung 1993 die Konzepte des »sicheren Drittstaats« sowie des

»sicheren Herkunftlandes« gelten. Diesen beiden Klassifikationen ist es zu verdanken, dass Flüchtlinge aus bestimmten Ländern sui generis als illegale Einwanderer abqualifiziert werden können. Sogenannte sichere Drittstaaten sind alle Mitgliedstaaten der EU sowie die Schweiz, Norwegen, Polen und die Tschechische Republik. Wer über eines dieser Länder in die Bundesrepublik weiterreist, hat keine Berechtigung, einen Asylantrag zu stellen. Die implizite Grundlage dieser Regelung ist die Vermutung, dass in diesen Staaten die gleichen Garantien der Rechtssicherheit und des Schutzes für politische Flüchtlinge gelten. Die Situation der Sinti und Roma in der Tschechischen Republik, die diesen eigenen Bevölkerungsteil systematisch diskriminiert, lässt Zweifel an dieser Unterstellung und damit an der ganzen Regelung aufkommen. Das Konzept des »sicheren Herkunftslandes« ist noch fragwürdiger: Asylanträge von Personen, die aus einem »sicheren Herkunftsland« stammen, sind von vornherein als unbegründet abzulehnen.[528]

Bei diesen Ländern (die nach Erwägungen und Informationen des Auswärtigen Amtes als »sicher« klassifiziert werden) gilt eine »Verfolgungssicherheits«-Vermutung: Es wird vermutet, dass in diesen Ländern »aufgrund der Rechtslage, der Rechtsanwendung und der allgemeinen politischen Verhältnisse gewährleistet erscheint, dass dort weder politische Verfolgung noch unmenschliche oder erniedrigende Bestrafung oder Behandlung stattfindet.[529]

Das Problematische dieser Konzeption lässt sich am Beispiel der Tschechischen Republik zeigen: Bei der Tschechei als »sicherem Herkunftsland« gilt die Vermutung der Verfolgungssicherheit, das heißt: zunächst wird vermutet, dass ein Roma dort nicht verfolgt werden *kann* oder dass der in Deutschland oder einem anderen EU-Staat gestellte Asylantrag einer Roma aus der Tschechischen Republik von vornherein als offensichtlich unbegründet abgelehnt werden kann.[530] Selbst wenn die Türkei nicht – wie die Tschechische Republik – zu dem Katalog der als sicheres Herkunftsland deklarierten Länder gehört, können die dort stattfindenden Menschenrechtsverletzungen als so isoliert erklärt werden, dass der kurdische Flüchtling gleichwohl keine Chance hat, den Schutz vor Abschiebung zu genießen. Entscheidend für die Beurteilung der Frage, ob der Kurde ein berechtigter Flüchtling ist, sind die Einschätzungen des Herkunftslandes Türkei durch die Lageberichte des Auswärtigen Amts.

Zur Neutralität oder Glaubwürdigkeit der Auskünfte des Auswär-

tigen Amtes zu den Situationen in den Herkunftsländern von Asylbewerbern sei allerdings ein im Zusammenhang mit der Türkei problematisches Beispiel angeführt: In einer Stellungnahme des Amtes vom
20.05.1981 – also mehr als acht Monate nach dem Militärputsch in der
Türkei im Herbst 1980 (!) – heißt es: »Es gibt derzeit in der Türkei
keine willkürliche politische Verfolgung durch das Militärregime, son-
der ggf. nur eine Strafverfolgung wegen Verstoßes gegen Tatbestände
des türkischen Strafgesetzbuches. Ein rechtsstaatlichen Grundsätzen
entsprechendes Gerichtsverfahren ist gegeben.«[531] Ein besonders pein-
liches Beispiel für die Fragwürdigkeit der Lageberichte des Auswärtigen Amts stellt der Bericht zur Situation im Kosovo dar, der es gestat-
tete, noch Anfang April 1999, also *nach* Beginn der Luftangriffe gegen
Serbien, Kosovo-Albaner abzuschieben. Bundesaußenminister Joschka
Fischer versprach deswegen auf dem Parteitag der Partei Bündnis 90/
DIE GRÜNEN im Mai 1999 in Bielefeld eine kritische Überprüfung
der Lageberichte seiner Behörde. Im Falle der Türkei allerdings haben
weder die Entführung des PKK-Führers Abdullah Öcalan noch die Berichte über Verhaftungen und Folter von Kurden, die aus Deutschland
in die Türkei abgeschoben wurden, bislang zu einer veränderten Einschätzung der Verfolgungslage in der Türkei geführt. Auch der jüngste,
lange unter Verschluss gehaltene Lagebericht behauptet, dass Kurden
nicht als ganze ethnische Volksgruppe verfolgt würden und zudem
innerhalb der Türkei über »Fluchtalternativen« verfügten. Es geht an
dieser Stelle auch gar nicht darum, eine einzige Institution verantwort-
lich zu machen und anhand vereinzelter Beispiele zu kritisieren. Vielmehr sollte nur auf die Problematik von juridisch-politischen Klassifikationen hingewiesen werden, die einzelne Personen ohne Rücksicht
auf individuelle Herkunft, Erfahrung, Überzeugung oder – in diesem
Fall normativ relevante – Verfolgungsgeschichte zusammenfassen.
Diese Gruppen sind insofern konstruierte Identitäten, als ihnen eine
gemeinsame Geschichte, gemeinsame Interessen und Strategien mit
dieser Klassifikation *zugeschrieben* werden. Es werden sozusagen
fiktive *scripts* und narrative Identitäten gleich pro forma mitgeliefert.
Zusätzlich entwickelt die normative Bewertung, die auf diesen Klassifikationen lastet, eine Eigendynamik, die für die Betroffenen fatal ist:
Die Flüchtlinge werden kriminalisiert, die Medien orientieren sich an
dieser Deutung und Bewertung, und die Zuschauer, die mit der Sugges-
tion einer Bedrohung konfrontiert werden, stimmen politischen, gesetz-

lichen und polizeilichen Maßnahmen zu, die sie vor diesen Menschen »beschützen«.

Angesichts dieser Materialisierung einer Zuschreibung in der praktischen Gesetzesanwendung sowie in der medialen Öffentlichkeit scheint es geradezu irrelevant, ob die so Klassifizierten oder Bewerteten überhaupt etwas von den Ursprüngen ihrer Situation verstehen und sich dagegen zu wehren versuchen. Anders als »legale« Minderheiten im eigenen Land, wie beispielsweise Homosexuelle, Behinderte oder in Deutschland geborene Kinder von Ausländern, werden sie gar nicht erst zur öffentlichen Debatte zugelassen, um über ihr Schicksal mit eigener Stimme zu sprechen.

Das besonders Absurde an dem Fall der kurdischen Flüchtlinge aus der Türkei besteht zusätzlich darin, dass vor kurzem noch die Mitgliedstaaten der EU den Antrag der Türkei auf zukünftige Anwartschaft auf Mitgliedschaft abgelehnt haben mit der Begründung der Menschenrechtsverletzungen in der Türkei und der ungelösten Problematik der Situation der Kurden im Südosten der Türkei. Einerseits also verweisen die EU-Mitgliedstaaten selber auf die politischen Verfolgungen und Menschenrechtsverletzungen gegenüber Kurden in der Türkei – wenn es darum geht, die Türkei aus der EU zu halten[532] –, gleichzeitig werden die eben noch *anerkanntermaßen* politischer Verfolgung ausgesetzten Kurden als illegale Einwanderer klassifiziert und kriminalisiert. Wenn die Regierungen der EU-Staaten sich selbst beim Wort nehmen würden, behaupteten sie exakt Folgendes: In dem Moment, da ein Kurde aus dem Südosten der Türkei flieht, flieht er aufgrund der Menschenrechtsverletzungen und der politisch-militärischen Unterdrückung der Kurden in dieser Region der Türkei, und also *als* politischer Flüchtling. Wenn *derselbe* fliehende Kurde aber an die Grenze Europas trifft, handelt es sich schlagartig um einen illegalen Einwanderer, also einen Flüchtling ohne politische Not im Heimatland, der sich nur auf Staatskosten des EU-Landes ernähren und versorgen lassen will.[533] Der Kurde ist also mal ein »Kurde« und mal ein »Türke«.

Diese beiden hier diskutierten Beispiele mögen genügen, um zu verdeutlichen, wie juridische und politische Klassifikationen kollektive Identitäten nicht allein kategorisieren, sondern in der Folge auch eigentlich erst als Praktiken und Bedeutungen teilende Kollektive herstellen. »We are thus tracing the history not only of a signifier, a label, but also a history of its effects.«[534] Dieser letzte Abschnitt sollte zudem verdeutlichen, dass es bei der Konstruktion von kollektiven Identitäten nicht allein um Sprechakte, nicht allein um asymmetrische Interaktionen zwischen Angehörigen kollektiver Identitäten geht, sondern um institutionalisierte Strukturen, die kollektive Identitäten konstruieren und als solche systematisch ausgrenzen und diskriminieren.

4.3 Zusammenfassung

Bevor es zum abschließenden Ausblick auf die normativen Folgen der hier entwickelten Typologie kultureller kollektiver Identitäten übergeht, sei noch einmal das Wesentliche dieses eigenen Entwurfs in aller Kürze skizziert:

In Abgrenzung von den in Teil 1 der Arbeit diskutierten Modellen der Entstehung und Konstruktion kollektiver Identitäten bietet dieser Entwurf ein *differenziertes* und *differenzierendes* Instrumentarium, mit dem *unterschiedliche* Varianten und Formen der Entstehung und Selbstverständnisse kollektiver Identitäten rekonstruiert werden können – *ohne* dabei zugeschriebene Essentialisierungen, pejorative Missachtungen oder unsinnige Kategorisierungen[535] unreflektiert und unkritisch reproduzieren zu müssen. Es wird möglich, zwischen Gruppen, die durch wechselseitige Anerkennung entstanden sind und deren Mitglieder ihre Zugehörigkeit aufgrund individueller Überzeugung erlangen, und solchen Gruppen zu unterscheiden, die durch Zuschreibungen entstanden sind, mit denen sich die als zugehörig klassifizierten Personen *nicht* identifizieren wollen.

Die Vorzüge und Charakteristika dieser beiden Typen, der selbstidentifizierten, gewollten Vergesellschaftung in kollektive Identitäten und der nicht-intentionalen, erzwungenen Konstruktion von kollektiver Identität, sind *en detail* schon besprochen worden. Der auch für die normative Diskussion bedeutsamste Vorschlag besteht darin, eine Differenzierung zwischen symmetrischen und asymmetrischen, akzeptablen und inakzeptablen, zwischen anerkennenden und verletzenden Beschreibungen und Beurteilungen einzuziehen. Und es wird nachgewiesen, welche Rolle und Relevanz verletzenden Beschreibungen und Bewertungen im Alltag, aber auch im Selbstbild der Betroffenen zukommt. Dadurch gelingt es zudem, den Streit zwischen sogenannten

Essentialismus- und Konstruktivismus-Ansätzen zu umgehen: In dieser Arbeit wird argumentiert, dass kollektive Identitäten zwar keineswegs natürliche, ahistorische Gebilde darstellen, sondern durchaus aktiv gestaltet und konstruiert oder manipuliert werden – allerdings liegen die »Grenzen des Konstruktivismus« in seiner Wirkung: die konstruierten Kategorien oder Identitäten formen Personen, und Personen formen sich gemäß dieser Vorgaben.

Die hier formulierte Kritik an Theorien, die das Verhältnis von vorgeblich »Eigenem« zu projektiv »Fremdem« zum entscheidenden Gesichtspunkt der Diskussion über kollektive Identitäten machen, beruhte in dieser Arbeit auf mehreren Argumenten:

(i) Es wurde argumentiert, dass Kollektive immer schon durch soziale Interaktionsprozesse zwischen verschiedenen kulturellen Lebensformen oder verschiedenen Strömungen und Überlieferungen innerhalb der eigenen Kultur entstehen. Sie bilden insofern stets hybride, heterogene und wandelbare Produkte, die zwischen »Eigenem« und ehemals »Fremdem« gar keine klare, statische Demarkierung festlegen können. »Eigenes« bedeutet oftmals lediglich das Produkt einer An-Eignung von vormals »Fremdem« – dieser Aspekt geht manchen der Autoren, die die »substantiellen« Differenzen oder wechselseitige Unverstehbarkeit zwischen unterschiedlichen Kulturen behaupten, verloren.

Bei intentionalen, modernen Vergesellschaftungen erhält sich durch die kritische Reevaluierung der Reproduktionsprozesse in diesen Lebenformen mit dem Bewusstsein für die eigene Hybridität und Historizität auch eine gewisse Dissensfähigkeit und Erfahrungsoffenheit.

(ii) Zweitens ließ sich mit Hilfe von Theorien zur intersubjektiven, sprachlichen Konstituiertheit des Subjekts nachweisen, inwieweit individuelle Personen auf die Reaktionen der Anderen ihrer Sprech- und Handlungsgemeinschaft identitär angewiesen sind. Auf der deskriptiven Ebene fließen in die Selbstbeschreibung und das praktische Selbstverständnis immer schon die Beschreibungen der Anderen, also die Fremdbeschreibungen mit ein. Daraus folgt aber, dass wenn das Selbstbild theoretisch keine Fremdbeschreibungen beinhalten kann – aufgrund der Fokussierung auf die Diskrepanz zwischen Selbst- und Fremdbeschreibung –, ein falscher Gegensatz aufgebaut wird, der es verunmöglicht, die Prozesse der Entstehung individueller Sozialisation, aber auch kollektiver Reproduktion angemessen zu beschreiben.

Zudem zeitigt der Entwurf einer Typologie verschiedener Formen kollektiver Identität, der sich auf das dynamische, anerkennende oder missachtende Verhältnis zwischen der Selbst- und der Fremddeutung (und dessen Niederschlag in Praktiken, Gesetzen, Institutionen) konzentriert, den theoriestrategischen Vorzug

(i) einerseits so *dünn* zu sein, dass keine impliziten, substantiellen Annahmen über den Inhalt der Praktiken und Überzeugungen der kollektiven Identitäten gemacht werden müssen. Vielmehr erlaubt dieser schwache Begriff von Identität genau die hybride, poröse Vielfalt innerhalb und zwischen Identitäten, die eine plurale, heterogene und demokratische Gesellschaft soll erhalten können. Er ist so dünn, wie es nötig ist, um auf die Konstruktions- und Imaginationsprozesse hinweisen zu können, die kollektive Identitäten erst herstellen und immer wieder verwandeln. Er ist außerdem dünn genug, um erklären zu können, wie die Angehörigen einzelner Gruppen ihre Bindungen lösen oder wie sie sich gegen die Zuschreibungen und Beschränkungen innerhalb und außerhalb ihrer kollektiven Identitäten wehren können;

(ii) andererseits liefert die Typologie in zumindest ihrer zweiten Form kollektiver Identität eine *dichte Beschreibung* der Folgen struktureller moralischer Verletzungen für das Selbstverständnis der Angehörigen, die zeigt, warum es wichtig ist, an einem Begriff von Identität überhaupt festzuhalten. Bei den rekonstruierten Prozessen der unfreiwilligen Internalisierung von demütigenden Erfahrungen von struktureller Ausgrenzung und Missachtung wird deutlich, warum sich nicht alle Arten kollektiver Identität auf bloße Praktiken und Überzeugungen herunterbrechen lassen. Die Schwerkraft struktureller Missachtung bleibt so im Begriff der Identität zu verorten und geht nicht verloren: Das Selbstverständnis der Mehrzahl der Israelis, aber auch einer Vielzahl von Juden anderer Nationalität, die sich seit dem Holocaust – mehr denn je – als Schicksalsgemeinschaft definieren, mag ein Beispiel sein. Um das Selbstverständnis solcher kollektiver Identitäten zu rekonstruieren, die sich um eine vergangene moralische Verletzung, um vergangene (oder gegenwärtige) Ausgrenzung oder um vergangene Verbrechen gruppiert, scheint es nötig, an einem nicht gänzlich ausgehöhlten Identitätsbegriff festzuhalten. Auch der Streit um die Frage der normativen Auszeichnung von Identität einerseits oder Differenz andererseits kann umgangen werden: Es scheint für normative Fragestellungen nämlich relevanter zu sein, zu fragen, *woher* die Identität oder Differenz stammt.

Stattdessen wurde die konstitutive Rolle von intersubjektiven Anerkennungs- oder asymmetrischen Missachtungsverhältnissen für die Herstellung von kollektiven Identitäten rekonstruiert. In diesem Zusammenhang erwies es sich als relevante Hinsicht der Differenzierung, zwischen akzeptablen und inakzeptablen, zwischen anerkennenden und verletzenden Beschreibungen und Bewertungen zu unterscheiden, weil sie (i) das Selbstverständnis der auf diese Weise zugeordneten Identitäten mitbestimmen und auf der reflexiven Ebene unterschiedliche Reaktionen der Aneignung, Internalisierung oder Ablehnung verursachen, aber auch weil sie (ii) auf der normativen Ebene unterschiedliche Geltungsansprüche stellen – wie im nachfolgenden Teil 3 zu sehen sein wird.

Die Methode der genetischen Perspektive bei der Betrachtung kollektiver Identitäten zeigt nun ihre Vorzüge: Es ließ sich auf diese Weise nicht nur eine differenzierende Form der Beschreibung von kollektiven Identitäten etablieren, ohne auf substantialisierende, renaturalisierende Zuschreibungen rekurrieren zu müssen, sondern zusätzlich ließ sich damit ein kritisches Regulativ einführen, durch das selbstgewählte und gewollte Identitäten von gewaltsam erzwungenen unterschieden werden können.

Es gilt, noch einmal darauf hinzuweisen, dass empirische Gruppen nicht ausschließlich als intentionale oder konstruierte Vergemeinschaftungen beschrieben werden müssen, sondern dass es vielmehr möglich ist, kollektive Identitäten je nach historischem Kontext variabel in der Typologie zu verorten. Juden können als selbstbestimmte religiöse Gemeinschaft, als das »erwählte Volk« beschrieben werden, als rassistisch diskriminiertes und ausgegrenztes Kollektiv, das kaum mehr etwas teilte an religiösen Überzeugungen und Praktiken, als Schicksalsgemeinschaft während des Holocaust und seither. Ebenso können Schwarze sich als »Black-Power«-Bewegung selbstbewusst definieren und können aber auch als Opfer rassistischer Zuschreibungen und rechtlicher Diskriminierung klassifiziert werden. Die Grenzen zwischen Typen kollektiver Identitäten sind passierbar.

TEIL 3
Normative Aussichten

5. Ausblick

> I rebel at the notion that I can't be part of other groups, that I can't construct identities through elective affinity, that race must be the most important thing about me. Is that what I want on my gravestone: here lies an African-American? So I'm divided. I want to be black, to know black, to luxurate in whatever I might be calling blackness at any particular time – but to do so in order to come out the other side, to experience a humanity that is neither colorless nor reducible to color. Bach AND James Brown   *Henry Louis Gates*

> Auch unter rechtlichen Gesichtspunkten kann [...] die einzelne Person nur zusammen mit dem Kontext ihrer Bildungsprozesse, also mit dem gesicherten Zugang zu tragenden interpersonalen Beziehungen, sozialen Netzen und kulturellen Lebensformen geschützt werden.   *Jürgen Habermas*

Diese Arbeit hat im Vorangegangenen zunächst eine systematisierende Rekonstruktion der Debatte um kollektive Identitäten in kritischer Absicht vorgelegt, um sodann in einem eigenen Entwurf eine Typologie unterschiedlicher Entstehungsbedingungen solcher kollektiver Identitäten oder kultureller Lebensformen zu entwickeln, die die Schwächen und Verkürzungen der kritisierten Modelle zu vermeiden sucht. Im nun folgenden Abschnitt werden die Folgewirkungen dieser Typologie auf der normativen Ebene für die Konzeptionen von moralischen oder rechtlichen Geltungsansprüchen diskutiert.

Durch den Entwurf einer Typologie kollektiver Identitäten werden die Identitäten nicht nur hinsichtlich ihrer Praktiken und Überzeugungen unterschieden – und darin reaffirmiert durch Formen politischer und rechtlicher Ankennung –, sondern die Praktiken werden zu ihrer Genesis gekoppelt – und darin mitunter als das Gegenteil von freiwilligen Überzeugungen enttarnt, die nicht reaffirmiert werden wollen. Zudem wird die Typologie kollektiver Identitäten im Folgenden auf der normativen Ebene um eine Diskussion verschiedener Formen moralischer

Verletzung und struktureller Ausgrenzung ergänzt. Der theoretische Sinn dieser Doppelstrategie der sich komplementierenden Konzepte von Identitäten und Verletzungen liegt in der problematischen »Ambivalenz der Anerkennungsdynamik«, die es zu umgehen gilt: Wenn mit einem starken Begriff von Identität gearbeitet wird, laufen Vertreter des Anerkennungsdiskurses (wie Charles Taylor beispielsweise), aber auch Theoretikerinnen der Differenz (wie Iris Marion Young) Gefahr, einzelne Personen oder ganze Gruppen in einer »anerkannten Identität« nicht nur zu stabilisieren, sondern zu reessentialisieren. Dadurch wird zwangsläufig die Heterogenität innerhalb der Gruppen, aber auch die Dynamik einer historisch situierten und sich kontinuierlich weiterentwickelnden kollektiven Identität konterkariert. Ein dünner Begriff kollektiver Identität, ergänzt um die Kategorie moralischer Verletzungen, scheint stattdessen besser geeignet, das Risiko einer fragwürdigen philosophischen Anthropologie, die substantielle Annahmen über Identitäten und Bedürfnisse voraussetzt und mittels der Anerkennungsdiskurse zementiert, zu umgehen.

In den normativen Diskursen um Anerkennung von kollektiven Identitäten oder der Toleranz gegenüber kulturellen, religiösen Überzeugungen werden unterschiedlichste Modelle von Gruppen zugrunde gelegt, denen wiederum ein weitgefächertes Konfliktpotential zugeschrieben wird.

Dieser Teil 3 wird versuchen, verschiedene Konfliktquellen voneinander zu entfächern und auf der Grundlage einer differenzierenden Typologie kollektiver Identitäten, wie sie im vorangegangenen Teil 2 entwickelt wurde, einen Ausblick auf variierende Formen der Anerkennung zu geben. Die Maßnahmen oder Mechanismen der Anerkennung werden wiederum in unterschiedlichen Sphären einer demokratischen Gesellschaft angesiedelt. Dabei wird zuletzt ein differenzierendes Konzept von Anerkennung extrapoliert werden, das normativ eine gleichwertige, aber nicht gleichartige Behandlung kultureller Identitäten postuliert – ohne dabei vergangene Missachtungen und Ausgrenzungen, die in das Selbstverständnis der kollektiven Identitäten eingeflossen sind, reproduzieren zu müssen.

In der Einleitung zu dieser Arbeit war auf die unterschiedlichen Rollen oder Kontexte hingewiesen worden, in denen die Diskurse kollektive Identitäten verorten: Bislang war in der vorgelegten Typologie primär von kollektiven Identitäten in der zweiten Rolle als sinnstiftender

Horizont und Rahmen des erfüllten Lebens die Rede. In diesem Kapitel soll nun die Verknüpfung dieser Debatte mit der dritten Rolle, der Frage nach den an diese Kollektive (oder nur an die darin aufgehobene kulturelle Identität) gekoppelten moralischen Ansprüchen und Rechten angedeutet werden, auf die eine demokratische, an Gerechtigkeit gegenüber *allen* ihren Mitgliedern orientierte Gesellschaft antworten können muss.

Wir fokussieren normative Ansprüche im Rahmen einer Theorie der Anerkennung, die auf einer politischen Moral und dem Anspruch auf gleiche Achtung und gleiche Rücksichtnahme gründet.[536] Die wechselseitig geschuldete Achtung bezieht sich auf die Autonomie der einzelnen Personen, die ihr Leben selbstbestimmt leben wollen. Weil aber Autonomie die Voraussetzung eines selbstbestimmten Lebens ist, leuchtet es auch ein, warum das Selbstwertgefühl oder die Selbstachtung an Autonomie gekoppelt wird.[537] Als reflexive Person, die sich selbstbestimmt entwirft und sich auf sich selbst bezieht, muss sie sich in ihrem Verhalten bejahen können.[538] Wird unsere Autonomie nicht respektiert von anderen, werden wir auch in unserer Fähigkeit zur Selbstachtung beschränkt.

Dabei bemüht sich die Argumentation dieses Teils darum, *Gründe* im *Gegenstandsbereich* (nämlich einer differenzierten Typologie kollektiver Identitäten) und im normativen Bereich (Formen moralischer Verletzung und sozialer Ausgrenzung) zu finden, die *unterschiedliche* Ansprüche auf besondere Rücksichtnahme – oder eine besondere Form der Anerkennung – zu *rechtfertigen* vermögen. Dabei geht es darum, *relevante Hinsichten* der faktischen Ungleichheit zu identifizieren, die begründen können, warum Angehörige bestimmter kollektiver Identitäten einen Anspruch auf Ungleichbehandlung behaupten können.[539]

Es soll zunächst geklärt werden, warum der Begriff der Anerkennung *überhaupt* in diesem Zusammenhang so relevant wird; und auch, welche systematischen und auch normativen Vorteile dieses Konzept vor dem – in liberalen Theoriezusammenhängen häufiger gebrauchten – Konzept der Toleranz auszeichnet.

Zu diesem Zweck sollen unterschiedliche Konfliktquellen rekonstruiert werden, die in kulturell pluralistisch ausdifferenzierten Gesellschaften aufgrund oder anhand dieser kulturellen Vielfalt entstehen. Dabei wird sich zeigen, dass die *Arten* von Konflikten mit den *Typen* der kollektiven Identitäten zusammenhängen, wie sie in Teil 2 dieser Arbeit entwickelt worden sind. Schließlich wird ein Versuch unternommen, ein differenziertes Konzept von Anerkennung zu entwickeln, das ein Instrumentarium an die Hand gibt, unterschiedliche Konflikte oder Gruppen angemessen zu erfassen, und einerseits so dünn ist, dass es die Gruppen nicht reessentialisiert und normalisiert, andererseits aber so dick ist, dass es den Angehörigen missachteter Gruppen gleichwohl Schutz und Entschädigung für strukturelle Ausgrenzung und willkürliche Ungleichbehandlung gewähren kann: »Sie [bezieht] sich entweder auf die moralische Regelung von Konflikten oder auf die ethische Sicherung von Identitäten und Lebensformen.«[540]

5.1 Verletzbarkeit als condition humaine

> Our identity is partly shaped by recognition or its absence, often by the misrecognition of others. *Charles Taylor*

In den Debatten, die unter den Schlagworten »Multikulturalismus« oder »Identitätspolitik« laufen, taucht der Begriff der Anerkennung in verschiedensten Zusammenhängen und scheinbar auch unterschiedlichsten Bedeutungen auf: Dabei wird Anerkennung oftmals sowohl als moralisch-ethisches Ziel einer intersubjektiven Beziehung postuliert als auch als »Währung«, in der das Gut der Anerkennung den einzelnen Subjekten oder Gruppen ausgeteilt wird. Was also kann überhaupt mit dem Begriff sinnvollerweise gemeint sein? Bei genauerer Betrachtung der diskutierten Modelle der Entstehung kultureller kollektiver Identitäten lässt sich zumindest schon eine Quelle des Anspruchs auf Anerkennung in intersubjektiven Verhältnissen ausmachen. Die dem Anspruch zugrundeliegende *Bedürftigkeit* erklärt sich aus der moralischen *Verletzbarkeit* der Person:

> Das Involviertsein in einer kommunikativen Lebensform besagt ja gerade, daß der verletzbare Einzelne angewiesen ist auf das responsive Verhalten anderer.[541]

Diese – wie Lutz Wingert es formuliert – *Angewiesenheit auf das responsive Verhalten* der anderen Mitglieder einer Sprech- und Handlungsgemeinschaft war es, die als konstituierende Grundlage *beider* Typen kollektiver Identitäten auszumachen war. Bedingung der – im Umkehrschluss aus der moralischen Verletzung abgeleiteten – reflexiven Identität ist die *intersubjektive Verschränktheit* des Einzelnen mit den Anderen einer Sprech- und Handlungsgemeinschaft. Im *erfolgreichen* Fall reagieren die anderen, auf die hin sich das Subjekt oder die Gruppe entwirft, mit Respekt – dann sprechen manche Autoren von Anerkennung. Im *missglückten* Fall reagieren die anderen mit Missachtung oder dem Verweigern von Respekt – dann kann von moralischer Verletzung oder Demütigung gesprochen werden. Wie in den Teilen 1 und 2 dieser Arbeit nachgewiesen wurde, bilden beide Reaktionsweisen das Selbstverständnis der betroffenen Personen oder Gruppen mit aus.

Mit der »Angewiesenheit auf responsives Verhalten« anderer ist allerdings nur die Voraussetzung der Verletzbarkeit reflexiver Subjekte erfasst. Um diesen Begriff der Anerkennung als konstitutiver Bedingung einer gelungenen Ich-Ausbildung oder einer intersubjektiven Versicherung der gewollten, selbst-identifizierten Identität zu etablieren, rekonstruieren an Mead orientierte Autoren wie Honneth oder Wingert im Umkehrschluss in einer phänomenologischen Analyse verschiedenste *moralische Verletzungen*.[542] Wie Honneth anhand dreier Formen oder Ebenen der Anerkennung und Wingert anhand zweier Formen des Respekts nachweist, entsprechen unterschiedlichen Formen der Missachtung oder moralischen Verletzung Formen der Anerkennung. Obgleich Wingert von »Respekt« spricht, wird im Folgenden stets von Anerkennung zu reden sein, und zwar deshalb, weil – wie schon im Kapitel 2.1.2. anhand von Charles Taylor festzustellen war – sich das konstitutive Moment des intersubjektiven Verhältnisses besser mittels des Begriffs der Anerkennung verdeutlichen lässt: Der interne Zusammenhang von Identität und Anerkennung[543] ist offensichtlicher als bei dem Alternativ-Begriff des Respekts. »Durch das Anerkennen wird etwas erst zu dem, als das es anerkannt wird.«[544]

Um also den Status und die Formen der Anerkennung genauer zu bestimmen, gilt es, Formen der Verletzung zu extrapolieren, die damit korrespondieren. Dazu sollen zunächst die Angebote von Honneth und Wingert überprüft werden, um sodann zu untersuchen, welche Formen der Verletzung oder Quellen für Konflikte in der hier vorgelegten Arbeit aus der Typologie kultureller kollektiver Identitäten zusätzlich ablesbar waren. Daraus sollte sich eine der spezifischen Form der Verletzung entsprechende Form der Anerkennung – oder verschiedene Formen der Anerkennung – ableiten lassen.

Axel Honneth unterscheidet in *Kampf um Anerkennung* drei Formen der Missachtung, die »die praktische Selbstbeziehung einer Person dadurch erschüttern können, dass sie ihr die Anerkennung bestimmter Identitätsansprüche entziehen«.[545]

(i)   Praktische Misshandlung,

(ii)   Erniedrigung als Entrechtung und

(iii)   Entwürdigung.

(i) Unter praktischer Misshandlung versteht Honneth Handlungen, die direkt die körperliche Unversehrtheit eines Individuums beeinträchtigen. Dabei verweist Honneth darauf, dass die praktische Misshandlung, Folter oder Vergewaltigung einer Person nicht allein deren Körper angreift und verletzt, sondern dass an diesen Eingriff und Angriff eine psychische Beschädigung gekoppelt ist, die in dem Gefühl der Ohnmacht, des elementarsten Ausgeliefertseins an die Willkür und Gewalttätigkeit eines anderen besteht. Es braucht hier nur an den von Jean Améry am eindrücklichsten beschriebenen[546] Verlust an Weltvertrauen erinnert zu werden, um diese These von der – auch – psychischen Erschütterung durch diese Form der Misshandlung zu untermauern.

Was hier also der Person durch Mißachtung an Anerkennung entzogen wird, ist die selbstverständliche Respektierung jener autonomen Verfügung über den eigenen Leib, die ihrerseits durch Erfahrungen der emotionalen Zuwendung in der Sozialisation überhaupt erst erworben ist.[547]

(ii) Unter die zweite Form der Missachtung sortiert Honneth das strukturelle Verweigern bestimmter Rechte, auf die das einzelne Subjekt berechtigterweise Anspruch erheben kann. Dieser Anspruch der einzelnen Person besteht nach Honneth legitimerweise insofern, als das Subjekt als »vollwertiges Mitglied« einer Gesellschaft einzustufen ist, an deren »Ordnung es gleichberechtigt partizipiert«. Es handelt sich bei dieser Form der Verweigerung von Anerkennung um eine Missachtung der moralischen Zurechnungsfähigkeit eines Individuums, das im modernen Rechtsstaat seine Zurechnungsfähigkeit – nach Honneths Argumentation – aus seinem legitimierten Anspruch auf verbürgte Rechte ablesen kann. Mit der Verweigerung bestimmter Rechte wird aber zugleich ein sozialer Ausschluss verbunden, der es dem Individuum verunmöglicht, sich als gleichwertiger Interaktionspartner zu verstehen.

(iii) Unter der letzten Form der Missachtung kategorisiert Honneth die »evaluative Form« der Herabwürdigung oder Entwürdigung. Damit meint Honneth evaluative Standards, die in einer Gesellschaft etabliert werden und die bestimmte kulturelle Überlieferungen oder Überzeugungen mit einer pejorativen Belastung oder Beleidigung versehen. Dadurch wird die Selbstachtung der in diesen kollektiven Identitäten und Lebensformen zusammengefassten Personen degradiert und erschwert.[548]

In einem jüngeren Aufsatz gibt Honneth dieser letzten Form der Missachtung noch eine leicht veränderte Bedeutung: nun besteht die Herabwürdigung nicht darin, dass bestimmte kulturell begründete Handlungen oder Narrative negativ besetzt werden oder explizit beleidigt werden und dadurch den Angehörigen dieser kulturellen Lebensform eine Verletzung ihrer Selbstachtung zugefügt wird. In dem Aufsatz »Anerkennung und moralische Verpflichtung«[549] wandelt Honneth diese Form der Missachtung dahingehend ab, dass nun die Demütigung dadurch ausgesprochen wird, dass den *Fähigkeiten*[550] der Personen kein Respekt gezollt wird. »Was durch solche Akte beschädigt wird, ist das Gefühl, innerhalb einer konkreten Gemeinschaft von sozialer Bedeutung zu sein.«[551]

Das stellt insofern eine Erweiterung oder Abwandlung der ursprünglichen Beschreibung dar, als dass nun die Herabwürdigung nicht in der mangelnden Wertschätzung gegenüber *der kulturellen Lebenform*, die ihrerseits den Leistungen des *Einzelnen* einen Wert beimisst, besteht, sondern gegenüber den Leistungen des Einzelnen selbst. Denn ansonsten könnte das einzelne Individuum, unabhängig von der Wertschätzung durch eine Mehrheitskultur, seine Selbstachtung ja behalten, solange es innerhalb seiner eigenen, partikularen »konkreten Gemeinschaft« von »sozialer Bedeutung« ist. Die andere Lesart ist, dass der gesamten Lebensform selbst keine soziale Bedeutung geschenkt wird und insofern dem einzelnen Angehörigen als Angehörigem eine Missachtung im Sinne einer Herabwürdigung widerfährt – eigentlich dann aber unabhängig von seinen individuellen »Leistungen«. Die »Leistungen« werden dabei nicht wirklich herabgestuft und entwürdigt, sondern seine »Zugehörigkeit«. Es ist nicht ganz klar, ob Honneth hier davon ausgeht, dass die Bezugspersonen wechselseitiger moralischer Ansprüche auf Anerkennung notwendigerweise eine gemeinsame Wertegemeinschaft teilen und insofern die Leistungen innerhalb dieser selben Wertegemeinschaft entscheidend für die Selbstachtung sind.

Aber auch unter der kontrafaktischen Annahme, dass es sich bei einer modernen Gesellschaft um eine homogene Wertegemeinschaft handelt, bleibt ein Problem: Es müsste untersucht werden, welche *Voraussetzungen* Personen oder soziale Gruppen nach Honneths Theorie erfüllen müssen, die sie als *Kandidaten* für die dritte Form der Anerkennung *qualifizieren*. Das Problem der dritten Honneth'schen Anerkennungsform scheint mir genau darin zu bestehen, dass die Voraussetzungen dafür, dass Personen Anerkennung im dritten Sinne zuerkannt wird, in einer substantiellen Qualifizierung liegen: Soziale Wertschätzung wird in einer Gesellschaft häufig nicht allein graduell, sondern oftmals auch unfair und kontingenterweise ausgrenzend gesetzt/verteilt.[552] Die Arbeit und die Leistungen von Frauen oder Schwarzen beispielsweise werden unterbewertet, wenn sie überhaupt registriert werden. Das Problematische an dieser auf der kontingenten Kategorie sozialer Wertschätzung beruhenden Form der Anerkennung besteht darin, dass sie schon begrifflich von stufenweiser, also *ungleicher* Wertschätzung, d.h. Bevorzugung, ausgeht – und insofern, anders als die anderen Formen der Anerkennung, nicht als kriteriologisches Konzept taugt. Anders als die anderen Formen der Anerkennung setzt diese dritte Form eine Qualifikation voraus, über die nur *manche* Mitglieder der Gesellschaft verfügen und auch das in ungleichem Maße – so dass auch die Anerkennung in ungleichem Maße erteilt wird.

Der Anspruch auf körperliche Unversehrtheit oder auf Achtung vor dem Gesetz als moralisch zurechnungsfähige Person, den die beiden ersten Formen der Anerkennung repräsentieren, wird demgegenüber nicht auf einen bestimmten qualifizierten Personenkreis eingeschränkt, sondern theoretisch allen ohne Ausschluss[553] und gleichwertig zugesichert.

Lutz Wingert erklärt die von ihm in seinem Buch *Gemeinsinn und Moral* angeführten zwei Formen der moralischen Verletzung mit der »Condition« moralisch verletzbarer Lebewesen.[554] Die Condition besteht darin, dass es sich nach Wingert um Personen handelt, die eine kommunikative Lebensform teilen. Darin gründen die zwei Bedingungen oder »Anfälligkeiten« für moralische Arten der Verletzung: (i) Der oder die moralisch Verletzbare stellt sich als *unvertretbare Einzelnheit* dar, oder (ii) der oder die moralisch Verletzbare zeigt sich durch seine oder ihre Angewiesenheit auf das responsive Verhalten anderer und damit durch den Status eines bzw. einer *Angehörigen*.

Wingert versteht unter diesen beiden Bedingungen moralischer Verletzbarkeit lediglich Gesichtspunkte, mittels derer spezifische moralische Verletzungen zugeordnet werden können. Unter der ersten Bedingung rekonstruiert Wingert das praktische Selbstverhältnis der moralisch verletzbaren Person als ein Lebewesen, das auf *sein eigenes Wohlsein* bezogen ist und sich zu diesem Zweck reflexiv auf sich selbst bezieht. Aus der Not des reflexiven Individuums, das sich selbst und sein Verhalten muss affirmieren können, leitet Wingert die erste Form der moralischen Verletzung ab: »In der Mißachtung des eigenen Willens wird der moralisch Verletzte darin mißachtet, daß er sich als die Person, die sich in seinem Verhalten darstellt, bejahen können muß.«[555]

Interessant ist nun, dass Wingert Demütigungen und Respektlosigkeiten so rekonstruiert, dass sie eine Verletzung im Symbolischen ausdrücken können, die sehr nah an jene Fälle und Beispiele von verletzenden Fremdbeschreibungen kommen, wie sie in Kapitel 4.2 unter Typ 2 der eigenen Typologie diskutiert worden sind. Wingert analysiert, inwiefern eine Demütigung das praktische Selbstverhältnis der moralisch verletzbaren Person affiziert.

> Moralische Verletzungen […] haben damit etwas zu tun, daß der moralisch Verletzte sich selbst über die Auslegung von Ausdrucksgestalten und -verhalten versteht und sich auf der Grundlage von Selbstdeutungen in praktischer Absicht beurteilt. In der Demütigung wird ein Selbstbild beschädigt oder zerstört, das diejenige Person darstellt, als die sich der Gedemütigte bejahen kann.[556]

Wingert verweist darin schon auf die intersubjektive Dimension, die in der zweiten Bedingung besonders ihren Ausdruck findet: Der moralisch Verletzbare ist auf eine gemeinsame Einschätzung der Reaktion auf sein eigenes Verhalten oder seine Selbstdarstellung hin angewiesen. Das heißt, es muss ein gemeinsam geteiltes Verständnis darüber etablierbar sein, welche Reaktionen oder Verhaltensweisen als mit dem eigenen voluntativen Selbstverständnis unvereinbare zu gelten haben.[557]

Es soll nicht die ganze Liste an Verletzungen wiedergegeben werden, die Wingert an entweder die eine oder die andere Sorte von Bedingungen für Missachtung verweist. Für den Zusammenhang dieser Arbeit sollen nur zwei Kategorien herausgegriffen werden.[558] Da wäre zunächst die von Wingert unter Fall (5) angeführte Form der moralischen Verletzung, die durch *ungerechte Behandlung*, sei es in »Form der Verteilung materieller Güter« oder in »Ungleichheiten in der Anerkennung von Rechten« ihren Ausdruck findet. Diese Kategorie scheint Honneths zweiter

Form der Missachtung zu entsprechen: der strukturellen Ausgrenzung und Verweigerung von Rechten. Zum anderen verweist Wingert unter Punkt (6) auf Demütigung und Respektlosigkeit. Zur Demütigung führt Wingert an, dass sie als physische Verletzung oder Zwang auftreten kann – gleich Honneths erster Form der Missachtung – oder als Geringschätzung – Honneths dritter Form. Leider erklärt Wingert nicht weiter, *worauf* sich die Geringschätzung bezieht, sodass es unklar bleibt, ob darunter ebenfalls als Referenz von Wertschätzung individuelle Leistungen zu verstehen sind, also Leistungen als Grundlage oder Voraussetzung sozialer Wertschätzung. Zu dem Begriff der Respektlosigkeit verweist Wingert auf das Beispiel der »Ignoranz religiöser Gefühle oder identitätsbildender Bräuche und kultureller Praktiken«[559] – also auf Praktiken und Überzeugungen, die mit der kulturellen Zugehörigkeit gekoppelt sind und die nichts mit spezifischen Leistungen oder gesellschaftlich relevanten Beiträgen zu tun haben.

Entscheidend ist für unseren Zusammenhang an der Analyse von Wingert, dass er das Faktum des kulturellen Pluralismus in modernen Gesellschaften insofern in seine Moraltheorie einbaut, als er darauf verweist, dass die Respektlosigkeit gegenüber religiösen Gefühlen deswegen moralisch problematisch ist, weil es – anscheinend über die religiösen Differenzen hinweg – ein geteiltes Verständnis davon geben muss, was die einzelne Person sinnvollerweise an Reaktionen auf ihre Handlungen und Überzeugungen erwarten kann.[560]

> Respektlosigkeiten wie die Ignoranz religiöser Gefühle oder Demütigungen zum Beispiel in der Form der Geringschätzung könnten gar nicht treffen, wenn der Getroffene nicht auf ein gemeinsames Verständnis davon angewiesen wäre, was für ein Folgeverhalten anderer eine Situation, in der er sich befindet, eine Überzeugung oder ein Gefühl, das er hat, eine intendierte Handlung oder Tätigkeit ihrer jeweiligen Bedeutung nach verlangen.[561]

Das dieser normativen Forderung zugrundeliegende Argument beruht auf der bereits erwähnten »Condition«: eben der Angewiesenheit auf das responsive Verhalten anderer, weil diese Reaktionen, also *auch* die *negativen* Bedeutungen und Beurteilungen der Fremdbeschreibungen und -bewertungen, Teil des eigenen praktischen Selbstbildes ausmachen. Und die »anderen«, deren Reaktion das eigene Selbstbild mitbildet, sind eben nicht nur die Angehörigen der eigenen kulturellen kollektiven Identität, sondern die Mitglieder einer kulturell ausdifferenzierten Sprech- und Handlungsgemeinschaft.[562]

Bevor untersucht werden soll, welche Formen der Anerkennung diesen jeweiligen moralischen Verletzungen zu entsprechen haben und was dann jeweils unter Anerkennung zu verstehen ist, sollen zuvor die Verletzungen, die Honneth und Wingert anführen, kritisch erweitert und ergänzt werden um die Fälle von Verletzungen, aber auch Konflikten, die anhand der vorangegangenen Teile 1 und 2 und der hier entwickelten Typologie nachweisbar waren.

5.2 Konflikte und Verletzungen im Kontext kollektiver Identitäten

Zunächst ließe sich fragen, warum es relevant sein sollte, Konflikte, die durch oder um kollektive Identitäten entstehen, in diesem Kapitel neben Verletzungen ebenfalls zu diskutieren? Bislang wurde doch der Begriff der Anerkennung ausschließlich aus dem Negativ der moralischen Verletzung rekonstruiert, nicht aber aus moralischen oder ethischen Konflikten. Da jedoch dieser Teil dem Versuch geschuldet ist, die normativen Ansprüche von kollektiven Identitäten zu erörtern, wie sie sich aus der in Teil 2 entwickelten Typologie ableiten lassen, ist es wichtig, nicht allein auf unterschiedliche Gruppen- oder Identitäts-Typen und deren verschiedene Ansprüche, sondern auch auf *Konflikt*-Typen hinzuweisen. Nicht zuletzt, weil es eine spezifische Sorte von Konflikten zu geben scheint, die sich nicht auf Formen der rechtlichen Ausgrenzung einer gesamten kulturellen Identität oder auf beleidigende Demütigung im intersubjektiven Bereich reduzieren lassen. Vielmehr konstituiert der Pluralismus kollektiver Identitäten sowie der Weltanschauungen und religiösen Überzeugungen auch eine Reihe von Konflikten auf der Grundlage miteinander konkurrierender und widerstreitender Normen. Auf die Quellen für diese Konflikte und die Art der Ansprüche, die sie rechtfertigen, wird im Folgenden ebenfalls einzugehen sein.

> What wide difference, therefore, in the sentiments of morals, must be found between civilized nations and Barbarians, or between nations whose characters have little in common? How shall we pretend to fix a standard for judgements of this nature?[563]

Es werden zunächst unterschiedlichste Formen und Fälle von Konflikten und strukturellen Verletzungen aufgelistet, die im Nachhinein – mit Rücksichtnahme auf unterschiedliche Typen von Gruppen, denen sie widerfahren (sind) – mit je unterschiedlichen Ansprüchen auf Rücksichtnahme und Anerkennung ausgestattet werden:

5.2.1 Konfliktquellen

(i) In kulturell ausdifferenzierten Gesellschaften stoßen traditionale Lebensformen und religiös begründete Praktiken häufig an die Grenzen einer sich neutral und säkular definierenden Öffentlichkeit. Das liberale Versprechen der wechselseitigen Toleranz funktionierte nur so lange, als die betroffenen Angehörigen kollektiver Identitäten bereit waren, ihre abweichenden Praktiken und Symbole nur in der Privatsphäre zur Schau zu stellen. Die besondere Form der sozialen Ausgrenzung besteht aber in diesem Fall darin, dass es lediglich bestimmten Gruppen versagt wird, sich auch im öffentlichen Raum als Angehörige einer eigenen kollektiven Identität darzustellen. Die vermeintliche Freiheit in der Schutzzone des Privaten fühlt sich für Mitglieder solcher kollektiver Identitäten eher wie ein Ghetto oder das »closet« an, in dem sie sein müssen, weil sie in der Öffentlichkeit nicht sein dürfen, wer sie sind.

Der Fall der muslimischen, deutschen Referendarin Fereshda Ludin verdeutlicht diese Form des Konflikts zwischen den identitätsstiftenden oder – sichernden Praktiken einer traditionalen kollektiven Identität (die in den Schutzbereich der Glaubensfreiheit fallen sollten) und dem missverstandenen Ideal der religiös-weltanschaulichen Neutralität oder Toleranz einer liberalen Gesellschaft. Das Land Baden-Württemberg verweigerte der Referendarin Ludin die Aufnahme in den Schuldienst, weil sie sich weigerte, auf das Tragen ihres Kopftuchs im Unterricht zu verzichten. Hier stehen zwei Prinzipien in Konflikt: die Grundrechte des Einzelnen aus Art. 4 Abs. 1 und 2 des Grundgesetzes, wonach die Freiheit, Glauben, Gewissen, Religion und Weltanschauung zu bilden und auszuüben, geschützt wird, einerseits und die Verpflichtung des Staates zu religiös-weltanschaulicher Neutralität, die in der Pflicht des Beamten zu Unparteilichkeit und Uneigennützigkeit spezifiziert wird.[564] Die Begründung der Kultusministerin Annette Schavan, die zugleich stellvertretende Vorsitzende des Zentralkomitees der deutschen Katholiken ist, bestand aus fünf argumentativen Schritten:

(i) Erstens erklärte Schavan das Kopftuch für ein politisches, kein religiöses Symbol. Sie behauptete, dass es keine religiöse Pflicht einer Muslima sei, das Kopftuch zu tragen.

(ii) Vielmehr sei das Kopftuch eine politische Demonstration und stünde für Unterdrückung.

(iii) Die muslimischen Kinder in der Schule, die sich entschieden hätten, entgegen der Tradition ihrer Eltern das Kopftuch nicht zu tragen, würden durch das demonstrative Kopftuch-Tragen ihrer Lehrerin in ihrer Selbstbestimmung gefährdet und unterdrückt.

(iv) Ludin solle daher ein Vorbild sein und aus Gründen der »Toleranz« (Schavan) auf das Tragen des Kopftuchs verzichten.

In einer Art Rückzugsgefecht schränkte Schavan dann allerdings ihre Position ein:

(v) Sie sei keinesfalls für ein »generelles Verbot« des Kopftuch-Tragens in Schulen, vielmehr müsse der Einzelfall geprüft werden.

Das Bemerkenswerte an diesem Konflikt ist symptomatisch für eine Vielzahl anderer Fälle, deswegen lohnt es, etwas genauer die Argumentation zu untersuchen und warum sie als diskriminierende Ausgrenzung gedeutet werden kann.

(i) Zunächst können die Grundannahmen der Kultusministerin bestritten werden. Einmal abgesehen davon, dass es unklar ist, wieso eine katholische Ministerin Expertin in der Exegese des Korans sein soll, wird von Islam-Kennern das Kopftuch eindeutig als religiöse Pflicht einer gläubigen Muslima beschrieben, die auf Vers 53 und 59 der 33. Sure und Vers 31 der 24. Sure des Koran fußt. Die Tatsache, dass es auch gläubige Muslima gibt, die kein Kopftuch tragen, widerspricht dem nicht. Ein Gebot stellt eine Norm dar, auch wenn sich nicht alle daran halten. Genau aus diesem Grund sind kulturelle Vergemeinschaftungen auch solch vielschichtige und wandelbare Gebilde, eben weil kaum je alle Praktiken und Überzeugungen gleichzeitig von allen Angehörigen geteilt werden.

(ii) Schavan unterstellt implizit, dass das Praktizieren eines Glaubens im Falle einer Muslima mit islamischem Fundamentalismus zu tun hat. Sie kann sich nicht vorstellen, dass jemand, schon gar eine Frau, freiwillig ein Kopftuch tragen könne (Kopftuch gleich Unterdrückung gleich politische Demonstration). Symptomatisch für diese Ineinssetzung von Islam und Fundamentalismus war auch das Wiederkehren der Frage von Interviewern an Fereshda Ludin, wie ihr Verhältnis zu den Mullahs im Iran oder den Taliban in Afghanistan sei. Als sei ihr individueller Glaube an eine der drei großen monotheistischen religiösen Lehren der Welt identisch mit ihrer Unterstützung aller terroristischen Umtriebe ausländischer Gruppen, die unter demselben religiösen Namen operieren. Dabei wird ein Deutscher Protestant selten damit konfrontiert, dass er doch auch ein Unterstützer der protestantischen »pro-life« Fundamentalisten sei, die in den USA Abtreibungsärzte ermorden, oder der Oranier-Orden, die durch katholische Nachbarviertel ziehen und ihren jahrhundertalten Sieg über die Katholiken feiern. Sie unterstellt gleichsam, dass das Kopftuch nicht freiwillig getragen werden *kann*. Schavan verkennt, dass die Unterdrückung nicht in dem Kopftuch an sich ruhen kann, sondern die Unterdrückung besteht, wenn überhaupt, darin, dass jemand »zum Glauben« (eigentlich nur zu der Praxis) gezwungen wird. Genau deswegen handelt es sich bei den Regimen der Taliban und der Mullahs ja auch um Diktaturen: nicht, weil die Machthaber Muslime sind, sondern weil sie der Bevölkerung keine religiöse Freiheit zugestehen.

(iii) Völlig absurd allerdings ist die Annahme, dass die muslimischen Schülerinnen in einer deutschen Schule in Plüderhausen in Baden-Württemberg durch den Anblick einer muslimischen Lehrerin mit Kopftuch unterdrückt würden. Erstens, weil zunächst einmal angenommen wurde, die *Trägerin* des Kopftuchs sei unterdrückt worden und von einem männlichen Patriarchat (inhärent in der islamischen Schariah) gezwungen, das Tuch zu tragen. Es besteht also ein Sprung von der Unterdrückung der Trägerin zur Unterdrückung der Zuschauer. Zweitens, weil unklar ist, wodurch die Schülerinnen eigentlich bedroht werden. Das Argument besagt, dass ich durch den Anblick von Sklaven selber versklavt werde. Es erinnert an das Gesetz in den USA, dass es Schwulen gestattet, in der amerikanischen Armee zu dienen, solange die Soldaten nicht äußern, dass sie homosexuell sind. Wie Judith Butler argumentiert hat,[565] assoziiert dieses Gesetz, dass der Sprechakt: »Ich bin homosexuell«, eine Gefährdung und Bedrohung der anderen Soldaten der Armee darstelle. Ein Sprechakt (oder ein Kopftuch) ist sozusagen »ansteckend« (Butler). Die homosexuellen Soldaten sagen also nicht allein etwas über sich selbst aus, sondern tun den anderen darin etwas an. Ähnlich Schavan: Das Kopftuch ist nicht allein ein Ausdruck und Symbol einer religiösen Lebensweise, sondern unterdrückt die nicht-gläubigen, assimilierten Schülerinnen. Besonders bemerkenswert darin ist, dass Schavan den historischen Kontext und die Machtverhältnisse des sozialen Umfelds in der Bundesrepublik außer Acht lässt. Wenn sie nämlich Ludin nicht im Iran, sondern in der Bundesrepublik situieren würde, noch dazu an einer badenwürttembergischen Schule, würde sie anerkennen müssen, dass nicht die nicht-muslimischen Schülerinnen in der Minderzahl sind und des Schutzes ihrer Überzeugungen bedürfen, sondern Ludin. In einer dominant christlichen oder säkularen Gesellschaft finden die Kinder muslimischer Familien, die sich gegen ihre Eltern und gegen das Kopftuch entscheiden, genügend Unterstützung und erfahren keinerlei soziale Ausgrenzung oder Diskriminierung. Ludin dagegen erhielt in Baden-Württemberg de facto Berufsverbot.

(iv) Der letzte Schritt birgt eine gewisse Ironie, weil Schavan mittels des Appells an die Toleranz von Fereshda Ludin verlangt, diese müsse die Intoleranz der anderen respektieren. Dass es vielmehr zu einer aufgeklärten, demokratischen Gesellschaft auch gehört, dass assimilierte Kinder lernen, die traditionaleren Überzeugungen und Praktiken von Minderheiten zu respektieren, vernachlässigt die stellvertretende Vorsitzende des Zentralkomitees der deutschen Katholiken.

(v) Nun nimmt Schavan in ihrer letzten These einiges wieder zurück. Sie fordert nun kein generelles Verbot des Kopftuchs – was inkonsequent ist und ihrer eigenen Argumentation nach fahrlässig. Denn entweder unterdrückt das Kopftuch, dann muss es auch dauernd verboten sein, oder es unterdrückt eben nicht. Der Einzelfall Ludin jedenfalls scheint nichts herzugeben, was als guter Grund für den Einspruch gegen Ludin taugen würde: Ludin ist deutsche Staatsangehörige, afghanischer Herkunft. Der Vater war Berater des afghanischen Königs und bis zu dessen Sturz Diplomat in Deutschland. Die Tochter ging in Deutschland zur Schule. Später wanderte die Familie nach Saudi-Arabien aus, kehrte aber enttäuscht zurück, weil sie die intolerante Variante des Islam dort nicht aushielt. Ludin ist mit einem Deutschen verheiratet. Was aber viel wichtiger als diese biographische Andeutung einer kosmopolitischen, vergleichsweise »aufgeklärt«-muslimischen Familie ist: Ludin hat den Beamteneid auf die Verfassung geleistet, stimmt dem Lehrplan, inklusive Sexualkunde, zu und gilt an ihrer Schule (auch bei den assimilierten Schülerinnen muslimischer Herkunft) als ausgesprochen begabte und beliebte Lehrerin. Alle Einwände gegen das Kopftuch stützen sich auf die projektive Unterstellung einer islamisch-fundamentalistischen Weltsicht, die durch nichts in den realen Handlungen und Haltungen von Ludin (Beamteneid, Zustimmung zum Lehrplan etc.) gestützt werden kann.

Hintergrund von Schavans Regelung könnte möglicherweise ihr eigenes Interesse an Einzelfallregelungen sein. Als gläubige Katholikin kann sich Schavan durchaus keine Neutralität im öffentlichen Raum wünschen, die als religionsfreie, laizistische Zone verstanden werden könnte. Dies wäre aber eine zumindest überzeugendere Argumentation, durch die man versuchen könnte, Ludin zu zwingen, das Kopftuch nicht im Klassenraum zu tragen.[566] Das berühmte Kruzifix-Urteil des Bundesverfassungsgerichts (das das Grundsatzurteil für die Frage der religiösen Neutralität in öffentlichen Schulen darstellt) verbietet aber nicht prinzipiell alle religiösen Symbole im öffentlichen Raum oder in öffentlichen Schulen, sondern erklärt lediglich den *Zwang* zum angeordneten Aufhängen des Kruzifixes im Klassenzimmer für verfassungswidrig. In diesem Sinne kann es also aus verfassungsmäßigen Gründen keine Bedenken gegen religiöse Symbole an sich geben.

Es gibt aber noch einen zusätzlichen Einwand gegen Schavans Bedingung, dass die Referendarin nur eingestellt würde, wenn sie auf das Tragen des Kopftuchs verzichten würde. Die Frage nämlich, was bedeutet es für eine Person, auf ein Symbol ihres Glaubens, ihrer Zugehörigkeit zu verzichten. Worin besteht die Zumutung für Ludin? Warum ist der Preis für Ludin so hoch, dass sie sich eher ihre berufliche Laufbahn und ihren Lebensunterhalt zerstören lässt, als dass sie auf das Kopftuch verzichtet? Warum kann man von Diskriminierung sprechen, wenn doch bloß ein bestimmtes äußerliches Symbol in einem bestimmten Raum verboten werden soll? Und vor allem, wenn der Verzicht auf äußerliche Symbole individueller Religionszugehörigkeit von allen Konfessionen gleichermaßen gefordert wird, worin kann dann die Ungerechtigkeit bestehen? Der entscheidende Punkt besteht in diesem Fall – wie bei einer Vielzahl sogearteter Konflikte – darin, dass die implizite Vorstellung der Ablegbarkeit des Kopftuchs kulturell-partikular, aber nicht verallgemeinerungsfähig ist. Für Christen ist es ein Leichtes, auf das Tragen bestimmter Kleidungsstücke oder von Schmuck zu verzichten, weil es keinen Bestandteil des religiösen Kodex ihrer Konfession darstellt. Die Vorstellung der Innerlichkeit des Glaubens, die es erlaubt, von äußerlichen Darstellungen unabhängig und gleichwohl der eigenen Identität »treu« zu sein, ist eine spezifisch christliche – aber eben darin nicht verallgemeinerbar. Ein Aspekt der muslimischen Identität besteht eben in der Unmöglichkeit, zwischen privater Darstellung / Identität und öffentlicher Identität zu unterscheiden und den Glauben in Form des Kopftuchs einfach abzulegen. Ich halte deswegen auch eine laizistische Grundordnung – wie in der Türkei oder Frankreich – für problematisch.

Faktisch bedeutet sie nämlich eine unfaire Ungleichbehandlung der Angehörigen verschiedener Religionen. Während es für Christen keine große Einschränkung bedeutet, in der Öffentlichkeit auf Symbole ihres innerlichen Glaubensbekenntnisses zu verzichten, ist dieselbe Beschränkung für Muslime oder orthodoxe Juden eine klare Ausgrenzung, weil sie in ihrer Kippa oder ihrem Kopftuch ihren Glauben und ihre Identität verleugnen müssen.

(ii) In modernen Gesellschaften fördert der Zustand des kulturellen Pluralismus[567] und die »Aufspaltung in einzelne Wertsphären«[568] die Möglichkeit des »reasonable disagreement« (Rawls).[569] Darunter sind Meinungsverschiedenheiten oder Widersprüche zu verstehen, die durch sowie zwischen ethischen Überzeugungen und Weltanschauungen, durch und zwischen Werten und Anschauungen entstehen, die eine begrenzte[570] Gruppe von Personen oder Gruppen *vernünftigerweise* vertreten können und die gleichwohl miteinander *inkompatibel* sind. Der Regelungsbedarf oder zumindest Kooperationsbedarf entsteht in solchen Zuständen des »reasonable disagreement« dadurch, dass die einzelnen Personen oder kollektiven Identitäten in ihren ethisch-existentiellen Lebensbezügen ihren Praktiken und Überzeugungen »mit guten Gründen« nachgehen können.

> Opposed ideas of the good, and therefore of what is impartially desirable for everyone – and not only opposed personal interests – are counted among the conflicts with which a legitimate political system must deal, and with respect to which it must try to be fair to its citizens.[571]

Diese divergierenden Ideen des Guten fördern Konflikte zwischen Personen und ihren tiefen Überzeugungen: Dabei kann es zum Normen-Widerstreit hinsichtlich divergierender Überzeugungen, aber auch inkompatibler Praktiken oder Lebensweisen kommen.

Fälle wie der explosive Streit um die Praxis der Abtreibung sind Beispiele für solche Konflikte, die aufgrund unterschiedlicher Vorstellungen des ethisch-guten Lebens, aber auch divergierender Weltanschauungen entstehen. Aber auch die Anforderung, die ein polygamer Ehemann an die Einwanderungsbehörden westlicher, der Monogamie verpflichteter Länder stellt, wenn er eine Aufenthaltsgenehmigung für zwei Frauen stellt, kann als Beispiel dienen. Diese Art von Konflikten stellt moderne demokratische Gesellschaften vor die Frage, inwiefern konfligierende

Praktiken und Überzeugungen »gleiche Achtung und Rücksichtnahme« erhalten können. Verlangt die Forderung der *gleichen* Achtung einer jeden Kultur gegenüber nicht mitunter *Ausnahmeregelungen*, um eine spezifische Praktik einer einzelnen kollektiven Identität zu schützen – auch wenn sie gegen die Wertvorstellungen der Mehrheitskultur verstößt? Das heißt also, die Frage zu untersuchen, ob das Prinzip der Gleichwertigkeit vor dem Gesetz mitunter ungleiche Behandlung durch das Gesetz erfordert.

Um diese Konflikte deutlicher von den späteren Fällen abzugrenzen, sei noch etwas hinzugefügt: Das Entscheidende bei den hier erwähnten Fällen besteht darin, dass es sich um Praktiken handelt, die aus einem eigenen, voluntativen Selbstverständnis einer kulturellen Identität oder Lebensanschauung resultieren. Die Zugehörigkeit zu einer kollektiven Identität entspricht ihrem eigenen Selbstverständnis, und die gelebten Praktiken und Überzeugungen entstammen erst dieser Motivation einer gewollten Zugehörigkeit. Der Konflikt entsteht nicht durch Zuschreibungen von außen, sondern dadurch, dass Wertvorstellungen und Praktiken unterschiedlicher kollektiver Identitäten miteinander in Konflikt geraten. Die hier rekonstruierte Art von Konflikten findet sich also im Kontext kollektiver Identitäten, wie sie unter Typ 1 der hier entwickelten Typologie beschrieben wurden.

(iii) Eine andere Art von Konflikt entsteht durch die Widersprüche zwischen den Wertvorstellungen einer Mehrheitskultur und den Praktiken einer Minderheitskultur, die aber nur ihre *eigenen* Angehörigen betreffen. Die Mehrheitskultur empört sich dabei über eine körperliche Misshandlung oder eine Form der Missachtung, die die Angehörigen einer Minderheitskultur nicht an den Mitgliedern der Mehrheitskultur verüben, sondern – nach Überzeugung der Mehrheitskultur – an ihren eigenen Angehörigen. Also entsteht ein Konflikt zwischen einer vermeintlich illiberalen Praktik, die es seitens einer Mehrheitskultur zu verhindern gilt, und dem Respekt vor einer Kultur und den ihr eigenen und affirmierten Praktiken und Bedeutungen.

Die Mehrheitskultur widerspricht in solchen Fällen als vermeintliche Schutzmacht individueller Mitglieder der Minderheitskultur, sie widerspricht den traditionalen Praktiken und Überzeugungen einer Minderheitskultur und bezichtigt diese der Ungerechtigkeit, Misshandlung oder Diskriminierung eigener Angehöriger. Das Problematische solcher

Konflikte und Fälle des Einspruchs im Namen von Betroffenen, die sich selbst als gar nicht unbedingt diskriminiert empfinden, lässt sich an drei nur vordergründig ähnlich gelagerten Beispielen verdeutlichen: (a) Die Kritik an der in einigen ostafrikanischen Ländern[572] mitunter noch gängigen rituellen Praxis der Klitoris-Verstümmelung an jungen Mädchen ist in der letzten Zeit in den westlichen Demokratien weitgehend auf Zustimmung gestoßen.[573] Unter dem Begriff der »Klitoris-Beschneidung« werden verschiedene Formen der sexuellen Verstümmelung zusammengefasst: Es können die Vorhaut der Klitoris, die Klitoris selbst oder zusätzlich die inneren Schamlippen entfernt werden. Die Begründung für dieses Ritual variiert je nach Land: Es wird gerechtfertigt mit der »Begründung«, das Geschlechtsleben der Frau müsse kontrolliert werden, nur beschnitten sei die Frau ehefähig, sei sie fruchtbar. Die europäische Kritik an dieser Praxis wird formuliert bei gleichzeitiger expliziter Anerkennung der teilweise religiösen Begründung für diese traditionelle Praxis.

(b) Ebenso einhellig verhält es sich mit der westlichen Kritik an der in Indien keineswegs mehr üblichen rituell-traditionalen Witwenverbrennung. Dabei handelt es sich um den selbstmörderischen Akt, bei dem sich eine Witwe – angesichts des Verlusts ihres Mannes und daran gekoppelt auch des Verlusts an Lebensperspektive – selbst das Leben nimmt und verbrennt.

Entgegen der häufigen Kritik an diesem Phänomen, die suggeriert, es handele sich hierbei um eine gängige Praxis, die auf einer lang etablierten sozialen Norm beruhe, handelt es sich hierbei um eine Handlung, die zuletzt in den achtziger Jahren in Indien zu einem einzigen bekannt gewordenen isolierten Fall geführt hat: der Selbstverbrennung von Roop Kanwar in Deorola, Rajasthan. Dieser Fall hat auch in Indien selbst zu einer hitzigen Debatte geführt. Für unseren Kontext ist jedoch die ursprüngliche Begründung für diese Handlung relevant. Zwar verfügte »die« Witwenverbrennung zu keinem Zeitpunkt in Indien über den Status einer sozialen oder religiösen Norm, eher den eines Mythos – gleichwohl saß die Faszination einer religiösen Überzeugung auf: der Idee der Reinkarnation oder Wiedergeburt und damit also der Vorstellung, die Witwe könne sich durch den Tod mit ihrem Mann wieder vereinigen. Vor dem Hintergrund dieser religiösen Vorstellung erklärt sich die selbstmörderische Motivation der Frauen.[574]

Die Fragen, die die Kritiker solcher kulturell-religiöser Praktiken beantworten können müssen, sind folgende: Inwieweit können Mehrheitskulturen, deren Wertvorstellungen und Überzeugungen beiden hier erwähnten Praktiken auf das Grundlegendste widersprechen, diesen Konflikt lösen, ohne paternalistisch oder diskriminierend zu agieren? Wie können sie begründen, dass fremde Praktiken moralisch falsch sind, wenn doch die Angehörigen der Mehrheitskultur selbst davon gar nicht beeinträchtigt werden und die betroffenen Angehörigen der Minderheitskultur den angeblich diskriminierenden Praktiken zustimmen?[575]

Der wesentliche Unterschied zwischen beiden Fällen scheint aber schon darin zu bestehen, dass in dem ersten Beispiel der Klitoris-Beschneidung einer Person etwas angetan wird, die nicht zustimmt, wohingegen es sich im zweiten Fall um eine aktive Handlung einer Person an sich oder gegen sich selbst handelt. Zudem handelt es sich im ersten Fall um – nach europäischen Standards – minderjährige Kinder, denen die Mündigkeit und Zustimmungs*fähigkeit* noch abgestritten werden kann. Es ließe sich einwenden, dass diese Handlung eine Intervention von außerhalb der partikularen kollektiven Identität rechtfertige, denn selbst bei Zustimmung der Kinder handelte es sich um keine mündige, vernünftige Entscheidung, und insofern ließe sich ein Eingriff zum Zwecke des Schutzes vor sich selbst begründen. Zudem deutet die Zahl der fliehenden Frauen, die in jüngster Zeit als Schutz vor dieser Praxis in einigen westlichen Ländern den Antrag auf Asyl gestellt haben, in der Tat darauf hin, dass es sich nicht um eine westliche Fehlinterpretation handelt, die Klitoris-Beschneidung als Misshandlung zu verstehen.

Das ist in Fall (b) fragwürdiger. Es handelt sich um eine eigenständige Handlung einer erwachsenen, mündigen Person. Nun ließe sich natürlich einwenden, der Druck des sozialen Kollektivs und der Familie schränkten auch bei der indischen Witwe die Freiheit der Entscheidung und Handlungsfähigkeit ein. Nach allem, was über den Fall und seine Rezeption in Indien bekannt geworden ist, scheint es sich aber bei der »Witwenverbrennung« keineswegs um eine soziale Norm zu handeln, die bei Enttäuschung der Erwartungshaltung der sozialen Umwelt mit Entzug sozialer Wertschätzung drohte.

Jedenfalls scheint es in diesem Fall sehr viel komplizierter zu sein, eine staatliche Intervention zu ihrem Schutze zu rechtfertigen, ohne zugleich der Frau die Fähigkeit der Selbstbestimmung zu entziehen.[576]

Doch das Argument zur Rechtfertigung eines Verbots oder Eingriffs,

das sich allein auf den Hinweis darauf stützt, ob jemand sich selbst
– freiwillig – etwas antut oder ob jemandem, ohne seine oder ihre Zustimmung, etwas angetan wird, das Außenstehende als körperliche
Misshandlung interpretieren, reicht nicht aus.[577] Das lässt sich mit Hilfe
eines weiteren Beispiels[578] verdeutlichen:

(c) Stellen wir uns vor, ein Staat würde die Begründung zur Intervention oder des Verbots einer Praxis wie im Falle der Klitoris-Beschneidung von jungen Mädchen folgendermaßen leisten und argumentieren,
diese Praxis möge zwar kulturell-religiös begründet sein und möge auch
einen entscheidenden Bestandteil dieser Kultur ausmachen, gleichwohl
handele es sich aber um eine Misshandlung, die ohne die Zustimmung
der betroffenen Person geschehe. Und nun stellen wir uns vor, diese Begründung würde auf ein Verbot der jüdisch-orthodoxen Beschneidung
von männlichen Babys angewendet werden.

Auch hier wird ohne die Zustimmung der Betroffenen, die ebenfalls
Minderjährige sind, eine körperliche Verletzung zugefügt. Aus der Perspektive der orthodoxen Juden käme dies allerdings geradezu dem Verbot gleich, ihre religiöse Glaubensgemeinschaft aufrechtzuerhalten. Der
Vergleich zwischen der Klitoris-Beschneidung und der des männlichen
Jungen scheint in moralischer Hinsicht kontraintuitiv und unangemessen.
Warum? Die Frage der Zustimmung des Betroffenen ist hierbei anscheinend weniger ausschlaggebend als die Frage des Grades der Verletzung
oder des Schadens, der zugefügt wird. Während dem jungen Mädchen
durch die Klitoris-Verstümmelung die erotisch-sexuelle Genussfähigkeit irreparabel genommen wird, ist dies bei dem beschnittenen jüdisch-orthodoxen Jungen nicht der Fall.[579] Um eine solche Entscheidung zu
rechtfertigen, muss die richtende Instanz abwägen zwischen dem Schaden und der Diskriminierung, der der Kultur zugefügt wird, als deren
mehr oder minder essentieller Bestandteil diese problematische Praxis
gilt, und dem Schaden und der Verletzung, die durch diese Praxis dem
Individuum angetan wird. Allein der Hinweis auf die fehlende Zustimmung oder Mündigkeit des betroffenen Individuums reicht nicht aus.

Diese und ähnliche Fälle können an dieser Stelle nicht hinreichend
beantwortet werden. Es sollte hier nur darauf hingewiesen werden, mit
welcher Art von Konfliktquellen es moderne Gesellschaften zu tun bekommen können und welche unterschiedlichen Anforderungen an Begründungen und Rechtfertigungen für normative Koordination, Regulierung oder Respekt sie stellen.

Die hier diskutierten Fälle beziehen sich aber alle auf Gruppen, die wir unter Typ 1 als gewollte, selbst-identifizierte beschrieben haben. Wie bei der Debatte der Modelle 1 und 2 im ersten Teil der Arbeit, aber auch dem Typ 1 im zweiten Teil der Arbeit rekonstruiert wurde, handelt es sich bei den kollektiven Identitäten dieses Typs um Assoziationen, die die einzelnen Angehörigen trotz reflexiver Überprüfung motivieren und überzeugen können. Es handelt sich um kollektive Identitäten, die den gewählten Werthorizont ihrer Angehörigen darstellen, die die Einzelnen auch mit Handlungs- und Interpretationsmustern (*scripts*) versorgen, an denen die individuellen Personen ihre Lebensentwürfe, aber auch ihre narrative Identität ausrichten können.

Daraus ergibt sich die ethisch-existentielle Bedeutung des Erhalts solcher gewollter kollektiver Identitäten und Lebensformen, von der Jürgen Habermas im Eingangszitat zu diesem Teil spricht. Normative Konzeptionen der Konfliktregelung zwischen widerstreitenden Praktiken und Überzeugungen wie in diesem Fall können davon ausgehen, dass diese Praktiken und Überzeugungen *gewollte* sind. Tendenziell werden hier also »lediglich« Vorschläge unterbreitet, wie Konflikte vereitelt oder abgemildert werden können, ohne dass individuelle Menschen in ihren ethisch-existentiellen Lebensbezügen eingeschränkt oder von ihren religiös-kulturellen Überzeugungen und Praktiken Abschied nehmen müssen.[580] Dazu werden Theorien der Anerkennung oder des Respekts entwickelt, die sich um die Sicherung der kollektiven Identitäten bemühen (so dass die je individuellen Vorstellungen des guten Lebens, die nur innerhalb dieses kulturellen Horizonts gedeihen können, erhalten werden) und die zugleich den *Geltungs*bereich und -anspruch derselben ethisch-existentiellen Überzeugungen und Wertvorstellungen zu *begrenzen* versuchen, um illegitime Übergriffe in die Selbstverständnisse und Überzeugungen *anderer* zu verhindern und ein »Miteinander in Vielfalt«[581] zu ermöglichen.

5.2.2 Verletzungen

Der nun folgende Abschnitt rekonstruiert den Ertrag der Erörterung der vier verschiedenen Modelle in Teil 1 der Arbeit und des Versuchs eines Entwurfs einer eigenen Typologie kultureller kollektiver Identitäten in Teil 2. In Kapitel 2.2.1 und 2.2.2. (Teil 1) wurden anhand der Theorien von Sartre und Foucault Formen der Verletzungen rekonstruiert, die zu einer an verletzenden oder gar manipulativen Fremdzuschreibungen orientierten, erzwungenen kollektiven Identität führen.

Das Argument der hier in Teil 2 entwickelten Typologie hingegen stützte sich auf die Annahme, dass die intersubjektive Verschränktheit von Personen und ihre »Angewiesenheit auf das responsive Verhalten« anderer dazu führen, dass Anerkennung wie Missachtung oder das Verweigern von Anerkennung *gleichermaßen* konstitutiv für die Ausbildung individueller oder kollektiver Identitäten sind. Dabei wurde nachgewiesen, welche Folgewirkungen auf die Identitätsbildungsprozesse unterschiedliche Formen von inakzeptablen, verletzenden Fremdzuschreibungen oder strukturellen Ausgrenzungen für die Betroffenen zeitigen.

Die Diskussion verschiedener Formen moralischer Verletzung und struktureller Ausgrenzung soll komplementär zu dem zweiten Typ kollektiver Identitäten verstanden werden. Damit soll versucht werden, zwei interne Schwierigkeiten des herkömmlichen Diskurses um Anerkennung zu vermeiden:

(i) Einerseits erschwert die Anerkennung »einer kollektiven Identität« deren dynamische Offenheit. Durch die Anerkennung *als etwas* wird eine kollektive Identität nicht nur stabilisiert, sondern möglichweise eben auch – aller inneren Vielfalt und Lebendigkeit zum Trotz – substantiell normalisiert.

(ii) Andererseits scheint Anerkennung, wenn sie sich auf den Inhalt kultureller Praktiken und Überzeugungen einer kollektiven Identität bezieht, normativ zu anspruchsvoll. Ein dünner Begriff kollektiver Identität kombiniert mit einer dichten Beschreibung struktureller Verletzungen und Ausgrenzung dagegen gestattet Formen der Anerkennung für Gruppen des zweiten Typs, die sich mehr auf das Verhältnis kollektiver Identitäten zueinander beziehen. Dadurch können die Angehörigen verschiedener Gruppen das Recht behalten, »füreinander Fremde zu bleiben« (Habermas)[582] und doch zugleich so viel Anerkennung als nötig ist, um in der eigenen Selbstachtung und in der Ausübung subjektiver Rechte nicht zu stark behindert zu sein.

Die Verletzungen und Ausgrenzungen, die in den bereits diskutierten Teilen rekonstruiert wurden, fokussierten primär die Diskrepanz zwischen voluntativem Selbstverständnis der Angehörigen einer kulturellen kollektiven Identität und den externen Beschreibungen und Bewertungen – also den Reaktionen der anderen derselben Sprech- und Handlungsgemeinschaft, die nicht den Erwartungen des eigenen Entwurfs oder interaktiven Angebots entsprechen. Dabei ließen sich folgende Arten der verletzenden Diskrepanz nachweisen:

(i) Die *Fremdbeschreibung* operiert mit einer »moralischen Unangemessenheit des Vokabulars«[583]. Das heißt, die externe Deutung oder Beschreibung der Überzeugungen und Praktiken einer kulturellen Lebensform oder religiösen Glaubensgemeinschaft ist *pejorativ* besetzt.

Sartres Beispiel der ersten Konfrontation des jüdischen Kindes mit der kränkenden Wertung, die es in der Beschimpfung »Judenfratze« erfährt, verdeutlicht einen solchen Fall. Es handelt sich hier um eine Verletzung der Person *als* Angehöriger einer spezifischen kulturellen kollektiven Identität oder Lebensform. Der Person wird eine Demütigung zugefügt oder es wird ihr Wertschätzung entzogen ausschließlich aufgrund der Zugehörigkeit zu einer distinkten kulturellen kollektiven Identität – nicht aufgrund spezifischer individueller Eigenschaften oder in Ermangelung spezifischer »Leistungen«. Während es durchaus normativ zu anspruchsvoll wäre, von jeder kulturellen kollektiven Identität eine substantielle soziale Wertschätzung den Praktiken und Überzeugungen einer anderen kulturellen Identität gegenüber zu verlangen – so wird doch anhand des Negativ-Reliefs deutlich, was eine – strukturelle und dauerhafte – kränkende Respektlosigkeit oder Demütigung in Form einer pejorativ belasteten Bezeichnung oder Beschreibung an Verletzung bedeutet.[584]

(ii) Die kollektive Identität ist als Minderheitskultur in einer Gesellschaft situiert, in der ihre *Selbstbeschreibung* und die kollektiven *Selbstverständigungsdiskurse systematisch unterdrückt* und überhört werden. Dies ist auch heute noch der Fall für die Homosexuellen in den meisten Ländern der Welt, aber auch für die Einwohner ehemaliger Kolonialstaaten in den Heimatländern ihrer früheren Kolonisatoren – um aus der langen Liste potentieller Beispiele nur zwei Gruppen herauszugreifen. Die Angehörigen einer solchen systematisch unsichtbar und unhörbar gemachten kulturellen kollektiven Identität werden dabei sowohl als *unvertretbar Einzelne* als auch als *Angehörige* einer spezifischen Lebensform negiert. Sie werden als moralisch unvertretbare Einzelheit ignoriert, weil sie als Einzelperson über gar keine Stimme verfügen, insofern sie von außen automatisch als Angehörige einer Gruppe oder Lebensform identifiziert werden, deren Stimme kein Gewicht hat. Als Angehörige einer Lebensform werden solche Personen verletzt, weil ihnen als Gruppe und als kulturelle Identität mit spezifischen Praktiken und Überzeugungen keine Möglichkeit der Selbstdarstellung gegeben wird. Diese zweite Form ist schon ein Beispiel, wie moralische Verletzungen in soziale Ausgrenzung überleiten. Es ist nicht mehr allein das asymmetrische Verhältnis von Selbstdeutung und responsivem Verhalten dazu, in dem die betroffene Person oder Gruppe sich nicht wiedererkennt. Vielmehr wird deutlich, dass die Interaktionen zwischen kollektiven Identitäten nicht im herrschaftsfreien Raum stattfinden, sondern historisch und gesellschaftlich jeweils situiert sind. Die Unterdrückung von Selbstverständigungsdiskursen kollektiver Identitäten verdeutlicht, warum die institutionelle Absicherung von Repräsentationsmöglichkeiten und Diskussionsforen für strukturell benachteiligte Minderheiten überlebenswichtig sein kann.

(iii) Es wird eine *Zuschreibung von außen*, die auf falschen oder diffamierenden Behauptungen oder Prädikaten beruht, manipuliert und damit eine neue, *fremde Identität konstruiert*. Eine solche konstruierte Identität kann auch auf möglicherweise zutreffenden Behauptungen über Eigenschaften oder Merkmalen beruhen, die für die so identifzierten Personen aber gleichwohl keine ihre persönlichen Überzeugungen affizierende oder prägende Relevanz haben.

Der Rassismus operiert mittels solcher Zuschreibungen von Qualitäten oder Überzeugungen, beziehungsweise: Schwächen und negativen Eigenschaften, die an die äußeren Zuschreibungen, Projektionen oder Konstatierungen von Merkmalen gekoppelt werden. Es werden neben Zuschreibungen und Projektionen von fiktiven »rassischen Merkmalen« auch eher objektive Konstatierungen genannt, nicht, um vermeintlichen »Rassen« damit einen objektiven Status zu geben, sondern weil die Hautfarbe ein feststellbares, überprüfbares Merkmal darstellt.[585] Dies erschwert die Möglichkeit des *passing*, also des »Durchgehens«, als Person einer anderen Kategorie.

Diese drei Beispiele bezeichnen *Formen der moralischen Verletzung*, die aufgrund des asymmetrischen Verhältnisses von voluntativem Selbstverständnis und Fremdbeschreibung oder Bewertung entstehen. Wenn sich diese Zuschreibungen und kränkenden Bewertungen aber erst einmal strukturell etabliert haben, materialisieren sie sich schnell auch in institutionalisierten Praktiken, Normen und Gesetzen, die die Angehörigen dieser kollektiven Identitäten nicht nur moralisch verletzen, sondern als Kandidaten für Rechte oder Ansprüche disqualifizieren.

Solche *Formen der sozialen Ausgrenzung* beruhen darauf, dass für die Ausübung bestimmter Rechte, für den Zugang zu bestimmten gesellschaftlichen Bereichen oder zu bestimmten Ressourcen Kriterien aufgestellt werden, die in qualitativer Hinsicht irrelevant sind. Mit irrelevant ist gemeint, dass die Verweigerung des Zugangs oder Anspruchs aufgrund dieser Kriterien willkürlich ist.[586] Solche Fälle sind im Kontext der Rolle von Etiketten oder Klassifikationen im Zuge der Herstellung kollektiver Identitäten in Kapitel 4.2.1. diskutiert worden. Es handelt sich hierbei um die Zugangsbeschränkungen zu bestimmten Lebens- oder Identitätsentwürfen (oder weitreichenden Rechtsansprüchen), die nur bestimmte Personen als Kandidaten für die Teilnahme zulassen und andere – unabhängig von ihren voluntativen Überzeugungen und Praktiken – ausgrenzen.

5.2.3 Soziale Ausgrenzungen

(i) Bestimmte *scripts*, die als ethisch-existentielle Rollen- und Orientierungsmuster dienen, sind nicht strukturell offen: Es werden – historisch kontingent – von außen bestimmte Merkmale und Eigenschaften festgelegt, die als notwendige Voraussetzungen zur Teilnahme- oder Zugangsberechtigung qualifizieren. Diese Merkmale und Eigenschaften legen fest, welchen Personen einerseits überhaupt nur die Teilnahme an kollektiven Praktiken gestattet wird und andererseits, welchen Personen die Teilnahme gestattet, zugleich Glaubwürdigkeit attestiert und damit soziale Anerkennung erteilt wird.

(ii) Die eklatanteste Variante solcher sozialer, struktureller Ausgrenzung liegt dann vor, wenn nicht allein bestimmte ethisch-existentielle Entwürfe oder *scripts* mit solchen Beschränkungen des Zugangs oder der Verfügbarkeit versehen werden, sondern der Zugang zu basalen Menschen-, Bürger- oder sozialen Rechten.

Das heißt, es werden Eigenschaften oder Lebensweisen, die nur ein bestimmter kulturell-partikularer Ausschnitt der Gesellschaft aufweisen kann, zur notwendigen Qualifizierung für den Erhalt oder die Zuerkennung bestimmter Rechte erklärt. Wenn die Hautfarbe beispielsweise Voraussetzung für den Erhalt der Bürgerrechte darstellt, liegt ein solcher Fall struktureller rechtlicher Diskriminierung und Ausgrenzung vor. Oder wenn nur die Lebenspartner aus heterosexuellen (nicht-ehelichen) Beziehungen Anspruch auf finanzielle Vergünstigung oder Unterstützung innerhalb von Unternehmen beziehen, nicht aber die Lebenspartner aus homosexuellen Beziehungen, liegt eine solche Form der Diskriminierung am Arbeitsplatz vor. Wie zum Beispiel bei dem Fall, über den der Europäische Gerichtshof am 17. Februar 1998 entschieden hat: Die heterosexuellen Mitarbeiter der britischen Bahngesellschaft South West Train erhalten vertraglich garantiert eine Vergütung (»spouses travel perk«), in diesem Fall eine Fahrvergünstigung, für sich und ihre Partner. Als Voraussetzung für die Qualifikation als Kandidaten für den »spouse travel«-Anspruch gilt: Bei dem Partner des/der Angestellten muss es sich um einen Angehörigen »des anderen Geschlechts« handeln. Die homosexuelle Angestellte Lisa Grant hat auf Diskriminierung am Arbeitsplatz geklagt (interessanterweise mit der Frau des britischen Premierministers Tony Blair, Cherie Booth, als juristische Vertreterin), weil ihre Lebenspartnerin Jill Percey nicht Anspruch auf die gleichen Vorzüge wie andersgeschlechtliche Partner hat. Sie beruft sich dabei auf das gemeinschaftsrechtliche Diskriminierungsverbot. Während der Klägerin in erster Instanz bestätigt wurde, dass ihr diese Vergünstigungen »fälschlicherweise verweigert« (»wrongfully refused«) wurden, hat nun in zweiter Instanz der Europäische Gerichtshof die Klage abgewiesen.

Die Begründung für die Ablehnung der Klage ist interessant, weil der Europäische Gerichtshof auf eine Rechtslücke hinweist: Eine Diskriminierung einer Person aufgrund ihrer sexuellen Orientierung sei nach dem derzeitigen Recht der Europäischen Gemeinschaft nicht verboten, und zwar deshalb nicht, weil homosexuelle Paare nach Europäischem Recht heterosexuellen Paaren nicht gleichgestellt sind. Das Gemeinschaftsrecht verbietet von daher keine Diskriminierung homosexueller Paare.[587] Deswegen konnte zur Beurteilung der Frage der Diskriminierung im Fall von Lisa Grant nur auf die Richtlinie zur Gleichstellung von Mann und Frau zurückgegriffen werden: Da aber die Regelung gleichermaßen Männer wie Frauen betrifft, das heißt also auch homosexuellen Männern eine Vergünstigung für ihre Lebenspartner verweigert wird, kann hier von keiner Diskriminierung auf der Grundlage des Geschlechts gesprochen werden: Die Diskriminierung trifft in diesem Sinne männliche und weibliche Homosexuelle »in gleicher Weise«.[588]

Dieser Fall verweist auch darauf, dass nicht nur bestimmte Eigenschaften oder Merkmale als Qualifikationskriterien für Anerkennung (in Honneths zweitem Sinn) festgelegt werden können, über die nicht jedes Mitglied jeder kollektiven Identität verfügen kann, sondern das ganze

Sorten von Eigenschaften oder Lebensweisen (nämlich sexuelle Orientierung), die für die betroffenen Personen selbst noch gar nicht einmal identitär entscheidend sein müssen, als relevante Hinsicht der Unterscheidung und der Ungleichbehandlung eingezogen werden können und erst daraufhin diese Merkmale oder Eigenschaften für die betroffenen Personen zu einem identitär-relevanten Kriterium werden.

Es zeigt sich dabei eine von vielen möglichen *Inklusionsbeziehungen* zwischen unterschiedlichen Formen der Verletzung und der Ausgrenzung: hier zwischen der Zuschreibung einer Identität aufgrund einer Eigenschaft oder eines Merkmals, das von den Betroffenen als nicht zutreffend oder nicht ins Leben eingreifend klassifiziert wird (Variante (iii) der Verletzungen) und der strukturellen Ausgrenzung von bestimmten Rechtsansprüchen oder Partizipationsmöglichkeiten (Variante (ii) der sozialen Ausgrenzungen).

Letztendlich zeigt sich aber vor allem, inwieweit die Formen der Verletzung und Missachtung, die Honneth und Wingert entwickelt haben, *erweitert* werden müssen: um die hier rekonstruierten spezifischen Formen der Verletzung und Ausgrenzung, die Personen erfahren, wenn sie zu Angehörigen einer kollektiven Identität erklärt werden, als die sie sich selbst nicht erfahren und die sie nicht überzeugt. Es handelt sich um eine gesonderte Form der Missachtung als Angehörige »anerkannt« und behandelt zu werden, wenn diese »Zugehörigkeit« dem eigenen voluntativen Selbstverständnis widerspricht. Bei dieser Art von Verletzung korrespondiert nämlich auch nicht eine affirmierende Form der Anerkennung: In dieser unsinnigen oder unfreiwilligen Zugehörigkeit wollen die »Angehörigen« nicht anerkannt werden.[589]

Mit dieser Rekonstruktion unterschiedlicher Formen der Verletzung oder sozialen Ausgrenzung ist allerdings noch nichts gesagt über die Ebenen, auf denen sie moralische oder politische Ansprüche auf Berücksichtigung konstituieren.

Während es fragwürdig zu sein scheint, ausreichende Begründungen für *staatlichen* Handlungsbedarf im Falle sprachlicher Verletzungen oder Beleidigungen zu liefern,[590] die sich im rein privaten, zwischenmenschlichen oder auch quasi-öffentlichen Bereich abspielen, so lässt sich die Forderung nach politisch-rechtlicher Regulierung eher rechtfertigen, wenn solche identitären Zuschreibungen im politischen, öffentlichen Raum zur Grundlage missachtenden *Verhaltens* werden oder in –

politisch-juristischen – Klassifikationen oder Institutionen Aufnahme finden und damit dann zur *systematischen Ausgrenzung* von Personen und ganzen Gruppen beitragen. Diese Einschränkung relativiert dabei allerdings keineswegs die moralische Verletzung, die· den jeweiligen Personen als Einzelnen oder als Angehörigen eines Kollektivs zugefügt wird.

Wo andere Regulatoren – wie beispielsweise die über eingewöhnte Werte, Normen und Verständigungsroutinen laufenden Koordinationsmuster – versagen, heben Politik und Recht diese naturwüchsigen Problemlösungsprozesse gleichsam über die Schwelle des Bewußtseins. Der politische Prozeß löst dieselbe Art von Problemen wie jene in ihren Problemlösungsfähigkeiten überforderten gesellschaftlichen Prozesse, die er substituiert.[591]

Bevor aber die Legitimität der Ansprüche den jeweiligen Verletzungen und Ausgrenzungen und die Verantwortung bestimmten Mechanismen der Koordination zugewiesen wird, sollte noch einmal darauf hingewiesen werden, welchen Typen von kollektiven Identitäten diese Verletzungen oder Diskriminierungen korrespondieren. Es handelt sich eben nicht allein um Verletzungen, die eine Respektlosigkeit gegenüber Praktiken und Überzeugungen darstellen, die von dem Angehörigen selbst als Ausdruck einer selbst-identifizierten, wechselseitig anerkannten kollektiven Identität oder kulturellen Lebensform verstanden werden. Vielmehr wird die *Erfahrung* mit der stigmatisierenden Verletzung und Demütigung einer externen Fremdbeschreibung *selbst* zum Kern der eigenen, *ungewollten Identität*.

In Teil 2 der Arbeit wurden in Kapitel 4.2 Entstehungs- und Konstruktionsprozesse von kollektiven Identitäten rekonstruiert, bei denen die Verletzungen und Respektlosigkeiten gegenüber einzelnen Personen oder stigmatisierten kollektiven Identitäten derart *dauerhaft* und *strukturell* vorkamen, dass sich bei den Angehörigen dieser konstruierten Identitäten eine ambivalente Bindung oder Verinnerlichung dieser Fremdzuschreibungen beobachten ließ: Die Angehörigen bilden auch über Generationen hinweg ein *wounded attachment* zu diesen negativen, nicht-voluntativen identitären Beschreibungen und Konstruktionen aus. Es wurde schon in Teil 2 darauf hingewiesen, dass diese Verinnerlichung oder Übernahme der externen, pejorativ belasteten Deutungen und Bedeutungen nicht vollständig geschieht und häufig auch erst, wenn diese Konstruktionen und Bewertungen so in die alltäglichen Überzeugungen und institutionellen Materialisierungen und Gesetze übergegangen sind, dass die betroffenen Personen nicht anders können, als sie als Teil ihres eigenen Alltags anzuerkennen.

5.3 Ansprüche und Einsprüche

Aus der Diskussion der verschiedenen Formen der Konflikte, Verletzungen und Ausgrenzungen sollte nun ein vorläufiger Ausblick auf die normativen oder politischen Ansprüche gegeben werden. Entscheidend ist dabei, dass nun deutlicher wird, wie sich Typen von kollektiven Identitäten zu spezifischen Konflikten oder Verletzungen verhalten und wie dem jeweils besondere Bedürftigkeiten und distinkte Ansprüche entsprechen.

> Government must treat those whom it governs with concern, that is, as human beings who are capable of suffering and frustration, and with respect, that is, as human beings who are capable of forming and acting on intelligent conceptions of how their lives should be lived. Government must not only treat people with concern and respect, but with equal concern and respect. (...) I propose that the right to treatment as an equal must be taken to be fundamental under the liberal conception of equality, and that the more restrictive right to equal treatment holds only in those special circumstances in which, for some special reason, it follows from the more fundamental right.[592]

Die Strategie dieser Arbeit war es, anhand der Typen von Gruppen und Typen von Konflikten oder Verletzungen ein differenzierendes, variables Instrumentarium zu entwickeln, mit Hilfe dessen Forderungen und Ansprüche, die sich aus dem Prinzip der gleichen Rücksicht und Achtung ableiten lassen, zugeordnet werden können. Durch die komplementäre Verwendung der analytischen Unterscheidung zwischen Typen kollektiver Identitäten und Typen von moralischer Verletzung und sozialer Ausgrenzung kann begründet werden, warum bestimmte kollektive Identitäten Achtung vor ihren Praktiken und Überzeugungen einklagen, andere hingegen Rücksichtnahme auf ihre besondere Geschichte der Unterdrückung oder Ungleichbehandlung fordern. Das normative Konzept der Anerkennung bezieht sich dementsprechend nicht nur auf etwas anderes, sondern Anerkennung antwortet auf diese Forderungen auch mit unterschiedlicher »Währung«. Einerseits bezieht sich Anerkennung auf die Praktiken und Überzeugungen der gewollten kollektiven Identität selbst, andererseits bezieht sie sich auf die strukturellen Ausgrenzungen und Verletzungen, die eine konstruierte Identität in der Vergangenheit bis in die Gegenwart erfahren hat.

1. Wie wir gesehen haben, konstituieren *Gruppen des Typs 1* unserer Typologie Quellen der *Konflikte*, die wir unter (i) und (ii) in Kapitel 5.2 rekonstruiert haben. Gewollte, selbst-identifizierte Vergesellschaftungen und kollektive Identitäten produzieren und reproduzieren Praktiken und Bedeutungen, die den tiefsten ethisch-existentiellen Wünschen, Überzeugungen oder religiösen Weltbildern entsprechen – und die in kulturell ausdifferenzierten Gesellschaften miteinander in Widerspruch geraten können.

Wenn eine Gesellschaft sich an dem liberalen Grundsatz der Unparteilichkeit und des Rechts auf gleiche Achtung und Rücksichtnahme ausrichtet, können die Mitglieder dieser Gesellschaft erwarten, dass sie nicht nur als individuelle Einzelnheit beachtet werden, sondern, wie es Wingert formuliert: als Angehörige einer partikularen kollektiven Identität, die seinen oder ihren spezifischen Überzeugungen und Praktiken einen kulturellen Horizont stiftet. Insofern verlangt die Konzeption des Rechts auf gleiche Achtung jeder einzelnen Person gegenüber auch, dass diese Person (*als* Angehörige) nur geachtet und geschützt werden kann *im Kontext* ihrer kulturellen Sozialisations- und Lebenszusammenhänge.

Dies erklärt allerdings bislang lediglich, warum kollektive Identitäten überhaupt in den Genuss bestimmter Schutzrechte gelangen, aber noch nicht, wie die durch sie verursachten und scheinbar gleiche Achtung fordernden konfligierenden Erwartungen und Werte koordiniert werden sollen.[593]

Normative Diskussionen der politischen Philosophie, die sich den Problemen kulturell pluralistischer Gesellschaften zuwenden, operieren im Kontext der hier angeführten Probleme und Konflikte von kollektiven Identitäten des Typs 1 häufig mit dem Begriff der *Toleranz*.[594]

Der Begriff der Toleranz wird dabei zumeist mit zwei verschiedenen Begründungsstrategien und Rechtfertigungen verwoben: Entweder gründet der Begriff der Toleranz auf Theorien des moralischen oder religiösen Skeptizismus oder auf Theorien des Respekts vor der Person.[595] Das Grundproblem oder Paradox, mit dem sich Theorien der Toleranz konfrontiert sehen, besteht darin, dass Toleranz nur dann auf den Plan gerufen wird, wenn Personen oder Gesellschaften mit Praktiken und Überzeugungen von Gruppen konfrontiert werden, die ihren eigenen

Überzeugungen, Werten und Normen widersprechen. Bei Toleranz handelt es sich also konzeptuell dem Begriff nach immer schon um Toleranz von etwas, das »wir« *ablehnen*. »To be tolerated is, after all, to be the object of attitudes of disapproval or contempt.«[596] Wir werden aufgefordert, etwas zu tolerieren, wenn wir Praktiken oder Überzeugungen begegnen, die wir in einem normativ-evaluativen Sinne für »schlecht« oder »falsch« halten. Nach unseren eingespielten Standards, die unseren tiefsten ethischen Überzeugungen entsprechen, können wir uns diesen Praktiken und Überzeugungen gegenüber nicht gleichgültig verhalten, sie fordern auf die eine oder andere Weise unseren Widerspruch heraus. Gleichzeitig allerdings können Gründe veranschlagt werden, die diese »falschen« oder »schlechten« Praktiken und Überzeugungen als »tolerabel« auszeichnen: Wir werden motiviert, dieses Etikett »tolerabel« zu vergeben, wenn wir (i) annehmen, dass es sich bei der umstrittenen Praxis oder Überzeugung um eine partikulare Antwort auf eine Frage handelt, die sich nicht endgültig oder allgemeingültig beantworten lässt (Skeptizismus), oder (ii) aus Respekt vor der Person als autonomem, moralischem, handlungsfähigem Subjekt, das seine Lebenspläne und ethisch-existentiellen Identitäts-Konzepte wie die damit verbundenen Werte und Überzeugungen selbst zu wählen vermag.[597]

Das Ambivalente an der Toleranz bleibt, dass sie nicht zwischen verschiedenen Typen kollektiver Identitäten unterscheiden kann: Toleranz gegenüber den Praktiken und dem Glauben religiöser Juden wird beispielsweise im Museum of Tolerance in Los Angeles[598] genauso gepredigt wie Toleranz gegenüber Schwarzen. Dass sich die zu vermittelnde oder zu überwindende Ablehnung der einen kollektiven Identität auf deren andersgearteten Glauben, im andern Fall auf deren konstruierte, zugeschriebene »Rasse« bezieht, vermag Toleranz konzeptuell nicht zu unterscheiden. In einem Fall aber ist die Differenz, die respektiert werden will, real (in der Tat unterscheiden sich Praktiken und Überzeugungen gläubiger Juden von denen gläubiger Katholiken oder Muslime) und verlangt mitunter Regelungs- und Koordinierungsbedarf bei Normenwiderstreit zwischen den Überzeugungen (Feiertagsregelungen, Abtreibungsgesetzgebung etc.), die die jeweiligen Identitäten vor Übergriffen und Eingriffen in die freie Ausübung ihrer Praktiken und Überzeugungen schützen. Im anderen Fall aber ist die Differenz, die durch die Toleranz respektiert wird, konstruiert und fiktiv. Ein toleranter Umgang mit Schwarzen hieße demnach, dass wir »die Schwarzen« akzeptieren – und darin reformulieren wir sie eben nurmehr als demarkierte »Rasse der Schwarzen«, außerdem signalisieren »wir« eben auch noch das hierarchische Gefälle, das es uns erlaubt, jemanden zu »tolerieren«.

Eine andere Grundlage der Motivation, eine fremde Praxis oder Überzeugung, die wir eigentlich nach unseren Überzeugungen für »schlecht« oder »falsch« halten, trotzdem zu respektieren, besteht in der von Diskurstheoretikern wie Habermas und Benhabib untermauerten *reflexiven Einsicht in den begrenzten Wirkungs- und das heißt Geltungsbereich der eigenen Argumente und Begründungen.* »Die Idee der vernünftigen Nicht-Übereinstimmung erlaubt ein Dahingestelltseinlassen von Wahrheitsansprüchen bei gleichzeitigem Festhalten an deren unbedingtem Charakter.«[599]

Entscheidend bleibt bei der Bestimmung des Respekts gegenüber anderen *gewollten* Identitäten zugleich seine *Grenze:* Wenn wir entgegen unserer evaluativen Standards und unserer Ablehnung etwas für tolerabel halten sollen, was wir für uns selbst für schlecht und falsch halten würden, gilt zu fragen, welche Praktiken und Überzeugungen – bei allem Skeptizismus und bei allem Respekt vor der Autonomie und Eigenständigkeit der Person – eben nicht mehr zu tolerieren sind, weil sie nicht allein unseren ethischen partikularen Weltanschauungen widersprechen, sondern *moralisch* »falsch« sind.

Zu diesem Zweck rekurrieren Theoretiker im Anschluss an Habermas auf das diskurstheoretische Verfahren, mittels dessen Normen ob ihrer allgemeinen Gültigkeit überprüft werden: Dazu wird getestet, ob sich diese Normen in moralisch-praktischen Diskursen *mit allgemein akzeptablen Gründen* rechtfertigen lassen und sich insofern als zustimmungsfähig erweisen. Auf diese Weise lassen sich rein ethische Werte, die nur eine subjektiv-partikulare Gültigkeit besitzen und deren Rechtfertigungen nur für einen begrenzten Kreis an Adressaten oder potentiellen Angehörigen überzeugend sind, von moralischen Normen, die nicht mit vernünftigen Gründen ablehnbar sind und die von daher allgemein und reziprok gelten, unterscheiden.

Moralisch-praktische Diskurse erfordern hingegen den Bruch mit allen Selbstverständlichkeiten der eingewöhnten konkreten Sittlichkeit wie auch die Distanzierung von jenen Lebenskontexten, mit denen die eigene Identität unauflöslich verflochten ist.[600]

Wenn mittels des Verfahrens des moralisch-praktischen Diskurses ermittelt wurde, welche Norm nur subjektiv-partikulare Gültigkeit beanspruchen kann und welche Norm mit reziprok wirksamen, allgemeinüberzeugenden Gründen gerechtfertigt werden kann, wird es möglich, Konflikte des Typs (ii) zwischen kollektiven Identitäten des Typs 1 zu entscheiden und die Grenze des Respekts festzulegen:

Wenn eine Praxis keine allgemeine Gültigkeit beanspruchen kann, ist sie damit zunächst allein auf einen partikularen, begrenzten Wirkungskreis beschränkt und kann von den Angehörigen anderer kultureller Identitäten zwar nicht die Teilnahme an dieser Praxis, gleichwohl aber respektvolle Duldung erwarten – *es sei denn*, die Praxis widerspricht nicht nur anderen subjektiv-partikularen Überzeugungen, sondern einer verallgemeinerbaren moralischen Norm. Der moralisch-praktische Diskurs, der verallgemeinerungsfähige Gründe von bloß subjektiv-partikularen unterscheidet, hilft auch zu klären, welche umstrittenen Äußerungen und Praktiken als moralisch relevante Verletzungen einer kollektiven Identität gelten können. Das diskurstheoretische Verfahren hilft dabei, Problembereiche und Geltungsbereiche zu entfächern und dabei moralische Integration und Kooperation – kulturelle Differenzen durchlaufend und doch übergreifend – erst zu ermöglichen.

Es mag eingewendet werden, dass in der Realität diese hier unterschiedenen Ebenen ethischer oder moralischer Standards oder der Problem- und Geltungsbereiche viel verschwommener und stärker miteinander verflochten sind, als die Theorie vorgibt. Während zwar moderne Gesellschaften durchaus die Bereiche Recht und Moral auf der einen und individuelle Weltanschauungen und kulturell-religiöse Lebensformen auf der anderen Seite unterscheiden, so differenzieren kulturelle Identitäten in Wirklichkeit zumeist nicht zwischen verschiedenen Kontexten ihrer Geltungsansprüche oder zwischen kognitiven, ethisch-existentiellen und moralischen Komponenten ihrer Weltanschauung. Dennoch scheint es wichtig, analytisch auf diesen Unterscheidungen zu beharren, denn:

Nur unter dieser Voraussetzung lassen sich [...] die Beziehungen zwischen Pluralismus und Integration oder Konsens angemessen behandeln – weil nur so überhaupt die Möglichkeit in den Blick kommt, daß eine geteilte Anerkennung moralischer Prinzipien vereinbar ist mit »Werte-pluralismus«.[601]

Dabei muss keineswegs vorausgesetzt werden, dass die Unterscheidung zwischen ethischen und moralischen Gesichtspunkten schon kategorial, substantiell und endgültig festgelegt ist und auf diese Weise die Angehörigen bestimmter partikularer Lebensformen und ihre Überzeugungen *prima facie* als überlegene ausgezeichnet werden. *Welche* Begründungen als verallgemeinerungsfähig zählen, ermittelt sich erst *im* moralisch-praktischen Diskurs und erweist sich von daher immer wieder als anfechtbar und korrigierbar.[602] Die Unterscheidung zwischen ethischen und moralischen – reziprok-verallgemeinerungsfähigen – Gesichtspunkten ist deshalb *analytisch* relevant, weil nur so eine Liberalität gegenüber pluralen, heterogenen und widerstreitenden »ethischen« Überzeugungen und also Lebensweisen kollektiver Identitäten ermöglicht werden kann, die gleichwohl eine Übereinkunft in Fragen der Moral und des Rechts nicht destabilisiert oder konterkariert.

2. Ebenfalls im Kontext kultureller kollektiver *Identitäten des Typs 1* bewegen sich die Fragen der *Sicherung und des Schutzes* der ethischen, kulturellen Überzeugungen und Praktiken *innerhalb* des Verbundes oder Horizontes einer kulturellen Lebensform. Es sind dies Fragen, die besonders im Anschluss an die dritte, im Eingangskapitel zu dieser Arbeit erwähnte Rolle von kollektiven Identitäten auftauchen, nämlich im Bezug auf kollektive Identitäten als Träger von Rechten.

Gerade in jüngster Zeit konzentriert sich die normative Diskussion um die Anerkennung kultureller Identität/Differenz in modernen Gesellschaften auf die Erörterung, inwieweit zur Sicherung der individuellen Praktiken und Überzeugungen, die Ausdruck einer partikularen kulturellen Identität darstellen, das gesamte Kollektiv, das den Horizont dieser Praktiken bildet, bestimmte gesonderte Rechte und Ansprüche *als Kollektiv* behaupten kann.[603] Die demokratietheoretischen Diskussionen sind zu weitgefächert und komplex, als dass sie hier in angemessener Form rekonstruiert werden könnten.

Liberale Theoretiker versuchen, die Frage des Kollektivs als Rechtsinstanz zu vermeiden, weil sie moralische Ansprüche und subjektive Rechte an individuelle Personen gekoppelt sehen wollen. Gleichwohl scheint es möglich, den vermeintlichen Konflikt zwischen Minderheitenrechten, die ans Kollektiv gebunden werden, und Menschen- oder Bürgerrechten, die an individuelle Personen verteilt werden, aufzubrechen[604]: Rainer Bauböck bietet zu diesem Zweck eine hilfreiche Differenzierung zwischen unterschiedlichen *Sorten* sogenannter kollektiver Rechte an.[605] Bauböck unterscheidet zwischen gruppenspezifischen Rechten, kollektiven Rechten und korporativen Rechten.

Gruppenspezifische Rechte teilen Anerkennung, Vergünstigung oder Zusicherungen zwar an individuelle Personen aus, die aber *als* Angehörige und aufgrund ihrer Mitgliedschaft in einer konkreten partikularen Gemeinschaft den Anspruch auf diese gruppenspezifischen Rechte geltend machen können. Die Ausnahmeregelung, dass Transsexuelle in Großbritannien über zwei unterschiedliche Identitätsdokumente verfügen dürfen/müssen, solange ihre Geschlechtsumwandlung durchgeführt wird, könnte als ein solches Recht, eine solche Pflicht bezeichnet werden. Dass Sikhs keine Motorradhelme tragen müssen, ist ein solches gruppenspezifisches Recht, das individuelle Personen aufgrund ihrer Zugehörigkeit in Anspruch nehmen können.

Kollektive Rechte hingegen etablieren das Kollektiv oder eine partikulare Gemeinschaft als kollektiv Handelnden und sprechen dementsprechend bestimmte Rechte oder Vergünstigungen der Gemeinschaft als Kollektiv zu: Private, religiöse Schulen und gemeinde-nützige Einrichtungen werden beispielsweise dem Kollektiv in diesem Sinne zugesprochen.

Korporative Rechte demgegenüber würden einer partikularen Gemeinde oder Kongregation gestatten, den Lehrplan in öffentlichen Schulen nach ihren Vorstellungen zu gestalten.

Während die ersten beiden Varianten mit den normativen Grundsätzen subjektiver Rechte und der liberalen Vorstellung des Schutzes des Individuums vor sowohl staatlichen als auch partikular-gemeinschaftlichen Zugriffen durchaus vereinbar sind, da sie sich immer noch primär am einzelnen Angehörigen orientieren und keine Gefahr interner Restriktion in sich bergen, scheint die dritte Sorte von Rechten durchaus problematischer:

Korporative Rechte enthalten die Möglichkeit der dogmatischen Repression, indem sie Institutionen, die jedem und also Angehörigen unterschiedlicher Konfessionen oder kultureller Identitäten zugänglich sein sollten, mit ihren partikularen Weltanschauungen und ethisch-religiösen Überzeugungen – ungehindert – dominieren können.

Charles Taylors Vorschlag, die französische Sprache zur Pflichtsprache an öffentlichen Schulen in Quebec – auch für aus dem englischsprachigen Ausland kommende Immigranten-Kinder – zu machen[606], verdeutlicht sowohl die Motivation hinter solchen Regelungen und Rechtsansprüchen als auch zugleich ihre Problematik: Taylor fürchtet, dass die Angehörigen der frankophonen Gemeinschaft in Quebec mit dem Niedergang der Sprache auch ihren »authentischen« kulturellen Horizont verlieren könnten. Gleichzeitig jedoch kann eine kulturelle kollektive Identität nicht durch Zwangsmaßnahmen, die in diesem Fall noch zudem Nicht-Angehörige ebenfalls betreffen (nämlich die Immigranten in Quebec), ihr Überleben garantieren wollen. »The problem is not that of finding ways to insulate minority cultures against change.«[607]

Korporative Rechte scheinen zu ihrer Rechtfertigung jedoch noch einer zusätzlichen Begründung zu bedürfen, wenn sie überhaupt legitimierbar sein sollen. Während gruppenspezifische Rechte und kollektive Rechte durchaus auf der Ebene des bislang diskutierten gleichen Rechts auf Achtung und Berücksichtigung verortet werden können, scheinen korporative Rechte mehr an »normativer Schützenhilfe« zu benötigen: Korporative Rechte können als Form von Selbstverwaltungsrechten verstanden werden, die mit den Verfassungen der meisten förderalen, westlichen Demokratien überhaupt nur unter bestimmten Umständen vereinbar sind. In den USA beispielsweise werden korporative Rechte im Sinne von Selbstverwaltungs-Sonderregelungen an manche Indianer-Gruppen, sogenannte »Native Americans«, erteilt. Dabei handelt es sich um Landansprüche, die Sondererlaubnis, Spielkasinos zu betreiben, etc. Die Ausnahme, die bei den *Native Americans* gemacht wird, kann durch die Anerkennung früheren, an den Indianern begangenen Unrechts gerechtfertigt werden.[608] Nur durch das rechtliche Zugeständnis, dass den Vorfahren dieser Lebensgemeinschaft massives Unrecht angetan wurde, ergibt sich der anerkannte historische Anspruch der Nachfahren – aufgrund früherer Verträge, Souveränität etc. – auf spezifische korporative Rechte.

Es könnte auch versucht werden, anstatt über die Bezugnahme auf ehemaliges Unrecht über die faktisch ungleiche Repräsentation in der Gesellschaft zu argumentieren. Diese Begründung gesonderter Ansprüche oder Forderungen argumentiert, dass die formal zugesicherte Chancengleichheit nicht ausreicht, gravierende faktische Ungleichheiten zwischen Gruppen der Gesellschaft zu korrigieren.[609] Es scheinen mittels dieser Strategie aber primär gruppenspezifische Rechte und Quotenregelungen, nicht jedoch korporative Rechte begründbar zu sein, denn für Chancengleichheit kann die faktische Repräsentations- und politische Artikulationsfähigkeit relevant sein, nicht aber korporative Selbstverwaltung oder territoriale Abgrenzung.

Gleichwohl scheint mir auch unter Anerkennung begangenen Unrechts nicht *jeder* Anspruch legitimierbar: Die pragmatischen, aber auch moralischen Einwände gegen *territoriale* Ansprüche sind in Kapitel 2.1.2. zu Will Kymlicka schon geäußert worden, aber auch andere korporative Rechte, die auf Kosten nicht allein der Angehörigen der Mehrheitskultur einer Gesellschaft, sondern vielmehr auf Kosten mancher Mitglieder derselben Minderheitskultur gehen könnten, müssen zumindest mit zusätzlichen Absicherungen für schwächere Mitglieder dieser extern gestärkten Kultur versehen werden. Als kleinster, gemeinsamer Nenner für diesen Fall sei hier zumindest die »exit-option« genannt.[610]

Es lassen sich an dieser Stelle nicht alle Fälle hinreichend debattieren, es soll für unseren Zusammenhang ausreichen, auf die Differenzierungsmöglichkeiten in Bezug auf kollektive Rechte hinzuweisen, die auch erlauben, *unterhalb* der Verfassungsebene gruppenspezifische und kollektive Rechte zuzuschreiben – ohne deswegen die individuellen Rechte liberaler Gesellschaften zu gefährden.

Es bleibt aber Folgendes zu vermerken: Auch für diese Argumentationen bleibt die – normative – Orientierung an kollektiven Identitäten, die mit verschiedensten politisch-rechtlichen Instrumentarien geschützt und gefördert werden sollen, eben weil sie von ihren Angehörigen *als gewollte* identifiziert werden, eben weil sie ihre individuellen Angehörigen überzeugen und in ihrem positiven, voluntativen Selbstverständnis prägen und fördern. Diese *wollen* als *distinkte* soziale Gruppen anerkannt werden, und sie beschreiben Ungerechtigkeit oder Ungleichheit *anhand* der Achtung und der Berücksichtigung (sei es nun auf rechtlicher oder zivilgesellschaftlicher Ebene), die ihren Praktiken, Bedeutungen und Überzeugungen entgegengebracht oder eben verweigert werden. Um Wendy Browns Überlegung zu verwenden: Hier liegt keine Diskrepanz zwischen der deskriptiven und der reflexiven Ebene des Selbstverhältnisses, zwischen dem »I am« und dem »I want« vor.[611] Sie erfahren die externe Gleichsetzung ihrer Lebensweise mit ihrer Identität nicht als Diskriminierung. Bei den öffentlichen Formulierungen ihrer politischen Ansprüche als Kollektiv *reformulieren* die Angehörigen dieser sozialen Gruppen und kulturellen Lebensformen ihre kollektive Identität.

3. Gruppen und *kollektive Identitäten des Typs 2* produzieren andere *Bedürfnisse* und Ansprüche als die bislang debattierten. Wie aus der Rekonstruktion der Debatte in Teil 1 und der eigenen Typologie kollektiver Identitäten zu ersehen war, verfügen die Angehörigen von Gruppen des Typs 2, deren Entstehungs- und Konstruktionsprozess durch verzerrende und verletzende Fremdzuschreibungen oder gar soziale Ausgrenzung geprägt ist, über ein ambivalentes, gebrochenes Selbstverständnis: Zwar entspricht die ihnen zugeschriebene Identität oder zumindest deren soziale Bewertung und Bedeutung nicht ihrem voluntativen Selbstverständnis, gleichwohl identifizieren sie sich mit dieser ungewollten Identität, und sei es nur in Hannah Arendts Sinne: »Man kann sich nur als das wehren, als was man auch angegriffen ist.«

Das Besondere an diesen kollektiven Identitäten des Typs 2, also den konstruierten, erzwungenen Identitäten, liegt darin, dass sie in oder aus einer permanenten Reproduktion oder Fixierung einer Verletzung und sozialen Ausgrenzung bestehen. Wenn jedoch die normativen und politischen Diskurse mit dem Begriff der Toleranz operieren, der dem Respekt vor diesen kollektiven Identitäten und dem Schutz der Angehörigen in diesen Gruppen dient, reproduzieren sie darin lediglich die Personen und Gruppen in diesen ungewollten Identitäten und der Erfahrung der Verletzung und sozialen Ausgrenzung: »[It] reiterates the existence of an identity whose present past is one of insistently unredeemable injury.«[612]

Den Angehörigen erzwungener, konstruierter Identitäten hilft der Respekt und die Achtung vor ihrer distinkten Lebensweise gar nichts angesichts dauerhaft erfahrener, struktureller Missachtung und identitätsmitbildender Verletzung. Sie fordern auch nicht die Toleranz gegenüber ihren Praktiken und Überzeugungen, weil ihre Lebensweise und ihre Praktiken gar nicht ihrer Überzeugung und ihrem voluntativen Selbstverständnis entsprechen. Die immanent paradoxe »Toleranz«, die ihnen gegenüber veranschlagt wird, signalisiert aus der Sicht der »Tolerierten« nur die gönnerhafte Gnade einer Mehrheit gegenüber einer abgelehnten, als different wahrgenommenen Identität, als die sich die Betroffenen aber nicht bejahen können.

Um die Frage von Martha Minow wieder aufzunehmen:

When does treating people differently emphasize their differences and stigmatize or hinder them on that basis? and when does treating people the same become insensitive to their difference and likely to stigmatize them on that basis?[613]

251

Wenn beispielsweise Frauen als distinkte soziale Gruppe wahrgenommen werden und die Lebensweise anhand der von den Frauen mehrheitlich ausgeübten Tätigkeiten als ihnen eigene Lebensform »toleriert« wird, dann werden Frauen in Praktiken und Lebensweisen fixiert und stigmatisiert, die lediglich *Ausdruck und Ergebnis* pejorativ belasteter Beschreibungen als »schwaches Geschlecht«, ungewollter *scripts* als Hausfrauen und sozialer Ausgrenzung sind.

> Rechte können die Frauen nur in dem Maße zu einer privatautonomen Lebensgestaltung ermächtigen, wie sie zugleich eine gleichberechtigte Teilnahme an der Praxis staatsbürgerlicher Selbstbestimmung ermöglichen, weil nur die Betroffenen selbst die jeweils »relevanten Hinsichten« von Gleichheit und Ungleichheit klären können.[614]

Das Argument dieser Arbeit war es, nachzuweisen, dass die jeweils »relevanten Hinsichten von Gleichheit und Ungleichheit« unterschiedlich sind gemäß unterschiedlicher Entstehungsweisen und Selbstverständnisse von Typen kollektiver Identitäten.

Die Mitglieder kollektiver Identitäten des Typs 2 teilen insofern nicht eine wie auch immer geartete *substantielle* Gemeinsamkeit, sondern eher eine *formale*: Sie teilen die Erfahrung der dauerhaften strukturellen Missachtung und Ausgrenzung – in deren Folge sie erst aus Zwang oder Solidarisierung zusammengefunden haben. Sie teilen nicht einen »authentischen« Kern an Überzeugungen oder eine innere Eigentümlichkeit, sondern sie werden bestimmt durch die Ungerechtigkeit oder Missachtung, die ihnen widerfährt. Sie teilen in diesem Sinne nicht das, »was sie sind«, sondern was ihnen angetan wurde.

Wenn die Angehörigen dieser Gruppen ihre politischen oder rechtlichen Ansprüche formulieren, bemühen sie sich einerseits um die Anerkennung dessen, was ihnen angetan wurde, und andererseits um eine transformierende Einstellung zu dem, was aus ihnen gemacht wurde – eben um das »wounded attachment«, von dem Wendy Brown spricht, zu überwinden.[615]

Aus der Anerkennung des Unrechts, das den Angehörigen bestimmter kollektiver Identitäten widerfahren ist, können spezifische Ansprüche und Einsprüche folgen, die aufgrund dieser Vergangenheit, aufgrund des erfahrenen Unrechts besondere Schwerkraft erhalten. Eine Gesellschaft kann sich entscheiden, für einen begrenzten Zeitraum diesen Angehörigen eine partiell bevorzugte Behandlung zuteilwerden zu lassen. Darin drückt sich weniger eine Reetablierung falscher Zuschreibungen einer kollektiven Identität aus als vielmehr eine nachträgliche Vergewisserung, dass bestimmte Missachtungen, Misshandlungen oder Ausgrenzungen kritisch betrachtet und nicht wiederholt werden sollen. Gerade hierin zeigt sich der Vorzug der Strategie der komplementären Verwendungsweise der Konzepte Identität und Verletzung: Anerkennung kann sich einerseits auf gewollte Praktiken und Überzeugungen und andererseits auf Verletzungen und Praktiken und Normen der Ausgrenzung beziehen und vermeidet so eine resubstantialisierende Anerkennung.

Es geht nicht darum, die Sorten von Verletzungen oder Missachtungen der verschiedenen Gruppen (Typ 1 oder 2) zu bewerten. Vielmehr ging es darum zu zeigen, dass unterschiedliche Ansprüche aus den jeweiligen Verletzungen und Konflikten resultieren – und dementsprechend unterschiedliche Maßnahmen der Rücksichtnahme und der Anerkennung daraus folgen.

Um die Formen solcher Rücksichtnahme, aber auch ihre Grenzen zu verdeutlichen, sei ein Beispiel herangezogen: Nehmen wir an, die Mitglieder des Ku-Klux-Klan wollten durch eine vornehmlich und bekanntermaßen von Schwarzen bewohnte Nachbarschaft marschieren. Dabei wollen sie in ihren traditionellen weißen Kutten und ihren Masken auftreten.[616]

Das Problem besteht in dem Konflikt zwischen den Angehörigen des Klans, die sich als kollektive Identität auf das Recht auf Meinungs- und Demonstrationsfreiheit berufen, und den Angehörigen einer rassistisch ausgegrenzten Minderheit, die die Demonstration einer kollektiven Identität, die rassistische Überzeugungen und Praktiken propagiert, als provozierend, verletzend und demütigend empfinden.

Wie soll eine an gleicher Achtung und Rücksichtnahme orientierte Gesellschaft darauf reagieren? Inwieweit spielt der Inhalt der Überzeugungen der einen Gruppe eine Rolle? Inwieweit die belastete Vergangenheit der anderen?

Gewiss ließe sich nachvollziehbar beschreiben, warum die schwarzen Bewohner des Viertels sich durch den Marsch des Klans provoziert fühlen. Schließlich handelt es sich bei dieser Gruppe um Personen, deren Gemeinsamkeit in ihrer Zustimmung zu einer rassistischen Ideologie besteht, um Personen, die sich mit der gewalttätigen Vergangenheit des Klans offensichtlich identifizieren – einer Vergangenheit voller Verbrechen, deren Opfer möglicherweise die Vorfahren ebendieser Bewohner des Viertels sind. Ein öffentlich genehmigter Marsch käme in den Augen der betroffenen Schwarzen einer gesellschaftlichen Legitimierung des Klans und seiner – früheren – Taten gleich. Wie Judith Butler im Kontext von »hate speech« eindrücklich argumentiert hat, zitiert der Autor eines verletzenden Sprechakts oder Begriffs auch stets die Geschichte seiner Verwendungsweise. So zitiert auch der heutige Klan mit seiner traditionalen Uniform auf seinem Umzug die rassistische Geschichte dieser Umhänge und Masken, die die Vorgänger trugen, wenn sie in den Gärten von schwarzen Anwohnern Kreuze anzündeten oder diese selbst angriffen, jagten, auspeitschten oder gleich ermordeten. Gleichwohl würde ich mit Judith Butler und anderen Verfechtern eines stark verstandenen Konzepts von »free speech« dafür argumentieren, dass die verständlichen Sorgen der Schwarzen in diesem Fall nicht ausreichen, um das Prinzip der freien Meinungsäußerung zu beschränken. Schließlich demonstrieren die Mitglieder des Klans nur, rufen aber nicht explizit zu Attacken oder Misshandlungen der Schwarzen auf. Warum »reicht« das nicht als Grund für ein Verbot?

Die Problematik, die das Beispiel verdeutlicht, liegt in der Frage der Möglichkeit einer intersubjektiven, interkulturell übergreifenden Verständigung über das, was eine moralisch relevante Verletzung bedeutet. Beispielsweise provozieren die alljährlichen schwul-lesbischen Christopher-Street-Day-Paraden all jene Heterosexuellen, die Homosexualität als Perversion und homosexuelle Menschen als einen symbolischen Angriff auf ihre eigene bürgerliche, heterosexuelle Existenz sehen. Wenn kollektive Identitäten aufeinandertreffen, werden stets Situationen entstehen, in denen sich die eine Gruppe durch die Praktiken und Überzeugungen der anderen Gruppe provoziert fühlt. Nur reicht es nicht aus, provoziert oder angeekelt zu sein, um die Rechte des Einzelnen oder der Gruppe auf Versammlungsfreiheit und Meinungsfreiheit deswegen elementar zu beschränken. Das Recht auf freie Meinungsäußerung ist genau deshalb inhaltlich unbestimmt, damit nicht partikulare Meinungen und Wertvorstellungen das allgemeine Recht auf Meinungsäußerung auf bestimmte, eben nur mit diesen Vorstellungen kompatible Äußerungen beschränken können.[617] Das Problem der Argumentation mit subjektiven Befindlichkeiten besteht eben darin, dass nicht jede angebliche Verletzung der eigenen Wertvorstellungen schon eine moralisch relevante Verletzung konstituiert, gegen die verallgemeinerbar Einspruch erhoben werden kann. Welche Beschwerden, die Angehörige kollektiver Identitäten gegenüber den Praktiken und Überzeugungen anderer Kollektive äußern, sind angemessen? Im Zusammenhang mit der Regelung der Konflikte der kollektiven Identitäten des Typs 1 ist dieses Problem schon diskutiert worden. Die Frage nach der moralischen Verletzung stellt das negative Pendant zu der Frage nach den Grenzen unseres Respekts dar. Wenn Praktiken nicht allein provozieren, sondern moralisch verletzen, können sie auch nicht unsere Achtung beanspruchen. Auch hier liegt die Antwort in der pragmatisch-universalistischen Überzeugung, dass sich moralische Verletzungen auch kulturell übergreifend daran erkennen lassen, dass sie sich in moralisch-praktischen Diskursen nicht mit allgemeinen Gründen rechtfertigen lassen.

Auch den militanten Heterosexuellen wird der Unterschied zwischen dem Ku-Klux-Klan-Marsch und der Gay-Parade zu erklären sein: Der Fall der Christopher-Street-Day-Parade unterscheidet sich von dem Marsch des Ku-Klux-Klan schon dadurch, dass der Klan in der Tat, und zwar explizit, einen Angriff auf die Identität der Schwarzen oder Juden darstellt, weil seine Ideologie ausdrücklich und beabsichtigt rassistisch ist. Die Schwulen und Lesben, die an ihrer Parade teilnehmen, demonstrieren stattdessen gegen niemanden, sie behaupten nicht, dass Heterosexuelle schlechtere oder perversere Menschen seien, sondern sie wollen zeigen, dass sie sich für ihre Homosexualität nicht *schämen.* Die Gegner können argumentieren, dass die Parade ihren guten Geschmack verletzt, ihr ästhetisches Empfinden, sie können öffentliches Schwulsein, Küssen etc. eklig finden, auch können sie darin eine Abweichung von der ihnen genehmeren, »natürlicheren« Norm der »Familie« heraufbeschwören, eine moralische Verletzung jedoch kann nicht an der bloßen Andersartigkeit einer Lebensweise festgemacht werden.

Aber inwieweit können die Schwarzen eine moralische Verletzung in der rassistischen Ideologie des Klans kritisieren und gegen den demonstrativen Marsch vorgehen? Die Frage, die sich nun ergibt, ist vielmehr: Geben die belasteten Vergangenheiten den Einsprüchen mancher Gruppen oder Angehörigen erzwungener, misshandelter Kollektive mehr Schwerkraft?

Wie schon am Beispiel der Referendarin Fereshda Ludin argumentiert, ist es für die Beurteilung der Einsprüche von einzelnen Personen oder Gruppen gegen die Praktiken und Überzeugungen anderer kollektiver Identitäten mitentscheidend, den Konflikt in dem historischen Kontext gesellschaftlicher Macht- und Mehrheitsverhältnisse zu situieren. Die Frage, ob einzelne Handlungen oder Symbole als eine solche Form der

Missachtung oder moralischen Verletzung beschrieben werden können, die rechtfertigt, den grundsätzlichen Anspruch auf freie Meinungsäußerung, Religionsfreiheit etc. zu beschränken, hängt auch von der impliziten Vorstellung der politischen Kultur und dem Grad der Stabilität der demokratischen Rechtsordnung ab, in dem diese situiert sind.[618] Insofern kann der Marsch der Klan-Angehörigen für zumutbar gehalten werden, weil er als eine Ausnahmeerscheinung in einer – zumindest zunehmend – liberalen Gesellschaft auftritt, die sich seit den späten sechziger Jahren für eine Aufhebung der *normativen* Ungleichheit in Bürgerrechten und seit den neunziger Jahren mit »affirmative action«-Programmen für eine aktive Politik der Aufhebung der *faktischen* Ungleichheit auf dem Arbeitsmarkt, in Schulen und Universitäten einsetzt.

Können also gar keine berechtigten Einwände oder Einschränkungen im Namen der betroffenen schwarzen Anwohner erhoben werden? Während bislang lediglich argumentiert wurde, warum die durch den Marsch reaktivierte Erinnerung an erlebtes Unrecht nicht ausreicht, der kollektiven Identität das Demonstrationsrecht zu entziehen, scheint eine Forderung des Klans immerhin angreifbar: Es können gute Gründe gegen das Tragen der traditionalen Maske der Klan-Mitglieder vorgebracht werden, die rechtfertigen können, warum die Stadt New York die De-Maskierung anordnen kann. Worin aber unterscheidet sich diese Anordnung von der zuvor kritisierten der Kultusministerin Schavan? Warum kann die Maske der Klan-Angehörigen nicht als ebenso identitätsstiftend wie das Kopftuch der Referendarin Ludin gelten? Es können zwei Argumente gegen die Maske des Klans angeführt werden:

(i) Einerseits gibt es eine Vielzahl von Rechten (Polizeirecht, Versicherungsrecht, Rechtsschutz etc.), die an die Offenlegung persönlicher Daten und die Bekanntgabe der Identität der Person gebunden sind. Die Klan-Mitglieder wollen aber mittels ihrer das Gesicht verdeckenden Hüte in der Anonymität bleiben. Das scheint einen inneren Widerspruch zu ihrem Anspruch auf Meinungsäußerung und Demonstration zu bedeuten, in dem sie sich als kollektive Identität ja gerade zur Schau stellen wollen. Von einer solchen an der Öffentlichkeit interessierten kollektiven Identität kann von daher auch erwartet werden, dass sie auf ihre Anonymität verzichtet.

(ii) Zum anderen ist es kein Zufall, dass die traditionale Kopfbedeckung des Klans eine ist, die die Identität der Person verschleiert. Der Sinn der Kleidung bestand eben darin, bei rassistischen Übergriffen auf

Schwarze nicht allein einschüchternd und bedrohlich zu wirken, sondern vor allem zu garantieren, dass das Opfer sich nicht wehren kann. Da die Täter hinter den Kutten anonym blieben, konnte das Opfer keine personenbezogene Anzeige erstatten, geschweige denn darauf hoffen, dass der Täter jemals dingfest gemacht und für das Verbrechen bestraft würde.

Die Anordnung, dass die Klan-Angehörigen bei einer öffentlichen Demonstration auf ihre Masken verzichten müssen, kann von daher auch als eine symbolische Geste gegenüber den ehemaligen Opfern oder Angehörigen der Opfer des Klans verstanden werden. Sie signalisiert, dass die heutige Gesellschaft und Rechtsordnung keiner rassistischen Ideologie mehr den Schutzmantel der Anonymität garantiert.

5.4 Warum überhaupt Anerkennung?

> The harm of perpetuating race consciousness must be balanced against the harm of ignoring realitiy.   *David B. Wilkins*

> Racial identity can be the basis of resistance to racism; but even as we struggle against racism [...] let us not let our racial identities subject us to new tyrannies.   *K. Anthony Appiah*

Nach Durchgang durch unterschiedliche Formen der Entstehungs- oder Herstellungsprozesse kultureller kollektiver Identitäten wurden verschiedenste Konflikte, Verletzungen und soziale Ausgrenzungen rekonstruiert, die durch oder anhand dieser kollektiven Identitäten ausgetragen werden.

Daraus leitet sich nun ein Entwurf differenzierender Anerkennung ab: Mein Argument besteht darin, im Kontext einer normativen Theorie des Rechts auf gleiche Achtung und Rücksichtnahme eine Differenzierung einzuführen, die unterschiedliche kollektive Identitäten mit unterschiedlicher Achtung und Rücksichtnahme ausstattet. Diese Arbeit hat relevante Hinsichten der Unterscheidung zwischen kollektiven Identitäten nachgewiesen, die auf dem Zusammenhang von Identität und Anerkennung oder auch Identität und Missachtung beruhten. In dem nächsten Schritt wurde sodann auf eine Vielzahl an Konflikten und Formen von Verletzungen verwiesen, die mit diesen Anerkennungs- oder Missachtungsverhältnissen korrespondieren.

Das normative Argument besteht in der These, dass die eingezogene

Unterscheidung zwischen kollektiven Identitäten, die sich als gewollte, selbst-identifizierte beschreiben lassen und solchen, die aus struktureller, dauerhafter Missachtung und Verletzung entstanden sind, für den Begriff der Anerkennung kollektiver Identitäten systematisierende Wirkung zeitigt.

Die Typen kultureller kollektiver Identitäten konstituieren aufgrund ihrer unterschiedlichen Entstehungsgeschichten unterschiedliche Bedürfnisse, und die ihnen zugefügten moralischen Verletzungen und Ausgrenzungen generieren andere Ansprüche:

Kulturelle Kollektive des Typs 1 wollen als diese Identität anerkannt werden. Die individuellen Angehörigen wollen dementsprechend *in* dieser Zugehörigkeit anerkannt werden.

Das erfolgreiche und angestrebte Anerkennungsverhältnis besteht bei diesen Gruppen in einer *Bestätigung* ihrer Identität, in dem rechtlichen Schutz ihrer Praktiken und Überzeugungen. Sie wollen als gleichwertige Mitglieder der Gesellschaft als Einzelne und als Angehörige einer distinkten Gruppe anerkannt werden. Die Anerkennung besteht in diesem Fall in einer *Affirmation* der kulturellen Differenz bei gleichzeitigem Zuerkennen der individuellen Gleichwertigkeit als moralisch zurechnungsfähiges Individuum, das in einer kulturell ausdifferenzierten Gesellschaft gleichberechtigt kooperieren und partizipieren darf.

Die normativen Theorien von u. a. Kymlicka, Rawls, Taylor, Tully und Walzer reagieren auf die Bedürfnisse und Ansprüche der Angehörigen dieser Gruppen. Auch eine differenzierende Theorie der Anerkennung muss diese Gruppen und ihre Ansprüche berücksichtigen können: Sie muss die Angehörigen als Einzelnheit und als Angehörige respektieren, das heißt: Sie muss sie als verallgemeinerte und als konkrete Andere[619] so anerkennen, dass ihre Praktiken und Überzeugungen zu keinerlei Benachteiligungen oder strukturellen Missachtungen führen. Insofern muss sie eine *Schutzfunktion* erfüllen. Zum anderen muss eine Theorie der Anerkennung zur *Koordination* der Normen-Widerstreite zwischen kollektiven Identitäten des Typs 1 beitragen – wie in Abschnitt 1 unter 5.3 bereits diskutiert. Wenn Gesetze oder Institutionen Angehörige solcher Gruppen diskriminieren oder ausgrenzen, lässt sich dieses Unrecht zumeist durch Deregulierung der umstrittenen Praktiken und Gesetze beheben.

Kollektive Identitäten des Typs 2 dagegen wollen *nicht* als das anerkannt werden, »was sie sind«, denn das, »was sie sind«, ist ein ambivalentes Produkt aus Aneignung verletzender Beschreibungen und Bewertungen und dem Aufbegehren gegen eine fremde, demütigende Identität und Lebenssituation.

Die Angehörigen dieser Gruppen in ihrer kulturellen Differenz im oben genannten Sinne anzuerkennen, würde die erfahrene, identitäts-mitbildende Missachtung nur reproduzieren und die einzelnen Personen weiterhin in identitären Kontexten bestätigen, mit denen sie sich nicht identifizieren wollen. Wenn ein Anerkennungsverhältnis das Anerken-nen des konstitutiven Zusammenhangs von Identität und dem »respon-siven Verhalten der anderen« zur Voraussetzung hat, dann müssen die Angehörigen der kollektiven Identitäten des Typs 2 auf eine andere Weise anerkannt werden als die Angehörigen der kollektiven Identitäten des Typs 1. Dazu ist *keine* positive, substantielle Bestimmung dessen nötig, »was sie sind«. Wendy Brown äußert diese Befürchtung, dass die Anerkennung der verletzten Identität wiederum lediglich zur Fixierung dieser ungewollten Identität führt und die Angehörigen damit zu einer gleichsam freiwilligen Gebundenheit an ihre eigene Unterwerfung (»as-sujetissement«) angeleitet werden.

Die Gefahr kann umgangen werden, indem die Angehörigen nicht als das, *was sie sind,* anerkannt, im Sinne von »bestätigt«, werden, sondern indem das anerkannt wird, *was ihnen angetan wurde.* Dazu diente in dieser Arbeit die genauere Ausformulierung unterschiedlicher Formen der moralischen Verletzung und sozialer Ausgrenzung.

Die Dialektik der Anerkennungsdynamik, durch die Identitäten un-freiwillig als statische Gebilde fixiert werden und die dadurch weniger befreiend als vielmehr wiederum unterdrückend wirkt, kann aufgehoben werden: Anerkennung hat nicht immer eine missverstandene Identität zu ihrem Objekt, sondern bezieht sich auf Normen und Praktiken, die ausgrenzen und verletzen – und schafft damit die Grundlage für eine Befreiung der Angehörigen missachteter Identitäten, ohne deren Erfah-rungen negieren oder reproduzieren zu müssen. Es wird anerkannt, dass den Angehörigen dauerhafte und strukturelle Formen der Missachtung, Misshandlung oder Entwürdigung widerfahren sind. Es wird anerkannt, dass ihnen – anders als den Angehörigen der Gruppen des Typs 1 – die Wahl der eigenen Zugehörigkeit verweigert wurde.

Zusätzlich und gleichzeitig wird darin zumeist auch anerkannt, in welcher gesellschaftlichen Situation sich die Angehörigen der strukturell und dauerhaft missachteten Gruppen befinden: Das heißt, es wird anhand verschiedener Kriterien (wie durchschnittliches Bildungsniveau, politische Repräsentation, Beschäftigungsfeld etc.) die faktische soziale Position der Angehörigen dieser Gruppen überprüft, um festzustellen, ob sie in besonderer Weise unterrepräsentiert sind und insofern die formale Chancengleichheit unwirksam ist.

Es ist wichtig zu betonen, dass mit dieser Form der Anerkennung keine politisch-rechtliche *Pathologisierung* der Opfer von Missachtung oder Misshandlung beabsichtigt ist. Es soll den Angehörigen keine vermeintlich dauerhafte psychische Schädigung zugeschrieben werden, sondern es soll die spezifische Form des Unrechts erfasst werden, damit sie als das beachtet und berücksichtigt werden können, was sie sein *wollen*.

Diese Form der Anerkennung dient dazu, die negativen *Effekte* und *Wirkungen* der zugeschriebenen belasteten Prädikate für kollektive Identitäten zu beheben: Die strukturelle Verletzung kann – wie wir gesehen haben – nicht allein das Selbstverständnis der betroffenen Personen beeinträchtigen, sondern auch Eingang in juridisch-politische Klassifikationen und Gesetzgebungen haben, die die bezeichneten und belasteten Personen und Gruppen strukturell benachteiligen und ausgrenzen.[620] Zudem führt sowohl die Belastung des eigenen Selbstverständnisses als auch die strukturelle soziale Ausgrenzung dazu, die Fähigkeit der Angehörigen, sich eigenständig gegen die Ausgrenzung zu wehren und eigene Ansprüche zu artikulieren, zu beschränken.

> Die Kompetenz, Recht zu mobilisieren, hängt bereits allgemein ab von Schulbildung, sozialer Herkunft und anderen Variablen (Geschlecht, Alter, […] der Art der vom Konflikt berührten Sozialbeziehung usw.).[621]

Aus diesem Grund handelt es sich der Intention nach bei dieser Form der Anerkennung um eine *transformierende oder kompensatorische*.[622]

Es werden die betroffenen Personen und Gruppen auch insofern nicht pathologisiert oder mittels paternalistischer Maßnahmen wiederum subjektiviert, weil bestimmte Formen der strukturellen Ungerechtigkeit und Ausgrenzung die Artikulationsfähigkeit und Konfliktfähigkeit der betroffenen Personen derart beschädigen, dass sie nicht allein mit Deregulierung bekämpft werden können.

Diese zweite Form der Anerkennung verdient größere Beachtung, denn sie bedarf – angesichts der zeitgenössischen normativen Theorien, die symmetrische, gleiche subjektive Rechte *in Absehung* von Gruppenzugehörigkeiten fordern – größerer Rechtfertigung als die erste Form. Das liegt daran, dass diese zweite transformierende oder regulierende Form der Anerkennung mitunter besondere rechtliche oder politische Auszeichnungen oder »Bevorzugungen« für die Mitglieder der kollektiven Identitäten des Typs 2 gegenüber den Angehörigen von Kollektiven des Typs 1 zur Folge hat.

Es sollte im Zuge der Arbeit schon deutlich geworden sein, warum es sinnvoll ist, angesichts der unterschiedlichen Entstehungsweisen kollektiver Identitäten zwar von einem normativen Begriff der Gleichheit auszugehen, aber von einem aufschlüsselbaren. Robert Alexy hatte schon erläutert, warum aus dem Gebot der Rechtssetzungsgleichheit die alte Formel: »Gleiches muß gleich und Ungleiches ungleich behandelt werden«, ableitbar ist.[623]

Der an den Gesetzgeber adressierte Gleichheitssatz kann also nicht fordern, daß alle auf genau die gleiche Weise zu behandeln sind, und auch nicht, daß alle in allen Hinsichten gleich sein sollen.[624]

Lutz Wingert hatte bereits argumentiert, dass »als Gleiche/r« behandelt zu werden, zweierlei bedeuten muss: als Gleiche/r im Sinne der Person als Einzelheit und als Gleiche/r als Angehörige/r. Diese Arbeit nun diente dazu, zusätzlich nachzuweisen, dass es um als Gleiche/r als Angehörige/r einer kulturellen kollektiven Identität behandelt zu werden, *zudem* relevant ist, zwischen Angehörigen gewollter und Angehörigen erzwungener kollektiver Identitäten zu unterscheiden.

Angehörige der Gruppen und kollektiven Identitäten des Typs 2 haben Erfahrungen der moralischen Missachtung oder/und rechtlich-politischen Ausgrenzung gemacht, die einen »zureichenden Grund für die Gebotenheit einer Ungleichbehandlung«[625] darstellen. Zwar verfügen alle über den Anspruch als gleich*wertige* Personen und Angehörige anerkannt zu werden. Die gleich*wertige* Anerkennung führt aber nicht zu gleich*artiger* Behandlung. Vielmehr folgt aus der zweiten Form der Anerkennung von kollektiven Identitäten des Typs 2, dass die Angehörigen erst *in den Stand versetzt werden müssen*, in dem eine gleiche Behandlung oder gleiche Berücksichtigung auch zu einer gleichwertigen Situation oder Positionierung führte.

Thus, insofar as affirmative action brings the prospects of success of all competitors (and potential competitors) to where they would have been absent racism and sexism, it merely places all competitors in the position in which they would have been if the competition had always been conducted in strict compliance with equal opportunity rights.[626]

Entstehungsweisen von kollektiven Identitäten und Lebensformen, die strukturelle und dauerhafte Missachtung und soziale Ausgrenzung beinhalten, generieren faktische Ungleichheiten. Insofern können sie mitunter auch als »gute Gründe« ins Feld geführt werden, um Ansprüche auf Ungleichbehandlung zu untermauern. Dabei gilt es zu betonen, dass es sich dabei jeweils nur um eine *partielle* faktische Ungleichheit handelt und also nur um eine, *relativ zu der Missachtung, Ausgrenzung oder Ungleichheit,* partielle Ungleichbehandlung handeln darf.[627]

Eine transformierende Anerkennung resultiert aus der Einsicht in die Verantwortung, die aus der menschlichen Abhängigkeit vom responsiven Verhalten anderer und also in den konstitutiven Zusammenhang von unversehrter Identität und Anerkennung oder verletzter Identität und Missachtung folgt. Die transformierende Anerkennung speist sich des Weiteren aus der Einsicht in die Folgen dauerhafter Missachtung und Ausgrenzung in Bezug auf die faktischen Lebenslagen, aber auch die Artikulations- und Repräsentationsmöglichkeiten, die vonnöten wären, um durch eigene Partizipation die Ursachen und Folgen der Ausgrenzung zu beheben.

Diese Form der Anerkennung muss aber zum Schutze der Betroffenen selbst *zeitlich begrenzt* werden: Es soll, wie bereits erwähnt, keine dauerhafte Fixierung oder Pathologisierung der Angehörigen der kollektiven Identitäten des Typs 2 erzielt werden. Insofern besteht nur eine eingeschränkte Gefahr der erneuten Normalisierungseffekte durch Prozesse der Verrechtlichung. Die zweite, transformierende Form der Anerkennung hat ihre eigene Überflüssigkeit zum Ziel. Personen oder Gruppen sollen nicht in dauerhafter Abhängigkeit solcher kompensatorischer Maßnahmen gehalten werden. Diese Anerkennung dient lediglich dem Ausgleich der »Dialektik von faktischer und rechtlicher Gleichheit«.[628]

Nun könnte eingewandt werden, dass die hier implizit eingeforderte Erinnerung an vergangenes Unrecht, das dauerhafte Festhalten an dem verletzenden und verletzten Ursprung der eigenen Identität eine rückwärtsgewandte, nurmehr das Leid perpetuierende Perspektive sei. Die Angehörigen der kollektiven Identitäten des Typs 2 würden durch die hier geforderte besondere Rücksichtnahme nur darin bestärkt, in ihrer konstruierten Identität zu verharren, und die geforderte soziale Anerkennung bestätigte sie lediglich als Opfer, nicht aber als selbstbestimmte, freie Subjekte. Ich will zunächst die einleuchtenden Einwände gegen die Bedeutung einer dichten Beschreibung von moralischer Verletzung und ihrer Folgen für die Angehörigen einer bestimmten Form kollektiver Identität erläutern, bevor ich versuche zu begründen, warum es allen Ambivalenzen zum Trotz sinnvoll ist, differenzierende, dynamische Anerkennungsformen zu fordern.

Im 2. Buch Mose wird die Geschichte des Kampfes des Volkes Israel gegen die Amalekiter erzählt: Amalek zieht gegen die Israeliten bei Rafidim, und Josua bekämpft Amalek bis Sonnenuntergang unter den wachsamen Augen von Moses und Aaron. Als Josua den Sieg davonträgt, spricht Gott zu Moses: »Schreibe dies zum Gedächtnis in ein Buch und präge es Josua ein; denn ich will Amalek unter dem Himmel austilgen.« Und Moses erzählt die Legende von den Feinden des Volkes Israel, wie Gott ihm geheißen hat, und sagt, dass »der Herr Krieg gegen Amalek (führt) von Kind zu Kind«.[629] Wenig später aber wird der besiegte Feind Amalek zum ewigen Stachel in der Seele des israelischen Volkes, denn Gott befiehlt den Israeliten: »Denke daran, was dir die Amalekiter taten auf dem Wege, als ihr aus Ägypten zogt.«[630] Das Gebot, sich der Verbrechen und der Schuld der Amalekiter zu erinnern, ist das Gebot, sich der eigenen Feinde und ihrer Taten zu erinnern. In der jüdisch-israelischen Tradition hat sich der historische Amalek in das typologische Synonym des Feindes einer jeden Generation gewandelt: Unter den religiösen Ultras im heutigen Israel wird das Wort »Amalek« für Palästinenser so verwendet wie gegen Ende des Zweiten Weltkrieges für die Nazis.[631] Wenn aber das Gedenken an den »ewigen Feind« geboten ist, dann wird es nie gelingen, aus der schmerzlichen Vergangenheit und aus der Feindschaft herauszutreten. Der Feind wird zum Teil der eigenen Identität, möge er real oder metaphysisch sein.[632] Die ehemalige Feindschaft hängt so, wie Hannah Arendt sagt, »dem Schwert des Damokles gleich über jeder neuen Generation«.[633]

Beschwört also eine normative Theorie, die die Verletzungen und Ausgrenzungen anerkennt, die eine kollektive Identität geformt haben, nur eine Vergangenheit, von der die einzelne Person doch gerade erlöst werden sollte? Erklärt eine Identitäts-Politik, die an den Folgen solcher Ungerechtigkeiten und Verletzungen orientiert ist, diese für unwiderruflich? Wendy Brown artikuliert in ihrem Buch *States of Injury* die Sorge, dass sich jene Identitäten, die sich durch erfahrene Ungerechtigkeiten und Verletzungen zusammenhalten, in der Forderung nach Anerkennung nur in ihrer schmerzlichen Bindung, in ihrer Bindung an den Schmerz reproduzieren. »Politicized identity thus becomes attached to its own exclusion.«[634] Hannah Arendt teilt eine ähnliche Intuition, wenn sie sich fragt, ob wir im Handeln nicht das Opfer unserer selbst würden, wenn »wir uns nicht gegenseitig von den Folgen unserer Taten wieder entbinden«[635] könnten. Ohne das Vergessen, so die an Nietzsche orientierte Argumentation, verbleiben die Angehörigen verletzter Identitäten stets in derselben Dynamik des Erleidens und Vergeltens und eben darin stets nur Opfer der Geschichte – anstatt »Wunden auszuheilen, Verlorenes zu ersetzen, zerbrochene Formen aus sich nachzuformen«[636].

Die Argumentation *gegen* das Vergessen als vermeintlich unabdingbarer Voraussetzung freier, selbstbewusster Identifikation und kollektiver Identität beruht dagegen auf zwei Überlegungen:

(i) Wer bestimmt wann »den Grad und die Grenze, an der das Vergangene vergessen werden muss, wenn es nicht zum Todtengräber des Gegenwärtigen werden soll«?[637] Zunächst gilt die Einschränkung, dass Verbrechen des »radikal Bösen«, wie Hannah Arendt schreibt, keineswegs vergessen oder verziehen werden können. Verbrechen gegen die Menschlichkeit und andere Kapitalverbrechen können nicht unter die Rubrik der vergessbaren Taten gezählt werden – sie werden durch das Strafgesetz oder Völkerrecht be- und verurteilt. Aber es bleibt die Frage, inwieweit von den Opfern erwartet werden kann, dass sie die Schuld und die Taten vergessen können sollen. Können die Täter bestimmen, ab wann jedes weitere Erinnern und Gedenken überflüssig oder unbegründet sei?

Ein geläufiges Missverständnis besteht darin, das Erinnern an das erlittene Unrecht mit dem Gedenken an die Täter und ihre Nachkommen aufrechterhalten zu wollen. Das Argument dieses Buches bestand demgegenüber darin, einerseits eine dichte Beschreibung der moralischen Verletzungen und Ausgrenzungen und ihrer Folgewirkungen für das Selbstverständnis der so konstruierten Identitäten zu liefern. Zum andern wurde sodann gezeigt, dass sich Anerkennung keineswegs auf einen substantiellen Begriff von Identität beziehen muss, sondern durchaus auf die Praktiken der Ausgrenzung und Verletzung selbst. Dadurch können zwei Gefahren, vor denen Wendy Brown zu Recht warnt, umgangen werden: (a) weder muss auf diese Weise die kollektive Identität in ihrer negativen, leidvollen Identität dauerhaft fixiert werden, (b) noch wird der Täter zum Fixpunkt der eigenen Identität, wird also nicht zum kategorial Anderen, dessen Gegnerschaft die eigene Identität krankhaft stabilisiert. Das Erinnern bezieht sich also auf das Anerkennen der verletzenden und ausgrenzenden Praktiken und Normen als Unrecht – und darin wird die missachtete Person als Angehörige einer kollektiven Identität als gleichwertiges (wenn auch vielleicht nicht gleichartiges) Gegenüber bestätigt.

Das Argument für eine Anerkennung kollektiver Identität, die sich auch auf die vergangenen Verletzungen und Ausgrenzungen bezieht, beruht unter anderem auf den Überlegungen der psychoanalytischen Trauma-Forschung: Opfer bedürfen der Bestätigung, dass die Gesellschaft als Ganzes anerkennt, was ihnen widerfahren ist.[638] Der Kern der elementaren Missachtungen und Verletzungen besteht darin, dass eine Person als Einzelne oder als Angehörige einer kollektiven Identität nicht als gleichwertiges Individuum anerkannt wird, sie wird aus der Sprech- und Handlungsgemeinschaft einer Gesellschaft ausgeschlossen und negiert. Das Anerkennen des vergangenen Unrechts ist nicht nur deshalb wichtig, weil es die Folgen und Wirkungen behebt, sondern es bedeutet auch, dass die unterbrochene Verbindung zwischen dem Opfer sozialer Missachtung und Ausgrenzung und der Gesellschaft wiederhergestellt wird. Zugleich wird damit die verletzende Erfahrung aus der Sphäre der rein subjektiven Angelegenheit der betroffenen Person oder kollektiven Identität wieder in den Fokus der Öffentlichkeit gestellt, die alle – die Ausgeschlossenen und die Eingeschlossenen, Opfer und Täter, die Fremden und die Eigenen – angeht.

> By identifying someone's suffering as an indictment of the social context rather than treating it as a private experience that should be forgotten, [one] can help an individual survivor make space for new experiences.[639]

Erst wenn den Angehörigen missachteter kollektiver Identitäten Respekt signalisiert worden ist, erst wenn das Unrecht, das ihnen angetan wurde, als solches anerkannt wurde, kann der Prozess des Vergessens, Vergebens und damit der Heilungsprozess zu einer anderen, selbstbewussteren Bestimmung der eigenen Identität und des eigenen Lebens beginnen. Wendy Brown ist zwar insofern völlig zuzustimmen, dass die Angehörigen verletzter Identitäten sich nicht ewig an ihrem Schmerz festhalten sollen / können. Gewiss ist es konstruktiv, politische Forderungen nach substantieller Freiheit zu stellen. Ich denke gleichwohl, gerade weil in den ersten beiden Teilen dieses Buches eine dichte Beschreibung der Schwerkraft der willkürlichen Zuschreibungen und Konstruktionen zu belegen war, dass für die Angehörigen solcher missachteter Identitäten ohne vorangehende Anerkennung dessen, was ihnen widerfahren ist, keine Flucht, kein Austreten aus den schmerzlichen Bindungen, kein Vergessen der Ausgrenzungen und Verletzungen möglich ist.

(ii) Zum andern liegt der Grund für die Forderung nach einer Anerkennung, die das vergangene Unrecht in Betracht zieht und berücksichtigt, in der Schwerfälligkeit der negativen Folgen des Unrechts. Moralische Verletzungen und soziale Ausgrenzungen können anhand normativer Ungleichheiten rekonstruiert werden: Bestehende Gesetze und Normen können daraufhin überprüft werden, inwieweit sie die Angehörigen einzelner Gruppen ausschließen oder benachteiligen. Sie können aber auch anhand faktischer Ungleichheiten abgelesen werden: Institutionen und Branchen können auf die Anteiligkeit der von ihnen eingestellten Beschäftigten untersucht und mit der Proportionalität der Bevölkerungsanteile verglichen werden. Theoretiker der Gleichheit operieren oftmals mit einem Argument, das formale Gleichheit der Zugangsberechtigungen und Chancen als kriteriologisches Moment setzt. Faktischer Ungleichheit begegnen diese Theorien mit einer Analyse der ausgrenzenden Mechanismen und der Antwort der Deregulierung der missachtenden und ausschließenden Praktiken und Normen. Aber die Ursachen, die zu ausgrenzenden Normen geführt haben, und die Folgen normativer Ungleichheit, nämlich faktische Ungleichheiten, werden durch Deregulierung nicht notwendigerweise behoben. »Das richtige Verhältnis von faktischer und rechtlicher Gleichheit kann nicht im Hinblick auf subjektive Privatrechte allein gelöst werden.«[640] Insofern müssen mitunter kompensatorische oder redistributive Maßnahmen (als Währung der Anerkennung) auf faktische Ungleichheiten als soziale Folgen rechtlicher Regelungen reagieren, die die Angehörigen benachteiligter Gruppen erst in den Stand versetzen, die durch die normativen Garantien der Chancengleichheit gesetzten Handlungsmöglichkeiten auch in Anspruch zu nehmen. Neben der Korrektur normativer Benachteiligung oder rechtlicher Ausgrenzung müssen deren Folgen durch Restitution, Redistribution oder Maßnahmen des »preferential treatment« behoben werden.

Als beispielhaft für solche Formen der Anerkennung könnten die Sonderregelungen für Spielcasino-Lizenzen für amerikanische Indianer gelten oder der Sonderstatus von jüdischen Flüchtlingen aus den ehemaligen Sowjetrepubliken, der ihnen nicht nur die Einwanderung, sondern auch die dauerhafte »Duldung« (ohne die Androhung einer Abschiebung in Falle weniger antisemitischer Stimmung in ihrem Heimatland) ermöglicht.

Auf welcher Ebene diese Maßnahmen transformierender Anerkennung erfolgen, ist damit noch nicht bestimmt. Unterschiedliche Verletzungen, Konflikte und Formen der Ausgrenzung müssen in unterschiedlichen gesellschaftlichen Sphären und mit unterschiedlichen sozialen oder politischen Instrumenten reguliert werden: Nicht alle Verletzungen und Missachtungen bedürfen rechtlicher Sanktionierung, sondern viele Verletzungen und Missachtungen können über die zivilgesellschaftliche Ebene und den öffentlichen Diskurs in verständigungsorientiertem Handeln aufgenommen und ausgeglichen werden. Andere Formen sozialer Ausgrenzung wiederum bedürfen rechtlicher Korrekturen. Bei dem Begriff der Anerkennung sollte nicht ein ähnliches Missverständnis unterlaufen wie bei dem Begriff der rechtlich gesicherten Freiheit: Bei Anerkennung handelt es nicht einfach um ein Gut, das mehr oder minder gerecht verteilt werden kann, sondern um ein *Verhältnis*: Was Iris Marion Young über Rechte bemerkt, kann auch auf Anerkennung angewendet werden: »Rights are not fruitfully conceived as possessions. Rights are relationships, not things.«[641] Auch bei Anerkennung handelt es sich nicht um ein Eigentum, nicht um ein Gut, das jemand besitzt. Es handelt sich auch hier um eine fragile und dynamische Beziehung, die immer wieder mit den Veränderungen der Beteiligten, also mit veränderten identitären Entwürfen und Bedürfnissen nachjustiert werden muss. Eine anerkennendes Verhältnis »führt« immer wieder erst zu einem neuen gesellschaftlichen, responsiven Verhalten, das sich in Anteilen an Chancen, Rechten, Partizipationsmöglichkeiten ausdrückt, die eben Formen von gesellschaftlicher Achtung und Respekt darstellen.[642]

Wenn kollektive Identitäten des Typs 2 anerkannt werden sollen, wird also zunächst geprüft, (i) welche Form struktureller, moralischer Verletzung und sozialer Ausgrenzung sie erfahren haben, (ii) zu was für rechtlichen, aber auch faktischen Benachteiligungen dies geführt hat, (iii) inwieweit die normative und faktische Ungleichheit durch bloße Deregulierung wieder behoben werden kann und (iv) ob neben der Korrektur der normativen oder faktischen Ungleichheiten noch symbolische Gesten der Anerkennung zur Versöhnung beitragen können.

»Anerkennung« der Angehörigen der kollektiven Identitäten des Typs 2 kann sich in verschiedenen Reaktionsweisen und Maßnahmen ausdrücken. Dabei ist das Objekt der Anerkennung keineswegs ein vermeintlich authentischer Kern einer stabilen kollektiven Identität, sondern bezieht sich auf Praktiken und Normen der Ausgrenzung und Verletzung, die korrigiert werden.

Es ist wichtig zu betonen, dass sich Anerkennung nicht notwendigerweise – wie die Theorien der sogenannten Identitäts-Politik stets suggerieren – auf »die Identität« bezieht. Ich teile Anthony Appiahs kritischen Hinweis, dass eine so verstandene Anerkennungspolitik Gefahr läuft, die Angehörigen vergessen zu lassen, wie viele Gemeinsamkeiten sie mit Menschen außerhalb ihrer ethnischen, kulturellen Gruppe haben. »Collective identities have a tendency [...] to ›go imperial‹.«[643] Andererseits haben Anerkennungs-Theorien, die unterstellen, es könnten bloß die Praktiken und Überzeugungen der Identitäten anerkannt werden, die Tendenz, die willkürliche Konstruktion von ungewollten Identitäten nurmehr zu reproduzieren. Deswegen muss sich Anerkennung im Falle kollektiver Identitäten des Typs 2 auf die diskriminierenden Praktiken und Normen beziehen. Theoretiker, die wegen der ambivalenten Dynamik der Anerkennung in Bezug auf die durch sie stabilisierten Identitäten auf normative Forderungen ganz verzichten wollen, verzichten damit fahrlässigerweise auch auf den Schutz, den rechtliche und soziale Formen der Anerkennung für ausgegrenzte und diskriminierte Personen und Gruppen bedeuten können.

Zudem erkennt die Gesellschaft in dem Unrecht der Benachteiligung und Ausgrenzung zugleich ihre eigene Mitverantwortung an. Daraus leiten sich die Gründe ab, die erklären, warum der bisher bevorzugten Mehrheit nun besondere Lasten zugemutet werden können; die erklären, warum die Mehrheit von ihrem Recht auf Gleichbehandlung in bestimmten Hinsichten und für eine begrenzte Dauer zurücktreten muss, um der diskriminierten Minderheit zu ihrem Recht und zu ihrer Entschädigung zu verhelfen.

(i) »Affirmative Action«- oder Gleichstellungsregelungen stellen eine Form dar, in der Anerkennung gegenüber kollektiven Identitäten des Typs 2 Ausdruck findet. Mit der Gleichstellungs-Politik für Angehörige vormals rechtlich benachteiligter Gruppen arbeitet eine Gesellschaft an den Folgen dauerhafter sozialer Ausgrenzungen, die durch bloße Deregulierung nicht mehr zu korrigieren waren. Darunter können beispielhaft die Gesetze in einigen Staaten und die Regelungen an einigen Privatuniversitäten der USA verstanden werden, nach denen bei gleicher wissenschaftlicher Qualifikation Angehörige diskriminierter Minderheiten »bevorzugt« behandelt werden. In Deutschland existiert eine ähnliche Regelung für Frauen in Bewerbungsverfahren an den staatlichen Universitäten.

Für »Affirmative Action«- oder Gleichstellungsregelungen können verschiedene Gründe veranschlagt werden:

(a) Eine Strategie der Rechtfertigung der Ungleichbehandlung, die »Affirmative Action«-Programme verlangen, besteht in dem Verweis auf die faktisch nicht realisierte Chancengleichheit. Die Folgen der dauerhaften Benachteiligung der Angehörigen diskriminierter kollektiver Identitäten sind derart schwerfällig, dass die individuellen Personen die ihnen endlich dargebotenen Chancen ohne zusätzliche Unterstützung noch nicht greifen können. Vor allem aber bedeutet die rechtliche Möglichkeit der Chancengleichheit noch lange nicht, dass die Angehörigen diskriminierter Identitäten auch tatsächlich eine Chance erhalten, ihre Qualifikation unter Beweis zu stellen. Der Gesichtspunkt der Qualifikation ist beliebig manipulierbar und interpretierbar und birgt hinreichend Möglichkeiten, unliebsame Kandidaten auszuschließen, ohne die wirklichen Gründe der Nichtberücksichtigung zu nennen – das oben bereits erwähnte absurde Kriterium der Größe als notwendige Qualifikation für eine Anstellung bei der Feuerwehr kann als Beispiel dienen. Amy Gutmann vertritt eine solche an Chancengleichheit orientierte Argumentation für Gleichstellungsregelungen:

The strongest argument (…) from the perspective of anyone committed to justice as fairness is that it paves the way for a society in which fair equality of opportunity is a reality rather than merely an abstract promise.[644]

(b) Eine andere Rechtfertigung für Gleichstellungsprogramme rekurriert auf die unproportionale Unterrepräsentation der Angehörigen bestimmter Minderheiten in höherrangigen Positionen oder ganzen Berufszweigen. Um dieses Ungleichgewicht zu beheben, können einmalige oder strukturelle Maßnahmen des Ausgleichs eingesetzt werden. Das wohl berühmteste Beispiel für eine solche Korrektur der »Identitäts-Verhältnisse« bietet der amerikanische Telekommunikationskonzern AT&T, der in den siebziger Jahren einen internen Einstellungs- und Beförderungsplan verabschiedete, wonach über einen Zeitraum von sechs Jahren schwarze Männer und Frauen bevorzugt für Managementpositionen eingestellt wurden – auch wenn es qualifiziertere weiße Mitbewerber gab.[645] Ich denke allerdings, dass diese Argumentation für sich genommen nicht schlüssig ist. Aus den Repräsentationsverhältnissen allein ließe sich ohne weiteres nicht schließen, dass eine staatliche oder firmenpolitische Intervention nötig ist. Es könnte auch festgestellt werden, dass bestimmte Gruppen kulturelle Einwände gegen bestimmte Berufe haben, dass es spezifische Formen des Desinteresses an bestimmten Branchen gibt (Frauen an der Armee beispielsweise) oder in der Tat objektive Qualifikationen von nur einer begrenzten Anzahl von Personen erfüllt werden (niemand würde die amerikanische Basketball-Liga NBA zwingen wollen, mehr kleine Spieler einzustellen), solange keine normative Benachteiligung vorliegt, kann das Repräsentationsverhältnis für sich genommen noch keine eigenständige Rechtfertigung für Ungleichbehandlung abgeben. Die faktische Unterrepräsentierung von Angehörigen bestimmter Gruppen wird erst dann zu einem Argument, wenn vorher ein Konsens darüber hergestellt wurde, dass diese Gruppen anerkanntermaßen dauerhafte Diskriminierung und Ausgrenzung erfahren haben und die Unterrepräsentation eine bloße Folge dieses Unrechts ist.

(c) Die bevorzugte Behandlung kann auch durch die direkte Bezugnahme auf die Vergangenheit gerechtfertigt werden. Für osteuropäische Juden ist in Deutschland 1991 eine Regelung geschaffen worden, die ihnen gegenüber anderen notleidenden Flüchtlingen und Asylbewerbern einen Sonderstatus einräumt. Angesichts ihrer Armut und zunehmenden Bedrohung durch antisemitische Pogrome in ihren Heimatländern handelten die Bundesregierung und der damalige Vorsitzende der Jüdischen Gemeinde Deutschlands, Heinz Galinski, ein Novum aus, das osteuropäischen Juden die Einreise in die Bundesrepublik ermöglichte und eine dauerhafte Duldung. Bei den Juden handelte es sich weder um deutschstämmige Russen noch um direkte Nachfahren von Holocaust-Opfern – es musste gar keine Verbindung zwischen den individuellen jüdischen Begünstigten und Nachkriegsdeutschland hergestellt werden. Die Regelung beruhte auf der Anerkennung der Schuld des nationalsozialistischen »Dritten Reichs« an der Vernichtung der europäischen Juden und zugleich der Verantwortung des Nachkriegsdeutschland gegenüber einer jüdischen Weltgemeinschaft, die daraus erwächst. Die wiedervereinigte Bundesrepublik selbst-verpflichtete sich in diesem Schritt zu dem Bekenntnis, dass sie in besonderer Weise sich angesprochen fühlt, wenn Juden irgendwo auf der Welt bedroht werden, und aufgefordert, ihnen einen sicheren Ort zu bieten. Mittlerweile haben über 100 000 jüdische Emigranten aus den GUS-Staaten dieses Angebot in Anspruch genommen.

(d) »Affirmative Action«-Programme oder Maßnahmen der bevorzugten Behandlung können auch durch den besonderen gesellschaftlichen Wert der kulturellen Vielfalt gerechtfertigt werden. Die Sonderregelung für jüdische Einwanderer aus der ehemaligen Sowjetunion könnte auch damit gerechtfertigt werden, dass das jüdische Gemeindeleben nach dem Holocaust beinahe vollständig ausgelöscht worden ist. Mit Hilfe der osteuropäischen, oftmals noch traditonal praktizierenden Juden ist das jüdische Leben in Deutschland nach und nach wieder erblüht.[646] Amy Gutmann weist darauf hin, dass »Affirmative Action«-Programme auch deswegen gefordert werden können, weil sie pluralistische Rollenmodelle fördern: Durch die Unterstützung schwarzer Bewerber um Ämter und Positionen erhalten die jüngeren (auch weißen) Mitbürger eine größere Vielfalt an Vorbildern, ein Spektrum an Vorbildern verschiedener Hautfarbe, Herkunft, Kultur.[647]

(ii) Andere Formen der kompensatorischen Anerkennung bestehen in Maßnahmen wie (a) Entschuldigungen, (b) Restitutionen und (c) Entschädigungen.[648]

(a) Während Entschuldigungen immer nur eine unvollkommene Geste gegenüber den Opfern von Misshandlung, Missachtung und sozialer Ausgrenzung sein können, so sind sie doch erwähnenswert. Anders als bei ausgleichenden Handlungen oder Gesetzen, die in Rechten, Quoten oder finanziellen Hilfen ihre kompensatorische Anerkennung ausdrücken, vermittelt die Entschuldigung einen symbolischen Akt, der in seiner offensichtlichen Unangemessenheit am ehesten ausdrückt, dass für das erfahrene Unrecht in Wahrheit niemals ausreichend materiell entschädigt werden kann.

The very implication of an apology in the collective dialogue, its salience and centrality in the negotiations and proceedings, reveals that issues not subject to a purely utilitarian or material calculation are at stake.[649]

Entschuldigungen drücken aber das Zugeständnis aus, dass die begangene Handlung Unrecht war, eine Überschreitung der Norm oder des Gesetzes. Der Sprecher stellt sich mit der Entschuldigung in die Verantwortung für die Tat und bedauert sie zugleich. Implizit bedeutet die Entschuldigung ein Versprechen, so etwas nicht wieder geschehen zu lassen.

Oftmals artikuliert die ausgesprochene Entschuldigung allerdings viel weniger das tatsächlich gefühlte Bedauern des Sprechers – der meistens ohnehin nur als Stellvertreter für einen Staat, eine kollektive Identität und deren Vorfahren spricht – als den symbolisch-politischen Akt, die moralische Verletzung, das Verbrechen, die Misshandlung *festzuhalten*. Bei einer solchen Form von politischer Entschuldigung (Präsident Clinton in Ruanda für das Versagen der Vereinten Nationen, die das Massaker an den Tutsis hätten verhindern können, die katholische Kirche gegenüber den Juden für ihre unterlassene Hilfeleistung im Zweiten Weltkrieg etc.) handelt es sich niemals nur um einen individuellen Sprechakt.

Das Entscheidende bei der Entschuldigung besteht darin, dass das ehemalige Opfer wieder zu einem Gegenüber wird, dem man etwas schuldet. Damit ist ein erster Schritt in Richtung transformierender Anerkennung getan, jener Anerkennung, durch die die Angehörigen ehemals unterdrückter und ausgegrenzter, konstruierter Identitäten liberalisiert werden. Denn wenn in dem Akt der Entschuldigung die Angehörigen der betroffenen kollektiven Identitäten wieder zu einem Gegenüber ein und derselben Sprech- und Handlungsgemeinschaft werden, ist damit eine entscheidende Veränderung etabliert: Die Mitglieder jener Identitäten sind wieder zu einem Subjekt geworden und können nicht mehr so einfach ausgegrenzt werden wie zuvor. Weder als konstruiertes Kollektiv noch als individuelle Personen.

(b) Restitutionen können als Korrektur begangenen Unrechts zwar die Angehörigen verletzter Identitäten wieder in den materiellen Zustand zurückversetzen, bevor ihnen Unrecht geschah – mitunter sind die sozialen Kosten dieser Restitutionen aber fragwürdig. Sowohl die territorialen Ansprüche einiger Indianer in Nordamerika machen die Problematik deutlich als auch die Konflikte, die teilweise in den neuen Bundesländern aufgrund der Restitutionsansprüche entstanden sind. Es bedarf einer Art Halbwertszeit-Bestimmung, nach der festgelegt werden kann, wann Ansprüche auf Grundstücke, die zwar ursprünglich zwangsenteignet, dann aber mehrfach rechtmäßig weiterverkauft wurden, verfallen.[650] Ohne eine Einschätzung der sozialen Kosten und der Benachteiligung für andere Personen und Gruppen, die durch die Umverteilung der Restitution betroffen sind, kann eine solche Maßnahme kaum zu sozialer Gerechtigkeit und Versöhnung beitragen. Damit soll nicht behauptet werden, dass die ursprünglichen Ansprüche der Nachfahren jüdischer Emigranten unverständlich oder unberechtigt seien, sondern lediglich, dass sie mitunter nicht einklagbar sind, ohne die durch sie verursachten sozialen und moralischen Kosten zu veranschlagen.

(c) Reparationen, die weniger an dem ursprünglich verlorenen Land oder Gut orientiert sind, versuchen für den Verlust an Zeit, Gleichheit, Freiheit und Würde, die die Angehörigen misshandelter Gruppen erfahren mussten, zu entschädigen.

> The core idea behind reparations stems from the compensatory theory of justice. Injuries can and must be compensated. Wrongdoers should pay for victims' losses.[651]

Unter Reparationen können Entschädigungszahlungen verstanden werden wie die zurzeit noch ausstehenden Leistungen der deutschen Wirtschaftsunternehmen an die von ihnen ausgebeuteten Zwangsarbeiter während des Zweiten Weltkriegs, aber auch besondere Fischfangrechte für die Ureinwohner in den USA oder Kanada, in denen einerseits der Respekt vor der religiös-kulturellen Bedeutung des Fischfangs gezollt wird, gleichzeitig aber auch implizit ein finanzieller Ausgleich für den Verlust an Territorium der Indianer geboten wird. Die Ansprüche von Opfern signalisieren dabei häufig, dass es auch bei Reparationen weniger um die finanzielle oder materielle Unterstützung geht, vielmehr sind der Prozess des öffentlichen Einklagens von Ansprüchen und die Antworten der Gegenseite oftmals wichtiger als das faktische Ergebnis dieser Verhandlungen. Die Wahrheitskommission in Südafrika hat deutlich gemacht, dass Angehörige manchmal keine materielle Entschädigung, sondern lediglich den Totenschein eines vom Apartheid-Regime Ermordeten erhalten wollten – weil die Behörden den Tod leugneten. Die symbolische Dimension der Reparationen ist nicht bloßes Nebenprodukt dieser Prozesse, sondern mitunter Kern der Forderungen.

(iii) Sogenannte Wahrheitskommissionen, wie sie in Südafrika zur Aufklärung der Verbechen unter dem Apartheid-Regime eingesetzt worden ist, stellen eine Form der Anerkennung dar, die den Angehörigen konstruierter und missachteter kollektiver Identitäten besonders entspricht.

Wahrheitskommissionen versinnbildlichen auch die hier entworfene Kombination von einem dünnen Konzept kollektiver Identität, das gleichwohl die Erfahrung der willkürlichen moralischen Verletzungen und sozialen Ausgrenzungen verorten kann, und einem Begriff von Anerkennung, der sich nicht auf eine angeblich authentische Identität, sondern auf die Praktiken der Diskriminierung bezieht.

In den öffentlichen Anhörungen der Wahrheitskommission können die Opfer selbst zur Sprache bringen, was ihnen angetan wurde, sie werden wieder zum aktiven Bürger, zum Mit-Bürger, dem die ehemaligen Täter Rede und Antwort stehen. Sie treten damit aus der ihnen vormals zugewiesenen Position des unsichtbaren Kollektivs hervor und artikulieren sich als unvertretbar Einzelne und als Angehörige einer unterdrückten Mehrheit.

Auch wenn die südafrikanische Variante der Wahrheitskommission den Preis hatte, dass sie als »Belohnung« für aussagebereite Täter die Amnestie versprach, so hat sie doch damit erreicht, dass die südafrikanische Gesellschaft in der Post-Apartheid-Ära nur noch mit dem Wissen um das geschehene Unrecht weiterleben kann.

Die Reaktionen einiger Bürgerrechtler der ehemaligen DDR auf die Urteile in den Mauerschützen-Prozessen haben gezeigt, dass es vielen Betroffenen gar nicht mehr darum geht, dass ihre ehemaligen Peiniger die Strafe auch absitzen – vielmehr steht das Öffentlichmachen der Vergehen und Verbrechen und die gesellschaftliche Anerkennung des Unrechts als Unrecht im Vordergrund der Bedürfnisse.

Wahrheitskommissionen verkörpern mehrere Aspekte kompensatorischer Anerkennung, wie sie im Verlauf dieser Arbeit entwickelt worden ist: Wahrheitskommissionen stellen einen Prozess dar, der dem dynamischen Charakter von Anerkennungsverhältnissen entspricht. Sie werden Angehörigen kollektiver Identitäten des Typs 2 gerecht, denn sie dienen nicht der Stabilisierung ungewollter Zuschreibungen, sondern der Aufklärung und Rekonstruktion der diskriminierenden und ausgrenzenden Praktiken und Institutionen. Dadurch dass die Mitglieder der unterdrückten kollektiven Identitäten selbst zu Wort kommen, treten sie aus der auferlegten passiven Zuschauerrolle heraus und beginnen sich eine eigene, selbstbestimmte Zugehörigkeit zu erarbeiten. Insofern zeigt sich in dem Prozess der Wahrheitskommission immer auch schon eine Form transformierender Anerkennung, die den Angehörigen kollektiver Identitäten des Typs 2 die Wahl lässt, inwieweit sie sich nach wie vor über das erfahrene Leid in ihrer zugeschriebenen Identität definieren wollen und inwieweit sie beginnen wollen, neue Vergemeinschaftungen zu bilden.

Diese Arbeit kann nicht mehr leisten, als auf die unterschiedlichen gesellschaftlichen Kompetenzen und Sphären zu verweisen, die ihrerseits jeweils neu darüber kommunizieren und verhandeln müssen, welche Probleme, Bedürfnisse, Verletzungen und Konflikte welcher Mechanismen bedürfen.[652] Die genannten Beispiele für Entschädigungen, Entschuldigungen, Gleichstellungsgesetzgebungen, Wahrheitskommissionen, Quoten, Sonderregelungen und Reparationen versinnbildlichen nur unterschiedliche Formen der Anerkennung, die auf missachtete Identitäten reagieren.

Ziel dieses Buches sollte es sein, den zentralen Begriff der Debatten um Anerkennung und Toleranz in modernen pluralistischen Gesellschaften, »Kollektive Identität«, zu erläutern und für die normativen Fragen der sogenannten »Identitäts-Politik« brauchbar zu machen. Dabei wurde das Konzept kollektiver Identität durch eine genetische Perspektive aufgefächert zu einer Typologie kollektiver Identitäten. So wurde ein Ausweg aus den missverständlichen Theorien gezeigt, die kollektive Identitäten an dem Inhalt ihrer Praktiken und Überzeugungen festmachen wollen und stets Gefahr laufen, kollektive Identitäten zu resubstantialisieren. Stattdessen wurde hier ein dünner Begriff von Identität entwickelt, der entsprechend ihrer unterschiedlichen Entstehungsweisen verschiedene analytische Typen von kollektiven Identitäten ausmacht. Durch die komplementäre Verwendung der Konzepte moralischer Verletzung und sozialer Ausgrenzung gelingt es zugleich, den Identitätsbegriff zumindest so dicht zu entwerfen, dass sich die Erfahrungen missachteter Gruppen darin verorten lassen, und zugleich dem Anerkennungsbegriff einen Bezugspunkt in den Praktiken und Institutionen der Ausgrenzung anzubieten. Dadurch wird zudem die problematische Eigendynamik von Anerkennungsdiskursen oder -praktiken umgangen, die zu einer repressiven Stabilisierung ungewollter Zuschreibungen und Identitäten führen kann. Auch kann so der Begriff der Toleranz, der sich nur auf gewollte, selbst-identifizierte kollektive Identitäten beziehen kann, ersetzt werden.

Die Konstruktion der ergänzenden Konzepte von Typologie kollektiver Identitäten sowie moralischer Verletzung und Anerkennung verleitet dabei keineswegs zu Illusionen über die Formationsprozesse kollektiver Identitäten. Identitäten sind nicht bloß die freudigen, selbstbestimmten Sinnhorizonte, nicht nur die gewollten, traditional reproduzierten Überzeugungen, sondern eben auch die willkürlich erzwungenen Kollektive, die durch hegemoniale Praktiken und Institutionen entstanden sind.

Identitäten bleiben, bei allen Anerkennungsdiskursen, etwas, das man nie im Griff haben kann. Es sind multiple, bewegliche Gebilde, die sich gegen und an traditionalen, ererbten Überzeugungen, aber auch an Praktiken der Diskriminierung bilden und subversiv weiterbilden. Es sind auch konstruierte Vergemeinschaftungen von Individuen, die mitunter gegen und mit ihrer Konstruiertheit ringen. Immer wieder verändern sie sich durch interne und externe kritische Auseinandersetzungen, durch einzelne Mitglieder, die in sich hybride Personen sind, die sich an die kollektive Konvention nicht anpassen und sie kritisch begleiten oder stören.

Kollektive Identitäten sind niemals nur kollektiv, sie sind immer das bewegliche, poröse Produkt aktiver Individuen. Sie widerstehen an ihren Rändern immer wieder internen wie externen Versuchen, sie zu einer homogenen Einheit zu stilisieren. Selbst konstruierte, erzwungene Kollektive, in denen den einzelnen Angehörigen stets ihre Individualität durch externe Gesetze, Vorurteile und Fremdzuschreibungen abgesprochen wird, entwickeln ein subversives Eigenleben.

Bei allen Ausgrenzungen entstehen so zeitgleich auch positive Aneignungen, bilden sich ungewollte neue konstruktive Vergemeinschaftungen oder Praktiken, die eine andere selbstbewusste Form der Bindung schaffen: Die Schwulenbewegung im Aids-Zeitalter beispielsweise hat viele solcher konstruktiver Praktiken und Überzeugungen[653] ausgebildet, die eine positive, selbstbewusste Form der Solidarität gestiftet hat, auf die sie auch bei größerer rechtlicher Gleichstellung in der Zukunft nicht wird verzichten wollen.

Am Ende und am immer wieder neu erfochtenen Anfang sollte jeder einzelnen Person die Möglichkeit gegeben werden, jene Eigenschaften und Merkmale ihrer Individualität zu bewerten, die für sie sinnstiftende Bedeutung haben; jene Assoziationen, in die sie ohne ihre Zustimmung sozialisiert wurde, einer reflexiven Überprüfung zu unterziehen und selber zu erwägen, welche kollektiven Identitäten sie motivieren und überzeugen können, welche Differenzen zu anderen Mitgliedern der Gesellschaft relevant sind, welche Zugehörigkeiten und Eigenschaften in bestimmten Zusammenhängen irrelevant sein dürfen und welche irrelevant sein *müssen*.

Obgleich es sich bei kollektiven Identitäten um fragile, wandelbare Gebilde handelt und obgleich Anerkennungsformen Gefahr laufen, unfreiwillig erstarrend und fixierend zu wirken, bleibt es hier bei einem Plädoyer für Anerkennung. Rechtliche und politische Anerkennungsformen fungieren als Schutzzonen für all jene Identitäten, die ansonsten permanenten Missachtungen und Misshandlungen ausgesetzt wären. Anerkennungspraktiken und -diskurse mögen einschränkend sein, indem sie Angehörige konstruierter Identitäten an diesen unerfreulichen Aspekt ihrer Identität erinnern; sie mögen irritieren, weil sie überhaupt die eigene Angewiesenheit auf das Verhalten anderer, aber auch auf den Schutz anderer schmerzlich deutlich machen. Aber sie sind auch eine Bedingung der Möglichkeit von Ansprüchen, als Gleichwertige respektiert zu werden, wenn auch nicht als Gleichartige. Anerkennung schafft nicht zuletzt die Rechtsräume und Spielräume, in denen wir uns offen und frei aufhalten können.

Anerkennungsdiskurse haben jedoch nicht nur die Schutzfunktion für ansonsten ausgelieferte Minderheiten, sie stellen auch eine Form der gesellschaftlichen Selbstverständigung über unsere moralischen und politischen Standards dar. In ihnen manifestiert und korrigiert sich das gesellschaftliche Verständnis von Recht und Unrecht, von normativer und faktischer Gleichheit, aber auch unsere Vorstellung davon, wer wir sind.

Wer wir sind, macht sich nicht nur an unserer Herkunft und unseren Praktiken fest, sondern auch am Umgang mit Andersdenkenden, sowohl am Respekt vor anderen kulturellen Überzeugungen und Lebensformen als auch am Umgang mit den eigenen stereotypen Vorurteilen, mit dem Unrecht der Vergangenheit, auf der die Gegenwart nicht zur Ruhe kommt. Anerkennungsdiskurse sind ein unabgeschlossenes gesellschaftliches Projekt: Sie verändern nicht nur unser Verhältnis zu Abweichendem und Andersdenkenden, sondern darin auch zur vermeintlichen Norm und zu uns selbst.

The identities we need will have to recognize both the centrality of difference within human identity and the fundamental moral unity of humanity.[654]

Danksagung

Für jemanden wie mich, die bevorzugterweise allein und in Abgeschiedenheit arbeitet, war es wunderbar anregend und beglückend, im Zuge der Arbeit an diesem Buch von meinen Freunden so viel Geduld mit meiner mangelnden Verfügbarkeit, Anteilnahme an meiner sonderbaren Passion und jedwede Art der Unterstützung erfahren zu haben. Ich empfinde diese Freundschaften als ein Geschenk, für das ich mich nur ungelenk bedanken kann.

Diesem Buch lag ursprünglich meine Dissertation zugrunde, die im März 1998 an der Johann-Wolfgang-Goethe-Universität in Frankfurt am Main eingereicht wurde. Ich danke meinem Doktorvater Prof. Axel Honneth für sein Vertrauen in mein Projekt und seine Großzügigkeit, die mir erlaubte, mich eigenwillig in anderen Ländern und auch nichtakademischen Welten zu bewegen. Ich danke Prof. Seyla Benhabib, die mich zu sich in die USA eingeladen hat und der ich ein außergewöhnliches Jahr in der intellektuellen Gemeinde von Harvard verdanke. Ich danke für ihre leidenschaftliche Unterstützung meiner Ideen, ihren ansteckenden Glauben an mich und ihre bereichernde Freundschaft.

Dank gilt den Teilnehmern verschiedener Kolloquien und Konferenzen, denen ich einzelne Teile dieser Arbeit vorgestellt habe und die mir hilfreiche Kritik gegeben haben: das Kolloquium von Prof. Axel Honneth an der J. W.-Goethe-Universität; das Seminar von Prof. Seyla Benhabib am Center for European Studies zu »Refugees, Aliens, and Citizens in a changing Europe«; die Teilnehmer der Tagung »Multiculturalism and the Politics of Recognition« in Harvard; die Mitglieder des Philosophy Clubs am Purchase College, New York State; die Studenten des Political-Theory-Kolloquiums von Nancy Fraser an der New School, New York.

Ich danke all jenen Freunden, die ihre kostbare Zeit geopfert haben, um meine Argumente zu sortieren und mir selbst besser zu erläutern: Kirsten Fischer, Nancy Fraser, Eva Gilmer, Stefan Gosepath, Bonnie Honig, Morris B. Kaplan, Andrea Maihofer, Patchen Markell, Martin

Saar, Matthias Vogel, Lutz Wingert. Ich danke Stefan Gosepath vor allem für seinen profunden und gleichwohl gelassenen Diskussionsstil. Ich danke Matthias Vogel besonders für seinen Einsatz, ohne den weder mein Computer noch meine Arbeit noch meine Nerven in dieser Form erhalten geblieben wären. Ich danke Beatrice von Bismarck für die »heldenhaften Tage« in der Kommune in Cambridge und das konspirative Mitleiden seither. Ich danke Morris B. Kaplan für seine Lust, Argumente und Intuitionen auszutauschen, und seine liebevolle Sturheit hinsichtlich der Interpretation von Foucault. Dank auch an Stefan Mumme und Annette Reschke für bedingungslose emotionale Unterstützung und Stefan vor allem dafür, dass er mich praktisch die gesamte Promotionszeit im wörtlichen Sinne durchgefüttert hat. Ich danke den Mitgliedern der alten »Habermas-Clique«, die mir in Frankfurt Freunde und kommunikative Lebensform zugleich waren und die leider in alle Welt verstreut sind: Mikael Carleheden, Pere Fabra, Rene Gabriels, Nikolas Kompridis, Regina Kreide, Anne F. Middelhoek und Allison Weir. Dank an meinen Trainer Heiner Schimmöller für die großzügige technische Hilfestellung. Dank an meinen Kollegen vom Fernsehen und Freund Michael Schmitt, der mich im entscheidenden Moment »nach Hause« geschickt hat, damit ich die Arbeit beende. Dank auch an Tamara Metz für ihre als ob selbstverständliche Zuneigung und ihre Hilfe bei der Bibliographie. Ich danke meiner gesamten Familie mit ihren unterschiedlichen Mitgliedern für unterschiedliche Formen der Unterstützung und Toleranz. Dank an Anne F. Middelhoek und Uli Brödermann für ihre editorische Arbeit. Es war für beide eine Zumutung, wie sie nur wirklich gute Freunde verbergen können.

Dieses Buch ist in vielen Ländern entstanden. Es speist sich aus den Erfahrungen der Fremde, in der ich mich stets näher bei mir selbst fühle, und aus dem Beisammensein mit Menschen in aller Welt, die mich im geistigen wie im buchstäblichen Sinne bei sich aufgenommen haben: Insofern danke ich Margaret Scammell für ihr genuines Wissen um das, was wirklich wichtig ist, und die wunderbare Zeit in der Lambton Road; Joanne Mariner »for her companionship in Kosovo« und viele Diskussionen seither. Dank an Adrian Koerfer für seine Nähe und das Sonnendeck in San Francisco. Ich danke Wendy Brown, die mir ihre Freundschaft geschenkt und »ihre Identität geborgt« hat. Dank an Judith Butler für die spontane, warmherzige »Adoption« in Berkeley. Ich danke meinem Mitbewohner und »significant other« in Berlin, Martin Saar.

Und ich danke Rahel Jaeggi, die spät auftauchte, aber einen Unterschied gemacht hat.

Zuletzt möchte ich den Menschen danken, die mir Freundschaft und Vorbild zugleich geboten haben. Ohne ihre Zuneigung, Anerkennung und Unterstützung hätte ich meinen Weg nicht gehen können: Meiner Mutter Anita Emcke und meinen Freundinnen Ulrike Brödermann und Katharina M. Trebitsch sei dieses Buch als ungenügender Dank gewidmet.

Anmerkungen

1. Einleitung

1 Dies ist eine Anlehnung an den Titel von Martha Minow, *Making all the Difference: Inclusion, Exclusion and American Law*, Ithaca 1990. Bücher und Aufsätze aus dem Englischen oder Französischen werden im Folgenden im Original zitiert. Deutsche Übersetzungen, so vorhanden, werden im Literaturverzeichnis angeführt.

2 Vgl. u.a. Misha Glenny, *The Fall of Yugoslavia: The Third Balkan War*, New York 1994; Branka Magas, *The Destruction of Yugoslavia: Tracking the Break-up 1980–1992*, London 1993; Hugh Poulton, *The Balkans: Minorities and States in Conflict*, London 1993.

3 Für einen Überblick über unterschiedliche ethnisch-kulturelle Konflikte siehe: F. Capotorti, *Study on the Rights of Persons belonging to Ethnic, Religious and Linguistic Minorities*, UN Doc. E/CN. 4/Sub.2/384 Rev. 1, United Nations, New York 1979; Ted Gurr, *Minorities at Risk: A Global View of Ethno-Political Conflict*, Washington 1993; Russell Hardin, *One for All. The Logic of Group Conflict*, Princeton 1995; Vernon Van Dyke, *Human Rights, Ethnicity and Discrimination*, Greenwood, Westport, Conn. 1985.

4 Jürgen Habermas weist in seinem Essay »Anerkennungskämpfe im demokratischen Rechtsstaat« (in: Charles Taylor, *Multikulturalismus und die Politik der Anerkennung*, Frankfurt am Main 1993, S. 147–196) zu Recht auf die Gefahr hin, diese Phänomene zu vereinheitlichen und damit auch verschiedene Ebenen ihrer Analyse und normativen Einordnung zu vermengen.

5 Im Folgenden wird abwechselnd von »Afroamerikanern« oder »Schwarzen« die Rede sein. In den USA hat sich zwar mittlerweile der Begriff *African-American* nahezu durchgesetzt, weil damit auch eine Angleichung an andere ethnisch-kulturelle Gruppen, die sogenannten *hyphenated identities* (also Italian-Americans, Native-Americans, Irish-Americans, Asian-Americans etc.) erreicht wird. Wenn aber gerade der Unterschied zu diesen *hyphenates* durch die Form der Ausgrenzung, wenn der Rassismus gegenüber den Afroamerikanern zum Ausdruck gebracht werden soll, wird im Folgenden der Begriff »Schwarzer« verwendet. Vgl. auch John Hope Franklin (ed.), *Color and Race*, Boston 1968, sowie Talcott Parsons, »Some Theoretical Considerations an the Nature and Trends of Ethnicity«, in: Nathan Glazer and Daniel Moynihan (eds.), *Ethnicity, Theory and Experience*, S. 71 ff.

6 Vgl. auch Anne Phillips, *Democracy and Difference*, University Park, Pennsylvania 1993, S. 3 f.

7 Die Voraussetzung für jede Form von Ansprüchen auf Rechte und für jedes Einklagen von Rechten ist allerdings die Staatsbürgerschaft in einem modernen Nationalstaat. Staatenlosigkeit bedeutet in der modernen Welt Rechtlosigkeit. In diesem Sinne beruht die Allokation von Rechten auf Mitgliedschaft und Zugehörig-

keit. Vgl. Hannah Arendt, *Elemente und Ursprünge totaler Herrschaft*, München 1951/1986, S. 421–456; sowie Seyla Benhabib, *The Reluctant Modernism of Hannah Arendt*, Thousand Oaks 1996. Siehe auch dazu die Diskussion in Frankreich über den Umgang mit den illegal Eingewanderten, die den entsprechenden Namen »sans-papiers« erhalten haben: *Le Monde*, vom 11. Juni 1997, »Le gouvemment rigularise des sans-papiers«.

8 Vgl. zu dieser Schwierigkeit vor allem für konkretes, politisches Agieren in Bezug auf die Kategorie Frauen in der feministischen Diskussion u. a.: Allison Weir, *Sacrificial Logics. Feminist Theory and the Critique of Identity*, New York 1996, S. IX ff.; Seyla Benhabib, »Feminism and the Question of Postmodernism«, in: *Situating the Self. Gender, Community and Postmodernism in Contemporary Ethics*, New York 1992, S. 203–241; Linda Nicholson, »Introduction«, in: Feminism/Postmodernism, ed. by Linda Nicholson, New York 1990, S. 1–16; Judith Butler, *Gender Trouble*, New York/London 1990; Andrea Maihofer, »Politische Möglichkeiten feministischer Theorie. Ein Gespräch«, in: *Die Philosophin*, Nr. 11, Mai 1995, Provokation Politik, Tübingen 1995, S. 94–106.

9 Vgl. zu diesem Zusammenhang mit Hinblick auf die Geschichtlichkeit der Geltung von Menschenrechten den Aufsatz von Lutz Wingert, »Türöffner zu geschlossenen Gesellschaften, Ohne Alternative – Bemerkungen zum Begriff der Menschenrechte«, in: *Frankfurter Rundschau*, 6. August 1996.

10 Vgl. u. a. Daniel Bell, Ethnicity and Social Change, in: Nathan Glazer and Daniel P. Moynihan (ed.), *Ethnicity, Theory and Experience*, Cambridge/London 1975, S. 158.

11 Besonders eindrücklich verweist Kimberlé Williams Crenshaw auf diese multiplen Zugehörigkeiten am Beispiel des Umgangs mit Gewalt gegen schwarze Frauen: K. Williams Crenshaw, »Mapping the Margins: Intersectionality, Identity Politics, and Violence against Women of Color«, in: *Critical Race Theory*, New York 1995, S. 357–387.

12 Salman Rushdie, »In Good Faith«, in: ders., *Imaginary Homelands. Essays and Criticisms 1981–1991*, London/New York 1991, S. 404.

13 Vgl. K. Anthony Appiah, »Identity, Authenticity, Survival: Multicultural Societies and Social Reproduction«, in: Charles Taylor, *Multiculturalism. Examining the Politics of Recognition*, 2. Aufl., Princeton 1994, S. 150.

14 Vgl. dazu Lutz Wingert, *Gemeinsinn und Moral*, Frankfurt am Main 1993, S. 192 ff.; Axel Honneth, *Kampf um Anerkennung*, Frankfurt am Main 1993, S. 274 ff.

15 Für eine hervorragende Auseinandersetzung mit der heutigen Debatte und einen überzeugenden Ausweg aus deren Sackgassen: Vgl. Bernhard Peters, *Zur Integration moderner Gesellschaften*, Frankfurt am Main 1993.

16 Vgl. u. a. den Sammelband Seyla Benhabib (ed.), *Democracy and Difference. Contesting the Boundaries of the Political*, Princeton 1997; James Tully, *Strange Multiplicity. Constitutionalism in an age of diversity*, Cambridge/New York/Melbourne 1995; Alan Gewirth, *Is Cultural Pluralism relevant to Moral Knowledge?*, in: E. F. Paul/F. D. Miller/J. Paul (eds.), *Cultural Pluralism and Moral Knowledge*, Cambridge/New York/Melbourne 1994.

17 Vgl. u. a. Charles Taylor, *The Ethics of Authenticity*, Cambridge/London 1991; ders., *Multiculturalism. Examining the Politics of Recognition*; William E. Connolly, *The Ethos of Pluralization*, Minneapolis/London 1995.

18 Siehe Darlene M. Johnston, »Native Rights as Collective Rights«, in: Will Kymlicka (ed.), *The Rights of Minority Cultures*, Oxford 1995, S. 179–202; Chandran Kukathas, »Are there any Collective Rights?«, in: Kymlicka, *The Rights of Minority Cultures*, S. 228–256; Jeremy Waldron, »Superseding Historie Injustice«, in: *Ethics*, Oct. 1992, Vol. 103; Jeremy Waldron, »Rights in Conflicts«, in: *Ethics*, April 1989, Vol. 99.

19 Talcott Parsons, »Culture and Social System Revisited«, in: Charles Bonjean und Louis Schneider (eds.), *The Idea of Cultures in the Social Sciences*, Cambridge 1973, S. 34.

20 Also sehr nah an der Definiton von Robert Brandom, der einer diskursiven Gemeinschaft gemeinsame Praktiken und Normen zuschreibt: Robert B. Brandom, *Making It Explicit. Reasoning, Representing and Discursive Commitment*, Cambridge / London 1994, S. 649.

21 Vgl. dazu die Debatte um Anerkennung von Homosexualität, bei der die seltsame Verknüpfung von Freiwilligkeit und Wahl mit Illegitimität einerseits und natürlichem, biologischem Zwang mit Legitimität andererseits festgestellt werden kann: Vera Whisman, *Queer by Choice*, New York 1996, S. 9.

22 So die Formulierung von Lutz Wingert, *Gemeinsinn und Moral*, Frankfurt am Main 1993, S. 194.

23 Oder des eigenen Kollektivs.

Teil 1: Systematisierende Rekonstruktion der Debatte

24 John Rawls zieht sich – in Reaktion auf seine Kritiker – in seinen späteren Schriften häufig darauf zurück, lediglich ein normatives Personen-Konzept vorlegen zu wollen. Siehe: John Rawls, *Collected Papers*, Cambridge 1999, sowie *Political Liberalism*, New York 1993.

25 Russel Hardin, *One for All. The Logic of Group Conflict*, Princeton 1995, S. 8.

26 Die Schwierigkeit des Begriffs »Identifizierung« liegt in seiner zweifachen Verwendungsweise: Er kann (i) *transitiv* gebraucht werden, als Aktion, durch die etwas als identisch betrachtet wird, oder (ii) *reflexiv*, als Akt, durch den eine Person mit etwas oder jemandem identisch wird oder sich als einer Gruppe zugehörig bestimmt oder formt. In diesem Zusammenhang ist er reflexiv gebraucht.

27 Dies ist eines der sechs Kriterien, die eine »encompassing group« von Raz und Margalit auszeichnen. Siehe: Avishai Margalit / Joseph Raz, »National Self-Determination«, in: Will Kymlicka (ed.), *The Rights of Minority Cultures*, Oxford 1995, S. 83.

28 Siehe: Talcott Parsons, »Some Theoretical Considerations on the Nature and Trends of Change of Ethnicity«, in: Nathan Glazer and Daniel P. Moynihan (eds.), *Ethnicity, Theory and Experience*, Cambridge / London 1975, S. 57.

29 Siehe die für die Diskussion zentralen Texte: Michael J. Sandel, *Liberalism and the Limits of Justice*, Cambridge 1982; Robert Nozick, *Anarchy, State and Utopia*, Oxford 1974; Charles Larmore, »Political Liberalism«, in: *Political Theory*, 18:3, S. 131–156; Will Kymlicka, *Liberalism, Community and Culture*, Oxford 1989; Alasdair MacIntyre, »Is Patriotism a Virtue?« *The Lindley Lecture* (University of Kansas, Department of Philosophy) 26. 3. 1984, S. 3–20; Michael Walzer, »The Communitarian Critique of Liberalism«, in: *Political Theory*, 1, 1990, S. 6–23 so-

wie den Sammelband: *Gemeinschaft und Gerechtigkeit*, hrsg. von Micha Brumlik und Hauke Brunkhorst, Frankfurt am Main 1993.

30 John Rawls, *A Theory of Justice*, Oxford 1972/1989, S. 13.

31 Rawls, *Theory of Justice*, S. 12.

32 Rawls, *Political Liberalism*, S. 29 ff.

33 So Ludwig Siep, »Rawls' politische Theorie der Person«, in: Philosophische Gesellschaft Bad Homburg und Wilfried Hinsch (Hg.), *Zur Idee des politischen Liberalismus. John Rawls in der Diskussion*, Frankfurt am Main 1997, S. 383.

34 Siehe auch: Vernon van Dyke, »The Individual, the State, and Ethnic Communities in Political Theory«, in: Will Kymlicka (ed.), *The Rights of Minority Cultures*, Oxford/New York 1995, S. 34.

35 Rawls, *Theory of Justice*, S. 396.

36 In der deutschen Übersetzung von Rawls' Tanner Lecture »Der Vorrang der Grundfreiheiten« wird *plans of life* stets mit »letzte Ziele« und »Zwecke« übertragen. Ich weiche von dieser Formulierung ab und verwende stattdessen »Ziele und Lebenspläne«, um die Möglichkeit zum Selbst-Entwurf, die in dem Begriff »Lebensplan« stärker anklingt, hervorzuheben. Siehe John Rawls, »Der Vorrang der Grundfreiheiten«, in: *Die Idee des politschen Liberalismus*, Aufsätze 1978–1989, Frankfurt am Main 1992, S. 172. Vgl. das Original: »The Basic Liberties and Their Priority«, in: Sterlin M. McMurrin (ed.), *The Tanner Lectures on Human Values 1982*, Salt Lake City/Cambridge 1983, S. 3–87.

37 Siehe auch Will Kymlicka, *Liberalism, Community and Culture*, Oxford/New York 1991, S. 55.

38 Im Folgenden wird für »rational choice theory« wahlweise (ganz rational) entweder rationale Entscheidungs-Theorie oder Theorie rationaler Wahl eingesetzt. Ebenso für »choice«, das wechselnd mit Wahl oder Entscheidung übertragen wird.

39 Rawls, *Theory of Justice*, S. 408.

40 Zur Vorrangthese siehe Christoph Menke, »Liberalismus im Konflikt. Zwischen Gerechtigkeit und Freiheit«, in: Brumlik/Brunkhorst (Hg.), *Gemeinschaft und Gerechtigkeit*, Frankfurt am Main 1993, S. 219.

41 Christoph Menke, »Liberalismus im Konflikt«, S. 235.

42 Siehe John Rawls, »The Priority of Right and Ideas of Good«, in: ders., *Collected Papers*, Cambridge 1999, S. 458 f.

43 Genau diese Möglichkeit des Wechselns oder Änderns von Lebensplänen, dieses Spektrum an Wahlmöglichkeiten wurde von den Kommunitaristen kritisiert: Wenn es eine solche Freiheit der Wahl gäbe, dann gäbe es für das derart ungebundene und unvoreingenommene Individuum keinen Grund, bestimmte Dinge anderen vorzuziehen. Demgegenüber konzipieren die Kommunitaristen eher die Selbstwahl innerhalb des Rahmens »der zustimmenden Orientierung an vorgeprägten Wertvorstellungen.« So Christoph Menke, »Liberalismus im Konflikt«, S. 225. Siehe zu dieser »choice«-Kritik: Michael Sandel, Liberalism, S. 161–165. Aber auch: Will Kymlicka, *Liberalism, Community and Culture*, Oxford/New York 1991, S. 51.

44 Rawls, *Theory of Justice*, S. 409.

45 Dadurch ergibt sich ein von Vernon van Dyke kritisiertes, unterkomplexes »two-level-model«, bei dem nur ein Verhältnis zwischen Individuum und Staat konzeptualisiert wird und es keine weiteren Beziehungen zwischen Einzelnen, Einheiten oder Gruppen und dem Staat gibt. Siehe: Vernon van Dyke, »The Individual, the

State, and Ethnic Communities in Political Theory«, in: Will Kymlicka (ed.), *The Rights of Community Cultures*, Oxford/New York 1995, S. 31.

46 Rawls, *Political Liberalism*, S. 30.

47 Vgl. dazu auch Menke, »Liberalismus im Konflikt«, S. 236.

48 Siehe zu der diskursethischen Rechtfertigung der Fähigkeit zur kritischen Distanznahme Seyla Benhabib, die den Rawls-kritischen Kommunitaristen vorwirft: »Communitarians often fail to distinguish between the significance of constitutive communities for the formation of one's self identity and a conventionalist or role-conformist attitude which would consist in an uncritical recognition of my station and its ›duties‹ [...]« Seyla Benhabib, »Autonomy, Modernity and Community«, in: dies., *Situating the Self*, S. 74.

49 Inwieweit damit bestimmte Gruppen und Sozialisationsprozesse aus dem Modell fallen, wird später noch zu kritisieren sein.

50 Rawls, »Justice as Fairness: Political not Metaphysical«, S. 406.

51 Rawls, »Justice as Fairness«, S. 406 f.

52 Rawls, »Justice as Fairness«, S. 405.

53 Vgl. zu einer Kritik dieser Invarianz Wendy Brown: »We are invited to seek equal deference – equal blindness from – but not equalizing recognition from the state.« Wendy Brown, *States of Injury. Power and Freedom in Late Modernity*, Princeton/New Jersey 1995, S. 57.

54 »Die Gleichheitsforderung mit der pathetischen Berufung auf alles, was Menschenantlitz trage, bleibt solange widerspruchsvoll, wenn nicht unaufgeklärt, wie sie von einer scheinbaren Regelmäßigkeit des Menschlichen auszugehen sucht.« Hans Mayer, Außenseiter, Frankfurt am Main 1981, S. 13.

55 Michel Rosenfeld, *Affirmative Action and Justice. A Philosophical and Constitutional Inquiry*, New Haven/London 1991, S. 5 f.

56 Vgl. Stefan Gosepath, »The Place of Equality in Habermas' and Dworkin's Theories of Justice«, in: *European Journal of Philosophy*, Vol. 3, No. 1, April 1995, S. 22.

57 Siehe Rosenfeld, *Affirmative Action and Justice*, S. 3.

58 »Definitional identity leads to incomplete reversability, for the primary requisite of reversability, namely, a coherent distinction between me and you, and self and other, cannot be sustained under these circumstances. Under conditions of the veil of ignorance, the other disappears.« Seyla Benhabib, »The Generalized and the Concrete Other«, in: dies., *Situating the Self*, S. 162.

59 Das Beispiel von transsexuellen Männern oder Frauen zeigt ebenfalls solche Veränderungen/Konversionen, die die Hierarchie zwischen öffentlicher und privater Identität im Zusammenhang mit rechtlicher Gleichstellung in Frage stellen. Vgl. auch zur rechtlichen Situation Transsexueller: Maria-Sabine Augstein, »Zur rechtlichen Situation Transsexueller in der Bundesrepublik Deutschland«, in: F. Pfäfflin/A. Junge (Hg.), Geschlechtsumwandlung, Stuttgart/New York 1992, S. 103–112.

60 Siehe dazu auch die feministischen Kritiken an Rawls: Susan Moller Okin, »Reason and Feeling in Thinking about Justice«, in: *Ethics*, Nr. 99, Jan. 1989, S. 229–249; Virginia Held, »Non-Contractual Society: A Feminist View«, in: Hanon/Nielsen (eds.), *Science, Morality and Feminist Theory*, Berkeley 1987.

61 Siehe Rawls, »Justice as Fairness«, S. 398.

62 Martha Minow, *Making all the Difference*, S. 20

63 Das Moment der passiven Reproduktion wird in der Sartre'schen Idee der Serialität erstmals verkörpert: Jean-Paul Sartre, Critique de la raison dialectique, Paris 1985. In der zeitgenössischen politischen Philosophie nimmt Iris Marion Young diesen Gedanken wieder auf. Siehe: Young, »Gender as Seriality. Thinking about Women as a Social Collective«, in: *Intersecting Voices. Dilemmas of Gender, Political Philosophy, and Politics*, Princeton, New Jersey 1997, S. 12–37.

64 Zu der Gefahr der Essentialisierung Elisabeth V. Spelman, *Inessential Woman: Problems of Exclusion in Feminist Thought*, Boston 1988; Angela Harris, »Race and Essentialism in Feminist Legal Theory«, *Stanford Law Review* 42, 1990, S. 581–616.

65 Siehe auch Martha Minow, *Not Only For Myself: Identity, Politics and Law*, New York 1997.

66 Harold Isaacs, »Basic Group Identity: The Idols of the Tribe«, in: Nathan Glazer/Daniel Moynihan, *Ethnicity*, S. 29–53.

67 Chandra Mohanty hat darauf verwiesen, dass die Unterschiede zwischen den Mitgliedern einer vermeintlicherweise kohärenten Gruppe der Kategorie *Frauen* negiert würden. Das Argument lautet, dass der feministische Diskurs fälschlicherweise die Vielfalt unter Frauen ignoriere, die aufgrund anderer Zugehörigkeiten zu anderen Kategorien: Klasse, Nationalität, sexuelle Orientierung, Beruf etc. entstünden. Dadurch würden durchaus heterogene Selbstverständnisse und Lebensverhältnisse produziert. Chandra Talpade Mohanty, »Under Western Eyes. Feminist Scholarship and Colonial Discourses«, in: dies., Ann Ruso, Lourdes Torres (eds.), *Third World Women and the Politics of Feminism*, Bloomington 1991, S. 51–79.

68 Vgl. Hubert Heinhold, Pro Asyl (Hg.), *Recht für Flüchtlinge*, Frankfurt am Main 1996; Amnesty International (Hg.), *Zwei Jahre neues Asylrecht*, 2. überarbeitete Auflage, Bonn 1996; Chris de Stoop, *Hol die Wäsche rein. Die Geschichte einer ganz gewöhnlichen Abschiebung*, Frankfurt am Main 1996.

69 Iris Marion Young, »Gender as Seriality«, S. 17.

70 Zwar gilt nach orthodoxer Vorstellung auch die Zugehörigkeit durch die Herkunft der Mutter, was auch als Blutsverwandtschaft kategorisiert werden könnte. Entscheidend für den Unterschied zu der später aufkommenden Ideologie der »Rasse« ist aber die Option der Konversion. Ob die jüdische Mutter eine konvertierte Jüdin oder geborene Jüdin war, spielte für die Bestimmung des Judentums des Sohnes auch nach orthodoxer Vorstellung keine Rolle.

71 Siehe: Reinhard Rürup, *Emanzipation und Antisemitismus. Studien zur Judenfrage der bürgerlichen Gesellschaft*, Frankfurt am Main 1987; Jacob Katz (ed.), *Towards Modernity: The European Jewish Model*, New Brunswick 1987; Michael A. Meyer, *The Origins of the Modern Jew: Jewish Identity and European Culture in Germany, 1749–1824*, Detroit 1979; Gershom Scholem, »Zur Sozialpsychologie der Juden in Deutschland 1900–1933«, in: *Judaica 4*, Frankfurt am Main 1984, S. 238–241; Jacob Katz, *From Prejudice to destruction: anti-semitism 1700–1933*, Cambridge *1980*; Thomas Nipperdey, »Antisemitismus«, in: *Deutsche Geschichte 1866–1918*, München 1992, S. 289–311; Cilly Kugelmann, »Die jüdischen Minderheit«, in: *Ethnische Minderheiten in der Bundesrepublik Deutschland*, hrsg. von Cornelia Schmalz-Jacobson und Georg Hansen, München 1995, S. 256–269.

72 Joseph Brodsky, *Less Than One*. Selected Essays, New York 1986, S. 7 f.

73 Judith Butler, *Gender Trouble*, New York/London 1990.

74 Vgl. dazu den schönen Aufsatz von Allison Weir, »Glauben an Wissen: Über das Problem der Überzeugung in der feministischen Theorie«, in: *Deutsche Zeitschrift für Philosophie* 45 (1997) 1, S. 51–61.

75 Es ist wichtig zu verstehen, dass hier kein universales Gegenmodell gegen das gerade erörterte vorgestellt werden soll, in dem die kulturelle Identität als *immer und bei allen* Gruppen extern konstruierte beschrieben wird. Es geht darum nachzuweisen, inwieweit eine konzeptuelle Entkopplung der Begriffe Überzeugung und Erfahrung insoweit vorteilhaft sein kann, als dadurch auch Differenzen zwischen einzelnen Gruppen deutlich gemacht werden können, also Unterschiede in der Genesis von Gruppen. Außerdem gelingt es somit auch, akzeptable von inakzeptablen Formen von Identität zu unterscheiden. Für den letzten Punkt siehe auch Allison Weir, *Sacrificial Logics*, S. 128 f.

76 Vgl. dazu auch die eindrückliche Beschreibung der Ursachen und vor allem der psychischen, identitätsbildenden und -verwirrenden Folgen der Lüge bei Louis Begley, *Wartime Lies*, New York 1991. Zur Rolle der Scham in identitätsbildenden (sozialen) Prozessen siehe auch: Zygmunt Bauman, *Modernity and Ambivalence*, Cambridge 1991, S. 128–132.

77 Charles Taylor, *The Ethics of Authenticity*, Cambridge/London 1991, S. 33.

78 Zu der mitunter eben auch existentiell höchst bedrohlichen Rolle der Fremdbeschreibung vgl. auch: Tzvetan Todorov, »Conquérir«, in: ders., *La conquête de l'Amérique. La Question de l'autre*, Paris 1982, S. 71–162.

79 »The group label is never real, specific, limited, here; it always names an alien otherness coming from elsewhere, from the facticity of ›them‹, (…) who say things about the Jews.« Iris Marion Young, »Gender as Seriality«, Fn. 17.

80 Vgl. dazu auch Zygmunt Bauman, »A Case Study in the Sociology of Assimilation I. Trapped in Ambivalence«, in: ders., *Modernity and Ambivalence*, S. 102–159.

81 »Just when polite liberal (not to mention correct leftist) discourse ceased speaking of us as dykes, faggots, colored girls, or natives, we began speaking of ourselves this way. Refusing the invitation of absorbtion, we insisted instead upon politicizing and working into cultural critique the very constructions that a liberal humanism increasingly exposed in its tacit operations of racial, sexual, and gender privilege was seeking to bring to its formal close.« Wendy Brown, *States of Injury*, S. 53.

82 Judith Butler, »Critically Queer«, in: dies., *Bodies that Matter. On the Discursive Limits of »Sex«*, New York/London 1993, S. 229.

83 Frantz Fanon hat diese Notwendigkeit, das von – in seinem Beispiel – Kolonisatoren aufoktroyierte Selbstbild zu ändern, am eindrücklichsten beschrieben: Frantz Fanon, *Les Damnés de la terre*, Paris 1961. Zu der Verwendungsgeschichte des Begriffs »queer« siehe Judith Butlers »Critiqually Queer«, in: dies., *Bodies that Matter*, S. 223–243.

84 Ich stimme an diesem Punkt mit Allison Weir darin überein, dass auch Metaerzählungen, die gemeinsamen Bedeutungen und Überzeugungen Ausdruck verleihen sollen, »erweitert und pluralisiert werden müssen, um sie komplexer und differenzierter zu machen.« Allison Weir, »Glauben an Wissen«, S. 52.

85 Jakob Wassermann, *Mein Weg als Deutscher und Jude*, Berlin 1987, S. 36.

86 Will Kymlicka, *Multicultural Citizenship. A Liberal Theory of Minority Rights*, Oxford 1995.

87 Will Kymlicka, *Liberalism, Community and Culture*, Oxford 1991.

88 Siehe Kapitel 2: »The Politics of Multiculturalism«, in: Kymlicka, *Multicultural Citizenship*, S. 10–34.

89 Kymlicka, *Multicultural Citizenship*, S. 7.

90 Kymlicka spricht im Original von »societal culture«. Da alle Übersetzungen ins Deutsche etwas unglücklich geraten, bleibe ich im Folgenden bei dem englischen Original.

91 Kymlicka, *Multicultural Citizenship*, S. 8.

92 Ob Kymlicka damit irgendeine, die dominante oder die eigene Kultur meint, wird noch zu klären sein.

93 Kymlicka, *Liberalism, Community and Culture*, S. 175.

94 Kymlicka, ebenda.

95 Vgl. im Gegensatz zu Kymlicka Claude Lévi-Strauss in: ders., *Le Regard Eloigné*, Paris 1983, S. 40: »Ce que l'hérédité détermine chez l'homme, c'est l'aptitude générale à acquérir une culture quelconque.«

96 Siehe Kymlicka, *Liberalism, Community and Culture*, S. 173 ff.

97 Kymlicka, *Multicultural Citizenship*, S. 11.

98 Kymlicka, *Multicultural Citizenship*, Kapitel 6: »Justice and Minority Rights«.

99 Verwirrenderweise spricht Kymlicka mal von »Nationen« und mal von »sozialen Kulturen« – erst später wird kenntlich, dass Kymlicka sie in eins setzt.

100 Der Dirigent Leonard Bernstein beschrieb einst in einem Fernsehinterview seine sehr bewegende Erfahrung der ersten Proben mit dem neugegründeten Israel Philharmonic Orchestra im Jahr 1949: Nach jeder musikalischen Anweisung, die er an das Orchester gab, begann ein mittleres kollektives Gemurmel über alle Instrumentengruppen hinweg unter den Musikern auszubrechen. Nach einer Weile war es Bernstein schließlich zu bunt und er bemerkte verärgert, dass er diese nervenaufreibenden und ungebührlichen Diskussionen nach seinen Kommentaren unterbunden wissen wünsche. Die Musiker sollten das umsetzen, was er zu sagen hätte, und nicht darüber debattieren. Das Orchester erklärte ihm erst daraufhin, dass dies Gemurmel in dem babylonischen Sprachgewirr begründet sei, das unter ihnen herrschte und das seine englischen Anweisungen stets erst in die jeweiligen Sprachen übersetzt werden müssten, also der russische Bratschist mit dem ebenfalls russischen ersten Hornisten und der Klarinettist mit Jiddisch oder Spanisch anderen weiterzuhelfen wüsste u.s.f. In den ersten Gründerjahren des Staates Israel gab es noch keine allen gemeinsame Sprache. *Leonard Bernstein: My favorite Orchestras*, ein Dokumentarfilm von Peter Gelb.

101 Die Kymlicka widersprechenden Argumentationen und die entsprechende Literatur werden in Teil 2 unter Typ 1 ausführlich diskutiert.

102 Karl Marx/Friedrich Engels, *Das Manifest der kommunistischen Partei*, MEW Bd. 4, Berlin 1972, S. 465.

103 Siehe dazu: Anthony Giddens, *The Consequences of Modernity*, Cambridge 1990, S. 6.

104 Vgl. Eric Hobsbawm/Stewart Ranger (eds.), *Invention of Tradition*, Cambridge 1983.

105 Kymlicka ähnelt in seiner Verknüpfung der Konzepte »Nation« und »Territorium« der naturalistischen Argumentation von Michael Walzer: »Nations look for countries because in some deep sense they already have countries; the link between land

and people is a crucial feature of a national identity.« Michael Walzer, *Spheres of Justice*, New York 1983, S. 44.

106 Edward Said, »Yeats and Decolonization«, in: T. Eagleton / F. Jameson / E. Said (eds.), *Nationalism, Colonialism, and Literature*, Minneapolis / London 1990, S. 69–99.

107 Anthony Giddens, *The Consequences of Modernity*, Cambridge 1990, S. 18.

108 William E. Connolly zu dieser Verknüpfung von Nation / Selbstbestimmung und Territorium: »You might call this variant of nostalgia the politics of homesickness«. William E. Connolly, *The Ethos of Pluralization*, Minneapolis / London 1995, S. 137.

109 Kymlicka, *Multicultural Citizenship*, S. 14.

110 Das Original lautet: »who have left … *to* enter …« (Hervorhebung C.E.), Kymlicka, *Multicultural Citizenship*, S. 19.

111 Kymlicka, *Multicultural Citizenship*, S. 96.

112 Vgl. dazu auch das Schaubild von Claus Offe zu der zunehmenden Zahl von Individuen und Gruppen, die ungeschützte und unprotegierte Migranten darstellen, in: »Moderne ›Barbarei‹: Der Naturzustand im Kleinformat?«, in: Max Miller / Hans-Georg Soeffner (Hg.), *Modernität und Barbarei*, Frankfurt am Main 1996, S. 275 ff.

113 Merkwürdigerweise spricht Kymlicka an der zitierten Stelle scheinbar nur von finanziellen oder wirtschaftlichen Gründen, die, wenn sie zur Immigration in andere Länder führen, als dringlich und insoweit berechtigt anerkannt werden, dass daraus auch Ansprüche ableitbar sind. Wenn die internationale Verteilung von Ressourcen gerecht wäre, gäbe es immer noch Immigranten, die aufgrund von Vertreibung und Verfolgung ihr Heimatland fliehen.

114 Kymlicka, *Multicultural Citizenship*, S. 99.

115 Kultur als »Klotz am Bein«?

116 Kymlicka, *Multicultural Citizenship*, S. 121.

117 Es sei an dieser Stelle allerdings schon angemerkt, dass eine Schwierigkeit der Kymlicka'schen Begrifflichkeiten darin besteht, dass die Grenzen zwischen sozialer Kultur, Nation und nationaler Identität zunehmend verschwimmen.

118 Kymlicka, *Multicultural Citizenship*, S. 76.

119 Kymlicka, *Multicultural Citizenship*, S. 75 ff.

120 Taylor, *The Ethics of Authenticity*, S. 37.

121 Ronald Dworkin, *A Matter of Principle*, London 1985, S. 231.

122 Vgl. hierzu auch Avishai Margalit und Joseph Raz, »National Self-Determination«, in: *Journal of Philosophy*, 87/9, S. 439–461; sowie Joseph Raz, *The Morality of Freedom*, Oxford 1986.

123 Vgl. Kymlicka, *Multicultural Citizenship*, S. 76 ff.

124 Vgl. dazu: Eric J. Hobsbawm, *Nations and Nationalisms since 1780: Programme, Myth and Reality*, Cambridge 1990; sowie Benedict Anderson, *Imagined Communities: Reflections an the Origin and Spread of Nationalism*, London 1983.

125 Kymlicka, *Multicultural Citizenship*, S. 185.

126 Kymlicka, *Multicultural Citizenship*, S. 184.

127 »Whenever and however a national identity is forged, once established, it becomes immensely difficult, if not impossible […] to eradicate.« Anthony Smith, »A Europe of Nations – or the Nation of Europe?«, *Journal of Peace Research*, 30/2, S. 131.

128 Kymlicka, *Multicultural Citizenship*, S. 87.

129 Kymlicka, *Multicultural Citizenship*, S. 86.

130 Man mag sich im deutschen Raum nur an Daniel Cohn-Bendit erinnern, an Sir Ralf Dahrendorf, an den deutsch-türkischen Parlamentarier Cem Özdemir, der für die Grünen im Bundestag sitzt. Alles Personen, die in zwei Kulturen gleichermaßen zu Hause sind, sogar manchmal für zwei Länder politisch aktiv zu sein vermögen.

131 Jeremy Waldron, »Minority, Cultures and the Cosmopolitan Alternative«, in: *University of Michigan Law Reform* 1992, Vol. 25, No. 3, S. 751–793.

132 Leider versäumt es Kymlicka, uns eine genauere Beschreibung eines solchen Individuums zu geben, dem es in der Tat nicht möglich sein soll, Perspektiven zu wechseln. »Wie müsste ein Subjekt beschaffen sein, das in der Kommunikation mit Angehörigen einer Fremden Tradition auf etwas schlicht Unübersetzbares stößt?« Jürgen Habermas, *Erläuterungen zur Diskursethik*, Frankfurt am Main 1991, S. 216.

133 Kymlicka, *Multicultural Citizenship*, S. 87.

134 Kymlicka, *Multicultural Citizenship*, S. 105.

135 Nach Walzer müssen Kulturen eine gewisse Geschlossenheit bieten, um über Bindungskraft und Stabilität verfügen zu können: »The distinctiveness of cultures and groups depends upon closure and, without it, cannot be conceived as a stable feature of human life.« Michael Walzer, *Spheres of Justice*, S. 39. Dieses Argument führt Walzer ebenso wie Kymlicka dazu, Kulturen allzuschnell an Territorien und auch Nationalstaaten zu koppeln.

136 Kymlicka, *Multicultural Citizenship*, S. 139.

137 Vgl. die Sammelbände zu dieser Diskussion: B. R. Wilson (ed.), *Rationality*, Oxford 1970; M. Hollis / S. Lukes (ed.), *Rationality and Relativism*, Oxford 1982; H. G. Kippenberg / B. Luchesi (Hg.), *Magie: Die sozialwissenschaftliche Kontroverse über das Verstehen fremden Denkens*, Frankfurt am Main 1978.

138 Der Fairness halber muss hinzugefügt werden, dass Kymlicka ausgesprochen kritisch gegenüber Kulturen argumentiert, die den externen Schutz, der ihnen von Staaten garantiert wird, zu Restriktionen gegen ihre eigenen Mitglieder nutzen wollen. Kymlicka vertritt auch eine starke »exit-option«-Position. All dies sind Argumente, die um das Wohl und die Selbstbestimmung des Einzelnen bemüht sind. Die hier geäußerte Kritik bezieht sich primär auf sein Nationen-Konzept, das zu substantialistisch und zu symbolisch geschlossen auftritt und darin geschützt werden soll.

139 Charles Taylor, *Sources of the Self. The Making of Modern Identity*, Cambridge 1989.

140 Taylor, *The Ethics of Authenticity*; ders. (ed.), *Multiculturalism. Examining the Politics of Recognition*, erweiterte Ausgabe, Princeton 1994. Die erste Ausgabe erschien 1992, die erweiterte amerikanische Ausgabe ist ergänzt um den aus der deutschen Ausgabe übernommenen Aufsatz von Jürgen Habermas und einen neuen Kommentar von Anthony Appiah.

141 Siehe dazu u. a. die direkten Besprechungen: S. Oneil, »»Multiculturalism and the Politics of Recognition‹, by Charles Taylor«, in: *Theory, Culture and Society*, 1994, Vol. 11, Iss. 2, S. 129–149; B. Waldenfels, »Multiculturalism and the Politics of Recognition«, in: *Philosophische Rundschau*, 1994, Vol. 41, Iss. I, S. 99; L. Vogel, »Taylor, Charles, the ›Ethics of Authenticity‹ and ›Multiculturalism and the Politics of Recognition‹«, in: *International Journal of Philosophical Studies*, 1993, Vol. 1, Iss. 2, S. 325–335; A. C. Danto, »Multiculturalism and the Politics of Recognition, by C. Taylor«, in: *Times Literary Supplement*, 1993, Iss. 4687, S. 5–6; sowie die

systematischen Debatten u. a. J. Higham, »Multiculturalism and Universalism – A History and Critique«, in: *American Quarterly*, 1993, Vol. 45, Iss. 2, S. 195–219; C. West, »Beyond Eurocentrism and Multiculturalism«, in: *Modern Philology*, 1993, Vol. 90, Iss. S. , S. S142–S166; J. Raz, »Multiculturalism – A Liberal Perspective«, in: *Dissent*, 1994, Vol. 41, Iss. 1, S. 67–79; A. Gutmann, »The Challenge of Multiculturalism in Political Ethics«, in: *Philosophy and Public Affairs*, 1993, Vol. 22, Iss. 3, S. 171–206.

142 Taylor, *Ethics of Authenticity*, S. 15.

143 Dies sind die zu Anfang des Aufsatzes gekennzeichneten drei »malaises« unserer heutigen Gesellschaft, Taylor, *Ethics of Authenticity*, Kapitel 1, S. 1–13.

144 Taylor, *Ethics of Authenticity*, S. 29.

145 Habermas betont demgegenüber in seinem Konzept der Wahrhaftigkeit die Verlässlichkeit der expressiven Aussage, dass sie auch tatsächlich einen ehrlichen Ausdruck subjektiver Empfindungen, Gedanken und Überzeugungen darstellt. Siehe: Jürgen Habermas, »Wahrheitstheorien«, in: ders., *Vorstudien und Ergänzungen zur Theorie des kommunikativen Handelns*, Frankfurt am Main 1984, S. 127–187. Siehe zu einem Vergleich von Taylor und Habermas auch: Peter Dews, *The Limits of Disenchantment. Essays on Contemporary European Philosophy*, London/New York 1995, S. 263–268.

146 Taylor, *Ethics of Authenticity*, S. 29.

147 Taylor, *Ethics of Authenticity*, Kapitel 4: »Inescapable Horizons«, S. 31–43.

148 Taylor, *Ethics of Authenticity*, S. 33.

149 Vgl. George Herbert Mead, *Mind, Self and Society*, Chicago 1934, S. 164.

150 Taylor, *Ethics of Authenticity*, S. 33.

151 Vgl. auch Peters, *Die Integration moderner Gesellschaften*, S. 61.

152 Taylor, *Ethics of Authenticity*, S. 39.

153 Taylor, *Sources of the Self*, S. 507.

154 Taylor, *Ethics of Authenticity*, S. 25 ff.

155 Taylor, *Ethics of Authenticity*, S. 49.

156 Charles Taylor, »The Politics of Recognition«, in: ders., *Multiculturalism*, S. 28.

157 Es ist wichtig, diese beiden Ebenen zu unterscheiden: Einerseits verweist Taylors Genealogie des Konzepts der Anerkennung auf das historische Entstehen der aus der individuellen Innerlichkeit generierten Identität (i), andererseits aber auf den Beginn der Bedeutung dialogisch hergestellter Identität (ii), die mittels der Anerkennung durch andere produziert wird.

158 Taylor, »Politics of Recognition«, S. 34.

159 So die mittlerweile etablierte Formulierung von u. a. Jürgen Habermas, Seyla Benhabib, Lutz Wingert.

160 So fasst es kritisch K. Anthony Appiah zusammen in: »Identity, Authenticity, Survival«, in: Charles Taylor, *Multiculturalism*, Princeton 1994, S. 155

161 Taylor, »Politics of Recognition«, S. 26.

162 Die Diskussionen mit Patchen Markell haben mir diese Doppeldeutigkeit des englischen Begriffs der »recognition«, die im Deutschen verlorenzugehen droht, verdeutlicht.

163 Siehe »to recognize« im: *Oxford Advanced Learner's Dictionary of Current English*, 2nd ed., London 1963.

164 Interessanterweise ähnelt häufig der rechtliche Begriff der Anerkennung in seinen

normativen Voraussetzungen diesem Begriff des Wiedererkennens: Bei der Diskussion, ob man gleichgeschlechtliche sogenannte eheähnliche Beziehungen auch rechtlich mit heterosexuellen Ehen gleichstellen sollte, taucht stets wieder das Kriterium auf, dass homosexuelle Beziehungen heterosexuellen Ehen glichen, d. h., man sucht in dieser Beziehung, dieser zunächst so fremd und anders erscheinenden Beziehung etwas, das man wieder-erkennen kann – man will letztlich dasselbe anerkennen/wieder-erkennen.

165 »Denn im Unterschied zu dem Wort ›Respekt‹ wird mit ›Anerkennung‹ ein konstitutives Moment angesprochen: Durch das Anerkennen wird etwas erst zu dem, als das es anerkannt wird.« Lutz Wingert, *Gemeinsinn und Moral*, S. 179.

166 »Recognition is never definitive.« James Tully, *Strange Multiplicity. Constitutionalism in an age of diversity*, Cambridge/New York/Melbourne 1995, S. 26.

167 Taylor, »Politics of Recognition«, S. 34.

168 Taylor, »Politics of Recognition«, S. 28.

169 Das entspricht auch weitgehend Heideggers Verständnis von Authentizität im geworfenen Entwurf: »Und nur weil das Sein des Da durch das Verstehen und dessen Entwurfcharakter seine Konstitution erhält, weil es ist, was es wird bzw. nicht wird, kann es verstehend ihm selbst sagen: *werde, was du bist!*« Martin Heidegger, *Sein und Zeit*, Tübingen 1986.

170 Das liegt vor allem daran, dass Taylor das Moment *kritischer Selbstreflexion* als spezifisch modernes Selbstverständnis einer Zeit, die sich selbst zu erzeugen und darin zu legitimieren hat (und nicht zuletzt auch einen konstitutiven Faktor für moderne persönliche, individuelle Identitätsbildung bildet [!], vollständig vernachlässigt. Vgl. dazu: Reinhard Kosseleck, »Erfahrungsraum und Erwartungshorizont«, in: ders., *Vergangene Zukunft*, Frankfurt am Main 1979, S. 349–376; sowie Jürgen Habermas, »Der normative Gehalt der Moderne«, in: ders., *Der philosophische Diskurs der Moderne*, Frankfurt am Main 1985, S. 390–426.

171 Ich danke Patchen Markell für diese kritische Überlegung.

172 Taylor spricht von »false« oder »distorted«, »The Politics of Recognition«, S. 25 und S. 31.

173 Taylor, »The Politics of Recognition«, S. 36.

174 Zu der durchaus problematischen Rolle des Staates in seiner Funktion als Verteiler von Anerkennung/Identität: William Connolly, »Pluralism, Multiculturalism and the Nation-State: Rethinking Connections«, in: *Journal of Political Ideologies*, No. 1, Vol. 1, Feb. 1996, S. 53–74.

175 Jürgen Habermas, »Anerkennungskämpfe im demokratischen Rechtsstaat«, S. 171 ff.

176 Vgl. zu der Gefahr der Monopolisierung Sheldon Wolin, »Democracy, Difference and Recognition«, in: *Political Theory*, Vol. 21, No. 3, Aug. 1993, S. 480.

177 Siehe zu den Auswirkungen, die die Pflicht zum Nachweis einer genuinen, eigenständigen und vollständigen kulturellen Identität nach sich ziehen kann: James Clifford, »Identity in Mashpee«, in: ders.: *The Predicament of Culture. Twentieth Century Ethnography, Literature and Art*, Cambridge 1988, S. 277–346.

178 James Clifford, »Identity in Mashpee«, S. 342.

179 Vgl. nur stellvertretend für viele andere: Jürgen Habermas, *Der philosophische Diskurs der Moderne*, Frankfurt am Main 1985; Axel Honneth, »Individualisierung und Gemeinschaft«, in: Christel Zahlmann (Hg.), *Kommunitarismus in der Dis-*

kussion, o.O. 1992, S. 16–24; Peters, *Die Integration moderner Gesellschaften*; Thomas McCarthy, »Multikultureller Universalismus«, in: Menke/Seel (Hg.), *Zur Verteidigung der Vernunft gegen ihre Liebhaber und Verächter*, Frankfurt am Main 1993, S. 26–46.

180 Vgl. auch Jürgen Habermas, »Der normative Gehalt der Moderne«, in: ders., *Der philosophische Diskurs der Moderne*, S. 398.

181 Martin Seel, »Ethik und Lebensformen«, in: Brumlik/Brunkhorst (Hg.), *Gemeinschaft und Gerechtigkeit*, Frankfurt am Main 1993, S. 247.

182 Jürgen Habermas, »Individuierung durch Vergesellschaftung. Zu George Herbert Meads Theorie der Subjektivität«, in: ders., *Nachmetaphysisches Denken*, Frankfurt am Main 1988, S. 237.

183 So auch Habermas in der Theorie kommunikativen Handelns: »Rational nennen wir eine Person, die ihre Bedürfnisnatur im Lichte kulturell eingespielter Wertstandards deutet; aber erst recht dann, wenn sie eine reflexive Einstellung zu den bedürfnisorientierenden Wertstandards selbst einnehmen kann.« Jürgen Habermas, *Theorie kommunikativen Handelns*, Bd. 1, vierte durchgesehene Ausgabe, Frankfurt am Main 1988, S. 41.

184 Vgl. auch Jürgen Habermas, »Handlungen, Sprechakte, sprachlich vermittelte Interaktionen und Lebenswelt«, in: ders., *Nachmetaphysisches Denken*, S. 63–104.

185 Charles Taylor, *Multiculturalism and The Politics of Recognition*, S. 58 ff.

186 Taylor, *»The Politics of Recognition«*, S. 41.

187 Habermas, »Anerkennungskämpfe im demokratischen Rechtsstaat«, S. 174.

188 Der Kommunitarist Michael Walzer wäre des Weiteren als einer der älteren Protagonisten zu nennen. Seitens der Jüngeren scheint noch die Isaac Berlin-»Schülerin« Yael Tamir besonders durch ihre der liberalen Tradition verpflichtete Argumentation für nationale Selbstbestimmung aufzufallen. Vgl. Yael Tamir, *Liberal Nationalism*, Princeton 1993.

189 Demgegenüber weist der Soziologe Gallie nach, dass es sich bei modernen kulturellen Kollektiven stets um »essentially contested concepts« handelt. Vgl. W.B. Gallie, »Essentially Contested Concepts«, in: *Proceedings of the Aristotelian Society* 46, 1955–1956, S. 167–198.

190 Vgl. dazu: Micha Brumlik, *Schrift, Wort, Ikone: Wege aus dem Verbot der Bilder*, Frankfurt am Main 1994.

191 Vgl. Pierre Bourdieu, *La distinction. Critique sociale du jugement*, Paris 1979.

192 Die Liste ließe sich fortführen. Iris Marion Young hat einmal alle unterdrückten Minderheiten in den USA aufgezählt, und dabei blieb kaum ein Individuum übrig, das nicht zu den Unterdrückten und Diskriminierten gehört … außer den wenigen nicht-alten, nicht-behinderten, nicht-homosexuellen weißen Männern. Siehe Iris Marion Young, »Das politische Gemeinwesen und die Gruppendifferenz. Eine Kritik am Ideal des universalen Staatsbürgerstatus«, in: Nagl-Docekal/Pauer-Studer (Hg.), *Jenseits der Geschlechtermoral*, Frankfurt am Main 1993, S. 282 f.

193 Jill Nelson, *Volunteer Slavery. My Authentic Negro Experience*, New York/London 1994, S. 23.

194 Verwendet wird die Ausgabe von 1954: Jean-Paul Sartre, *Réflexions sur la question juive*, Paris 1954.

195 Jean-Paul Sartre, *Critique de la raison dialectique*, nouvelle édition établi, à partir du manuscrit original par Arlette Elkaim-Sartre, Paris 1985.

196 Ich danke dem Sartre-Kenner Lutz Wingert für zahlreiche, erhellende Diskussionen zu diesem Kapitel sowie Stefan Gosepath für höchst konstruktive Diskussionen zu den hier angeschnittenen Fragen von Selbstbestimmung und Verletzung durch Fremdbeschreibungen.

197 Zu diesem in der Tat historischen Zusammenspiel des Aufkommens der »Judenfrage« der bürgerlichen Gesellschaft und der Entstehung des modernen Antisemitismus siehe auch u.a.: Reinhard Rürup, *Emanzipation und Antisemitismus*; A. Leon, *Judenfrage und Kapitalismus*, München 1971; J. Toury, *Der Eintritt der Juden ins deutsche Bürgertum*, Tel Aviv 1972; Thomas Nipperdey, »Nationalidee und Nationaldenkmal in Deutschland im 19. Jahrhundert«, in: *Historische Zeitschrift*, Bd. 206, 1968, S. 31–65.

198 Sartre, *Réflexions*, S. 71.

199 Der Begriff »Rasse« wird im Folgenden vermieden. Der Begriff wird nur verwendet werden, wenn damit nicht die Referenz auf ein vermeintlich *realexistierendes Phänomen* oder eine Klasse/Kategorie, nach der sich Menschen unterscheiden lassen, gemeint ist, sondern nur die Referenz auf ein *solches Konzept* innerhalb einer rassistischen Ideologie. Aus diesem Grund wird der Begriff jedes Mal in Anführungszeichen gesetzt. Vgl. auch K. Anthony Appiahs Dekonstruktion der Kategorie »Rasse« in: ders., »Race, Culture, Identity: Misunderstood Connections«, in: K. Anthony Appiah/Amy Gutmann, *Color Conscious. The Political Morality of Race*, Princeton/New Jersey 1996

200 Jean-Paul Sartre, *Réflexions*, S. 71.

201 Siehe dazu auch Leo Löwenthals Auseinandersetzung mit Heinrich Heine: »Judentum und Deutscher Geist«, in: ders., *Untergang der Dämonologien. Studien über Judentum, Antisemitismus und faschistischen Geist*, Leipzig 1990, S. 36–50.

202 Siehe dazu auch: Hannah Arendt, »Antisemitismus«, in: dies., *Elemente und Ursprünge totaler Herrschaft*, München 1986, S. 15–207.

203 Hier in Anführungszeichen, weil die Person sich ja selbst nicht als Jude – im konfessionellen Sinne – beschreiben würde.

204 Ludwig Börne, 74. Brief aus Paris vom 7. Februar 1832, in: ders., *Briefe aus Paris*, Auswahl von Manfred Schneider, Stuttgar 1977, S. 146.

205 Vgl. dazu Thomas Nipperdey und Reinhard Rürup, »Antisemitismus. Entstehung, Funktion und Geschichte eines Begriffs«, in: Reinhard Rürup, *Emanzipation und Antisemitismus*, S. 120–145.

206 »Sie hatten ein anderes, spezielles Verhältnis zum Staat und konnten nicht ohne weiteres Staatsbürger sein, sie waren die einzigen, die man erst einbürgern mußte und deren Einbürgerung von Leistungen an den Staat, von bestimmten Verdiensten abhängig gemacht wurde.« Hannah Arendt, *Elemente und Urprünge totaler Herrschaft*, S. 44.

207 Rürup, *Emanzipation und Antisemitismus*, S. 39.

208 »Mais, dans le moment même qu'il touche au faîte de la société légale, une autre société amorphe, diffuse et omniprésente se découvre à lui par éclairs et se refuse.« Sartre, *Réflexions*, S. 97.

209 Sartre spricht von keinem »Vaterland«, merkwürdigerweise auch von keiner gemeinsamen Geschichte der Ablehnung und Ausgrenzung.

210 Sartre, *Réflexions*, S. 111.

211 Siehe zur Erklärung für die Motivation, die hinter dieser (falschen) Projektion sei-

tens der Antisemiten steht: Horkheimer/Adorno, »Elemente des Antisemitismus«, in: dies., *Dialektik der Aufklärung*, Frankfurt am Main 1988, S. 196–209.

212 »Immer wieder manifestierte sich das Außenseitertum des jüdischen Volkes durch die typischen Reaktionen, die es provozierte, als rationale, aber ohnmächtige Affirmation des Besonderen, nicht Reduzierbaren; als emotionale Aggressivität; als Verwirrung der Gefühle im Einzelnen, der sich dieser Sonderexistenz ausgesetzt findet, was zum Selbsthaß führen kann, zur forcierten Anpassung, oder auch zur Akzeptierung der Besonderheit.« Hans Mayer, *Außenseiter*, Frankfurt am Main 1981, S. 331 f.

213 Sartre, Réflexions, S. 83.

214 Ian Hacking, »Making Up People«, in: Edward Stein (ed.), *Forms of Desire: Sexual Orientation and the Social Constructionist Controversy*, New York 1992, S. 87.

215 Vgl. zu diesem Konzept intentionalen Handelns: G.E.M. Anscombe, *Intention*, Oxford 1957.

216 K. Anthony Appiah, »Identity, Authenticity, Survival: Multicultural Societies and Social Reproduction«, in: Charles Taylor (ed.), *Multiculturalism*, S. 160.

217 Ian Hacking hat diese Rückwirkung der Konstruktion einer Wirklichkeit, die ursprünglich keine Referenz in der realen Welt repräsentiert, nun aber in der Folgewirkung eine Wirklichkeit schafft, »looping effect« genannt. Siehe Ian Hacking, »The Looping Effects of Human Kinds«, in: D. Sperber/D. Premack/A. J. Premack (eds.), *Causal Cognition: A Multidisciplinary Approach*, Oxford 1995, S. 351–394.

218 Sartre, *Réflexions*, S. 91.

219 Sartre, *Réflexions*, S. 91 f.

220 Dies würde Sartres Formel des »prä-reflexiven cogito« entsprechen. Hier könnte man von einer Vertrautheit mit sich selbst ohne Wissen darum sprechen. Siehe auch zu Sartres Konzept von Selbstbewusstsein Manfred Frank, »Fragmente einer Geschichte der Selbstbewusstseins-Theorie von Kant bis Sartre«, in: ders. (Hg.), *Selbstbewusstseinstheorien von Fichte bis Sartre*, Frankfurt am Main 1991, S. 413–599.

221 Es ist schwerlich vorstellbar, dass eine Familie einen orthodox-jüdischen Alltag führt, ohne jemals Bezug auf die Geschichte des jüdischen Volkes und die Thora zu nehmen und das Wort »Jude« zu verwenden. Von daher kann es sich nur um abgeschwächte, säkularisierte Überbleibsel von ursprünglich religiös begründeten Praktiken und Ritualen handeln.

222 Denn Sartre müsste natürlich die Fremdbeschreibung des Juden in der Projektion des Antisemiten von der Selbstbeschreibung des individuellen Juden *unterscheiden* – auch wenn er es leider nicht tut an dieser Stelle – dann könnte er auch Intrigen und Lügen in den antisemitischen Theorien entlarven.

223 Es ist wichtig, die hier rekonstruierte Vorstellung von Kategorien und Begriffen, die über keine Referenz in der realen Welt verfügen, von Sartres Phänomenologie der Ontologie in *L'être et le néant* zu unterscheiden. Dort unterstellt Sartre, dass Vorstellungen von Dingen, die im Bewusstsein von Personen auftauchen, auch objektiv Dinge in der wirklichen Welt bezeichnen. Zwar erfassen nach Sartre Personen niemals alle Eigenschaften eines Dings, eine Serie, aber das, was sie kennen, existiert real. Das Bewusstsein ist immer ein Bewusstsein von etwas. Das Sein ist hier dem Bewusstsein voraus. Das Ding ist die Summe seiner Erscheinungen. Vgl. die Kritik dazu von Arthur C. Danto, *Jean-Paul Sartre*, Göttingen 1992. Wenn man diesen

Realismus aus *L'être et le néant* auf den Begriff des Juden, den der Antisemit hat, anwendet, dann müssten wir unterstellen, dass die antisemitische Projektion auf eine Wirklichkeit rekurriert. Dann gäbe es keine Fehlurteile im Bewusstsein, keinen Unterschied zwischen »meinen« und »erkennen«. Der analytische Unterschied liegt aber darin, dass Sartres Realismus sich lediglich auf Objekte, also unbelebte Natur, bezieht, nicht auf Personen.

224 Butler, *Gender Trouble*, S. 32.

225 Ian Hacking, »Making Up People«, S. 87.

226 Sartre, *Réflexions*, S. 91

227 Ein anderes Beispiel wäre die Erfindung eines spezifischen Wissenschaftler-Typus, die James Clifford Malinowski zuschreibt: James Clifford, »On Ethnographic Self-Fashioning: Conrad and Malinowski«, in: Heller/Sosna/Wellbery (eds.), *Reconstructing Individualism*, Stanford 1986, S. 140–162.

228 Bevor es nun zu dieser psychologischen Wirkung geht, noch eine Anmerkung: Zum genaueren Verständnis der Entstehung kollektiver Identität ist es im Rahmen der konstruktivistischen Positionen der Sozialtheorie also wichtig, die Komponenten und vor allem die Einflussnahme der Komponenten zu differenzieren. Dazu zählen 1. Praktiken und Bedeutungen der Praktiken der Subjekte – 2. die Selbstwahrnehmung dieser Praktiken und die bewusste Ausbildung einer Identifikation damit – 3. Selbstbeschreibung unter einem Begriff – 4. Fremdbeschreibung unter einem Begriff – 5. Widersprüchliche Beschreibungen bei unterschiedlichen Begriffen oder unterschiedliche soziale Bedeutungen desselben Begriffs – 6. Rückwirkungen auf die Identität.

229 Die konstruktivistischen Sozialtheoretiker gehen allerdings ganz neutral davon aus, dass diese Notwendigkeit zur Anpassung allseitig und reziprok besteht, also nicht nur eine Gruppe der Gesellschaft gezwungen wird, sich dem Verständnis und der Erfindung der Realität der anderen anzupassen: »Es wird notwendig, in einen Prozess wechselseitiger Interaktionen und wechselseitiger Veränderungen einzutreten.« Peter M. Hejl, »Konstruktion der sozialen Konstruktion: Grundlinien einer konstruktivistischen Sozialtheorie«, in: Siegfried J. Schmidt (Hg.), *Der Diskurs des Radikalen Konstruktivismus*, Frankfurt am Main 1987, S. 317.

230 Paul Watzlawick, »Wirklichkeitsanpassung oder angepasste ›Wirklichkeit‹? Konstruktivismus und Psychotherapie«, in: Heinz Gumin/Heinrich Meier (Hg.), *Einführung in den Konstruktivismus*, München 1995, S. 90.

231 Sartre, *Réflexions*, S. 92.

232 Sartre, ebenda.

233 Sartre, *Réflexions*, S. 95.

234 Vgl. hierzu: Ernesto Laclau, »Introduction« zu: ders. (Hg), *The Making of Political Identities*, London/New York 1994, S. 3.

235 Sartre, *Réflexions*, S. 99.

236 »Sich schämen heißt, man ist dem Glauben verhaftet, daß man nicht alleine ist, heißt, daß die Existenz der anderen als eine Struktur in das Bewußtsein, das man hat, eingebaut ist.« Arthur C. Danto, *Jean-Paul Sartre*, S. 113. Dem Begriff des Schämens geht demnach bei Sartre die moralische Konnotation, die gemeinhin damit verbunden wird, ab: Der Inhalt des Sich-Schämens besteht darin, dass man zum Objekt wird – nicht darin, dass man bei einer schlechten Tat oder in der ganzen charakterlichen Schlechtigkeit ertappt worden ist. Dieses in der Scham entwickelte

Selbstverhältnis zu sich als Objekt drückt sich auch in dem Satz aus: Er schämt sich. Vgl. dazu auch: Günther H. Seidler, *Der Blick des Anderen. Eine Analyse der Scham*, Stuttgart 1995, S. 60.

237 Inwieweit es sich um eine veränderte, also einer vorgängigen eigenen Identität hinzugefügte oder zumindest mit ihr zusammengewirkte handelt, wird genau der Streitpunkt zwischen Vertretern dieses ersten Modells passiver Identitätsbildung und den Vertretern des zweiten Modells sein, die davon ausgehen, dass Identitäten ausschließlich und vollständig durch solche repressiven Diskurse konstruiert werden.

238 Grundlage dieser Konzeption der so durch den anderen konstruierten Identität ist Sartres in *L'être et le néant* entwickelter Begriff des »Seins-für-andere« (*être-pour-autrui*). Der andere spiegelt das eigene An-Sich wieder, und das Bewusstsein fügt dieses »objektivierte« (oder eben verzerrrte) Bild in sein Für-Sich ein. In diesem Moment bildet sich Scham aus. Sartre, *L'être et le néant. Essai d'ontologie phénoménologique*, Paris 1943.

239 Sartre, *L'être et le néant*, S. 302.

240 Obgleich sich Sartre bei diesem Text den existentiellen Erfahrungen von einzelnen Subjekten zuwendet und nicht den Beziehungen zwischen sozialen Kollektiven, denke ich, dass es sinnvoll ist, auf diesen Text zurückzugehen, weil sich aus dieser Analyse einige der Verkürzungen der Sartre'schen Theorie erklären lassen.

241 Auch wenn es in *L'être et le néant* lediglich um eine Phänomenologie der zwischenmenschlichen (Zweier-)Beziehung geht und nicht um Gruppen oder Kollektive – wird sich eine Vielzahl von Parallelen zwischen Sartres Darstellung des Verhältnisses der Juden gegenüber den Antisemiten und der zwischen dem einzelnen Subjekt, das erblickt wird, und dem Anderen zeigen.

242 Axel Honneth, *Kampf um Anerkennung. Zur moralischen Grammatik sozialer Konflikte*, Frankfurt am Main 1992, S. 249 f.

243 So Michael Theunissen, *Der Andere. Studien zur Sozialontologie der Gegenwart*, Berlin / New York 1981, S. 216.

244 Sartre, *L'être et le néant*, S. 301.

245 Axel Honneth, »Kampf um Anerkennung. Sartres Theorie der Intersubjektivität«, in: Traugott König (Hg.), *Sartre. Ein Kongress*, Reinbek 1988, S. 74.

246 »Was Sartre angeht, so ist seine Analyse als ›stecken geblieben‹ zu kennzeichnen: Die Wechselseitigkeit des Blickes arbeitet er nicht heraus.« Günter H. Seidler, *Der Blick des Anderen*, S. 37.

247 Auf diesen Punkt verweist auch Honneth, *Kampf um Anerkennung*, S. 78.

248 Dies zeigt sich später als Parallele in der Unfähigkeit der Differenzierung zwischen Serien, die sich um Hindernisse im Gefühl der Ohnmacht gruppieren, und Serien, die sich durch institutionalisierte Diffamierung im Gefühl der Missachtung und Verletzung bilden. Siehe unten die Diskussion von der Kritik der dialektischen Vernunft.

249 Sartre scheint eigentlich überhaupt kein rechtes Interesse an diesen eher normativen Fragen zu haben. Er ist primär an den ethischen, individuellen Konflikten interessiert. Ich danke Lutz Wingert für diesen Hinweis.

250 Genau hierin gründet die Sartre'sche Unterscheidung zwischen einer »Gruppe« und einer »Serie«. Während bei einer Gruppe die Mitglieder sich und ihr gemeinsames Projekt oder Engagement wechselseitig anerkennen, werden die Angehörigen der

Serie nicht durch ihre eigene Anerkennung als Serienangehörige konstituiert, sondern sie gruppieren sich durch und um die Objekte, die ihr Leben und Handeln strukturieren. Sartre, *Critique de la raison dialectique*, S. 361–377. Siehe auch: Iris Marion Young, »Gender as Seriality«, S. 23.

251 So die Formulierung von Seyla Benhabib, *Situating the Self*, New York 1992.

252 Judith Butler, »Kontingente Grundlagen. Der Feminismus und die Frage der ›Post-moderne‹«, in: Benhabib/Butler/Cornell/Fraser (Hg.), *Der Streit um Differenz. Feminismus und Postmoderne in der Gegenwart*, Frankfurt am Main 1993, S. 40.

253 Sartre, *Réflexions*, S. 167.

254 Anders als Axel Honneth glaube ich allerdings nicht, dass es sich hier um eine wirkliche »theoretische Umorientierung« handelt. Ich denke, es wird sich zeigen, dass es auch bei den historischeren Analysen, die sich sozialen Kollektiven zuwenden, bei der Dynamik einer reziproken Verdinglichung bleibt. Siehe: Axel Honneth, *Kampf um Anerkennung*, S. 250 ff.

255 »Aufrecht« gleichsam als Beschreibung für einen, der »sich auf-richtet« nach langer, beugender Unterdrückung.

256 Sartre, *Réflexions*, S. 175.

257 Jean Paul Sartre, »Orphée noir«, in: Léopold Sédar Senghor, *Anthologie de la nouvelle poésie nègre et malgache de la langue française*, Paris 1948, S. IX–XLIV.

258 Sartre, »Orphée noir«, S. XIIIf.

259 Sartre, »Orphée noir«, S. XX.

260 Sartre, »Orphée noir«, S. IX.

261 So übrigens auch das Argument in Sartres Interpretation von Frantz Fanons *Les Damnés de la terre*, abgedruckt in: Sartre, *Wir sind alle Mörder. Der Kolonialismus ist ein System – Artikel, Reden, Interviews 1947–1967*, Reinbek 1988, S. 143.

262 Iris Marion Young, *Justice and the Politics of Difference*, Princeton 1990.

263 Young, *Justice and the Politics of Difference*, S. 3.

264 Iris Marion Young, »Gender as Seriality«.

265 »I have already referred to the fact that Sartre's main purpose in developing the concept of seriality is to describe unorganized class existence, the positioning of individuals in relations of production and consumption. Race or nationality can also be fruitfully conceptualized as seriality«, »Gender as Seriality«, S. 30.

266 Siehe Young, »Gender as Seriality«, S. 31.

267 Jean-Paul Sartre, *Critique de la raison dialectique*, S. 362.

268 Young, »Gender as Seriality«, S. 23.

269 Sartre, *Critique de la raison dialectique*, S. 369.

270 Young, »Gender as Seriality«, S. 28.

271 Ebenda.

272 Vielleicht ist der Unterschied genauer gesagt zwischen Objekten einerseits und den sozialen Bedeutungen der Objekte andererseits genauso zu beschreiben wie der zwischen Objekten und Strukturen. Wenn wir zu dem Menstruations-Beispiel zurückgehen: zwar bleibt gegenüber dem biologischen Vorgang der Menstruation die Ohnmacht bestehen und dieser regelmäßige Vorgang ließe sich auch nicht als diskriminierender Zwang beschreiben, aber wenn wir beispielsweise das ursprüngliche religiöse Tabu des erotischen Kontakts während dieser Periode hinzunehmen, könnte in der Tat diese das soziale Objekt umgebende Interpretation als eine Verletzung empfunden werden und das aktive, selbstbewusste Verhalten könnte eine Ver-

änderung dieser diskriminierenden Praxis einfordern. Das heißt: es könnte durchaus auch Objekten eine diskriminierende Zwanghaftigkeit zugeschrieben werden, aber nur bei dem das Objekt umgebenden Hof an Bedeutungen und Praktiken – was sich wiederum als Struktur beschreiben ließe. Es ging mir an dieser Stelle wesentlich auch nur darum, eine zusätzliche, wie es scheint relevante Differenzierung einzuziehen, die Young wie Sartre beide vernachlässigen.

273 Young, »Gender as Seriality«, S. 27.
274 Sartre, *Critique de la raison dialectique*, S. 375.
275 Sartre, *Critique de la raison dialectique*, S. 366.
276 Sartre spricht entsprechenderweise im Zusammenhang mit dem Konzept der Serie auch kaum mehr von Individuen, sondern nur noch von »Organismen« und vermeidet damit jedwede Konnotation von aktiver Individualität.
277 Sartre, *Critique de la raison dialectique*, S. 365.
278 Young, »Gender as Seriality«, S. 26.
279 Ebenda.
280 Ebenda.
281 Ebenda.
282 Young, »Das politische Gemeinwesen und die Gruppendifferenz«, S. 267–304.
283 Young, »Das politische Gemeinwesen und die Gruppendifferenz«, S. 285.
284 Zu einer Kritik radikaler Freiheit als radikaler Wahl siehe: Charles Taylor, »What is Human Agency?«, in: ders., *Human Agency and Language. Philosophical Papers I*, Cambridge 1985, S. 15–45.
285 Jürgen Habermas, »Individuierung durch Vergesellschaftung«, S. 191.
286 So der Titel eines Buches von Jürgen Habermas: *Einbeziehung des Anderen. Studien zur politischen Theorie*, Frankfurt am Main 1996.
287 Henry Louis Gates, jr., *Colored People. A Memoir*, New York 1994, S. 8.
288 Siehe dazu Hinrich Fink-Eitel, der Foucaults verschiendenste *Umkehrungen* nachgezeichnet hat: H. Fink-Eitel, *Die Philosophie und die Wilden. Über die Bedeutung des Fremden für die europäische Geistesgeschichte*, Hamburg 1994, S. 281–285.
289 Ich danke Matthias Vogel und Eva Gilmer für ausgiebige, hartumgekämpfte Diskussionen bis in die Morgenstunden zu Foucault und zum Thema der Unwiderrufbarkeit der externen, traumatischen Konditionierung von Subjekten sowie Morris B. Kaplan für virtuelle Diskussionen zu der Möglichkeit einer liberalen Intepretation von Foucaults Thesen und dem Verhältnis von Konditionierung und Selbstbestimmung.
290 Fink-Eitel, *Die Philosophie und die Wilden*, S. 274.
291 Michel Foucault, *Histoire de la folie à l'âge classique*, Paris 1972.
292 Michel Foucault, *Surveiller et punir. Naissance de la prison*, Paris 1975.
293 Nach dem Original: Michel Foucault, *Histoire de la sexualité*, tome 1: *La volonté de savoir*, Paris 1976.
294 Die Texte werden nicht einzeln, en detail, besprochen, sondern nur auf Argumente zu Foucaults Theorie der erzwungenen Identitätsbildung durchsucht.
295 Gleichwohl gibt es einige gravierende analytische Unterschiede zwischen diesen Lebensformen sowie zwischen der Art ihrer Ablehnung. Aber dazu später mehr.
296 Zyniker könnten behaupten, dass angesichts des Wahlkampfes im August/September 1997 der Hamburger SPD (wie auch der CDU, Reps. und der DVU) eine Analogie zwischen »Kriminellen« und »Ausländern« ohnehin nahezuliegen scheint.

Interessanterweise – ganz im Sinne der Diagnose Foucaults – werden die »kriminellen Ausländer« gemäß den Vorstellungen der Parteien dann auch ausgegrenzt und »verschifft«, d. h. ausgewiesen.

297 Aus dem Vorwort, das der deutschen Ausgabe vorweggestellt ist: Michel Foucault, *Wahnsinn und Gesellschaft. Eine Geschichte des Wahns im Zeitalter der Vernunft*, Frankfurt am Main 1993, S. 9.

298 Vgl. zu einer Kritik dieser Vernunftkritik: Jürgen Habermas, *Der philosophische Diskurs der Moderne*, Frankfurt am Main 1985, S. 279–312.

299 Foucault, *Histoire de la folie*, S. 9.

300 Gleichzeitig übrigens behält für Foucault – in der Nachfolge Nietzsches und Batailles – das auf diese Weise Abgetrennte der Vernunft einen gewissen »reinen«, romantischen Charakter des Noch-Ungezwungenen und von der repressiven Vernunft noch Un-Vergifteten, Nicht-Gestörten. Vgl. G. Bataille, *L'erotisme*, Paris 1961; Friedrich Nietzsche, *Die Geburt der Tragödie oder Griechentum und Pessimismus*, in: F. Nietzsche, *Werke 1*, hrsg. von K. Schlechta, Frankfurt am Main / Berlin / Wien 1976; Joel Whitebook, *Perversion and Utopia. A Study in Psychoanalysis and Critical Theory*, Cambridge / London 1995, S. 263 f. Fn. 6, sowie Jürgen Habermas, *Der philosophische Diskurs der Moderne*, S. 282.

301 Foucault, *Wahnsinn und Gesellschaft*, S. 9.

302 Siehe zu dieser Unklarheit auch Jürgen Habermas, *Der philosophische Diskurs der Moderne*, S. 282 ff.

303 Foucault, *Wahnsinn und Gesellschaft*, S. 12.

304 Michel Foucault, »Les rapports de pouvoir passent à intérieur du corps«, in: *Dits et écrits 1954–1988*, Bd. III (1976–1979), Paris 1994, S. 228 f.

305 Fink-Eitel, *Die Philosophie und die Wilden*, S. 248 f.

306 Michel Foucault, »Cours du 14 janvier 1976«, in: ders., *Dits et écrits*, Bd. III, S. 176.

307 So auch Axel Honneth, *Kritik der Macht. Reflexionsstufen einer kritischen Gesellschaftstheorie*, Frankfurt am Main 1989, S. 160.

308 Michel Foucault, »Entretien avec Michel Foucault«, in: ders., *Dits et écrits*, Bd. III, S. 158.

309 Siehe dazu auch Richard Bernstein, »Foucault: Critique as a Philosophical Ethos«, in: Michael Kelly (ed.), *Critique and Power. Recasting the Foucault / Habermas Debate*, Cambridge / London 1994, S. 225.

310 Michel Foucault, »Pouvoirs et stratégies«, in: ders., *Dits et écrits*, Bd. III, S. 423.

311 Fink-Eitel, *Die Philosophie und die Wilden*, S. 252.

312 Siehe dazu auch Axel Honneth, *Kritik der Macht*, S. 185 f.

313 So nach *Der Kleine Muret-Sanders. Englisch-Deutsch*, Berlin etc., 6. Auflage 1993.

314 Interessanterweise ein Punkt, den genau Wendy Brown in ihrem Buch *States of Injury* an Foucault moniert – ohne allerdings auf den begrifflichen Zusammenhang hinzuweisen. Wendy Brown, *States of Injury*, S. 70 ff.

315 Siehe zu diesen beiden Bedeutungen: *Deutsches Wörterbuch* von Jacob und Wilhelm Grimm, Leipzig 1936.

316 Foucault, *La volonté de savoir*, S. 118.

317 Vgl. dazu vor allem Foucaults Gespräch mit Mitgliedern des Fachbereichs der Psychoanalyse von Paris VIII: Michel Foucault, »Le jeu de Michel Foucault«, in: ders., *Dits et écrits*, Bd. III, S. 298–329.

318 Foucault, »Le jeu de Michel Foucault«, S. 302.

319 So argumentiert Foucault am nachdrücklichsten in: »Le Sujet et le pouvoir«, in: ders., *Dits et écrits*, Bd. IV, S. 222–243.

320 Foucault, »Pouvoirs et stratégies«, S. 425.

321 Siehe dazu auch: Thomas McCarthy, »The Critique of Impure Reason: Foucault and the Frankfurt School«, in: Michael Kelly (ed.), *Critique and Power*, S. 254; sowie: Axel Honneth, *Kritik der Macht*, S. 193.

322 So Thomas Schäfer, der von einem Anti-Normativismus der Kritik bei Foucault ausgeht: Thomas Schäfer, *Reflektierte Vernunft. Michel Foucaults philosophisches Projekt einer anti-totalitären Macht- und Wahrheitskritik*, Frankfurt am Main 1995, S. 17–43.

323 Michel Foucault, »Pouvoirs et stratégies«, S. 424.

324 Siehe dazu auch Nancy Fraser, »Michel Foucault: A ›Young Conservative‹?«, in: Michael Kelly (ed.), *Critique and Power*, S. 201 f.

325 Habermas weist zurecht darauf hin, dass Foucault dem gesamten Bereich des Straf- und Prozessrechts fahrlässigerweise keinerlei Beachtung schenkt. Siehe: Jürgen Habermas, *Der philosophische Diskurs der Moderne*, S. 340.

326 Seltsamerweise spricht Axel Honneth stets von Foucaults Erklärung der »Wurzeln der modernen Subjekt*vorstellungen*«. Siehe: Axel Honneth, *Kritik der Macht*, S. 198. Es scheint mir doch bei Foucault – nicht dass das in überzeugender Weise gelungen wäre – nicht allein um die modernen Subjektvorstellungen, sondern mit diesen Vorstellungen zugleich dank des Macht/Wissens-Komplexes um die moderne Subjektivität *selbst* zu gehen. Darin liegt – so scheint mir – gerade die Radikalität (oder Absurdität) von Foucaults These.

327 Entgegen der These Hinrich Fink-Eitels, der dem späten Foucault ein Primat nicht-diskursiver Praktiken gegenüber diskursiven zuschreibt, scheint bei den beiden genannten Studien ein umgekehrtes Verhältnis vorzuliegen: In *Surveiller et punir* betont Foucault ein Primat nicht-diskursiver Praktiken, in *La volonté de savoir* ein Primat diskursiver Praktiken (Beichte, Geständnis etc.). Vgl. Hinrich Fink-Eitel, *Die Philosophie und die Wilden*, S. 251.

328 Foucault, *Surveiller et punir*, S. 38.

329 Habermas, *Der philosophische Diskurs der Moderne*, S. 334.

330 Foucault, »Les rapports de pouvoir passent à l'intérieur des corps«, S. 231.

331 Es ließe sich schon an dieser Stelle fragen, ob es nicht sinnvoller gewesen wäre, von einer Steigerung der Produktivkraft des Subjekts zu sprechen anstatt von einer Kraft, die das Subjekt selbst produziert?

332 Foucault, *Surveiller et punir*, S. 159 f.

333 Foucault, *Surveiller et punir*, S. 162.

334 Foucault, *Surveiller et punir*, S. 222.

335 Axel Honneth erläutert überaus eindrucksvoll, wie Foucault die Chance einer sozialhistorischen Analyse der administrativen Beeinflussung von individuellen Biographien verpasst und stattdessen eine zusätzliche erkenntnissoziologische Schlussfolgerung über das Innenleben der Subjekte hineinzwingt. Siehe Axel Honneth, *Kritik der Macht*, S. 209.

336 Andrea Maihofer bezweifelt, dass die so hergestellten Subjekte – wie Habermas das behauptet – alle gleichermaßen »gestanzt« seien. Die Subjekte gingen nicht in den sie beeinflussenden Machtverhältnissen auf. Dazu später mehr. Siehe: Andrea

Maihofer, *Geschlecht als Existenzweise. Macht, Moral, Recht und Geschlechterdifferenz*, Frankfurt am Main 1995, S. 126.

337 Talcott Parsons, *The Social System*, New York 1951; sowie Talcott Parsons/Edward Shils (eds.), *Toward a General Theory of Action*, Cambridge 1951.

338 Siehe dazu Talcott Parsons, *The System of modern Societies*, Englewood Cliffs, 1971; Karl-Otto Hondrich (Hg.), *Soziale Differenzierung*, Frankfurt am Main 1982.

339 Siehe auch Peter M. Blau/Joseph E. Schwartz, *Crosscutting Social Circles*, Orlando 1984; S. I. Benn/G. F. Gaus (eds.), *Public and Private in Social Life*, New York 1983.

340 So in Abwandlung einer wunderbaren Formulierung von Bernhard Peters, *Die Integration moderner Gesellschaften*, S. 262.

341 Natürlich gibt es auch in Familien Zwänge und – leider – Gewalt. Sie lassen sich aber doch noch von Foucaults Vorstellung repressiver oder auch produktiver Gewalt unterscheiden, und auch definieren sie das Verhältnis nicht ausschließlich.

342 Foucault, »Entretien avec Michel Foucault«, S. 158.

343 Es ist interessant zu sehen, wie anders demgegenüber Foucaults Aussagen in den achtziger Jahren klingen, da er die freie, selbstgewählte Konstruktion des Begehrens und der Sexualität den Subjekten selbst zuschreibt: »La sexualité est quelque chose que nous créons nous-mêmes – elle est notre propre creation.« »Michel Foucault, une interview: sexe, pouvoir et la politique de l'identité«, in: *Dits et écrits*, S. 735.

344 So auch Habermas, *Der philosophische Diskurse der Moderne*, S. 337.

345 Nach Foucault handelt es sich bei der Verdinglichung der Subjekte ja auch eigentlich um gar keine Selbstentfremdung, sondern um Subjekt-Werdung.

346 Axel Honneth deutet dies als eine systemtheoretische Auflösung der Dialektik der Aufklärung. Siehe: Axel Honneth, *Kritik der Macht*, S. 219–224.

347 So Morris B. Kaplan, *Sexual Justice. Democratic Citizenship and the Politics of Desire*, New York/London 1997, S. 71.

348 Siehe zu der Überlappung der klinischen Diskurse zu Juden und Homosexuellen und den Ähnlichkeiten in der Beschreibung von »Rasse« und »sexueller Perversion« als Krankheiten im 19. Jahrhundert die hervorragende Arbeit von Sander L. Gilman, *Freud, Race, and Gender*, Princeton, New Jersey 1993 Vgl. aber auch systematische Arbeiten wie Eve Kosofsky Sedgwick, *Epistemology of the Closet*, Berkeley 1990.

349 Foucault, *La volonté de savoir*, S. 60.

350 Foucault, *Histoire de la Sexualité* II, *L'usage des plaisirs*, Paris 1984.

351 Siehe dazu auch Kaplan, *Sexual Justice*, S. 165.

352 Foucault, »Les rapports de pouvoir passent à l'intérieur des corps«, S. 231.

353 Foucault, *La volonté de savoir*, S. 66.

354 Foucault, *Surveiller et punir*, S. 356 f.

355 So auch Axel Honneth, *Kritik der Macht*, S. 209.

356 Foucault, *Surveiller et punir*, S. 38.

357 Siehe dazu auch das Kapitel »Subjection, Resistance, Resignification. Between Freud and Foucault«, in: Judith Butler, *The Psychic Life of Power. Theories in Subjection*, Stanford 1997, S. 83–105.

358 Foucault, »Le sujet et le pouvoir«, S. 232.

359 Anders als Wendy Brown denke ich allerdings nicht, dass das Problem in den

Ansprüchen auf Anerkennung (die dann eine Reproduktion der Unterdrückung bedeuten) liegt, sondern in der totalisierenden, unterkomplexen Vorstellung, dass das Subjekt ausschließlich als unterworfenes konstituiert wird. Wenn es gelingt, Ambivalenzen innerhalb des unterdrückten Subjekts aufzuzeigen, dann scheint es auch wieder normativ sinnvoll, Ansprüche auf Anerkennung als unterdrücktes und sich befreienwollendes Subjekt zu stellen.

360 »Là où il y a pouvoir, il y a resistance et que pourtant, ou plutôt par là même, celle ci n'est jamais en position d'exteriorité par rapport au pouvoir.« Foucault, La volonté de savoir, S. I25 f.

361 Siehe dazu auch: Thomas McCarthy, »The Critique of Impure Reason«, S. 258.

362 »Obwohl der historische Bericht in *Überwachen und Strafen* mit dem Beginn des 19. Jahrhunderts abbricht, provoziert er im Leser die ständige Präsenz der faschistischen oder stalinistischen Konzentrationslager im 20. Jahrhundert.« So Hinrich Fink-Eitel, *Die Philosophie und die Wilden*, S. 253.

363 Primo Levi, *Ist das ein Mensch?*, München/Wien 1991, S. 24.

364 So u. a. bei Levi, *Ist das ein Mensch?*, S. 11–19; bei Ruth Klüger, *weiter leben. Eine Jugend*, Göttingen 1992; Jorge Semprun, *Schreiben oder Leben*, Frankfurt am Main 1995; Imre Kertész, *Roman eines Schicksallosen*, Berlin 1996, sowie einigen der »Holocaust Testimonies«, die Lawrence Langer dokumentiert: *Holocaust Testimonies. The Ruins of Memory*, New Haven/London 1991.

365 Levi, *Ist das ein Mensch?*, S. 19.

366 Besonders deutlich wird das bei der Ahnungslosigkeit des gutgläubigen jungen Erzählers in Imre Kertész' *Roman eines Schicksallosen*, Berlin 1996.

367 So die Formulierung von Alfred Drees in: A. Drees, *Folter: Täter, Opfer, Therapeuten: neue Konzepte der Behandlung von Gewaltopfern*, Gießen 1996, S. 25.

368 Zygmunt Bauman, *Modernity and the Holocaust*, Ithaca 1989, S. 205.

369 Von Baeyer/Häfner/Kisker, *Psychiatrie der Verfolgten*, Heidelberg 1964, S. III.

370 Vgl. dazu Alfred Drees, *Folter*, S. 25; von Baeyer/Häfner/Kisker, *Psychiatrie der Verfolgten*, a.a.O., sowie Ilka Quindeau, *Trauma und Geschichte. Interpretationen autobiographischer Erzählungen des Holocaust*, Frankfurt am Main 1995, S. 50 ff.

371 Primo Levi beschreibt in seinen Werken zahlreiche Tricks und Finten, Diebstähle und Betrügereien, erfolgreiche und erfolglose Kämpfe und Strategien gegen Hunger und Vernichtung. Die bewegendste und auch trostloseste erzählt er in einer Kurzgeschichte: Primo Levi, »Small Causes«, in: ders., *Moments of Reprieve*, London/New York 1986, S. 107–115.

372 Jean Améry, *Jenseits von Schuld und Sühne. Bewältigungsversuche eines Überwältigten*, München 1988, S. 29.

373 So bei Paul Matussek, *Die Konzentrationslagerhaft und ihre Folgen*, Berlin/Heidelberg/New York 1971; A. Ornstein, »Survival and Recovery«, in: *Psychoanalytical Inquiry*, 1985, 5, S. 99–130; T. L. Brink (ed.), *Holocaust Survivors' Mental Health*, New York 1992; K. Jacobson, *Embattled Selves*, New York 1994; W. von Baeyer/H. Häfner/K. P. Kisker, *Psychiatrie der Verfolgten*; Ilka Quindeau, *Trauma und Geschichte*.

374 »Das Vorhandensein verschiedener Krankheitsdimensionen deutet darauf hin, dass es keine einheitliche Krankheitsreaktion auf die KZ-Zeit gibt.« Paul Matussek, *Konzentrationslagerhaft*.

375 So besonders eindrücklich Ilka Quindeau, die gegen eine Universalisierung der Pa-

thologisierung der Überlebenden argumentiert, in: dies., *Trauma und Geschichte*,
S. 37.

376 Niemandem, der es gelesen hat, wird jemals Primo Levis Freund Alberto aus dem
Kopf gehen. Nach Primo Levis Darstellung überschritt ihre Freundschaft und Alli-
anz die ansonsten jede Großzügigkeit und Selbstlosigkeit vernichtenden Umstände.
Siehe die Erzählung »Small Causes«.

377 Vgl. zu einer Klassifikation verschiedener »Coping«-Strategien von KZ-Häftlin-
gen: Joel E. Dimsdale, »The Coping Behaviour of Nazi Concentration Camp Survivors«, in: ders. (ed.), *Survivors, Victims, and Perpetrators. Essays on the Nazi
Holocaust*, Washington 1980, S. 163–174.

378 Jorge Semprun, *Schreiben oder Leben*, S. 28.

379 »The mode of adaptation to extreme conditions could constitute the needed link to
the pre-Holocaust personality of the survivor to the process of recovery.« A. Ornstein, »Survival and Recovery«, S. 107.

380 So der Untertitel von Améry, *Jenseits von Schuld und Sühne*.

381 Siehe dazu auch Robert J. Lifton, »The Concept of the Survivor«, in: J. Dimsdale
(ed.), *Survivors, Vicitims, Perpetrators*, Washington 1980, S. 113–126.

382 Charlotte Delbo, *La mémoire et les jours*, zit. nach Lawrence L. Langer, *Holocaust
Testimonies*, S. 3.

383 Siehe Steve Hassan, *Aus dem Bann der Sekten. Psychologische Beratung für Betroffene und Angehörige*, Reinbek 1993, S. 316. Aber auch: Robert J. Lifton, *The
Future of Immortality and Other Essays for a Nuclear Age*, New York 1987.

384 Diese Form der Abwehr von traumatischen Erfahrungen, bei der neben die Identität, der Gewalt angetan wurde, sich eine oder gleich mehrere neue Identitäten
stellen, die keinen Anschluss an die Erinnerung an Durchlittenes haben, wird auch
bei sogenannten »Multiplen Persönlichkeiten« attestiert. Siehe: Michaela Huber,
Multiple Persönlichkeiten. Überlebende extremer Gewalt, Frankfurt am Main
1995; Leonore Terr, *Schreckliches Vergessen, heilsames Erinnern. Traumatische
Erfahrungen drängen ans Licht*, München 1995; Judith Lewis Herman, *Trauma
and Recoyery*, New York 1992.

385 C. A. Ross, *Multiple Personality Disorder. Diagnosis, Clinical Features, and Treat-
ment*, New York 1989; D. W. Neswald/C. Gould, »Basic Treatment and Program
Neutralisation for Adult MPD Survivors and Satanic Ritual Abuse«, in: *Treating
Abuse Today*, Vol 2 (3), 1992, S. 5–10; Steve Hassan, *Ausstieg aus dem Bann der
Sekten*, S. 249.

386 Die abschließende Beurteilung folgt in Teil 2.

387 In Anlehnung an die Zweifel, die Nancy Fraser äußert, in: »From Redistribution
to Recognition? Dilemmas of Justice in a ›Postsocialist‹ Age«, in: Nancy Fraser,
Justice Interruptus. Criticial Reflections on the »Postsocialist« Condition, New
York/London 1997, S. 11–41.

388 Siehe C. Pross, *Wiedergutmachung. Der Kleinkrieg gegen die Opfer*, Frankfurt am
Main 1988.

389 Brown, *States of Injury*, Kap. 3: »Wounded Attachment«, S. 52–77.

390 Brown, *States of Injury*, S. 74.

391 In dem abschließenden Kapitel zum Ausblick auf normative Ansatzpunkte mehr.

392 Henry Louis Gates, *Colored People*, S. XIII.

393 Es geht also nicht allein darum, dass es sich um eine transitive Identifikation han-

delt, die Identifizierung also von außen kommt, sondern dass sie zwangsweise geschieht, d. h. in irgendeinem Sinne gegen den Willen der so Bezeichneten, die sich reflexiv eben nicht zu dieser Gruppe zugehörig zählen würden.

394 Siehe dazu auch Peters, *Die Integration moderner Gesellschaften*, S. 57–77.

395 Bei Foucault allerdings entbehren Dispositive oder Diskurse – wie bereits in Kapitel 2.2.2. diskutiert – jeglicher Geltungsansprüche auf Richtigkeit oder Gültigkeit, sondern stellen sich lediglich als Mittel diskursiver Vermachtungsverhältnisse dar. Dadurch ist auch der Begriff des »Sinns« in diesem Zusammenhang von jeder Rationalität oder Normativität im üblichen Verständnis zu befreien.

396 »Fremdzuschreibung« beinhaltet in diesem Zusammenhang also sowohl die deskriptive Ebene der Beschreibung als auch die normative der pejorativen Belastung.

397 Wie die amerikanischen Schwulen und Lesben im Umgang mit dem ehemaligen Schimpfwort *»queer«* gezeigt haben. Siehe Judith Butler, »Critiqually queer«, in: dies., *Bodies that Matter*.

398 Wie an dem Beispiel der Mashpee-Indianer von James Clifford nachzuweisen war.

399 So Judith Butler in: *Das Unbehagen der Geschlechter*, Frankfurt am Main 1991, S. 215 ff., aber auch in *Excitable Speech. A Politics of the Performative*, New York/London 1997, S. 139 f.

400 »Falsch« im deskriptiven Sinne von überprüfbaren Zuschreibungen oder Behauptungen. Die Kategorie der »Rasse« wäre eine solche Konstruktion, die sich als schlicht »falsche« Differenz bezeichnen ließe. Inwieweit aber auch solche an sich »falschen« Beschreibungen und Konstruktionen zu substantiellen Erfahrungen und damit wieder zutreffenden Bezeichnungen und Differenzen werden, ließ sich schon bei Sartres *Réflexions sur la question juive* nachweisen, wird aber im folgenden Kapitel noch ausführlicher diskutiert.

401 Das ist insofern eine elementare Unterscheidung, weil die Idee der »Konstruktion« einer Identität nahelegt, sie entfaltete keine Realität. Dem soll hier widersprochen werden. Konstruktionen sind nicht fiktional. Die Kriterien mögen fiktiv sein, aber die Konstruktion entfaltet für die transitiv gegen ihren Willen identifizierten Mitglieder durchaus eine soziale und auch psychische Wirklichkeit – wie anhand von Sartre, aber auch Foucault zu sehen war.

402 Siehe dazu auch: Wingert, *Gemeinsinn und Moral*, S. 192 ff., Honneth, *Kampf um Anerkennung*, S. 274 ff.

403 Dazu im abschließenden Kapitel mehr.

404 Tendenziell werden die jeweils mehrheitlich vertretenen kollektiven Identitäten dieses Privileg genießen. Damit soll nicht unterstellt werden, dass nicht auch diese Gruppen von den pejorativ belasteten oder inakzeptablen Deutungen und Wertungen anderer Gruppen affiziert werden. Aber sie haben eine größere Chance, dass diese Wertungen und Fremdbeschreibungen nicht Eingang in soziale Praktiken oder positivierte Gesetze finden.

405 Den Vorwurf beispielsweise kann man Sartre gewiss nicht machen, der immerhin zwischen »Serien« und »Gruppen« unterscheidet.

406 Neben einer Reihe von anderen Problematiken, die schon im Kapitel selbst en detail besprochen wurden.

407 Hannah Arendt, »Lessing-Rede«, in: dies., *Menschen in finsteren Zeiten*, München 1989, S. 34.

Teil 2: Entwurf einer Typologie kollektiver Identitäten

408 Wie Sartre und Young eindrücklich nachweisen.

409 Zur Problematik einer substantiellen Bestimmung des Gehalts von kollektiven Identitäten siehe Appiah, »Race, Culture, Identity«, S. 77; sowie: A. L. Kroeber/Clyde Kluckhohn, *Culture. A Critical Review of Concepts and Definitions*, Cambridge 1952, S. 42.

410 Kroeber/Kluckhohn, *Culture*, S. 42.

411 Joan W. Scott, »Multiculturalism and the Politics of Recognition«, in: John Rajchman (ed.), *The Identity in Question*, New York 1995, S. 5.

412 »Die Untersuchung von Kultur ist ihrem Wesen nach unvollständig. Und mehr noch, je tiefer sie geht, desto unvollständiger wird sie.« Clifford Geertz, »Dichte Beschreibung. Bemerkungen zu einer deutenden Theorie von Kultur«, in: ders., *Dichte Beschreibung. Beiträge zum Verstehen kultureller Systeme*, 3. Auflage, Frankfurt am Main 1994, S. 41.

413 Kroeber/Kluckhohn, *Culture*, S. 41.

414 Peters, *Die Integration moderner Gesellschaften*, S. 67.

415 »Lebensformen reproduzieren sich normalerweise dadurch, daß sie diejenigen, die sie ergreifen und in ihren Persönlichkeitsstrukturen prägen, von sich *überzeugen*, d. h. zur produktiven Aneignung und Fortführung motivieren.« Jürgen Habermas, »Anerkennungskämpfe im demokratischen Rechtsstaat«, S. 174.

416 Appiah, »Race, Culture, Identity«, S. 93.

417 In diesem Sinne verstehe ich auch Deleuzes kritische Bemerkung: »Es gibt kein majoritäres Werden, Majorität ist kein Werden. Es gibt nur minoritäres Werden. Die Frauen, unabhängig von ihrer Anzahl, sind eine als Zustand oder Untermenge definierbare Minorität.« Siehe: Gilles Deleuze, »Philosophie und Minorität«, in: Joseph Vogl (Hg), *Gemeinschaften. Positionen zu einer Philosophie des Politischen*, Frankfurt am Main 1994, S. 206.

418 Ludwig Wittgenstein, *Philosophische Grammatik, Schriften IV*, Frankfurt am Main 1969, S. 65.

419 Seel, »Ethik und Lebensformen«, S. 245.

420 Seel, »Ethik und Lebensformen«, S. 246.

421 So auch Peters, *Die Integration moderner Gesellschaften*, S. 102.

422 Kroeber und Kluckhohn argumentieren demgegenüber, dass kulturelle Kollektive mindestens so viele Probleme erzeugen, wie sie lösen. Kroeber/Kluckhohn, *Culture*, S. 57.

423 Zur These der Funktion von kulturellen Vergesellschaftungen/Assoziationen als Instrumenten der Konfliktbewältigung siehe auch Günter Frankenberg, *Die Verfassung der Republik. Autorität und Solidarität in der Zivilgesellschaft*, Baden-Baden 1996, S. 53.

424 Siehe dazu auch Webers Bestimmung der Gründe sozialen Handelns in: Max Weber, *Soziologische Grundbegriffe*, 6. Auflage, Tübingen 1921/1984, § 2, S. 44–47.

425 Russel Hardin, *One for All. The Logic of Group Conflict*, Princeton 1995.

426 Seel, »Ethik und Lebensformen«, S. 246.

427 Jürgen Habermas, »Vom pragmatischen, ethischen und moralischen Gebrauch der Vernunft«, in: ders., *Erläuterungen zur Diskursethik*, S. 105 f.

428 Diese Aufteilung, nach der im Folgenden verfahren wird, führt zu den Abschnitten

einerseits der individuellen Sozialisation und andererseits der kulturellen Reproduktion – diese Aufteilung entspricht auch dem Schema von Reproduktionsprozessen / strukturellen Komponenten der Lebenswelt, allerdings unter Missachtung
der normativen Ebene der Integration und der Komponente der Gesamtgesellschaft,
in Habermas' *Theorie des kommunikativen Handelns*, Bd. 2, S. 214.

429 So der Titel eines Aufsatzes von Jürgen Habermas: »Individuierung durch Vergesellschaftung. Zu George Herbert Meads Theorie der Subjektivität«.

430 Es ist wichtig, diese beiden Prozesse nicht von vornherein in eins zu setzen: die
Entwicklung, durch die ein Baby durch Sozialisation lernt, ein soziales Selbst zu
bilden, und die Entwicklung, durch die eine Person in bestimmte kommunikative
Lebensformen, in kulturelle Sinnhorizonte integriert wird. Seyla Benhabib macht
diesen Unterschied deutlich in: »Subjektivität, Geschichtsschreibung und Politik«,
in: Benhabib / Butler / Cornell / Fraser, *Der Streit um Differenz*, S. 108. Dazu später
mehr.

431 Habermas, »Individuierung durch Vergesellschaftung«, S. 191.

432 Damit ist, soweit ich sehe, keineswegs notwendig die Unterstellung verbunden,
dieses »du« müsse in irgendeiner Weise »gleich« sein oder funktionieren – wie
Iris Marion Young kritisch zu suggerieren scheint. Es geht im Gegenteil vielmehr
darum, dass das »Ich« sein praktisches Selbstverhältnis in Auseinandersetzung mit
der Perspektive und Wahrnehmung eines Gegenübers entwickelt – *wie* different der
Andere zu mir selbst ist, ist damit substantiell noch gar nicht bestimmt. An dieser
Stelle geht es doch lediglich um die Ausbildung einer Interaktionskompetenz, also
um die Struktur oder Fähigkeit, mit Hilfe derer Perspektiven voneinander unter-
scheidbar werden und mit einbezogen werden in das praktische Selbstverhältnis.
Damit ist noch nicht ausgesagt, dass die Inhalte der fremden Wahnehmungen in
jedem Fall eins-zu-eins übernommen werden, oder gar, dass sie identisch mit den
eigenen seien. Siehe zu diesem, wie ich finde, ungerechtfertigten Einwand: Iris Marion Young, »Asymmetrical Reciprocity: On Moral Respect, Wonder, and Enlarged
Thought«, in: dies., *Intersecting Voices. Dilemmas of Gender*, *Political Philosophy*,
and Policy, Princeton 1997, S. 38–59.

433 Habermas, »Individuierung durch Vergesellschaftung«, S. 231.

434 Siehe dazu Honneth, *Kampf um Anerkennung*, S. 121–125.

435 Habermas betont in diesem Zusammenhang mehr, dass das Subjekt als individuiertes Wesen anerkannt wird; Honneth demgegenüber hebt mehr die Anerkennung als
»würdiges« Mitglied der Gemeinschaft hervor: Jürgen Habermas, »Individuierung
als Vergesellschaftung«, S. 226; Axel Honneth, *Kampf um Anerkennung*, S. 126 f.

436 Seyla Benhabib kritisiert treffsicher die Kommunitaristen für den Fehlschluss der
Ineinssetzung der »significance of constitutive communities for the formation of
one's identity with a socially conventionalist and morally conformist attitude.«
Seyla Benhabib, »Autonomy, Modernity and Community«, S. 74.

437 Habermas, »Individuierung durch Vergesellschaftung«, S. 220.

438 Butler, »Kontingente Grundlagen. Der Feminismus und die Frage der Postmoderne«, S. 40 [Hervorhebung C.E.].

439 George Herbert Mead, *Mind, Self and Society*, S. 203.

440 Mead, *Mind, Self and Society*, S. 204 f. Siehe dazu auch: Axel Honneth, *Kampf um
Anerkennung*, S. 131.

441 Für Hannah Arendt ist die Unberechenbarkeit Grund für die unverwechselbare

Einzigartigkeit jedes Menschen, die auf dem Faktum seiner Natalität beruht: »Und diese Begabung für das schlechthin Unvorhersehbare wiederum beruht ausschließlich auf der Einzigartigkeit, durch die jeder von jedem, der er war, ist oder sein wird, geschieden ist, wobei aber die Einzigartigkeit nicht so sehr Tatbestand bestimmter Qualitäten ist oder der einzigartigen Zusammensetzung bereits bekannter Qualitäten in einem ›Individuum‹ entspricht, sondern vielmehr auf dem alles menschliche Zusammensein begründenden Faktum der Natalität beruht, der Gebürtlichkeit, kraft deren jeder Mensch einmal als ein einzigartiges Neues in der Welt erschienen ist.« Hannah Arendt, *Vita Activa oder Vom tätigen Leben*, München 1981, S. 167.

442 Giddens spricht über das Verhältnis von Handeln und sozialer Struktur in seiner »structuration theory«, inwiefern soziale Strukturen »enabling and constraining« seien: Anthony Giddens, *Social Theory and Modern Sociology,* Cambridge 1987.

443 »The idea of an *uncontaminated* culture existing in a single village or a *self-contained* national culture is absurd insofar as it implies that a culture can exist other than in relation to others.« Chandran Kukathas, »Explaining Moral Variety«, in: E. F. Paul / F. D. Miller, Jr. / J. Paul (eds.), *Cultural Pluralism and Moral Knowledge*, Cambridge / New York / Melbourne 1994, S. 6.

444 Habermas, »Individuierung durch Vergesellschaftung«, S. 223.

445 Vgl. auch: Seyla Benhabib, »Autonomy, Modernity and Community«, S. 74.

446 Allison Weir, *Sacrificial Logics*, S. 186.

447 Weir, *Sacrificial Logics*, S. 127.

448 »The question of identity ist never the affirmation of a pre-given identity, never a self-fulfilling prophecy – it is always the production of an image of identity and the transformation of the subject in assuming that image.« Homi K. Bhabha, *The Location of Culture*, London / New York 1994, S. 45.

449 Siehe dazu auch Jürgen Habermas, »Notizen zur Entwicklung der Interaktionskompetenz«, in: ders., *Vorstudien und Ergänzungen zur Theorie des kommunikativen Handelns*, Frankfurt am Main 1984, S. 189.

450 Vgl. Habermas, »Notizen zur Entwicklung der Interaktionskompetenz«, S. 189.

451 Homi K. Bhabha, »DissemiNation: Time, Narrative, and the Margins of the Modern Nation«, in: ders. (ed.), *Nation and Narration*, London / New York 1990, S. 299.

452 Wie beispielsweise in der jüdischen Tradition der Talmud-Schulung.

453 Clifford Geertz hat sehr eindrücklich darauf hingewiesen, dass sich bei sogenannten »Dritte-Welt-Staaten« diese beiden Zeitlichkeiten in Form »ideologischer Narrative oder Sinn-Horizonte« einerseits und moderner politischer Institutionen andererseits zeigen, die sich jedoch beständig wechselseitig beeinflussen und bestimmen. Clifford Geertz, »Politics Past, Politics Present. Some Notes on the Uses of Anthropology in Understanding New States«, in: ders., *The Interpretation of Culture*, New York 1973, S. 341.

454 Siehe auch zur Rolle von Museen und ethnographischen Sammlungen als Selektionsmitteln im Prozess der kulturellen Reproduktion / Konstruktion: James Clifford, »On Collecting Art and Culture«, in: R. Ferguson / M. Gever / T. T. Minh-ha / C. West (eds.), *Out There. Marginalisation and Contemporary Cultures*, New York / Cambridge 1990, S. 141–190.

455 Zur Rolle des Vergessens, ohne das sich niemals ein – auch nur halbwegs – kohärentes Set an Bedeutungen und Praktiken oder ein historisch-fiktiver Narrativ

durchsetzen könnte, siehe: Bhabha, »DissemiNation«, S. 310; Benedict Anderson, *Imagined Communities*, S. 187–203.

456 Hobsbawm/Ranger verbinden diese Zeitlichkeiten und die Konstruiertheit der Dimensionen in dem Titel des von ihnen herausgegebenen Buches: *The Invention of Tradition*, Cambridge 1983.

457 James Clifford, »On Collecting Art and Culture«, S. 143.

458 Vgl. auch: Alan Gewirth, »Is Cultural Pluralism relevant to Moral Knowledge?«, in: Paul/Miller/Paul (eds.), *Cultural Pluralism and Moral Knowledge*, S. 24.

459 Siehe auch Michael Walzer, *Interpretation and Social Criticism*, Cambridge 1987.

460 James Tully, *Strange Multiplicity. Constitutionalism in an Age of Diversity*, Cambridge/New York/Melbourne 1995, S. 13.

461 Nun ist dies eine äußerst neutrale Darstellung von Prozessen der Vermengung kultureller Traditionen oder Praktiken und Bedeutungen, die in der Geschichte häufig auch in gewalttätigen Konflikten oder Okkupationen ihren Ausgang genommen haben. Zu den Prozessen solcher asymmetrischer, gewalttätiger interkultureller Verhältnisse im nachfolgenden Kapitel mehr.

462 Vgl. dazu auch: Bonnie Honig, »Difference, Dilemmas, and the Politics of Home«, in: Seyla Benhabib (ed.), *Democracy and Difference*, Princeton 1996, S. 257–277.

463 Bonnie Honig, ebenda. Siehe als Beispiele für Personen, die in der Tat in fremden kulturellen Lebensformen oder kollektiven Identitäten mehr Vertrautes und Gemeinsames, in jedem Fall aber mehr Identifikationsmöglichkeit finden als in der eigenen Kultur, so dass sie »zu Hause« Heimweh entwickeln, in der Fremde aber »bei sich selbst sind«: Saúil Zuratas, der »Geschichtenerzähler« des gleichnamigen Buches von Vargas Llosa, ein durch ein Muttermal gebrandmarkter Jude, der zu dem Indianerstamm der Machiguengas in den Urwald übersiedelt und zum Heiligen, Gedächtnis und Sprachrohr ihrer Kultur wird, Mario Vargas Llosa, *Der Geschichtenerzähler*, Frankfurt am Main 1990; aber auch das Mädchen Margaret in der ethno-soziologischen Studie über »renitente, abtrünnige« Mädchen und junge Frauen: Carla Cappetti, »Deviant Girls and Dissatisfied Women: A Sociologist's Tale«, in: Werner Sollors (ed.), *The Invention of Ethnicity*, New York 1989, S. 124–157.

464 Siehe Jürgen Habermas, »Was macht eine Lebensform rational?«, in: ders., *Erläuterungen zur Diskursethik*, Frankfurt am Main 1991, S. 45.

465 Die Vermittlung der disjunktiven Temporalität geschieht gleichsam im Erzählmodus.

466 Vgl. zu dieser Tendenz: K. Anthony Appiah, »Race, Culture, Identity«, S. 103; Sheldon Wolin, »Democracy, Difference, and Recognition«, S. 476; Joan W. Scott, »Multiculturalism and the Politics of Identity«, S. 7 f.; Jürgen Habermas, »Anerkennungskämpfe im demokratischen Rechtsstaat«, S. 177.

467 Solche fundamentalistischen Vergesellschaftungen bildeten eigentlich eine weitere Sub-Gruppe einer hier zu entwickelnden Typologie kollektiver Identitäten: nämlich Gruppen, die nicht von außen, durch externe Zuschreibungen in eine fixierte Identität gezwungen werden, sondern Gruppen, die durch eine eigene, interne »Elite« in einer internen-imperialen Weise unterdrückt werden.

468 »What constitutes a tradition is a conflict of interpretation of that tradition, a conflict which itself is susceptible to rival interpretations.« Alasdair MacIntyre, »Epistemological Crises, Dramatic Narrative and the Philosophy of Science«, in: Gary Gutting (ed.), *Paradigms and Revolution*, Notre Dame 1980, S. 62.

469 Es geht also nicht darum, ein Subjekt *vor* der Konfrontation mit »Kultur und Diskurs« zu behaupten. Auch hier wird das Subjekt in Auseinandersetzung mit einer
Sprech- und Handlungsgemeinschaft konstituiert. Die hier entwickelte Argumentation behauptet aber stattdessen, dass das Subjekt durch seine Konstitution in einer
kommunikativen Lebensform und seine Anerkennung darin zugleich als individuiertes Wesen wahrgenommen und anerkannt werden kann – und dadurch seine
Handlungsfähigkeit und Fähigkeit zur reflexiven Distanznahme nicht zugeschüttet,
sondern eigentlich erst ermöglicht wird. Entgegen den üblichen Vorwürfen gegen
Judith Butler, sie beraube das Subjekt vollständig jeder Handlungsfähigkeit, denke
ich, dass sie genau das hier rekonstruierte Argument selber vollzieht.

470 Todorov, *La Conquête de l'Amérique*, S. 228.

471 Siehe dazu insbesondere John R. Searle, *The Construction of Social Reality*, New
York 1995.

472 Siehe dazu auch Kimberlé Williams Crenshaw, »Mapping the Margins«, S. 375.

473 Vgl. auch Iris Marion Young, »Together in Difference: Transforming the Logic
of Group Political Conflict«, in: Will Kymlicka, *The Rights of Minority Cultures*,
S. 161.

474 Siehe zu der Schwierigkeit, sich gegen diese verordnete Schweigsamkeit zu wehren: bell hooks, »Talking back«, in: R. Ferguson / M. Gever / T. T. Min-ha / C. West
(eds.), *Out There*, S. 337–340.

475 Oder »unhörbar«. Siehe dazu auch: Gayatri Chakravorty Spivak, *In other worlds*,
New York / London 1987, S. 103–118.

476 »Misslingende« Identitätsbildung bedeutet in diesem Fall nicht, dass »keine« Identität geformt wird, sondern eine, die die Integrität der Person verletzt.

477 So die Formulierung von Lutz Wingert in: *Gemeinsinn und Moral*, S. 194.

478 Bhabha, *The Location of Culture*, S. 44.

479 Vgl. zu diesen zwei Formen der Anerkennung oder des Respekts, dem unvertretbar
Einzelnen sowie dem Angehörigen einer spezifischen Lebensform gegenüber: Lutz
Wingert, *Gemeinsinn und Moral*, S. 179–209.

480 Wingert, *Gemeinsinn und Moral*, S. 191.

481 »Dans le meilleur des cas, les auteurs espagnols disent du bien *des* Indiens; mais,
sauf exception, ils ne parlent jamais *aux* Indiens.« Tzvetan Todorov, La conquête de
l'Amérique, S. 169.

482 Dazu später mehr.

483 Cornel West, »Race and Social Theory«, in: ders., *Keeping Faith*, S. 259.

484 Da von der Identität von sprech- und handlungsfähigen Personen die Rede sein
wird, ist es wichtig, noch einmal hervorzuheben, dass sich die Identität der Person nicht allein in ihren Handlungen enthüllt. Der Hinweis auf die Erklärung oder
Selbstdarstellung der Person / des Kollektivs in Narrativen ist deshalb relevant, weil
in der narrativen Identität eine zeitliche Dimension zum Ausdruck kommt, die bei
der handlungstheoretischen Konzeption zu kurz kommt: nämlich, dass Personen
und Kollektive über eine Geschichte verfügen. Vgl. dazu auch: Paul Ricoeur, *Soi-
même comme un autre*, Paris 1990.

485 Vgl. dazu G.E.M. Anscombe, *Intention*, Oxford 1957; aber auch zum Begriff der
Identifikation mit solchen Beschreibungen oder Etiketten: K. Anthony Appiah,
»Race, Culture, Identity«; sowie Ian Hacking, »Making Up People«.

486 Charles Taylor, »What is Human Agency?«, S. 63.

487 Appiah, »Race, Culture, Identity«, S. 78 [Hervorhebung C.E.].

488 »The discourse on sexual preference is so thoroughly shaped by heterosexism that often the only use for the concept of choice is in the assumption that if individuals can choose their sexual preference they will choose heterosexuality.« Vera Whisman, *Queer by Choice. Lesbians, Gay Men, and the Politics of Identity*, New York / London 1996, S. 24.

489 Aus dieser staatlichen Ausgrenzung resultierte letztlich das Vorurteil, Juden seien nicht seßhaft, nicht seßhaften Personen kann aber nicht vertraut werden und insofern können sie auch nicht zum Staatsdienst zugelassen werden und so weiter und so fort – und exakt auf diese Weise funktionieren politische Konstruktionen von Identitäten. Siehe zu der politischen Konstruktion »des Zigeuners«, der sich als ein – an diesem Punkt – ähnliches Projektionsfeld anbot: Katie Trumpener, »The Time of the Gypsies: A ›People Without History‹ in the Narratives of the West«, in: K. Anthony Appiah / Henry Louis Gates, Jr. (eds.), *Identities*, Chicago 1995, S. 338–379. Siehe dazu auch: Ian Hancock, *The Pariah Syndrome: An Account of Gypsy Slavery and Persecution*, Ann Arbor 1987.

490 Mary C. Waters, *Ethnic Options. Choosing Identities in America*, Berkeley / Los Angeles 1990, S. 18.

491 Es sei hinzugefügt, dass natürlich die »imaginäre Welt« der Barbie-Puppen auch keine »ideologiefreie Zone« ist und insofern ihrerseits an faktischen Orientierungsmustern, Rollenidealen und -normen ausgerichtet ist.

492 Es ist für die Interpretation der Geschichte entscheidend, dass es sich bei Ludovics Kleiden nicht um einen einmaligen Akt, um Verkleidung handelt. Vielmehr zitiert er, geradezu konsequent und originalgetreu, die Vorgaben der Norm – nur eben nicht derjenigen, die man von ihm als *Jungen* erwartet. Siehe zu dem Unterschied von »drag« und der »wahren« Geschlechtsidentität auch Judith Butler, *Bodies that matter*, S. 233.

493 Henry Louis Gates, Jr., *Loose Canons: Notes on Cultural Wars*, New York 1992, S. 101.

494 Stuart Hall, »Alte und neue Identitäten, alte und neue Ethnizitäten«, in: ders., *Rassismus und kulturelle Identität, Ausgewählte Schriften Bd. 2*, Hamburg 1994, S. 79.

495 Stuart Hall bezeichnet dies als die »Positionalität« von sozialen Kategorien: Stuart Hall, »Alte und neue Identitäten«, S. 77.

496 Siehe dazu auch Taylor, »What is Human Agency?«, in: ders., *Human Agency and Language. Philosophical Papers 1*, Cambridge 1985, S. 35.

497 Judith Butler, *Excitable Speech.*

498 »We do things with language, produce effects with language, and we do things to language, but language is also the thing that we do.« Judith Butler, *Excitable Speech*, S. 8.

499 Butler, *Excitable Speech*, S. 15.

500 Butler, *Excitable Speech*, S. 4.

501 Siehe dazu auch Butlers autobiographischen Bericht einer solchen sprachlichen Verletzung bei einem Besuch in Deutschland: Judith Butler, »One Girl's Story. Überlegungen zu Deutschland«, in: *Texte zur Kunst*, 3.78 (Sept. 1993), Nr. 11, S. 41–49.

502 Beziehungsweise stellt das Subjekt in einen *anderen* Kontext, wie Butler an anderer Stelle ausführt: »Called by an injurious name, I come into a social being, but because a certain attachment to my existence is to be assumed, a certain narcissism takes

hold of any term that confers existence, I am led to embrace the terms that injure me, precisely because they constitute me socially.« Judith Butler, »Subjection, Resistance, Resignification: Between Freud and Foucault«, in: John Rajchman (ed.), *The Identity in Question*, New York/London 1995, S. 245.

503 Butler, *Excitable Speech*, S. 35.

504 Lutz Wingert hat mich auf diese Parallele aufmerksam gemacht.

505 Butler, *Excitable Speech*, S. 5.

506 Allison Weir, *Sacrificial Logics*, S. 119.

507 Butler, *Excitable Speech*, S. 36.

508 Butler, *Excitable Speech*, S. 27.

509 Beispielsweise scheint mir die bundesdeutsche Gesetzgebung, die die »Auschwitz-Lüge«, also das Leugnen des Holocaust, unter Strafe stellt, höchst fragwürdig. Nicht, weil mir die implizite Beleidigung der Opfer und Überlebenden des Holocaust nicht deutlich wäre oder ich sie nicht problematisch fände, sondern weil es absurd zu sein scheint, eine falsche Tatsachenbehauptung wie »In Auschwitz wurden nie Juden umgebracht« nicht genauso schlicht als historisch falsche Aussage wie »Hitler ist nie in Polen eingefallen« zu bewerten. Das Recht der freien Meinungsäußerung (in diesen Beispielen von historischem Unsinn) scheint mir in diesem Fall fragwürdig eingeschränkt. Mehr Rücksichtnahme auf die Traumatisierungen einer kollektiven Identität scheint bei dem Beispiel von den Märschen der Oranier-Orden in Nordirland möglich zu sein. Der symbolische Umzug, der an den Sieg über die feindlichen Katholiken erinnert, kann im Butler'schen Sinne als »Zitation« verstanden werden und scheint mir eine unnötige Verletzung darzustellen, wenn die Oranier durch rein katholische Viertel marschieren. Der Umzug muss deswegen keineswegs verboten, vielleicht lediglich umgeleitet werden. Vgl. zu einer Kritik an dem Volksverhetzungsparagraphen auch: Simone Dietz, »Die Lüge von der ›Auschwitz-Lüge‹ – Wie weit reicht das Recht auf freie Meinungsäußerung?«, in: *Kritische Justiz* 1995, S. 210–22.

510 Butler, *Excitable Speech*, S. 2.

511 Charles Taylor, »What is Human Agency?«, S. 63 f.

512 Hannah Arendt, *Menschen in finsteren Zeiten*, S. 36.

513 Genau hier setzt Wendy Brown mit ihrer Warnung an, jede politische Artikulation über Identität, die sich an dem »Ich bin«-Aspekt der eigenen Identität orientiert, laufe Gefahr, exakt die der nicht-intentional konstruierten Identität eingeschriebenen Verletzungen erneut zu reproduzieren. Dazu im abschließenden normativen Teil mehr. Vgl. Wendy Brown, *States of Injury*, S. 75.

514 So Jürgen Habermas am Beispiel der Normierungen und Schematisierungen im Arbeitsrecht: »[Diese Normierungen] schränken beispielsweise die privatautonome Lebensgestaltung der Begünstigten insoweit unzumutbar ein, wie sie tradierte Rollen fortschreiben, statt die Betroffenen selbst an deren Interpretation, Ausdifferenzierung oder Umgestaltung zu beteiligen.« Jürgen Habermas, *Faktizität und Geltung. Beiträge zur Diskurstheorie des Rechts und des demokratischen Rechtsstaats*, Frankfurt am Main 1992, S. 498.

515 Offizielle US-amerikanische Legislatur, zitiert in: Suzanne Oboler, *Ethnic Labels, Latino Lives. Identity and the Politics of (Re)Presentation in the United States*, Minneapolis/London 1995, S. 1.

516 Butler, *Bodies that matter*, S. 116.

517 Foucault würde hier von dem kapillarischen System moderner Machtverhältnisse sprechen, durch die Subjekte auf vielfältige Weisen durchdrungen und produziert werden. Siehe Teil 1, Kapitel 2.2.2.

518 Siehe dazu: Joanne Nagel, »The Political Construction of Ethnicity«, in: Susan Olzak/Joanne Nagel (eds.), *Competitive Ethnic Relations*, Orlando 1986, S. 93–112; Felix Padilla, »On the Nature of Latino Ethnicity«, in: *Social Science Quarterly*, Vol. 65, No. 2, June 1984, S. 651–663; Clara Rodriguez, »Challenging Racial Hegemony: Puerto Ricans in the United States«, in: Steven Gregory/Roger Sanjek (eds.), *Race*, New Brunswick 1994, S. 131–145.

519 Joanne Nagel, »The Political Construction of Ethnicity«, S. 98.

520 Susann Oboler, *Ethnic Labels, Latino Lives*, S. 13.

521 Artikel 16a des Grundgesetzes (Asylrecht), zitiert nach: Amnesty International (Hg.), *Zwei Jahre neues Asylrecht. Auswirkungen des geänderten Asylrechts auf den Rechtsschutz von Flüchtlingen*, 2. überarbeitete Ausgabe, Bonn 1996, S. 14.

522 Die sich dem Schengen-II-Abkommen angeglichen hat.

523 *Frankfurter Allgemeine Zeitung* vom 03.01.1998.

524 *Süddeutsche Zeitung* vom 09.01.1998.

525 Reinhard Rürup, *Emanzipation und Antisemitismus*, S. 94. Siehe auch: R. M. Loewenstein, *Psychoanalyse des Antisemitismus*, Frankfurt am Main 1968; *Psyche*, Bd. 16, 1962, S. 241–317 (mit Beiträgen von A. Mitscherlich, B. Grumberger, M. Wangh, W. Hochheimer).

526 So schreibt Rose-M. Borngässer in der Welt vom 03.01.1998: »Für die meisten Flüchtlinge steht das Ziel von Anfang an fest: Deutschland [...]. Alle Kurden, die in Italien landeten, hatten Telefonnummern in der Tasche. Einer von ihnen hatte sogar ein Handy, mit dem er nach Deutschland telefonierte ...«

527 Simon Critchley hat mich auf diese Ambivalenz in der Reaktion hingewiesen.

528 Siehe dazu auch: Eva Kjaergaard, »The Concept of ›Safe Third Country‹ in Contemporary Refugee Law«, in: *International Journal of Refugee Law*, 6, 1994, S. 649–655; Theodora Antoniou, »Public Administration and Human Rights: The Case of Non EU-Aliens. Case Study«, in: *Revue Européene de Droit Publique*, 7, 1995, S. 897–929; Isabelle Gunning: »Expanding the International Definition of a Refugee: A Multicultural View«, in: *Fordham International Law Journal*, Vol. 13, 1, 1989/90, S. 35–85; Pro Asyl (Hg.), *Recht für Flüchtlinge. Ein Ratgeber durch das Asyl- und Ausländerrecht für die Praxis*, S. 20–38.

529 So die Erklärung dieser Regelung in der von Amnesty International herausgegebenen Broschüre: *Zwei Jahre Neues Asylrecht*, S. 91.

530 Allerdings gesteht das Gesetz einen Einspruch zu: Der Flüchtling kann versuchen, die Vermutung der Verfolgungssicherheit zu widerlegen. Die Begründungslast liegt dabei aber auf dem Antragsteller und muss immerhin gegen die Erwägungen und Einschätzungen des Auswärtigen Amtes argumentiert werden.

531 Zitiert nach: Amnesty International (Hg.), *Zwei Jahre Neues Asylrecht*, S. 66 f.

532 Was angesichts der Menschenrechtsverletzungen durchaus begründbar und vertretbar ist.

533 Im Endeffekt führt diese verdrehte Logik dazu, dass der Türkei die internationale Verantwortung für die Krise zugeschoben wird, was zu nur noch größerer Repression gegen fluchtbereite Kurden im eigenen Land führt – letzten Endes wird also die Situation der Kurden, die eben noch von der EU beanstandet wurde, auf eigenen Druck hin verschlechtert.

534 Appiah, »Race, Culture, Identity«, S. 76.
535 Wie vermeintliche »Rassen« zum Beispiel.

Teil 3: Normative Aussichten

536 Vgl. Ronald Dworkin, *Taking Rights Seriously*, Cambridge 1977, S. 272
537 So Henry Shue, »Liberty and Self-Respect«, in: *Ethics* 85, S. 195–203.
538 So Wingert, *Gemeinsinn und Moral*, S. 169.
539 Vgl. Robert Alexy, *Theorie der Grundrechte*, dritte Aufl., Frankfurt am Main 1996,
     S. 359; Jürgen Habermas, *Faktizität und Geltung*, S. 13.
540 Jürgen Habermas, *Faktizität und Geltung*, S. 388.
541 Wingert, *Gemeinsinn und Moral*, S. 178.
542 Vgl. Axel Honneth, *»Anerkennung und moralische Verpflichtung«*, in: *Zeitschrift
     für philosophische Forschung*, Band 51, Heft 1, Januar-März 1997, S. 30.
543 Wie in Kapitel 4.2. nachzuweisen war, besteht ein korrespondierender Zusammen-
     hang zwischen Identität und Missachtung oder Verletzung.
544 Wingert, *Gemeinsinn und Moral*, S. 179.
545 Honneth, *Kampf um Anerkennung*, Kapitel 6, S. 212–226.
546 Siehe die Foucault-Kritik in Kapitel 2.2.2.
547 Honneth, *Kampf um Anerkennung*, S. 214.
548 Die letzten beiden Formen der Missachtung sind bei Honneth ausdrücklich his-
     torisch variabel und kontingent.
549 Honneth, »Anerkennung und moralische Verpflichtung«, S. 25–41.
550 Honneth, »Anerkennung und moralische Verpflichtung«, S. 34.
551 Honneth, »Anerkennung und moralische Verpflichtung«, S. 34.
552 »Moralische Integrität umfasst auch die Solidarität mit denen, die hilfsbedürftig
     und nicht kooperationsfähig sind – also moralische Bindungen jenseits einer Re-
     ziprozität von Leistung und Gegenleistung oder Rechten und Pflichten.« Bernhard
     Peters, *Die Integration moderner Gesellschaften*, S. 100.
553 Bei rechtlicher Anerkennung gilt allerdings die Einschränkung des Geltungsgebie-
     tes des Gesetzes: Die Anerkennung gilt nur innerhalb des jeweiligen Nationalstaa-
     tes. Zusätzlich einschränkend muss hinzugefügt werden, dass soziale Rechte (im
     Unterschied zu Bürgerrechten) in modernen westlichen Demokratien zumeist nur
     für Staatsangehörige gelten.
554 Wingert, *Gemeinsinn und Moral*, S. 15.
555 Wingert, *Gemeinsinn und Moral*, S. 169.
556 Wingert, *Gemeinsinn und Moral*, S. 169.
557 Wingert, *Gemeinsinn und Moral*, S. 170 ff.
558 Wingert selbst weist darauf hin, dass sich die Liste mit Beispielen für moralische
     Verletzungen noch fortführen ließe. Wingert, *Gemeinsinn und Moral*, S. 168.
559 Wingert, *Gemeinsinn und Moral*, S. 167.
560 Vgl. dazu auch Seyla Benhabibs Konzept des »interaktiven Universalismus«: Seyla
     Benhabib, »The Generalized and the Concrete Other«, in: dies., *Situating the Self*,
     S. 164 f.
561 Wingert, *Gemeinsinn und Moral*, S. 169.
562 Diese »condition« stellt auch die Grundlage der kommunikativen Ethik dar: Vgl.
     auch Benhabib, »Autonomy, Modernity and Community«, S. 71.

563 David Hume, *Enquiries concerning Human Understanding and Concerning the Principles of Morals*, Oxford 1975, S. 333.

564 Unter Berufung auf Artikel 33 Absatz 5 des Grundgestzes. Vgl. auch Anne Debus, »Der Kopftuchstreit in Baden-Württemberg – Gedanken zu Neutralität, Toleranz und Glaubwürdigkeit«, in: *Kritische Justiz*, 3, 1999, S. 430–447.

565 Vgl. Butler, *Excitable Speech*, S. 107.

566 Aufgrund der nachfolgenden Argumentation mit kulturell bedingten Unterschieden hinsichtlich der Zumutung, die das Ablegen der religiösen Kopfbedeckung bedeutet, bin ich allerdings nicht sicher, dass diese Begründung wirklich ausreicht.

567 Anders als Charles Larmore verstehe ich unter Pluralismus nicht allein die »Doktrin« des Pluralismus, die das analytische Gegenstück zum Monismus darstellt. Vgl. Ch. Larmore, »Pluralism and Reasonable Disagreement«, in: E. F. Paul / F. D. Miller, Jr. / J. Paul (eds.), *Cultural Pluralism and Moral Knowledge*, Cambridge / New York 1994, S. 61–79.

568 So die Formulierung von Seyla Benhabib in: »Autonomy, Modernity and Community«, S. 75.

569 Rawls, *Political Liberalism*, S. 55.

570 Diese Einschränkung ist insofern relevant, als das Kriterium der Verallgemeinerungsfähigkeit nicht auf ethische Wertvorstellungen zutrifft, sondern vielmehr moralische, allgemeinverbindliche Normen klassifiziert. Vgl. dazu auch Jürgen Habermas, »Vom pragmatischen, ethischen und moralischen Gebrauch der praktischen Vernunft«, S. 100–118.

571 Thomas Nagel, *Equality and Partiality*, New York 1991, S. 155.

572 Es sei darauf hingewiesen, dass bei der jüngsten Debatte zu dem Thema der Klitoris-Beschneidung im Bundestag bekannt gemacht wurde, dass in Deutschland an die 10 000 beschnittene Frauen leben – leider wurden dabei keine Zahlen zu der Frage veröffentlicht, wie viele von diesen Frauen erst in Deutschland verstümmelt wurden. Das ist insofern relevant, als man sich dann zu einer Praktik im eigenen Land verhalten müsste – und nicht nur zu einer Praktik, die, in anderen Ländern ausgeübt, zur Grundlage eines berechtigten Antrags auf Asyl oder zumindest auf »Duldung« führt.

573 Im Deutschen Bundestag kam es im Januar 1998 zu einer einstimmigen Verdammung dieser Praxis und der Forderung, Klitoris-Beschneidung in den international anerkannten Katalog von Menschenrechtsverletzungen aufzunehmen.

574 Vgl. zu der Diskussion dieses Falls und vor allem zu dem kolonialen Hintergrund dieser Praktik und der verzerrten Debatte darum, die den falschen Gegensatz zwischen Modernität versus Tradition aufbaut: Kukum Sangari / Sudesh Vaid (eds.), *Recasting Women: Essays in Colonial History*, New Delhi 1989; Ashis Nandy, *The Savage Freud and other Essays on possible and retrievable Selves*, Princeton 1995.

575 Diese Fragen der Grenzen der Toleranz diskutiert Will Kymlicka unter dem Schlagwort »Tugend der Toleranz versus individuelle Autonomie« im achten Kapitel von *Multicultural Citizenship*, S. 152–172.

576 Es hat ja im Übrigen auch noch keiner der Rezensenten oder Leser von Shakespeares *Romeo und Julia* den Einwand geäußert, der Liebestod am Ende des Stücks sei nicht allein tragisch, sondern zudem Ergebnis einer moralisch fragwürdigen Kultur, die Liebenden suggerierte, sie könnten ohne einander nicht weiterleben.

577 Siehe auch zu einer Diskussion der Beziehungen, in denen freie Wahl alleine kein

ausreichendes Kriterium einer moralischen Bewertung darstellt, auch: Annette Baier, *Moral Prejudices. Essays on Ethics*, Cambridge/London 1995, S. 29–32.

578 Das ich einem Vortrag von Rainer Bauböck zu »Group Rights for Cultural Minorities: Justifications and Constraints« verdanke.

579 Es kommt erschwerend hinzu, dass es regelmäßig zu Todesfällen in der Folge der unhygienisch durchgeführten Klitoris-Verstümmelung gekommen ist.

580 Nancy Fraser würde aus diesem Grund in solchen Fällen von »affirmative remedies« sprechen. Darunter versteht sie Konzepte und Mittel, die darum bemüht sind, gesellschaftliche Ungerechtigkeiten zu beseitigen, gleichzeitig aber die beteiligten Gruppen und Kollektive als solche zu erhalten und zu sichern. Nancy Fraser, »From Redistribution to Recognition«, in: dies., *Justice Interruptus*, S. 23–26.

581 In Abwandlung einer Formulierung von Iris Marion Young, die vom »Miteinander in Verschiedenheit« spricht. Siehe Iris Marion Young, »Together in Difference«.

582 Habermas, *Faktizität und Geltung*, S. 374

583 Wingert, *Gemeinsinn und Moral*, S. 191.

584 Dies scheint einer der Nachteile der normativen Argumentation zu sein, bei der der Begriff der Anerkennung als negatives Pendant aus dem Begriff der Verletzung rekonstruiert wird. Während zwar rekonstruierbar ist, warum aus den Beispielen der Verletzungen sich das Verbot ebensolcher Handlungen ableiten lässt, so folgt daraus noch nicht automatisch das normative Gebot der – wie auch immer im Einzelnen beschriebenen – positiven Anerkennung (bei Honneths dritter Form der sozialen Wertschätzung zumindest scheint das fragwürdig).

585 Wie bereits erwähnt, ist allerdings auch die Anwendung bzw. Anerkennung dieses Merkmals nicht stringent: Nach der »one-drop-rule« galt eine Person als »Schwarzer« bei einem einzigen »schwarzen« Vorfahren – völlig unabhängig von der objektiv sichtbaren Hautfarbe. Wohingegen ein weißer Vorfahre eben nicht ausreichte, jemanden zu einem »Weißen« zu deklarieren. Hier ist zwar das Merkmal »Hautfarbe« überprüfbar, aber die Klassifikation oder das Etikett »Weiß«/»Schwarz« korrespondiert nicht gleichermaßen mit diesem Merkmal. Vgl. F. James Davis, *Who is black? One Nation's Definition*, University Park, Pennsylvania 1991.

586 Ein klassisches Beispiel hierfür wäre die Festlegung, dass nur Personen mit einer Größe von über 1,85 m Mitglieder der Feuerwehr werden können (ein Fall aus den USA). Abgesehen davon, dass das Kriterium irrelevant für das erfolgreiche Ausüben des Berufs des Feuerwehrmannes oder der Feuerwehrfrau (sic) ist, wurden auf diese Weise viele Frauen, Asiaten und Lateinamerikaner, die – zumindest zum gegenwärtigen historischen Zeitpunkt – *durchschnittlich* kleiner sind, diskriminiert – ohne dass die Kategorie »Frauen«, »Latinos«, oder »Asiaten« explizit ausgeschlossen wurde. Vgl. zu der grundsätzlichen Bestimmung willkürlicher Hinsichten, die zu Ungleichbehandlung führen, auch Robert Alexy, *Theorie der Grundrechte*, S. 363 ff.

587 Siehe: »Gay Workers have no Rights to Equal Benefits«, *The Times*, 18. Februar 1998; »Homosexuelle dürfen diskriminiert werden«, *Frankfurter Allgemeine Zeitung*, 18. Februar 1998; »Kein Freifahrschein für Homos«, *die tageszeitung*, 18. Februar 1998.

588 So schreibt Robert Alexy in kritischer Absicht über diese Art von Rechtsanwendungsgleichheit (gegenüber Rechtssetzungsgleichheit): »Der Gesetzgeber kann diskriminieren, wie er will, solange seine diskriminierenden Normen in allen Fäl-

len befolgt werden, ist das Gebot der Rechtsanwendungsgleichheit erfüllt.« Robert Alexy, *Theorie der Grundrechte*, S. 358.

589 Dazu im abschließenden Abschnitt noch mehr.

590 Judith Butler diskutiert diese Schwierigkeit am Beispiel des Streits um das Verbot, sich als Homosexueller in der Armee zu bekennen: Judith Butler, *Excitable Speech*, S. 103–126.

591 Habermas, *Faktizität und Geltung*, S. 387.

592 Dworkin, *Taking Rights Seriously*, S. 272 f.

593 Vgl. auch Thomas Nagel, *Equality and Partiality*, S. 145.

594 So: Susan Mendus, *Toleration and the Limits of Liberalism*, Atlantic Highlands 1989; Susan Mendus, »Introduction«, in: dies., (ed.), *Justifying Toleration. Conceptual and Historical Perspectives*, Cambridge 1988; Nick Fotion/Gerard Elfstrom, *Toleration*, Tuscaloosa/London 1992; Bernard Williams, *Toleration: An Impossible Virtue?*, in: David Heyd (Hg.), *Toleration. An Elusive Virtue*, Princeton 1996, S. 18–27; Jeremy Waldron, »Locke: Toleration and the Rationality of Persecution«, in: Susan Mendus (ed.), *Justifying Toleration*, S. 61–66.

595 Vgl. Susan Mendus, »Introduction«, in: dies. (ed.), *Justifying Toleration*, S. 2.

596 Nick Fotion/Gerard Elfstrom, *Toleration*, S. 129.

597 So Joseph Raz, »Autonomy, Toleration and the Harm Principle«, in: Susan Mendus (ed.), *Justifying Toleration*, S. 155–175.

598 Ich verdanke den Hinweis auf das Museum of Tolerance Gesprächen mit Wendy Brown.

599 Habermas, *Erläuterungen zur Diskursethik*, S. 207.

600 Habermas, »Vom pragmatischen, ethischen und moralischen Gebrauch der Vernunft«, S. 113.

601 Peters, *Die Integration moderner Gesellschaften*, S. 112.

602 Vgl. Seyla Benhabib, »In the Shadow of Aristotle and Hegel«, in: dies., *Situating the Self*, S. 32.

603 Vgl. dazu die Sammelbände: Kymlicka/Shapiro (eds.), *Ethnicity and Group Rights*, New York 1997; Kymlicka (ed.), *The Rights of Minority Cultures*, Oxford 1995. Aber auch: Rainer Bauböck, *Transnational Citizenship: Membership and Rights in International Migration*, Aldershot 1994; Rainer Bauböck, *Integration in a Pluralistic Society: Strategies for the Future*, Wien 1993.

604 So interpretiert auch Will Kymlicka seinen eigenen Entwurf: Will Kymlicka, *Multicultural Citizenship*, S. 4.

605 Rainer Bauböck, *Transnational Citizenship*, S. 266 f.

606 Taylor, »The Politics of Recognition«, S. 58 f.

607 Chandran Kukathas, »Are there any cultural rights?«, in: Will Kymlicka (ed.), *The Rights of Minority Cultures*, S. 244.

608 Kymlicka, *Multicultural Citizenship*, Kapitel 6, S. 107–130.

609 Kymlicka führt diese zweite Strategie an in seinem Buch *Multicultural Citizenship*, S. 108 f.

610 Chandran Kukathas, »Are there any cultural rights?«, S. 252.

611 Brown, *States of Injury*, S. 75.

612 Brown, *States of Injury*, S. 73.

613 Minow, *Making all the difference*, S. 20.

614 Haberrnas, *Faktizität und Geltung*, S. 506.

615 Wendy Brown spricht von den unterschiedlichen Vorgehensweisen oder Strategien als »reiterating« oder »reworking« der konstruierten Identität. Wendy Brown, *States of Injury*, S. 173.

616 Realer Fall aus den USA, wo im Oktober 1999 der Ku-Klux-Klan in traditioneller Kluft durch New York City marschieren wollte.

617 Vgl. Friedrich Kuebler, »How much Freedom for Racist Speech? Transnational Aspects of Human Rights«, in: *Hofstra Law Review*, Vol. 27, 1998, S. 335–375.

618 Sichtbar werden diese kulturell bedingten Unterschiede in der Wirkung von Symbolen am Beispiel der Hakenkreuz-Symbols. Während in den USA neonazistisches Propagandamaterial ohne verfassungsrechtliche Einwände publiziert werden darf, unterstellt die deutsche restriktivere Gesetzgebung eine Art akuter Bedrohung, die durch die Verwendung des Hakenkreuzes ausgeht. Die Argumentation mit der akuten Bedrohung (oder der »Volksverhetzung«) macht dabei übrigens nur Sinn, wenn man eine nach wie vor für neonazistisches Gedankengut empfängliche Öffentlichkeit unterstellt.

619 Ich denke, dass es sich bei Benhabibs Entwurf des »konkreten Anderen« um eine Ausformulierung oder genauere Bestimmung dessen handelt, was Wingert unter der Person als Angehöriger bezeichnet. Seyla Benhabib, »The Generalized and the Concrete Other«.

620 Ansonsten könnte eingewendet werden, dass es sich dabei um eine zu subjektive, relative Kategorie handelte.

621 Habermas, *Faktizität und Geltung*, S. 495.

622 Ich verwende im Folgenden »kompensatorisch« immer dann, wenn in der Form der Anerkennung vor allem die Entschädigung für erlittenes Unrecht der einen Partei betont werden soll. »Transformierend« demgegenüber betont mehr die durch den Prozess eines sich verändernden Anerkennungsverhältnisses ermöglichte Befreiung aus erzwungenen, belasteten Zugehörigkeiten und Identitäten. Beide Formen bedingen mitunter einander, und im günstigsten Falle geht eine kompensatorische Form in eine transformierende über.

623 Alexy, *Theorie der Grundrechte*, S. 360.

624 Alexy, *Theorie der Grundrechte*, S. 360.

625 So die Formulierung der Ungleichbehandlungsnorm von Alexy, *Theorie der Grundrechte*, S. 372. Vgl. dazu auch Robert Alexy, *Theorie der juristischen Argumentation*, Frankfurt a. M. 1978, S. 243; Jürgen Habermas, *Faktizität und Geltung*, S. 500.

626 Michel Rosenfeld, *Affirmative Action and Justice*, S. 308. [Hervorhebung C.E.]

627 Alexy, *Theorie der Grundrechte*, S. 363.

628 Habermas, *Faktizität und Geltung*, S. 501.

629 2. Mose, 17, 14–16.

630 5. Mose, 25, 17–19.

631 Avishai Margalit, »Gedenken, Vergessen, Vergeben«, in: ders./Gary Smith (Hg.), *Amnestie oder Die Politik der Erinnerung in der Demokratie*, Frankfurt am Main 1997, S. 203.

632 Bei meinem Aufenthalt im Kosovo, nach Ende des Krieges im Juni 1999, wurde ich Zeuge dieses Damoklesschwerts. Ein trauriges Beispiel für einen metaphysischen »Amalek« im Kosovo bot sich am Tag, als die serbischen Truppen aus der Gegend um Prizren abzogen – gefolgt von einem serbischen Flüchtlingskonvoi. Die privaten Wagen und Busse mit Familien zogen unter hasserfülltem Geschrei und Steinhagel

der bis dato verfolgten Albaner aus der Stadt. Dabei riefen die aufgebrachten Albaner ihren ehemaligen serbischen Peinigern das schlimmste Schimpfwort hinterher, das sie sich denken konnten, sie riefen: »Zigeuner, Zigeuner …« Schon hierin deutete sich die nachfolgende Tragödie an, der die Roma als angebliche Kollaborateure der Serben, Sündenbock wie schon so häufig, zum Opfer fielen.

633 Arendt, *Vita Activa*, S. 232.

634 Brown, *States of Injury*, S. 73.

635 Arendt, *Vita Activa*, S. 232.

636 Friedrich Nietzsche, »Vom Nutzen und Nachteil der Historie für das Leben«, in: *Unzeitgemäße Betrachtungen*, München 1999, S. 251.

637 Nietzsche, »Vom Nutzen und Nachteil der Historie«, S. 251.

638 Judith Herman, *Trauma and Recovery*; Susan Jacoby, *Wild Justice. The Evolution of Revenge*, New York 1983; Lawrence L. Langer, *Admitting the Holocaust*, New York 1995.

639 Martha Minow, *Between Vengeance and Forgiveness. Facing History after Genocide and Mass Violence*, Boston 1998, S. 72.

640 Habermas, *Faktizität und Geltung*, S. 499.

641 Young, *Justice and the Politics of Difference*, S. 25.

642 Insofern scheint mir die Gegenüberstellung von einem distributiven Paradigma und einem anerkennenden Paradigma – wie es Nancy Fraser zu beabsichtigen scheint – verfehlt. Vgl. Nancy Fraser, »From Redistribution to Recognition?«, in: dies., *Justice Interruptus*, S. 11–40.

643 Appiah, »Race, Culture, Identity«, S. 103.

644 Amy Gutmann, »Responding to Racial Injustice«, in: K. Anthony Appiah/Amy Gutmann, *Color Conscious*, S. 131.

645 Vgl. auch Amy Gutmann, »Responding«, S. 136 ff.

646 Zwar ist es auch zu handfesten Konflikten zwischen den tradtionalen Osteuropäern und den progressiven, alteingesessenen deutschen Juden gekommen – gerade bei den Wahlen zu Gemeindevorstehern in Bremen, Augsburg, Berlin u. a. –, aber die Vielfalt jüdischer Kultur in Deutschland ist durch die Osteuropäischen Flüchtlinge bereichert worden.

647 Amy Gutmann, »Responding«, S. 127.

648 Die rein juristischen Formen des Umgangs mit vergangenem Unrecht in Form von Strafprozessen gibt es natürlich auch, werden hier aber nicht diskutiert. Siehe dazu: Martha Minow, *Between Vengeance and Forgiveness*, Kapitel 3.

649 Nicholas Tavuchi, *Mea Culpa: A Sociology of Apology and Reconciliation*, Stanford 1991, S. 108.

650 Vgl. zu einer Kritik an Restitutionen: Jeremy Waldron, »Superseding Historic Injustice«.

651 Martha Minow, *Between Vengeance and Forgiveness*, S. 104.

652 Vgl. Jürgen Habermas, *Faktizität und Geltung*, Kapitel VIII: »Zur Rolle von Zivilgesellschaft und politischer Öffentlichkeit«, S. 399–467.

653 Unter dem Eindruck der Ausgrenzung und Diskriminierung ignoranter Gesundheitsbehörden und eines ablehnenden Krankenhaussystems haben sich private Netzwerke und Hilfsformen ausgebildet, die herkömmlichen Vorstellungen von Großfamilien, in deren Mitte die Alten zu Tode gepflegt werden, übersteigen.

654 Appiah, »Race, Culture, Identity«, S. 105.

Bibliographie

Alexy, Robert, *Theorie der juristischen Argumentation*, Frankfurt am Main 1978.

Alexy, Robert, *Theorie der Grundrechte*, 3. Aufl., Frankfurt am Main 1996.

Améry, Jean, *Jenseits von Schuld und Sühne. Bewältigungsversuche eines Überwältigten*, München 1988.

Amnesty International (Hg.), *Zwei Jahre neues Asylrecht*, 2. überarbeitete Aufl., Bonn 1996.

Anderson, Benedict, *Imagined Communities*, überarbeitete und erweiterte Ausg., London/New York 1991. Deutsch: *Die Erfindung der Nation*, Frankfurt am Main 1996.

Anscombe, G.E.M., *Intention*, Oxford 1957. Deutsch: *Absicht, Freiburg* 1986.

Anthoniou, Theodora, »Public Administration and Human Rights: The Case of Non-EU Aliens. Case Study«, in: *Revue Européenne de Droit Publique*, 7. 1995, S. 897–929.

Appiah, K. Anthony, *In my Father's House: Africa in the Philosophy of Culture*, Oxford 1992.

Appiah, K. Anthony, »Identity, Authenticity and Survival: Multicultural Societies and Social Reproduction«, in: Charles Taylor, *Multiculturalism and the Politics of Recognition*, Princeton 1994, S. 149–165.

Appiah, K. Anthony, »Race, Culture, Identity: Misunderstood Connections«, in: ders./Gutmann, Amy, *Color Conscious. The Political Morality of Race*, Princeton 1996, S. 30–105.

Arendt, Hannah, *Elemente und Ursprünge totaler Herrschaft*, München 1986.

Arendt, Hannah, *Vita Activa oder Vom tätigen Leben*, München 1981.

Arendt, Hannah, *Menschen in finsteren Zeiten*, München 1989.

Augstein, Maria-Sabine, »Zur rechtlichen Situation Transsexueller in der Bundesrepublik Deutschland«, in: E. Pfäfflin/A. Junge (Hg.), *Geschlechtsumwandlung. Abhandlungen zur Transsexualität*, Stuttgart/New York 1992, S. 103–112.

Baeyer, W. von/Häfner, H./Kisker K., *Psychiatrie der Verfolgten*, Heidelberg 1964.

Baier, Annette, *Moral Prejudices. Essays on Ethics*, Cambridge/London 1995.

Bataille, George, *L'erotisme*, Paris 1961. Deutsch: *Die Erotik, München* 1994.

Bauböck, Rainer, *Integration in a Pluralistic Society: Strategies for the Future*, Wien 1993.

Bauböck, Rainer, *Transnational Citizenship: Membership and Rights in International Migration*, Aldershot 1994.

Bauman, Zygmunt, *Modernity and the Holocaust*, Ithaca 1989. Deutsch: *Dialektik der Ordnung,* Hamburg 1992.

Bauman, Zygmunt, *Modernity and Ambivalence*, Ithaca 1991. Deutsch: *Moderne und Ambivalenz,* Hamburg 1992.

Beck, Ulrich, *Risikogesellschaft. Auf dem Weg in eine andere Moderne*, Frankfurt am Main 1986.

Begley, Louis, *Wartime Lies*, New York 1991. Deutsch: *Lügen in Zeiten des Krieges*, Frankfurt am Main 1994.

Bell, Daniel, »Ethnicity and Social Change«, in: Glazer, N. / Moynihan, D. (eds.), *Ethnicity, Theory and Experience,* Cambridge / London 1975, S. 141–174.

Benhabib, Seyla, »Subjektivität, Geschichtsschreibung und Politik«, in: Benhabib, Seyla / Butler, Judith / Cornell, Drucilla / Fraser, Nancy, *Der Streit um Differenz. Feminismus und Postmoderne in der Gegenwart*, Frankfurt am Main 1993, S. 105–118. (Deutsche Originalausgabe)

Benhabib, Seyla, *Situating the Self. Gender, Community and Postmodernism in Contemporary Ethics*, New York 1992. Deutsch: *Das Selbst im Kontext*, Frankfurt am Main 1995

Benhabib, Seyla, »In the Shadow of Aristotle and Hegel. Communicative Ethics and Current Controversies in Practical Philosophy«, in: dies., *Situating the Self*, S. 23–67.

Benhabib, Seyla, »Autonomy, Modernity and Community«, in: dies., *Situating the Self*, S. 68–88.

Benhabib, Seyla, »The Generalized and the Concrete Other. The Kohlberg-Gilligan Controversy and Moral Theory«, in: dies., *Situating the Self*, S. 148–177.

Benhabib, Seyla, »Feminism and Postmodernism«, in: dies., *Situating the Self*, S. 203–241.

Benhabib, Seyla, *The Reluctant Modernism of Hannah Arendt*, Thousand Oaks / London / New Delhi 1996.

Benhabib, Seyla (ed.), *Democracy and Difference. Contesting the Boundaries of the Political*, Princeton 1997.

Benn, S. I. / Gaus, G. F. (eds.), *Public and Private Social Life*, New York 1983.

Benner, Patricia / Roskies, Ethel / Lazarus, Richard S., »Stress and Coping under Extreme Conditions«, in: Joel E. Dimsdale (ed.), *Survivors, Victims, and Perpetrators. Essays on the Nazi Holocaust*, Washington 1980, S. 219–258.

Bernstein, Richard, »Foucault: Critique as Philosophical Ethos«, in: Michael Kelly (ed.), *Critique and Power. Recasting the Foucault / Habermas Debate*, Cambridge / London 1994, S. 211–242.

Bhabha, Homi K., »DissemiNation: Time, Narrative, and the Margins of the Modern Nation, in: ders. (ed.), *Nation and Narration*, London / New York 1990, S. 291–322.

Bhabha, Homi K., *The Location of Culture*, London / New York 1994.

Black, Francis L., »Why did they die?«, in: *Science* 258 (11 December 1992), S. 1739–1740.

Blau, Peter M. / Schwartz, Joseph E., *Crosscutting Social Circles*, Orlando 1984.

Börne, Ludwig, *Briefe aus Paris*, ausgewählt v. Manfred Schneider, Stuttgart 1977.

Bourdieu, Pierre, *La distinction. Critique sociale du jugement*, Paris 1979. Deutsch: *Die feinen Unterschiede*, Frankfurt am Main 1996.

Brandom, Robert B., *Making It Explicit. Reasoning, Representing and Discursive Commitment*, Cambridge / London 1994.

Brink, T. L. (ed.), *Holocaust Survivors' Mental Health*, New York 1992.

Brodsky, Joseph, *Less than One. Selected Essays*, New York 1986. Deutsch: *Erinnerungen an Petersburg*, München 1986 / 1993.

Brown, Wendy, *States of Injury. Power and Freedom in Late Modernity*, Princeton 1995.

Brumlik, Micha, *Schrift, Wort, Ikone: Wege aus dem Verbot der Bilder*, Frankfurt am Main 1994.

Brumlik, M./Brunkhorst, H. (Hg.), *Gemeinschaft und Gerechtigkeit*, Frankfurt am Main 1993.

Butler, Judith, *Gender Trouble*, New York/London 1990. Deutsch: *Das Unbehagen der Geschlechter*, Frankfurt am Main 1991.

Butler, Judith, *Bodies that Matter. On the Discursive Limits of »Sex«*, New York/London 1993. Deutsch: *Körper von Gewicht*, Frankfurt am Main 1997.

Butler, Judith, »One Girl's Story. Überlegungen zu Deutschland«, *in: Texte zur Kunst*, 3.78. (Sept. 1993), Nr. 11, S. 41–49.

Butler, Judith, »Kontingente Grundlagen: Der Feminismus und die Frage der ›Postmoderne‹«, in: Benhabib/Butler/Cornell/Fraser, *Der Streit um Differenz. Feminismus und Postmoderne in der Gegenwart*, Frankfurt am Main 1993, S. 31–59. (Deutsche Originalausgabe).

Butler, Judith, »Subjection, Resistance, Resignification: Between Freud and Foucault«, in: John Rajchman (ed.), *The Identity in Question*, New York/London 1995, S. 229–250.

Butler, Judith, *Excitable Speech. A Politics of the Performative*, New York/London 1997. Deutsch: *Hass spricht,* Berlin 1998.

Butler, Judith, *The Psychic Life of Power. Theories in Subjection*, Stanford 1997.

Capotorti, F., *Study on the Rights of Persons belonging to Ethnic, Religious and Linguistic Minorities.* UN Doc. E/CN. 4/Sub. 2/384 Rev. 1, United Nations, New York 1979.

Cappetti, Carla, »Deviant Girls and Dissatisfied Women: A Sociologist's Tale«, in: Werner Sollors (ed.), *The Invention of Ethnicity*, New York 1989, S. 125–157.

Clifford, James, »On Ethnographie Self-Fashioning: Conrad and Malinowsky«, in: Heller/Sosna/Wellbery (eds.), *Reconstructing Individualism*, Stanford 1986.

Clifford, James, »Identity in Mashpee«, in: ders., *The Predicament of Culture. Twentieth Century Ethnography, Literature and Art*, Cambridge, Mass. 1988, S. 277–346.

Clifford, James, »On Collecting Art and Culture«, in: R. Ferguson/M. Gever/T. T. Minha/C. West (eds.), *Out There: Marginalisation and Contemporary Cultures*, Cambridge/New York 1990, S. 141–169.

Connolly, William E., *The Ethos of Pluralization*, Minneapolis/London 1995.

Connolly, William E., »Pluralism, Multiculturalism and the Nation-State: Rethinking connections«, in: *Journal of Political Ideologies*, Vol. 1, No. 1, Feb. 1996, Abindon/Oxfordshire, S. 53–74.

Danto, A. C., *Jean-Paul Sartre*, Göttingen 1992.

Danto, A. C., »Multiculturalism and the Politics of Recognition, by C. Taylor«, in: *Times Literary Supplement*, 1993, Iss. 4687, S. 5–6.

Davis, F. James, *Who is Black? One Nation's Definition*, University Park, Pennsylvania 1991/1993.

Deleuze, Gilles, »Philosophie und Minorität«, in: Joseph Vogl (Hg.), *Gemeinschaften. Positionen zu einer Philosophie des Politischen*, Frankfurt am Main 1994, S. 205–208.

Dews, Peter, *The Limits of Disenchantment. Essays on Contemporary European Philosophy*, London/New York 1995.

Dietz, Simone, »Die Lüge von der ›Auschwitz-Lüge‹ – Wie weit reicht das Recht auf freie Meinungsäußerung?«, in: *Kritische Justiz*, 1995, S. 210–222.

Dimsdale, Joel E., »The Coping Behaviour of Nazi Concentration Camp Survivors«, in: ders. (ed.), *Survivors, Victims, and Perpetrators. Essays on the Nazi Holocaust*, Washington 1980, S. 163–174.

Drees, Alfred, *Folter: Täter, Opfer, Therapeuten: Neue Konzepte der Behandlung von Gewaltopfern*, Gießen 1996.

Dworkin, Ronald, *Taking Rights Seriously*, Cambridge 1977. Deutsch: *Bürgerrechte ernst genommen*, Frankfurt am Main 1984.

Dworkin, Ronald, *A Matter of Principle*, London 1985.

Fanon, Frantz, *Les Damnés de la terre*, Paris 1961. Deutsch: *Die Verdammten dieser Erde*, Frankfurt am Main 1981.

Fink-Eitel, Hinrich, *Die Philosophie und die Wilden. Über die Bedeutung des Fremden für die europäische Geistesgeschichte*, Hamburg 1994.

Fotion, Nick/Elfstrom, Gerard, *Toleration*, Tuscaloosa/London 1992.

Foucault, Michel, *Histoire de la folie à l'âge classique*, Paris 1972. Deutsch: *Wahnsinn und Gesellschaft*, Frankfurt am Main 1973.

Foucault, Michel, *Surveiller et punir. Naissance de la prison*, Paris 1975. Deutsch: *Überwachen und Strafen. Die Geburt des Gefängnisses*, Frankfurt am Main 1976.

Foucault, Michel, *Histoire de la sexualité*, (I), *La volonté de savoir*, Paris 1976. Deutsch: *Sexualität und Wahrheit* (1), *Der Wille zum Wissen,* Frankfurt am Main 1977.

Foucault, Michel, *Dispositive der Macht. Über Sexualität, Wissen und Wahrheit*, Berlin 1978.

Foucault, Michel, *Histoire de la sexualité, L'usage des plaisirs*, Paris 1984. Deutsch: *Sexualität und Wahrheit* (II), *Der Gebrauch der Lüste*, Frankfurt am Main 1986.

Foucault, Michel, *Von der Subversion des Wissens*, Frankfurt am Main 1987/1993.

Foucault, Michel, *Dits et écrits 1954–1988*, 4 Bde. Paris 1994.

Foucault, Michel, »Cours du 14 janvier 1976«, in: ders., *Dits et écrits*, Bd. III (1976–1979), S. 175–189. Deutsch: »Recht der Souveränität/Mechanismus der Disziplin«, in: *Dispositive der Macht*, S. 75–95.

Foucault, Michel, »Les rapports de pouvoir passent à l'intérieur des corps«, in: ders., *Dits et écrits*, Bd. III, S. 228–236. Deutsch: »Die Machtverhältnisse durchziehen das Körperinnere«, in: *Dispositive der Macht*, S. 104–117.

Foucault, Michel, »Entretien avec Michel Foucault«, in: ders., *Dits et écrits*, Bd. III, S. 140–159. Deutsch: »Wahrheit und Macht«, in: *Dispositive der Macht*, S. 21–54.

Foucault, Michel, »Pouvoirs et stratégies«, in: ders., *Dits et écrits*, Bd. III, S. 418–428. Deutsch: »Mächte und Strategien«, in: *Dispositive der Macht*, S. 199–216.

Foucault, Michel, »Le jeu de Michel Foucault«, in: ders., *Dits et écrits*, Bd. III, S. 298–328. Deutsch: »Ein Spiel um die Psychoanalyse«, in: *Dispositive der Macht*, S. 118–175.

Foucault, Michel, »Le sujet et le pouvoir«, in: ders., *Dits et écrits*, Bd. IV (1980–1988), S. 222–243.

Foucault, Michel, »Michel Foucault, une interview: sex, pouvoir et la politique de l'identité«, in: ders., *Dits et écrits*, Bd. IV, S. 735–746.

Frank, Manfred (Hg.), *Selbstbewusstseinstheorien von Fichte bis Sartre*, Frankfurt am Main 1991.

Frankenberg, Günter, *Die Verfassung der Republik. Autorität und Solidarität in der Zivilgesellschaft*, Baden-Baden 1996.

Frankfurt, Harry G., »Equality as a moral ideal«, in: ders., *The Importance of what we care about. Philosophical essays*, Cambridge 1988, S. 134–158.

Franklin, John Hope (ed.), *Color and Race*, Boston 1968.

Fraser, Nancy, »Michel Foucault: A ›Young Conservative‹?«, in: Michael Kelly (ed.), *Critique and Power. Recasting the Foucault/Habermas Debate*, Cambridge/London 1994, S. 185–210.

Fraser, Nancy, *Justice Interruptus. Critical Reflections on the »Postsocialist« Condition*, New York/London 1997.

Gadamer, Hans-Georg, »Das Sein und das Nichts«, in: Traugott König (Hg.), *Sartre. Ein Kongreß*, Reinbek 1988, S. 37–54.

Gallie, W. B., »Essentially Contested Concepts«, in: *Proceedings of the Aristotelian Society* 46, 1955–1956, S. 167–198.

Gates, Henry Louis, Jr., *Loose Canons: Notes on Cultural Wars*, New York 1992.

Gates, Henry Louis, Jr., *Colored People. A Memoir*, New York 1994.

Geertz, Clifford, »Politics Past, Politics Present. Some Notes on the Uses of Anthropology in Understanding New States«, in: ders., *The Interpretation of Culture. Selected Essays*, New York 1973, S. 327–344.

Geertz, Clifford, »Thick Description: Toward an Interpretive Theory of Culture«, in: *The Interpretation of Culture. Selected Essays*, New York 1973, S. 3–30. Deutsch: *Dichte Beschreibung. Bemerkungen zu einer deutenden Theorie von Kultur, in: ders., Dichte Beschreibung. Beiträge zum Verstehen kultureller Systeme,* Frankfurt a. M. 1994, S. 7–43.

Gellner, Ernest, *Nations and Nationalism*, Ithaca/New York 1983/1994. Deutsch: *Nationalismus und Moderne*, Hamburg 1995.

Gewirth, Man, »Is Cultural Pluralism relevant to Moral Knowledge?«, in: E. F. Paul/F. D. Miller, Jr./J. Paul (eds.), *Cultural Pluralism and Moral Knowledge*, Cambridge/New York/Melbourne 1994, S. 22–43.

Giddens, Anthony, *Social Theory and Modern Sociology*, Cambridge 1987.

Giddens, Anthony, *The Consequences of Modernity*, Cambridge 1990. Deutsch: *Konsequenzen der Moderne,* Frankfurt am Main 1997.

Gilman, Sander L., *Freud, Race, and Gender*, Princeton/New Jersey 1993. Deutsch: *Freud, Identität und Geschlecht*, Frankfurt am Main 1994.

Glazer, Nathan/Moynihan, Daniel (eds.), *Ethnicity. Theory and Experience*, Cambridge/London 1975.

Glenny, Misha, *The Fall of Yugoslavia: The Third Balkan War*, New York 1994.

Gosepath, Stefan, »The Place of Equality in Habermas' and Dworkin's Theories of Justice«, in: *European Journal of Philosophy*, Vol. 3, No. 1, April 1995.

Goytisolo, Juan, *Jagdverbot. Eine Jugend in Spanien*, München/Wien 1984.

Gunning, Isabelle, »Expanding the International Defintion of a Refugee: A Multicultural View«, in: *Fordham International Law Journal*, Vol. 13, 1, 1989/90, S. 35–85.

Gurr, Ted, *Minorities at Risk: A Global View of Ethno-Political Conflict*, Washington 1993.

Gutmann, Amy, »The Challenge of Multiculturalism in Political Ethics«, in: *Philosophy and Public Affairs*, 1993, Vol. 22, Iss. 3, S. 171–206.

Gutmann, Amy, »Responding to Racial Injustice«, in: Appiah, K. Anthony/Gutmann, Amy, *Color Conscious. The Political Morality of Race*, Princeton 1996, S. 106–178.

Habermas, Jürgen, »Wahrheitstheorien«, in: ders., *Vorstudien und Ergänzungen zur Theorie des kommunikativen Handelns*, Frankfurt am Main 1984, S. 127–186.

Habermas, Jürgen, »Notizen zur Entwicklung der Interaktionskompetenz«, in: ders.,

Vorstudien und Ergänzungen zur Theorie des kommunikativen Handelns, Frankfurt am Main 1984, S. 187–225.

Habermas, Jürgen, *Der philosophische Diskurs der Moderne*, Frankfurt am Main 1985.

Habermas, Jürgen, *Theorie kommunikativen Handelns*, 2 Bd., vierte durchgesehene Ausg., Frankfurt am Main 1988.

Habermas, Jürgen, »Handlungen, Sprechakte, sprachlich vermittelte Interaktionen und Lebenswelt«, in: ders., *Nachmetaphysisches Denken*, Frankfurt am Main 1988, S. 63–104.

Habermas, Jürgen, »Die Einheit der Vernunft in der Vielheit ihrer Stimmen«, in: ders., *Nachmetaphysisches Denken*, Frankfurt am Main 1988, S. 153–186.

Habermas, Jürgen, »Individuierung durch Vergesellschaftung. Zu G. H. Meads Theorie der Subjektivität«, in: ders., *Nachmetaphysisches Denken*, Frankfurt am Main 1988, S. 187–242.

Habermas, Jürgen, »Was macht eine Lebensform rational«, in: ders., *Erläuterungen zur Diskursethik*, Frankfurt am Main 1991, S. 31–48.

Habermas, Jürgen, »Vom pragmatischen, ethischen und moralischen Gebrauch der Vernunft«, in: ders., *Erläuterungen zur Diskursethik*, Frankfurt am Main 1991, S. 119–227.

Habermas, Jürgen, *Faktizität und Geltung. Beiträge zur Diskurstheorie des Rechts und des demokratischen Rechtsstaats*, Frankfurt am Main 1992.

Habermas, Jürgen, »Anerkennungskämpfe im demokratischen Rechtsstaat«, in: Charles Taylor, *Multikulturalismus und die Politik der Anerkennung*, Frankfurt am Main 1993.

Habermas, Jürgen, *Die Einbeziehung des Anderen. Studien zur politischen Theorie*, Frankfurt am Main 1996.

Hacking, Ian, »Making Up People«, in: Edward Stein (ed.), *Forms of Desire. Sexual Orientation and the Social Constructionist Controversy*, New York 1992, S. 69–88.

Hacking, Ian, »The Looping Effects of Human Kinds«, in: D. Sperber/D. Premack/A. J. Premack (eds.), *Causal Cognition: A Multidisciplinary Approach*, Oxford 1995, S. 351–394.

Hancock, Ian, *The Pariah Syndrome: An Account of Gypsy Slavery and Persecution*, Ann Arbor 1987.

Hardin, Russel, *One for All. The Logic of Group Conflict*, Princeton 1995.

Harris, Angela, »Race and Essentialism in Feminist Legal Theory«, Stanford Law Review 42, 1990, S. 581–616.

Hassan, Steve, *Aus dem Bann der Sekten. Psychologische Beratung für Betroffene und Angehörige*, Reinbek 1993.

Heidegger, Martin, *Sein und Zeit*, Tübingen 1986.

Hejl, Peter M., »Konstruktion der sozialen Konstruktion: Grundlinien einer konstruktivistischen Sozialtheorie«, in: Siegfried J. Schmidt (Hg.), *Der Diskurs des radikalen Konstruktivismus*, Frankfurt am Main 1987, S. 303–340.

Herman, Judith Lewis, *Trauma and Recovery*, New York 1992.

Higham, J., »Multiculturalism and Universalism – A History and Critique«, in: *American Quarterly*, 1993, Vol. 45, Iss. 2, S. 195–219.

Hobsbawm, Eric, *Nations and Nationalisms since 1780: Programme, Myth and Reality*, Cambridge 1990. Deutsch: *Nationen und Nationalismus,* Frankfurt am Main 1992.

Hobsbawm, Eric/Ranger, Stewart (eds.), *The Invention of Tradition*, Cambridge 1983.

Hochschild, Jennifer L., *Facing Up the American Dream*, Princeton 1995.

Hollinger, David, *Postethnic America: Beyond Multiculturalism*, New York 1995.

Hollis, M./Lukes, S. (eds.), *Rationality and Relativism*, Oxford 1982.

Hondrich, Karl-Otto (Hg.), *Soziale Differenzierung*, Frankfurt am Main 1982.

Honig, Bonnie, »Difference, Dilemmas, and the Politics of Home«, in: Seyla Benhabib (ed.), *Democracy and Difference*, Princeton 1996, S. 257–277.

Honneth, Axel, »Kampf um Anerkennung. Zu Sartres Theorie der Intersubjektivität«, in: Traugott König (Hg.), *Sartre. Ein Kongreß,* Reinbek 1988, S. 73–83.

Honneth, Axel, *Kritik der Macht. Reflexionsstufen einer kritischen Gesellschaftstheorie*, Frankfurt am Main 1989.

Honneth, Axel, »Individualisierung und Gemeinschaft«, in: Christel Zahlmann (Hg.), *Kommunitarismus in der Diskussion*, o. O. 1992, S. 16–24.

Honneth, Axel, »Posttraditionale Gemeinschaften. Ein konzeptueller Vorschlag«, in: Brumlik/Brunkhorst (Hg.), *Gemeinschaft und Gerechtigkeit*, Frankfurt am Main 1993, S. 260–270.

Honneth, Axel, *Kampf um Anerkennung. Zur moralischen Grammatik sozialer Konflikte*, Frankfurt am Main 1993.

Honneth, Axel, »Anerkennung und moralische Verpflichtung«, in: *Zeitschrift für philosophische Forschung*, Band 51, Heft 1, Januar – März 1997, S. 25–41.

hooks, bell, »Talking back«, in: R. Ferguson/M. Gever/T. T. Min-ha/C. West (eds.), *Out There. Marginalisations and Contemporary Cultures*, Cambridge/London 1990, S. 337–340.

Horkheimer, M./Adorno, T., *Dialektik der Aufklärung*, Frankfurt am Main 1969/1988.

Huber, Michaela, *Multiple Persönlichkeiten. Überlebende extremer Gewalt*, Frankfurt am Main 1995.

Hume, David, *Enquiries concerning Human Understanding and concerning the Principles of Morals*, Oxford 1975. Deutsch: *Eine Untersuchung über den menschlichen Verstand*, Stuttgart 1994.

Isaac, Harold, »Basic Group Identity: The Idols of the Tribe«, in: Glazer/Moynihan (eds.), *Ethnicity*, S. 29–53.

Jacobson, K., *Embattled Selves*, New York 1994.

Jacoby, Susan, *Wild Justice. The Evolution of Revenge*, New York 1983.

Johnston, Darlene M., »Native Rights as Collective Rights«, in: Kymlicka, Will (ed.), *The Rights of Minority Cultures*, New York 1995, S. 179–202.

Kaplan, Morris B., *Sexual Justice. Democratic Citizenship and The Politics of Desire*, New York/London 1997.

Katz, Jacob (ed.), *Towards Modernity: The European Jewish Model*, New Brunswick 1987.

Katz, Jacob, *From Prejudice to destruction: anti-semitism 1700–1933*, Cambridge 1980. Deutsch: *Vom Vorurteil bis zur Vernichtung. Der Antisemitismus 1700–1933,* München 1989.

Kelly, Michael (ed.), *Critique and Power. Recasting the Foucault/Habermas Debate*, Cambridge/London 1994.

Kertesz, Imre, *Roman eines Schicksallosen*, Berlin 1996.

Kippenberg, H. G./Luchesi, B. (Hg.), *Magie. Die sozialwissenschaftliche Kontroverse über das Verstehen fremden Denkens*, Frankfurt am Main 1978.

327

Kjaergaard, Eva, »The Concept of ›Safe Third Country‹ in Contemporary Refugee Law«, in: *International Journal of Refugee Law*, 6, 1994, S. 649–655.

Klüger, Ruth, *weiter leben. Eine Jugend*, Göttingen 1992.

Kugelmann, Cilly, »Die jüdische Minderheit«, in: Cornelia Schmalz-Jacobson/Georg Hansen (Hg.), *Ethnische Minderheiten in der Bundesrepublik Deutschland*, München 1995, S. 256–269.

Kukathas, Chandran, »Explaining Moral Variety«, in: E. F. Paul/F. D. Miller, Jr./J. Paul (eds.), *Cultural Pluralism and Moral Knowledge*, Cambridge/New York/Melbourne 1994, S. 1–21.

Kukathas, Chandran, »Are there any Collective Rights?«, in: Kymlicka, Will (ed.), *The Rights of Minority Cultures*, S. 228–256.

Kymlicka, Will, *Liberalism, Community and Culture*, Oxford/New York 1991.

Kymlicka, Will, *Multicultural Citizenship. A Liberal Theory of Minority Rights*, Oxford 1995.

Kymlicka, Will (ed.), *The Rights of Minority Cultures*, Oxford 1995.

Kymlicka, W./Shapiro, I. (eds.), *Ethnicity and Group Rights*, New York 1997.

Laclau, Ernesto (ed.), *The Making of Political Identities*, London/New York 1994.

Langer, Lawrence L., *Holocaust Testimonies. The Ruins of Memory*, New Haven/London 1991.

Langer, Lawrence L., *Admitting the Holocaust*, New York 1995.

Larmore, Charles, »Pluralism and Reasonable Disagreement«, in: E. F. Paul/F. D. Miller, Jr./J. Paul (eds.), *Cultural Pluralism and Moral Knowledge*, Cambridge/New York/Melbourne 1994, S. 61–79.

Levi, Primo, »Small Causes«, in: ders., *Moments of Reprieve*, London/New York 1986, S. 107–114.

Levi, Primo, *Ist das ein Mensch?*, München/Wien 1991.

Levi-Strauss, Claude, *Le Regard éloigné*, Paris 1983. Deutsch: *Der Blick aus der Ferne*, Frankfurt am Main 1993.

Lifton, Robert J., »The Concept of the Survivor«, in: J. Dimsdale (ed.), *Survivors, Victims, Perpetrators*, Washington 1980, S. 113–126.

Lifton, Robert J., *The Future of Immortality and Other Essays for a Nuclear Age*, New York 1987.

Linde, Charlotte, *Life Storys. The Creation of Coherence*, Oxford/New York 1993.

Linton, Ralph, *The Study of Man. An Introduction*, New York 1936.

Loewenstein, R. M., *Psychoanalyse des Antisemitismus*, Frankfurt am Main 1968.

Luhmann, Niklas, »Erwartungssicherung oder Verhaltenssteuerung?«, in: ders., *Ausdifferenzierungen des Rechts*, Frankfurt am Main 1981, S. 73–91.

Luhmann, Niklas, *Rechtssoziologie*, Opladen 1983.

Luhmann, Niklas, *Das Recht in der Gesellschaft*, Frankfurt am Main 1993.

McCarthy, Thomas, »Contra Relativism. A Thought Experiment«, in: *Zeitschrift für Philosophische Forschung*, Band 43, 1989, S. 318–330.

McCarthy, Thomas, »Multikultureller Universalismus«, in: Menke/Seel (Hg.), *Zur Verteidigung der Vernunft gegen ihre Liebhaber und Verächter*, Frankfurt am Main 1993, S. 26–46.

McCarthy, Thomas, »The Critique of Impure Reason: Foucault and The Frankfurt School«, in: Michael Kelly (ed.), *Critique and Power. Recasting the Foucault/Habermas Debate*, Cambridge/London 1994, S. 243–282.

McGary, John/O'Leary, Brendan, *Explaining Northern Ireland*, Oxford/Cambrigde 1995.

MacIntyre, Alasdair, »Epistemological Crises, Dramatic Narrative and the Philosophy of Science«, in: Gary Gutting (ed.), *Paradigms and Revolution*, Notre Dame 1980, S. 54–74.

MacIntyre, Alasdair, *Whose Justice, Which Rationality*, Notre Dame 1988.

MacIntyre, Alasdair, »Is Patriotism a Virtue?« *The Lindley Lecture*, (University of Kansas, Department of Philosophy) 26.3.1984, S. 3–20. Deutsch: »Ist Patriotismus eine Tugend?«, in: Axel Honneth (Hg.), *Kommunitarismus. Eine Debatte über die moralischen Grundlagen moderner Gesellschaften*, Frankfurt am Main 1993, S. 84–103.

Magas, Branka, *The Destruction of Yugoslavia: Tracking the Break-Up* 1980–92, London 1993.

Maihofer, Andrea, »Politische Möglichkeiten feministischer Theorie. Ein Gespräch«, in: *Die Philosophin*, Nr. 11, Mai 1995, Tübingen 1995, S. 94–106.

Maihofer, Andrea, *Geschlecht als Existenzweise. Macht, Moral, Recht und Geschlechterdifferenz*, Frankfurt am Main 1995.

Margalit, Avishai/Raz, Joseph, »National Self-Determination«, in: *Journal of Philosophy*, 87/9, S. 439–461.

Margalit, Avishai, »Gedenken, Vergessen, Vergeben«, in: Margalit, Avishai/Smith, Gary (Hg.), *Amnestie oder Die Politik der Erinnerung in der Demokratie*, Frankfurt am Main 1997, S. 192–205.

Marx, Karl/Engels, Friedrich, *Das Manifest der kommunistischen Partei*, MEW Bd. 4, Berlin 1972, S. 459–493.

Matussek, Paul, *Die Konzentrationslagerhaft und ihre Folgen*, Berlin/Heidelberg/New York 1971.

Mayer, Hans, *Außenseiter*, Frankfurt am Main 1981.

Mead, George Herbert, *Mind, Self, and Society*, Chicago 1934. Deutsch: *Geist, Identität und Gesellschaft*, Frankfurt am Main 1978.

Mendus, Susan (ed.), *Justifying Toleration. Conceptual and Historical Perspectives*, Cambridge 1988.

Mendus, Susan, *Toleration and the Limits of Liberalism*, Atlantic Highlands 1989.

Menke, Christoph, »Liberalismus im Konflikt. Zwischen Gerechtigkeit und Freiheit«, in: Brumlik/Brunkhorst (Hg.), *Gemeinschaft und Gerechtigkeit*, Frankfurt am Main 1993, S. 218–144.

Meyer, Michael A., *The Origins of the Modern Jew: Jewish Identity and European Culture in Germany, 1749–1824*, Detroit 1979.

Minow, Martha, *Making all the Difference: Inclusion, Exclusion and American Law*, Ithaca 1990.

Minow, Martha, *Not Only For Myself: Identity, Politics and Law*, New York 1997.

Minow, Martha, *Between Vengeance and Forgiveness. Facing History after Genocide and Mass Violence*, Boston 1998.

Mohanty, Chandra Talpade, »Under Western Eyes. Feminist Scholarship and Colonial Discourses«, in: Mohanty/Ruso/Torres (eds.), *Third World Women and the Politics of Feminism*, Bloomington 1991, S. 51–79.

Nagel, Joanne, »The Political Construction of Ethnicity«, in: Susan Olzak/Joanne Nagel (eds.), *Competitive Ethnic Relations*, Orlando 1986, S. 93–112.

Nagel, Thomas, *Equality and Partiality*, New York 1991. Deutsch: *Eine Abhandlung über Gleichheit und Parteilichkeit und andere Schriften zur politischen Philosophie,* Paderborn 1994.

Nandy, Ashis, *The Savage Freud and other Essays on Possible and Retrievable Selves,* Princeton 1995.

Nelson, Jill, *Volunteer Slavery. My Authentic N. Experience,* New York/London 1994.

Neswald, D. W./Gould, C., »Basic Treatment and Program Neutralisation Strategies for Adult MPD Survivors and Satanic Ritual Abuse«, in: *Treating Abuse Today,* Vol. 2 (3), 1992, S. 5–10.

Nicholson, Linda, »Introduction«, in: dies., (ed.) *Feminism/Postmodernism,* New York 1990, S. 1–16.

Nietzsche, Friedrich, Vom Nutzen und Nachteil der Historie für das Leben, in: *Unzeitgemässe Betrachtungen,* München 1999, S. 157–510.

Nietzsche, Friedrich, *Die Geburt der Tragödie oder Griechentum und Pessimismus,* in: F. Nietzsche, Werke, Bd. I, hrsg. von K. Schlechta, Frankfurt am Main/Berlin/Wien 1976.

Nipperdey, Thomas, »Nationalidee und Nationaldenkmal in Deutschland im 19. Jahrhundert«, in: *Historische Zeitschrift,* Bd. 206, 1968, S. 31–65.

Nipperdey, Thomas, »Antisemitismus«, in: *Deutsche Geschichte 1866–1918,* München 1992, S. 289–311.

Nipperdey, Thomas/Rürup, Reinhard, »Antisemitismus. Entstehung, Funktion und Geschichte eines Begriffs«, in: Reinhard Rürup, *Emanzipation und Antisemitismus,* Frankfurt am Main 1987, S. 120–144.

Njeri, Itabari, »Sushi and Grits: Ethnic Identity and Conflict in Newly Multicultural America«, in: Gerald Early (ed.), *Lure and Loathing. Essays on Race, Identity, and the Ambivalence of Assimilation,* New York 1993, S. 13–40.

Oboler, Suzanne, *Ethnic Labels, Latino Lives. Identity and the Politics of (Re)Presentation,* Minneapolis/London 1995.

Offe, Claus, »Moderne ›Barbarei‹: Der Naturzustand im Kleinformat?«, in: Max Miller/Hans-Georg Soeffner (Hg.), *Modernität und Barbarei,* Frankfurt am Main 1996, S. 258–289.

O'Neil, S., »Multiculturalism and the Politics of Recognition by Charles Taylor«, in: *Theory, Culture and Society,* 1994, Vol. II, Iss. 2, S. 129–149.

Ornstein, A., »Survival and Recovery«, in: *Psychoanalytical Inquiry,* 1985, 5, S. 99–130.

Padilla, Felix, »On the Nature of Latino Ethnicity«, in: *Social Science Quarterly,* Vol. 65, No. 2, June 1984, S. 651–664.

Parsons, Talcott, *The Social System,* New York 1951.

Parsons, Talcott, *The System of Modern Societies,* Englewood Cliffs 1971. Deutsch: *Das System moderner Gesellschaften,* Weinheim 1985.

Parsons, Talcott, »Culture and Social System Revisited«, in: Bonjean, Charles/Schneider, Louis (eds.), *The Idea of Cultures in the Social Sciences,* Cambridge 1973.

Parsons, Talcott, »Some Theoretical Considerations on the Nature and Trends of Ethnicity«, in: Glazer, Nathan/Moynihan, Daniel (eds.), *Ethnicity, Theory and Experience,* Cambridge/London 1975, S. 53–83.

Parsons, Talcott/Shils, Edward (eds.), *Toward a General Theory of Action,* Cambridge 1951.

Patterson, Orlando, »Context and Choice in Ethnic Allegiance: A Theoretical Framework and Carribean Case Study«, in: Glazer/Moynihan (eds.), *Ethnicity, Theory and Experience*, Cambridge/London 1975, S. 305–350.

Peters, Bernhard, *Zur Integration moderner Gesellschaften*, Frankfurt am Main 1993.

Phillips, Anne, *Democracy and Difference*, University Park, Pennsylvania 1993.

Poulton, Hugh, *The Balkans: Minorities and States in Conflict*, London 1993.

Pro Asyl (Hg.), *Recht für Flüchtlinge. Ein Ratgeber durch das Asyl- und Ausländerrecht für die Praxis*, Frankfurt am Main 1996.

Pross, C., *Wiedergutmachung. Der Kleinkrieg gegen die Opfer*, Frankfurt a. M. 1988.

Quindeau, Ilka, *Trauma und Geschichte. Interpretationen autobiographischer Erzählungen des Holocaust*, Frankfurt am Main 1995.

Rawls, John, *A Theory of Justice*, Oxford 1972/1989. Deutsch: *Eine Theorie der Gerechtigkeit*, Frankfurt am Main 1975.

Rawls, John, »Justice as Fairness: Political not Metaphysical«, in: *Collected Papers*, Cambridge/London 1999, S. 388–414. Deutsch: »Gerechtigkeit als Fairness: politisch und nicht metaphysisch«, in: *Die Idee des politischen Liberalismus. Aufsätze 1978–1989*, Frankfurt am Main 1992, S. 255–292.

Rawls, John, »The Priority of Right and Ideas of the Good«, in: *Collected Papers*, Cambridge/London 1999, S. 449–472. Deutsch: »Der Vorrang des Rechten und die Ideen des Guten«, in: *Die Idee des politischen Liberalismus. Aufsätze 1978–1989*, Frankfurt am Main 1992, S. 364–398

Rawls, John, »The Basic Liberties and Their Priority«, in: Sterlin M. McMurrin (ed.), *The Tanner Lectures on Human Values* 1982, Salt Lake City/Cambridge 1983, S. 3–87. Deutsch: »Der Vorrang der Grundfreiheiten«, in: *Die Idee des politischen Liberalismus, Aufsätze 1978–1989*, Frankfurt am Main 1992, S. 159–255.

Rawls, John, Political Liberalism, New York 1993. Deutsch: *Politischer Liberalismus*, Frankfurt am Main 1998.

Raz, Joseph, *The Morality of Freedom*, Oxford 1986.

Raz, Joseph, »Autonomy, Toleration and the Harm Principle«, in: Susan Mendus (ed.), *Justifying Toleration. Conceptual and Historical Perspectives*, Cambridge 1988, S. 155–175.

Raz, Joseph, »Liberalism, Scepticism and Democracy«, in: *Iowa Law Review* 74, No. 4, Mai 1989.

Raz, Joseph, »Multiculturalism – A Liberal Perspective«, in: *Dissent*, 1994, Vol. 41, Iss. 1, S. 67–79.

Remnick, David, »Waiting for Apocalypse in Crown Heights«, in: *New Yorker*, 21 December 1992.

Ricœur, Paul, *Soi-même comme un autre*, Paris 1990. Deutsch: *Das Selbst als ein Anderer*, München 1996.

Rodriguez, Clara, »Challenging Racial Hegemony: Puerto Ricans in the United States«, in: Steven Gregory/Roger Sanjek (eds.), *Race*, New Brunswick 1994, S. 131–145.

Rorty, Richard, »Postmodernist Bourgeois Liberalism«, in: ders., *Objectivity, Relativism, and Truth: Philosophical Papers, Vol. 1*, Cambridge 1991, S. 197–202.

Rosenfeld, Michel, *Affirmative Action and Justice. A Philosophical and Constitutional Inquiry*, New Haven/London 1991.

Ross, C.A., *Multiple Personality Disorder. Diagnosis, Clinical Features, and Treatment*, New York 1989.

Rürup, Reinhard, *Emanzipation und Antisemitismus. Studien zur Judenfrage der bürgerlichen Gesellschaft*, Frankfurt am Main 1987.

Rushdie, Salman, »In Good Faith«, in: *Imaginary Homelands*, New York 1991, S. 393–414.

Said, Edward, »Yeats and Decolonization«, in: T. Eagleton/F. Jameson/E. Said (eds.), *Nationalism, Colonialism, and Literature*, Minneapolis/London 1990, S. 69–99.

Sandel, Michael, *Liberalism and the Limits of Justice*, Cambridge 1982.

Sangari, Kukum/Vaid, Sudesh (eds.), *Recasting Women: Essays in Colonial History*, New Delhi 1989.

Sartre, Jean-Paul, *L'être et le néant. Essai d'ontologique phénoménologique*, Paris 1943. Deutsch: *Das Sein und das Nichts. Versuch einer phänomenologischen Ontologie*, in: *Gesammelte Werke Bd. 3*, Reinbek 1994.

Sartre, Jean-Paul, *Réflexions sur la question juive*, Paris 1954. Deutsch: *Betrachtungen zur Judenfrage*, in: *Drei Essays*, Frankfurt am Main/Berlin 1986, S. 108–190.

Sartre, Jean-Paul, *Critique de la raison dialectique*, tome I: *Théorie des ensembles pratique*, texte établi et annoté par Arlette Elkaim-Sartre, Paris 1985. Deutsch: *Kritik der dialektischen Vernunft. Theorie der gesellschaftlichen Praxis*, Reinbek 1967.

Sartre, Jean-Paul, »Orphée noir«, in: Léopold Sédar Senghor, *Anthologie de la nouvelle poésie négre et malgache de la langue francaise*, Paris 1948, S. IX–XLIV. Deutsch: »Schwarzer Orpheus«, in: *Schwarze und Weiße Literatur. Aufsätze zur Literatur, Gesammelte Werke Bd. 4*, Reinbek 1986, S. 39–85.

Sartre, Jean-Paul, »Von Ratten und Menschen«, Vorwort zu André Gorz, Der Verräter, in: ders., *Schwarze und Weiße Literatur. Aufsätze zur Literatur*, abgedruckt in: Jean-Paul Sartre, *Gesammelte Werke Bd. 4*, Reinbek 1986, S. 122–156.

Schäfer, *Thomas, Reflektierte Vernunft. Michel Foucaults philosophisches Projekt einer antitotalitären Macht- und Wahrheitskritik*, Frankfurt am Main 1995.

Schnädelbach, Herbert, »Sartre und die Frankfurter Schule«, in: Traugott König (Hg.), *Sartre. Ein Kongreß*, Reinbek 1988, S. 13–36.

Scholem, Gerschom, »Zur Sozialpsychologie der Juden in Deutschland 1900–1933«, in: *Judaica* 4, Frankfurt am Main 1984, S. 238–241.

Scott, Joan W., »Multiculturalism and the Politics of Identity«, in: John Rajchman (ed.), *The Identity in Question*, New York/London 1995, S. 3–14.

Searle, John R., *The Construction of Social Reality*, New York 1995. Deutsch: *Die Konstruktion der gesellschaftlichen Wirklichkeit*, Reinbek 1997.

Sedgwick, Eve Kosofsky, *Epistemology of the Closet*, Berkeley 1990.

Seel, Martin, »Ethik und Lebensformen«, in: Brumlik/Brunkhorst (Hg.), *Gemeinschaft und Gerechtigkeit*, Frankfurt am Main 1993, S. 244–260.

Seidler, Günter H., *Der Blick des Anderen. Eine Analyse der Scham*, Stuttgart 1995.

Semprun, Jorge, *Schreiben oder Leben*, Frankfurt am Main 1995.

Shue, Henry, »Liberty and Self-Respect«, in: *Ethics* 85, S. 195–203.

Siep, Ludwig, »Rawls' politische Idee der Person«, in: Philosophische Gesellschaft Bad Homburg und Wilfried Hinsch (Hg.), *Zur Idee des politischen Liberalismus. John Rawls in der Diskussion*, Frankfurt am Main 1997, S. 380–395.

Smith, Anthony, »A Europe of Nations – or the Nation of Europe?«, in: *Journal of Peace Research* 30/2, May 1993, S. 129–136.

Spelman, Elizabeth V., *Inessential Women: Problems of Exclusion in Feminist Thought*, Boston 1988.

Spivak, Gayatri Chakravorty, *In other Worlds*, New York / London 1987.

Stoop, Chris de, *Hol die Wäsche rein. Die Geschichte einer ganz gewöhnlichen Abschiebung*, Frankfurt am Main 1996.

Tamir, Yael, *Liberal Nationalism*, Princeton 1993.

Tavuchis, Nicholas, *Mea Culpa. A Sociology of Apology and Reconciliation*, Stanford 1991

Taylor, Charles, *Sources of the Self. The Making of Modern Identity*, Cambridge 1989. Deutsch: *Quellen des Selbst,* Frankfurt am Main 1996.

Taylor, Charles, *The Ethics of Authenticity*, Cambridge / London 1991. Deutsch (nach der kanadischen Originalausgabe): *Das Unbehagen an der Moderne,* Frankfurt am Main 1995.

Taylor, Charles, »What is Human Agency?«, in: ders., *Human Agency and Language. Philosophical Papers 1*, Cambridge 1985, S. 15–45. Deutsch: »Was ist menschliches Handeln?«, in: ders., *Negative Freiheit. Zur Kritik des neuzeitlichen Individualismus,* Frankfurt am Main 1992

Taylor, Charles, »The Politics of Recognition«, in: ders. (ed.), *Multiculturalism*, S. 25–74.

Taylor, Charles (ed.), *Multiculturalism. Examining the Politics of Recognition*, Princeton 1994. Deutsch: *Multikulturalismus und die Politik der Anerkennung,* Frankfurt am Main 1993.

Theunissen, Michael, *Der Andere. Studien zur Sozialontologie der Gegenwart*, zweite, um eine Vorrede erweiterte Auflage, Berlin / New York 1981.

Tocqueville, Alexis de, *Democracy in America*, New York 1966. Deutsch: *Über die Demokratie in Amerika*, Stuttgart 1962.

Todorov, Tzvetan, *La Conquéte de l'Amérique. La Question de l'autre*, Paris 1982.

Todorov, Tzvetan, »›Race‹, Writing and Culture«, in: Henry Louis Gates (ed.), *»Race«, Writing and Difference*, Chicago / London 1986, S. 370–380.

Toury, J., *Der Eintritt des Juden ins Deutsche Bürgertum*, Tel Aviv 1972.

Trumpener, Katie, »The Time of the Gypsies: A ›People without history‹ in the Narratives of the West«, in: K. Anthony Appiah / Henry Louis Gates, Jr. (eds.), *Identities*, Chicago 1995, S. 338–379.

Tully, James, *Strange Multiplicity. Constitutionalism in an Age of Diversity*, Cambridge / New York / Melbourne 1995.

Van Dyke, Vernon, *Human Rights, Ethnicity and Discrimination*, Greenwood, Westport Conn. 1985.

Van Dyke, Vernon, »The Individual, The State, and Ethnic Communities in Political Theory«, in: Will Kymlicka (ed.), *The Rights of Minority Cultures*, Oxford / New York 1995, S. 31–57.

Vargas Llosa, Mario, *Der Geschichtenerzähler*, Frankfurt am Main 1990.

Vogel, L., »Taylor, Charles: ›The Ethics of Authenticity‹ and ›Multiculturalism and The Politics of Recognition‹«, in: *International Journal of Philosophical Studies*, 1993, Vol. 1, Iss. 2, S. 325–335.

Waldenfels, B., »Multiculturalism and the Politics of Recognition«, in: *Philosophische Rundschau*, 1994, Vol. 41, Iss.1, S. 99.

Waldron, Jeremy, »Locke: toleration and the rationality of persecution«, in: Susan Mendus (ed.), *Justifying Toleration. Conceptual and Historical Perspectives*, Cambridge 1988, S. 61–66.

Waldron, Jeremy, »Rights in Conflict«, in: *Ethics*, April 1989, Vol. 99, S. 503–519.

Waldron, Jeremy, »Minority Cultures and the Cosmopolitan Alternative«, in: *University of Michigan Journal of Law Reform*, Vol. 25, 3 + 4 1992, S. 751–793.

Waldron, Jeremy, »Superseding Historic Injustice«, in: *Ethics*, Oct. 1992, Vol. 103, S. 4–28.

Walzer, Michael, *Spheres of Justice*, New York 1983. Deutsch: *Sphären der Gerechtigkeit,* Frankfurt am Main / New York 1994.

Walzer, Michael, *Interpretation and Social Criticism*, Cambridge 1987. Deutsch: *Kritik und Gemeinsinn*, Berlin 1990.

Waters, Mary C., *Ethnic Options. Choosing Identities in America*, Berkeley / Los Angeles 1990.

Watzlawick, Paul, »Wirklichkeitsanpassung oder angepasste ›Wirklichkeit‹? Konstruktivismus und Psychotherapie«, in: Heinz Gumin / Heinrich Meier (Hg.), *Einführung in den Konstruktivismus*, München 1995, S. 89–109.

Weber, Max, *Soziologische Grundbegriffe*, 6. Auflage, Tübingen 1984.

Weir, Allison, *Sacrificial Logics. Feminist Theory and the Critique of Identity*, New York 1996.

Weir, Allison, »Glauben an Wissen: Über das Problem der Überzeugung in der feministischen Theorie«, in: *Deutsche Zeitschrift für Philosophie*, Berlin 45 (1997) 1, S. 51–61.

West, Cornel, »Race and Social Theory«, in: ders., *Keeping Faith*, New York / London 1993, S. 251–271.

West, Cornel, »Beyond Eurocentrism and Multiculturalism«, in: *Modern Philology*, 1993, Vol. 90, Iss. 2, S. 142–166.

Whisman, Vera, *Queer by Choice*, New York / London 1996.

Whitebook, Jod, *Perversion and Utopia. A Study in Psychoanalysis and Critical Theory*, Cambridge / London 1995.

Williams, Bernard, »Toleration: An Impossible Virtue?«, in: David Heyd (Hg.), *Toleration. An Elusive Virtue*, Princeton 1996, S. 18–27.

Williams, Patricia J., *The Alchemy of Race and Rights. Diary of a Law Professor*, Cambridge / London 1991.

Williams Crenshaw, Kimberlé, »Mapping the Margins: Intersectionality, Identity Politics, and Violence against Women of Color«, in: *Critical Race Theory*, New York 1995, S. 357–387.

Wilson, B. R. (ed.), *Rationality*, Oxford 1970.

Wingert, Lutz, *Gemeinsinn und Moral*, Frankfurt am Main 1993.

Wingert, Lutz, »Türöffner zu geschlossenen Gesellschaften, Ohne Alternative – Bemerkungen zum Begriff der Menschenrechte«, in: *Frankfurter Rundschau*, 6. August 1996.

Wittgenstein, Ludwig, *Philosophische Grammatik, Schriften IV*, Frankfurt am Main 1969. Wolin, Sheldon, »Democracy, Difference and Recognition«, in: *Political Theory*, Vol. 21, No. 3, Aug. 1993, S. 464–484.

Young, Iris Marion, »Gender as Seriality. Thinking about Women as a social Collective«, in: dies., *Intersecting Voices. Dilemmas of Gender, Political Philosophy, and Politics*, Princeton, New Jersey 1997, S. 12–37. Deutsch: »Geschlecht als serielle Kollektivität«, in: Institut für Sozialforschung (Hg.), *Geschlechterverhältnisse und Politik*, Frankfurt am Main 1993, S. 221–232.

Young, Iris Marion, »Das politische Gemeinwesen und die Gruppendifferenz. Eine Kritik am Ideal des universalen Staatsbürgerstatus«, in: Nagl-Docekal/Pauer-Studer (Hg.), *Jenseits der Geschlechtermoral*, Frankfurt am Main 1993, S. 267–304.

Young, Iris Marion, »Together in Difference: Transforming the Logic of Group Political Conflict«, in: Will Kymlicka (ed.), *The Rights of Minority Cultures*, Oxford 1995, S. 155–178.

Young, Iris Marion, »Asymmetrical Reciprocity: On Moral Respect, Wonder, and Enlarged Thought«, in: dies., *Intersecting Voices. Dilemmas of Gender, Political Philosophy, and Policy*, Princeton 1997, S. 38–59.